贵州民族古籍研究

文毅 蒙耀远 ◎ 主编
许英 张兴雄 ◎ 副主编

贵州省铸牢中华民族共同体意识研究基地研究成果
贵州省民宗委《民族古籍普查审核工作》项目研究成果
黔南民族师范学院国家级省级一流专业社会工作研究成果
贵州省民族古籍研究基地研究成果
贵州省重点支持学科民俗学研究成果
贵州省高校社科基地方民族文化与教育研究中心研究成果
2015年中央财政专项贵州少数民族文化传承发展研究中心项目成果

线装书局

图书在版编目（CIP）数据

贵州民族古籍研究 / 文毅，蒙耀远主编. -- 北京：线装书局，2023.9
ISBN 978-7-5120-5683-1

Ⅰ．①贵… Ⅱ．①文… ②蒙… Ⅲ．①少数民族－古籍研究－贵州－文集 Ⅳ．①G256.1-53

中国国家版本馆 CIP 数据核字(2023)第 170836 号

贵州民族古籍研究

GUIZHOU MINZU GUJI YANJIU

作　　者：	文毅　蒙耀远
责任编辑：	李　媛
出版发行：	线装书局
地　址：	北京市丰台区方庄日月天地大厦 B 座 17 层（100078）
电　话：	010-58077126（发行部）010-58076938（总编室）
网　址：	www.zgxzsj.com
经　销：	新华书店
印　制：	北京建宏印刷有限公司
开　本：	710mm×1000mm　1/16
印　张：	21
字　数：	292 千字
版　次：	2023 年 9 月第 1 版第 1 次印刷

定　价：98.00 元

少数民族古籍的哲学思考（代序）

樊 敏

"哲学作为时代精华的精华，绝不是某一个民族的专利。"[①] 哲学存在于各民族的生产生活中。对于中国各少数民族来说，少数民族哲学因其鲜明的民族特色和丰富的哲学思想，在博大精深的中国哲学中产生了重要影响。[②] 少数民族古籍是少数民族哲学的根源，从哲学与少数民族古籍的联系去考察少数民族古籍内涵，从少数民族古籍中去探究哲学意味，不仅有利于民族传统文化的保护、传承和弘扬，继而更好地弘扬民族精神和文化自信，也有利于不同民族之间的文化交流，构建中华民族共有精神家园、培育中华民族共同体意识、打牢中华民族共同体思想。

一、哲学与少数民族古籍

哲学研究自然界、社会和思维的普遍规律，是关于自然知识、社会知识的概括和总结，是关于世界观的理论。"哲学是时代精神的精华，也是民族精神的精华。哲学形成和发展的过程，既体现了不同民族之间相互影响相互融合的共性，也反映出了不同经济、政治、文化背景下的个性，即民族哲学。"[③] "对于哲学而言，哲学既是一种科学，它和科学一起成长，同时，哲学也是一种文化，它也和文艺、宗教、道德等文化现象一起成长，因此，哲学既和科学相互渗透、相互包含，同时也和其他文化形式相互渗透和包含；我们既要从科学中，也要从文化中来发掘、认识和评价少数民族哲学思想。"[④] 少数民族古籍在历史的发展过程中，与哲学有着广泛而密切的联系。少数民族古籍和哲学是两个不同的文化范畴。少数民族古籍是指少数民族在历史上形成的文献典籍、碑刻铭文和口传资料等，其内容涉及政治、经济、哲学、法律、历史、宗教、军事、文学艺术、语言文字、天文地理历算、医学等领域。但

[①] 佟德富、宝贵贞：《中国少数民族哲学专题研究》，北京：中央民族大学出版社，2006年。
[②] 王惠：《试析中国少数民族哲学的价值》，《赤峰学院学报》2015年第6期。
[③] 宝贵贞：《民族哲学20年》，《哲学动态》2001年第12期。
[④] 伍雄武：《中国少数民族哲学史研究30年评述》，中国·云南·腾冲：中国少数民族哲学及社会思想史学会，2011年。

就它们与现实的关系来说，少数民族古籍是认识现实的，哲学也是认识现实的，它们都是对同一客观世界的认识和反映，具有相同的认识功能。要达到正确、深刻的认识，离不开对现实进行观察、比较、分析、综合。哲学对于现实认识的条件，是观察、比较、分析、综合；少数民族古籍作为中华传统文化的一种重要载体，真实而生动地记录了少数民族的历史发展进程，蕴含着少数民族特有的精神价值、思维方式和想象力、创造力，它对现实认识的条件也是观察、比较、分析、综合。这是少数民族古籍与哲学以及其他社会科学的相似之处。

少数民族古籍中的哲学意味是现实的、客观存在的，很早就为人们所发现。亚里士多德在《诗学》中说："写诗这种活动比写历史更富于哲学意味，更被严肃对待。"[①] 史诗、古歌是少数民族古籍的重要内容。从创作者的角度看，少数民族古籍的哲学意味是作者对人生真谛的刻骨铭心的体验，是他用全部的欢乐、喜悦、痛苦、坷坎、血泪、青春、生命换取来的人生感受，是他的创作个性所能达到的最高的艺术概括。从少数民族古籍角度看，哲学意味是潜藏于少数民族古籍深层的一种超越时间和空间的、具有永恒性的人生精义和心理蕴意。这也是少数民族古籍获得不朽艺术魅力的原因之一。虽然少数民族古籍不是一种哲学形式，不是对某一种哲学观念的图解，但是，在少数民族古籍中始终具有一种耐人寻味的思想意蕴，表现为一种寓意、暗喻或象征，暗示人们应该如何去思考社会和人生，所要表示的社会理想就集中在古籍的思想意蕴之中，其哲学性不是什么外在于艺术而被硬塞进古籍中去的东西，而是通过艺术感染"表达着他们对灵魂与肉体、精神与物质、思维与存在、主体与客体、知与行、人与自然、人与历史、个人与群体等等矛盾关系的思索和理解"，[②] 并为人们指出生活的规律，影响人的文化自信及世界观的形成。

二、哲学对少数民族古籍创作的影响

哲学是一种理论化、系统化的世界观，它影响着人们对生活中各种现象的观察、理解和判断。叶燮在《原诗》中说："可言之理，人人能言之，又安在诗人之言之；可述之事，人人能述之，又安在诗人之述之；必有不可言之理，不可述之事，遇之于默会意象之表，而理与事无不灿然于前者也。"诗人与普通人之所以会有此种差别，原因之一在于诗人对社会人生有超乎常人的深刻体验。一部少数民族古籍的哲学深度，在很大程度上依赖于作者的世界

[①] 亚里士多德：《诗学》，北京：人民文学出版社，1962年。
[②] 杨昌儒：《散落凡间的智慧》，刘晖主编：《贵州世居少数民族哲学思想史》，贵阳：贵州民族出版社，2017年。

观。一位作家的社会观点、哲学观点和美学观点越是成熟、进步、向上，他就越可以在古籍创作中从特征和内容上获得更丰富、更深刻的，具有真正哲学意义的审美概括。作者通过描述其在一定世界观影响之下而形成的理想，艺术地为给人们提供自己时代的哲学。一部经典的少数民族古籍的哲学高度，在很大程度上决定了它流传的广度、深度和社会影响力。

如公元 11 世纪喀喇汗朝维吾尔族思想家尤素甫·哈斯·哈吉甫的哲理长诗《福乐智慧》，明代蒙古族萨囊·彻辰的《蒙古源流》、白族思想家李元阳的《李中溪全集》、回族学者李贽的《焚书》《续焚书》《藏书》《续藏书》，清代白族经学家王崧的《乐山集》、壮族学者刘定逌的《三难通解训言述》《重修武缘县儒学碑记》等，通过翻阅这些少数民族古籍，我们可以明确地知道著者的著书背景、著书意图及其生平事迹。这些古籍阐述的思想既有民族地域特色，又直接受到中原主流哲学的影响，是十分有特色、有创见的，并且是与汉民族哲学文献具有或相当于同一历史水平的哲学智慧的专门性论著。这是我国少数民族古籍中极为珍贵、代表我国少数民族哲学思维水平的学术成果。

另外，苗族的《亚鲁王》《跋山涉水》《议榔词》《理词》、布依族的《摩经》《穆播董》《柔番沃番钱》《鸡卦书》、侗族的《人类起源歌》《龟婆孵蛋》《款词》、土家族的《哭嫁歌》、彝族的《西南彝志》《彝族源流》、仡佬族的《巨人由禄》《叙根由》、水族的《水书》《开天地造人烟》、瑶族的《密洛陀》《盘王歌》《过山榜》、壮族的《传扬诗》、纳西族的《东巴经》，以及《苗族古歌》《布依族古歌》《侗族古歌》《彝族古歌》《仡佬族古歌》等各少数民族古籍，种类繁多，内容丰富而生动，形式多样而特别，资料翔实而朴拙，流传广泛而深远，是汉族哲学古籍所远不及的。这类古籍大多通过神话、史诗或古歌，对宇宙生成、万物起源和演化、人类来源做出非常生动的猜测和描述，虽然作者和文献时代或许无法得知，或许不够明白确切，但是都反映和代表了本民族的哲学社会思想，都是典型的反映该民族特色的哲学思想史料。

无论是有明确作者的少数民族古籍，还是没有明确作者的少数民族古籍，它们都站在一定的时代高度上表现出了丰富而深刻的哲学意蕴。关于我们周围世界的本质和人的本质的哲学问题，都交织在这些少数民族古籍的艺术意蕴之中。

三、哲学对少数民族古籍思潮的影响

哲学不仅影响作家的创作，而且影响一定时期的文学思潮、创作方法以及风格流派。中外文学史表明，文学思潮的形成、创作倾向的产生、创作方法的出现、风格流派的变化，无不直接或间接地受到一定的哲学思想的影响。

少数民族古籍亦是如此，在长期的传播交流过程中，发挥了经世致用的价值取向和社会功能。无论是哪一个民族、哪一个历史时期的民族古籍，其创作倾向、创作方法、风格流派，都受到一定的哲学思想的影响，有一定的哲学根源。

在中国，儒、道两家的哲学思想对历代的文学思潮、创作倾向和审美观念的发展演变影响深远。同样地，少数民族古籍都不同程度地接受了儒、道两家哲学思想的渗透和熏染。汉武帝实施"罢黜百家，独尊儒术"的举措后，儒学便成为中国政治伦常的纲纪、思想文化的主体，并波及少数民族地区，对该地区各民族思想文化产生了深刻影响。从传播的内容说，涉及三纲五常、仁学、理学、心学、气学、天命观、人生哲学等许多方面。"道"是中国古代哲学的重要范畴，对少数民族思想文化的影响深刻而久远，尤其是少数民族聚居的西南和中南地区。儒学、道学、佛学、阳明学等诸家哲学思想都被少数民族有选择地接受，或是转述、尊崇，或是吸纳、发挥，直至成为他们思想文化的一部分，成为各族宗谱、家训、乡规民约以及故事、歌谣、理词、戏剧等少数民族古籍的重要内容。

苗族的《跋山涉水》《开天辟地》《枫木歌》等创世史诗生动而鲜明地诠释了天地、万物和人类的起源，描绘了一幅宇宙演化图：雾罩——泥——天地——万物——人类。布依族创世神话《混沌王》《盘果王》讲述：在远古时代，宇宙间虚无缥缈。混沌王哈气成雾、扇气成风，宇宙一片迷蒙混沌，天地不分，东西南北不辨。这时，盘果王出现了，他用鞭子一挥，把宇宙劈成两半，上浮者为天，下沉者为地，上有日月星辰，下有河流山川，天地从此就开拓出来了。[1] 这是布依族古籍中最原始、最古老的一种传说，它充分体现了时代的特征。布依族先民对天高地阔和千变万化的自然现象做出了种种解释。彝族古籍《宇宙人文论》，针对阴阳、五行、图书、八卦、干支等问题，形成了系统的思想观念："清浊二气演化出了哎哺（阴阳），哎哺演化出了天地，天地演化出了四时五行，四时五行可以通过图书、八卦、干支来表达。"也即"清浊二气不断交织变化，形成了哎哺；哎哺交织变化，形成了天地；天地之气交织变化，形成了万物。清浊二气——哎哺——天地——万物，彝族先贤用一条简洁、自然的演化路线，解答了宇宙发生问题。"[2] 苗族、布依族、彝族文化的这种理论观念，受儒学等哲学思想的影响，而且较之儒学文献，甚至更加系统、明晰。这类少数民族古籍的哲学价值，在于它们既具有宗教对宇宙起源和普遍本质的思考和解答，又具有重视经验和直观感受的实证基础。

---

[1] 贵州省社会科学院文学研究所编：《布依族文学史》，贵阳：贵州人民出版社，1983年。
[2] 刘明武：《事关宇宙发生与演化的理论——彝族文化对阴阳五行、图书八卦的解释》，《中州学刊》2009年第3期。

四、哲学对少数民族古籍研究的影响

哲学对少数民族古籍研究的影响，主要体现在古籍观和方法论这两方面。少数民族古籍观的确立与研究者的哲学观有着密切关系。少数民族古籍研究选择什么方法，把这种方法放在什么样的地位，都与一定的哲学思想有关。在具体学科范围内开拓一种新方法的人，也常常是具有哲学家气质和修养的人，他们有着某种鲜明的哲学倾向。他们之所以能在方法的创新上另辟蹊径、卓有建树，也是因为他们能够结合少数民族古籍的实际，自觉地把方法论问题提到哲学高度。少数民族古籍中蕴含着丰富的历史内容、当代价值和文化自信，不做深入的研究，就无法将其充分地揭示出来，也无法使本民族读者充分认识本民族历史的深度和广度，无法使世界人民了解我国少数民族对人类文明做出的贡献。承认世界文化的多样性，首先要承认每一个民族文化的价值，而每一个民族的文化遗产首先就保存在本民族的古籍之中。

翻译整理出版的诸多少数民族古籍，如布依族的《古谢经》《安王与祖王》《王玉连》、苗族的《苗族古歌古词》《祭魂曲》《张秀眉歌》、侗族的《侗族大歌》《侗族叙事歌》、彝族的《洪水纪》《彝族古歌》、土家族的《开天辟地与伏羲姊妹》，水书《婚嫁经》《正七卷》《正五卷》《金用卷》《丧葬卷》《秘籍卷》等系列译本等，其翻译整理的过程同样也是对少数民族古籍哲学研究的过程。翻译整理是对少数民族古籍进行哲学研究的一个重要手段和方法。

又如专门的研究专著《中国少数民族古籍文献整理研究》主要介绍了中国各少数民族古籍文献的历史与现状、载体与版本及装帧、收集与整理三方面的情况，并在描述少数民族古籍文献总体面貌方面突出多文种、多语种和不同地域等特点，尽可能做到30多个文种的古籍文献都得到不同程度的反映和体现，即使是无文字民族的口传文史资料，也尽可能地涉及，力求对我国各少数民族古籍文献的基本面貌予以全面展示。在此基础上，《中国少数民族古籍文献整理研究》还对少数民族古籍整理研究工作的理论和方法进行了系统的梳理和总结。研究者朱崇先是中央民族大学中国古典文献学专业教授、博士研究生导师，兼任中国民族古文字研究会常务理事、中国少数民族双语教学研究会副会长，长期从事中国古典文献学、民汉双语的教学与科研工作，潜心古典文献学理论探索与古籍整理人才培养，擅长古彝文及其典籍文献的释读、译注和彝族传统文化研究，曾参与国家珍贵古籍名录评审和民族古籍定级标准审定等各种专家评审、鉴定工作，发表专业学术论文数十篇，出版著作20多部。其中，《彝文经籍文化辞典》荣膺第四届国家图书奖，《彝族氏族祭祖大典仪式与经书研究》获北京市哲学社会科学优秀成果二等奖、《彝文古籍整理与研究》获国家民委第三届哲学社会科学优秀成果三等奖，《彝族典

籍文化研究》获中央民族大学优秀科研成果一等奖等。朱崇先教授的阅历、资历、学术成果和文化自信注定了他的思想高度及其少数民族古籍研究的哲学高度。

五、结语

少数民族古籍研究需要哲学的指导，无论是理论体系的建构，还是方法论原则的运用，都不能没有哲学思想作为基础。从哲学与少数民族古籍研究的关系去探究古籍理论，把握好这一角度和侧重点，可以更清晰地把握各民族古籍的文艺观及方法论的实质和基点，从而进一步认识少数民族古籍的价值和意义。通过对少数民族古籍的哲学思考、哲学研究，可以进一步挖掘少数民族古籍的深层次内涵、思想，从而得出少数民族的哲学思想和哲学观点。正如伍雄武先生所说："一种民族文化，特别是正在发展和塑造着这个民族的未来的文化成分，其核心也依然在哲学思想和观念之中。"[1] "少数民族哲学是民族文化的重要组成部分，因此，在哲学研究中可以进一步挖掘民族文化，在文化整理过程中可以深度分析民族精神。通过对一个地域不同民族哲学思想的研究，可以把散落于凡尘的智慧搜集起来，发现各民族相互影响和相互促进的路径，从而促进各民族文化的发展，同时也是对民族文化素质和理论思维的提升。"[2] 因此，少数民族古籍的哲学思考、哲学研究不仅有利于民族传统文化的保护、传承和弘扬，有利于民族古籍在本民族中的推广和普及，提高人们对本民族传统文化的认识，继而能够更好地弘扬民族精神和文化自信，也有利于不同民族之间的文化交流以及国内外学者之间的沟通和对话，有利于我们向世界展示我国少数民族丰富的文化宝库。

习近平总书记说："社会主义核心价值观决定着各民族共有精神家园的发展方向，一定要在全社会、在各民族中大力培育和践行。在这个过程中，要注重从少数民族文化中汲取营养。"[3] 少数民族古籍的保护传承及哲学研究要放到践行社会主义核心价值观、构建中华民族共有精神家园、培育中华民族共同体意识、打牢中华民族共同体思想基础的层面上来。这一领域的研究大有可为，相信在学界同人的共同努力下，少数民族古籍的哲学研究定能上一个新的台阶。

2019 年 6 月于都匀

（序作者系黔南州民族研究所所长、民族文化研究学者）

---

[1] 王惠：《试析中国少数民族哲学的价值》，《赤峰学院学报》2015 年第 6 期。
[2] 杨昌儒：《散落凡间的智慧》，刘晖主编：《贵州世居少数民族哲学思想史》，贵阳：贵州民族出版社，2017 年。
[3] 摘自习近平 2014 年 9 月在中央民族工作会议上的讲话。

目录 contents

民族古籍工作

贵州民族古籍工作三十年 ……………………………………… 张和平（003）
贵州少数民族古籍工作概览 ……………………………………… 杨通才（016）
黔南少数民族古籍工作三十年 …………………………………… 杨　斌（024）

民族古籍整理

贵州毛南族地区清朝民国时期土地契约文书的调查与研究 ……………
……………………………… 孟学华　邹洪涛　刘世彬（033）
《水书·阴阳五行卷》文化内涵破解研究 ……………………………
……………………… 文　毅　蒙耀远　戴建国　李孝梅　欧阳大霖（040）

民族口碑古籍研究

口碑古籍的界定与整理范围问题研究 …………………………… 龙耀宏（141）
少数民族口碑古籍的分类边界与定级参数 ……………………… 麻勇斌（148）
关于口碑古籍定级的思考 ………………………………………… 周国茂（152）
少数民族口传古籍分类与定级的思考 …………………………… 樊　敏（156）
谈少数民族口碑古籍搜集整理技术路径 ………………………… 蒙耀远（163）
少数民族口碑古籍的分类与定级探讨
　　——以铜仁为例 ……………………………………………… 龙　运（169）
少数民族口碑古籍分类与定级探讨 ……………………………… 谭晓燕（175）
少数民族口碑古籍的分类与定级 ………………………………… 印金成（181）
试论贵州民族口碑古籍的分类和定级 …………………………… 龙小金（185）
口碑古籍的界定及分类定级试探 ………………………………… 王秀旺（190）
浅谈少数民族口碑古籍分类与定级
　　——以贵州民族口碑古籍的分类定级为例 ………………… 梁　亮（193）

少数民族口碑古籍猴鼓舞传说比较研究 ………………… 杨　斌（198）
苗族古经辞的分类 ……………………………………… 吴正彪（206）
黔南布依族口碑古籍——歌谣收集整理研究 ………… 李　英　杨龙娇（239）

民族古籍保护利用研究

浅谈民族文献的收集及整理
　　——从民族高校图书馆建设的角度 ……………… 欧俊娇（245）
论水族水书文献的保护与利用 …………………………… 文　毅（250）
论布依文古籍文献资源保护与利用 ………… 林伯珊　覃忠跃　曾纪钰（257）
布依族古籍文献的分布研究 ……………………………… 樊　敏（263）
贵州民族古籍发掘利用研究综述 ………………………… 欧阳伟华（270）
浅谈水族古籍水书文献的传承保护与利用 ……………… 陆　春（277）
论布依族文献在文化产业发展中的作用 ………………… 何可燕（283）
仡佬族古籍文化创新与助力乡村振兴实践 ……………… 张严艳（294）

碑刻及其他研究

论碑刻文化与民族交往交流交融
　　——以黔南布依族苗族自治州为例 ……………… 梁　广（303）
明清移民视角下的王氏谱簿志铭研究
　　——以九龙朝阳王氏宗支寻根为中心 …………… 王孟懿（312）

后　记 ………………………………………………………（323）

民族古籍工作

贵州民族古籍工作三十年[①]

张和平

为深入贯彻落实党的十八届五中全会、省委十一届六次全会和中央、全省民族工作会议精神，我们全面总结我省 30 年来少数民族古籍工作的成就与经验，围绕制定"十三五"民族古籍事业发展规划，展望未来，不断开创我省民族古籍工作新局面。

少数民族古籍是我省文化遗产的重要组成部分。少数民族古籍工作是一项重要的民族工作，对传承中华民族传统文化，维护民族团结、社会稳定，建设社会主义精神文明具有重要的历史价值和现实意义。省委、省政府历来高度重视少数民族古籍工作，早在 1955 年，毕节地区就成立了彝文翻译组，有组织、有领导地开展彝文翻译工作。但是，由于各种历史原因，直到改革开放以后，这项工作才全面展开并步入科学发展的轨道。进入 21 世纪以来，特别是"十二五"期间，在省委、省政府的正确领导下，我们牢牢把握各民族共同团结奋斗、共同繁荣发展的工作主题，紧紧围绕"促进民族团结、实现共同进步"这一根本任务，认真履行省政府赋予的"组织、协调、联络、指导"全省少数民族古籍工作的职能，扎实推进少数民族古籍保护、抢救、搜集、整理、翻译、出版、研究等各项工作，使少数民族古籍事业焕发出勃勃生机，谱写了整理文化典籍、弘扬民族精神的动人篇章。

一、贵州少数民族古籍工作回顾

自 1985 年少数民族古籍工作全面开展以来，我们认真贯彻"保护为主、抢救第一、合理利用、加强管理"的方针，坚持依法保护和科学保护的原则，始终把抢救作为少数民族古籍工作的首要任务，正确处理少数民族古籍保护与利用的关系。为推进少数民族古籍工作的科学有序发展，切实加强对抢救、保护、整理工作的统筹协调力度，省民宗委根据实际情况，先后制定并组织实施了少数民族古籍工作"七五"至"十二五"共六个重点项目五年出版规划。每个五年规划在内容上各有侧重，实施中相互衔接、循序渐进。由于规

[①] 本文根据贵州省民宗委张和平副主任 2015 年 12 月 2 日在贵州民族古籍工作 30 年座谈会上的讲话稿整理而成，标题为编者所加。

划合理、目标明确、统筹兼顾、实施有力,少数民族古籍各项工作稳步开展,扎实推进,成绩斐然。

进入 21 世纪以来,特别是"十二五"期间,我们认真贯彻落实《省人民政府办公厅关于进一步加强我省古籍保护工作的意见》(黔府办发〔2010〕110 号)和《省民委省文化厅省档案局关于加强少数民族古籍保护工作的实施意见》(黔族发〔2012〕28 号)精神,切实加大少数民族古籍基础建设投入力度,大力加强古籍人才队伍和自身建设,不断完善体制机制,有力地推动了少数民族古籍事业的新发展。

(一)认真贯彻落实中央和省关于少数民族古籍工作的政策精神,推动全省少数民族古籍工作不断发展

国办发〔1984〕30 号文件指出:"少数民族古籍是祖国宝贵文化遗产的一部分,抢救、整理少数民族古籍,是一项十分重要的工作。"1997 年,国家民委办公厅下发民办(文宣)字〔1997〕114 号《关于印发〈中国少数民族古籍总目提要〉编写纲要的通知》,部署《中国少数民族古籍总目提要》的编写工作。国务院办公厅于 2007 年颁布《关于进一步加强古籍保护工作的意见》(国办发〔2007〕6 号),为贯彻落实该文件精神,国家民委、文化部共同颁布《关于进一步加强少数民族古籍保护工作的实施意见》(民委发〔2008〕33 号)。

1984 年省政府办公厅转发省民委《关于抢救、整理我省少数民族古籍的请示的通知》(黔府办发〔1984〕178 号)后,我们认真贯彻"保护为主、抢救第一、合理利用、加强管理"的方针,坚持依法保护和科学保护的原则,始终把抢救作为少数民族古籍工作的首要任务,正确处理少数民族古籍保护和利用的关系。进入 21 世纪以来,省委、省政府对少数民族古籍工作更加重视,并提出了更高的要求。2005 年,少数民族古籍保护工作列入《中共贵州省委、贵州省人民政府关于进一步加强民族工作加快少数民族和民族地区经济社会发展意见》(黔党发〔2005〕16 号)。2010 年,省政府办公厅下发了《关于进一步加强我省古籍保护工作的意见》(黔府办发〔2010〕110 号)和《省人民政府办公厅关于进一步繁荣发展少数民族文化事业的实施意见》(黔府办发〔2011〕50 号)。特别是 2011 年,民族古籍抢救推进计划被省政府列为"十二五"民族事业发展十大推进计划之一(黔府办发〔2011〕30 号)。2012 年,由省民委牵头,联合省文化厅、省档案局下发了关于加强少数民族古籍保护工作的实施意见。这些文件和举措,不仅对开展少数民族古籍工作提出了明确的任务和指导方针,而且对少数民族古籍的抢救、保护工作,从普查、登记、修复到相关工作的组织协调、机制建立、制度形成等方面也都提出了明确的要求和切实可行的措施。30 年来,我省各级民委认真贯彻落实中央和省对少数民族古籍工作的政策精神,推动全省少数民族古籍工作不断发展。

（二）建立少数民族古籍工作机构，培训专业人员，为少数民族古籍事业稳步发展奠定组织和人才基础

1984年，省政府确定由省民委牵头，教育厅、文化出版厅、档案局、文联、社科院等12个部门组成了少数民族古籍整理出版规划小组，负责组织、协调、联络、指导少数民族古籍的抢救、搜集、整理和出版工作。1985年，规划小组正式成立，省民委分管领导兼任组长，在省民委下设办公室，定机关事业编制5人，负责全省少数民族古籍的搜集、整理、出版、研究的"组织、协调、联络、指导"工作。1996年机构改革时，古籍办作为省民委内设机构，编制增加到8人。2000年机构改革时，根据黔府办发〔2000〕112号文件规定，省民委古籍办更名为省民族古籍整理办公室，编制8人，属机关事业编制，参照公务员管理，职能不变。具体工作职能为：承担组织、协调、联络、指导全省少数民族古籍抢救、搜集、整理、出版、研究工作，指导各地区开展相关工作；起草少数民族古籍工作的有关政策和法规；承担组织制定少数民族古籍重点项目规划及重点课题的规划与实施工作；承担指导少数民族古籍人才的培训和少数民族古籍资料、信息管理工作；负责少数民族古籍的宣传与交流工作；承办上级交办的其他事项。

自1985年少数民族古籍工作在全省全面开展以来，全省9个市（州）有7个市（州）建立了古籍办，遵义市由民研所代管民族古籍工作，毕节市由文教科代管民族古籍工作，且毕节市有彝文文献翻译研究中心。35个县（市、区）相继成立了民族古籍工作机构。如六盘水市的所有县（区）民宗局均设有古籍办。贵州民族学院（今贵州民族大学）成立了彝文文献研究所。我省还参加了滇川黔桂四省区彝文古籍协作组织和中国南方十二省区回族古籍协作组织。少数民族古籍组织机构体系的建立形成对少数民族古籍工作的组织协调与指导协作起到了重要的保障作用，使少数民族古籍工作走上了有组织、有领导、科学发展的轨道。2012年至今，为适应研究工作的需要，与黔南民族师院等6所高校共同建立"贵州省民族古籍研究基地"。在荔波县民研所建立"方块布依字研究基地"。基地的主要职责为：承担当地民族古籍的抢救、搜集、整理与研究，及时报送当地民族古籍工作开展方面的信息；每年为省民宗委古籍办报送2~3个民族古籍研究选题；组织论文参与民族古籍方面的研讨会，或在省民宗委报刊上开辟的民族古籍专栏投稿、发表。

为扎实做好少数民族古籍抢救、搜集、整理与研究工作，各级民族工作部门重视人才队伍建设，依托高校培养少数民族古籍人才。1986年，选送6人到中央民族学院古籍大专班脱产学习；2002年，选送4人到中央民族大学"民族古籍文献研究"硕士研究生课程进修班在职学习。一批批各个民族院校彝文古籍专业和民语专业的学生充实到民族古籍工作队伍和研究队伍当中。

2014年6月21日至28日,"贵州省民族古籍人才高级研修班"在西南民族大学成功举办。来自全省各市、州、县(区)的民族宗教部门和高校民族古籍研究基地的50名学员参加了培训。针对各级民族工作部门从事古籍工作的人员变动较大、新手较多、工作开展较难的实际,让新到古籍岗位的人员尽快熟悉业务,提高全省各级民族古籍专业队伍的业务素质,以推动各地工作开展,2012年5月15日至17日,为期3天的全省民族古籍工作培训班在贵阳举办。近70名来自全省民委系统的民族古籍工作者及省民族古籍办、省民语办和省民族图书馆的工作人员参加培训,请有关专家授课,讲授民族古籍基本知识及具体业务操作知识。全省各市(州)也分别开办了民族古籍培训班。还派人参加了国家古籍保护中心在省图书馆、云南泸西、贵州民族大学举办的培训。培养了专兼职少数民族古籍整理、研究人员200余人。各地还十分重视对民间歌师、毕摩、水书先生等的培训培养,如毕节彝文双语职业学校自2012年开学以来,已连续招收3届学生,共计240人,2015年毕业102人,培养了一批彝族布摩及对彝族民间古籍进行抢救整理的专门人才。通过各种渠道培训,使全省民族古籍工作第一线的工作者们掌握了民族古籍基本知识,提高了从事古籍工作的实际操作技能,为民族古籍工作的开展奠定了人才和专业基础。

为切实做好我省民族古籍的抢救、保护、传承和研究,进一步扩大民族古籍工作的科学化、民主化、社会化,经省民委2012年9月3日的主任办公会研究,同意组建"贵州省民族古籍专家库"。首批聘任民族古籍专家30名。专家库专家在民族古籍审稿、培训专业人员、提供咨询服务、规划建言等方面发挥了作用。

(三)进入国家文化发展规划纲要的《中国少数民族古籍总目提要》贵州各民族卷的编纂出版工作趋于完成,《贵州少数民族古籍总目提要》的编纂出版工作取得突破性进展

《中国少数民族古籍总目提要》是国家民委确定的跨世纪的重点文化项目工程。2006年8月,中共中央办公厅、国务院办公厅下发的《关于印发〈国家"十一五"时期文化发展规划纲要〉的通知》(中办发〔2006〕24号),将该项目列入国家重点文化项目。"十一五"期间,这一项目的实施取得了重大进展,并被延续申报列入国家"十二五"时期重点文化发展规划纲要。由我省牵头编写的《苗族卷》《侗族卷》完成了编纂出版任务;"十二五"期间,《布依族卷》已于2014年由中国大百科全书出版社出版;《仡佬族卷》和《水族卷》经过条目增补、修改、编审,也已交付国家民委;《彝族卷》由云南省民族古籍办牵头,我省负责提供贵州彝族古籍条。毕节市的彝族古籍条目已完成,收2900余个条目的《中国少数民族古籍总目提要·贵州彝族卷(毕节地区）》已于 2010 年由贵州民族出版社出版。此书获贵州省社科成果二等奖。目前正督促六盘水市提交彝族古籍条目。我们正认真做好回族、畲族、壮族、瑶族等民族古籍编目整理的跨省区协作工作。

为了展示贵州丰富多彩的民族传统文化，从 2012 年开始，我们启动了《贵州少数民族古籍总目提要》编纂工作，重点把贵州 17 个世居少数民族的古籍逐一登录，为热爱民族研究的学者提供珍贵资料。当年收到各地交来条目共 3480 条，《贵州少数民族古籍总目提要》苗族卷、侗族卷已于 2012 年由贵州民族出版社出版。其他民族卷正在编写中。

《中国少数民族古籍总目提要》的实施过程中，在全国少数民族古籍整理研究室的指导下，我省牵头负责 5 个民族卷的编写，亦参与协作其他民族卷的编写。省民族古籍办充分发挥职能作用，以确保古籍搜集、普查、编目、登记工作的有序协调，最大限度地避免重复和争议。《中国少数民族古籍总目提要》将把我省各少数民族落之于笔端、传之于口头的各种古籍文献一一清点入册，填补我国、我省文化史上的一项空白，为中华民族留下一份宝贵的文化遗产。它对继承和弘扬各民族优秀传统文化，巩固和发展平等、团结、互助、和谐的社会主义民族关系，促进各民族共同团结进步、共同繁荣发展，具有重要的历史意义和现实意义。

（四）坚持抢救为主，加大保护力度，积极开展少数民族古籍保护、抢救、搜集、整理、翻译、出版、研究工作

30 年来，我们通过调研、会议，制定出各个"五年"计划。特别是"十二五"时期，在"救人、救书、救学科"的方针指导下，我们保护、抢救、搜集、整理、翻译、出版了一大批濒临消亡的少数民族古籍，从口传到碑铭、石刻，从书籍到文书，从彝文古籍、水书、方块布依字古籍到各民族口传古籍资料，品种繁多，包罗万象。搜集到的少数民族古籍版本极为珍贵。在整理研究少数民族古籍的工作过程中，坚持"取其精华，去其糟粕"的原则。在抢救搜集少数民族古籍的同时，整理出版了一大批优秀的少数民族古籍。抢救、整理散藏在民间的少数民族古籍 50000 余册，其中包括若干孤本、珍本和善本，这些古籍都得到了妥善的保管；已公开和内部出版了 300 余种、一亿余字的民族古籍资料，如《苗族古歌》《张秀眉歌》《祭鼓辞》《布依族古歌》《古谢经》《侗族大歌》《珠郎娘美》《彝族源流》《彝文典籍目录》《西南彝志》《彝族指路丛书》《仡佬族古歌》，水书《正七卷》《壬辰卷》《丧葬卷》，中国水书评注丛书《婚嫁卷》《秘籍卷》《正五卷》《金用卷》《麒麟正七卷》等；四川省出版集团影印出版了 100 部《水书》。此外，还开展水书印旧如旧工作。不少少数民族古籍获得国家级、省级的各种奖励，如《苗族古歌》获得第二届"中国民族图书奖"二等奖；《布依族古歌》获得第四届"中国民族图书奖"二等奖;《张秀眉歌》获得"民间文学作品"三等奖;《古谢经》获得第二届"中国民族图书奖"三等奖;《彝文典籍目录》获得国家图书提名奖、国家民族图书一等奖、贵州省优秀社科成果奖;《彝族源流》7~8卷获得国家民族图书二等奖,9~12卷获得国家图书提名奖;《西南彝志》5~6卷获得国家民族图书三等奖,水书《正七卷》《丧葬卷》获得第三届"中国民族图书奖"二等奖。这些少数民族古籍具有坚实的社会、历史、文化基础,蕴含着丰富的自然科学和社会科学知识、极有价值的民族信息,特色浓郁,版本珍贵,十分难得。

自国家启动民间文化保护工程和国家级非物质文化遗产名录申报工作以来,我省有129部少数民族古籍分4批被列入《国家珍贵古籍名录》,占贵州省获批161部的80%。珍藏大量水书和布依文古籍的荔波县档案馆被命名为"全国古籍重点保护单位"。"贵州水书文献""锦屏文书"已被列入《中国档案文献遗产名录》,"水书习俗"入选第一批《中国非物质文化遗产名录》。

"锦屏文书"的抢救保护工作主要由档案部门进行。近年来,国家财政共投入专项资金千万余元用于文书的抢救保护工作。目前已在锦屏、天柱、黎平、三穗、剑河5县共抢救进馆的"锦屏文书"80000余份,并开展了修裱、整理、数字化等基础工作。投资1900万元的锦屏文书特藏馆已建成。对锦屏文书进行整理汇编与研究取得一批成果。

随着工作的深入开展,我们不断创新工作机制,拓宽工作领域。2007年,承担完成我省3个自治州、11个自治县的概况修订再版任务。2012年至今,为适应研究工作的需要,与黔南民族师范学院等6所高校共同建立"贵州省民族古籍研究基地"。在荔波县民研所建立"方块布依字研究基地"。我们依托高校召开了两次"汲古黔谭"学术研讨会。通过民族古籍研究基地的建设,借助高校和研究所的师资和科研力量,将促进贵州省民族古籍工作更快更好地开展。2013年,与贵州民族文化宫共建"贵州省民族古籍收藏保护中心"。为改变以往民族古籍抢救补助经费量少又大水漫灌的现象,从2014年起,对民族古籍抢救补助经费实行项目申报。当年共收到社会各界申报古籍研究、整理项目83个,经评审获立项39个,补助经费140万元。成果形式包括古籍实物、专著、研究报告、系列论文等。2015年,各市(县)民宗部门申报项目88个,批准立项53个,补助经费101万元。

(五)积极引进现代科技手段,大力推进少数民族古籍工作的规范化建设

为实现少数民族古籍分级保护和科学管理,我们联合有关单位,深入各地进行调研、论证,举办专家座谈会,认真实施《贵州少数民族古籍定级标准》的编制工作。这其中包括在全国范围内首次制定对口碑古籍的定级标准。目前,《贵州少数民族古籍定级标准》基本形成,将为我省少数民族古籍的科学保护和有效管理提供重要依据。

（六）不断加大沟通协作力度，完善少数民族古籍工作跨省区、跨部门协调机制

30年来，我们不断加强了部门间和省区间少数民族古籍工作的交流与合作。规划小组的建立，就是部门协作的开端。我们积极利用全省古籍保护工作厅际联席会议这一平台，认真履行职责，加强与成员单位的协调与配合，将少数民族古籍保护工作与有关部门的工作规划相联系，建立少数民族古籍联动保护机制。根据我国少数民族跨省区分布的特点，参与建立跨省区民族古籍协作机制，按照各民族古籍工作发展的实际情况，组织召开或参加省区间协作会议，加大少数民族古籍工作的宏观指导力度。其中，我省参与的南方片区的回族古籍协作最有成效，每开一次会，就某一专题合作出一本书。我省承担了《回族清真寺资料》和《回族经济与自养经济》两本资料的出版任务及第十二次协作会议的召开。通过参加跨省区古籍协作组织，形成了一省区牵头，有关省区在共同项目上统筹安排、协调配合，共同运作、共同发展的良好局面。

（七）大力开展少数民族古籍宣传工作，提高社会公众的古籍保护意识

积极开展少数民族古籍宣传工作，通过编辑出版宣传册、举办学术论坛，以及民族古籍进高校、下乡等形式，充分利用报纸、期刊、电视、网络等多种媒体手段，广泛宣传国家和省发展少数民族古籍事业的方针政策，介绍各地少数民族古籍工作的开展情况，展示少数民族古籍保护成果，展现古籍蕴含的科学智慧和文化魅力，努力提高社会公众对少数民族古籍的保护意识，增强群众保护古籍、爱护古籍的责任感和使命感。

二、少数民族古籍工作的基本经验

我省少数民族古籍工作起步晚、底子薄，是一项具有开拓性的重要工作。30年来，在省委、省政府的亲切关怀和正确领导下，经过坚持不懈的探索和努力，我省少数民族古籍工作形成了较为完善的组织系统、运转顺畅有效的工作机制、初具规模的人才队伍。30年的工作实践，特别是"十二五"期间的工作实践，使我们逐步加深了对少数民族古籍工作发展规律的认识，积累了一些经验。概括起来，主要有以下几点。

（一）科学认识少数民族古籍的意义、作用、价值，是做好少数民族古籍工作的基本前提

少数民族古籍是中华民族文化遗产的重要组成部分，蕴含着少数民族特有的精神价值、思维方式和想象力、创造力，在长期的传播交流过程中，发挥了经世致用的价值取向和社会功能,对增强民族自信心,增进民族间的理解、互信和情感,弘扬民族文化,维护民族团结和社会稳定,树立社会主义核心价值观,推动社会主义文化大发展大繁荣具有重要意义。只有深刻认识少数民族古籍的真正价值,把民族古籍当成宝贝,才有可能更加积极主动地做好古籍工作;只有把古籍工作作为党的民族工作的重要组成部分,体现"各民族共同团结奋斗,共同繁荣发展"主题的重要方面,巩固和发展平等、团结、互助、和谐的社会主义民族关系的客观需求,树立社会主义核心价值观的应有之义,从维护民族团结、社会稳定和建设社会主义精神文明的大局出发,从中华各民族文明薪火相传、中华民族伟大复兴的战略出发,才有可能更为有效地推进少数民族古籍工作的深入开展。

(二) 各级党委、政府的高度重视是开展古籍保护工作的重要保证

少数民族古籍工作是一项长期性的艰苦工作,需要全社会的支持与关注,需要耗费大量的人力、物力、财力。因此,积极争取各级党委、政府和相关部门对此项工作的重视和支持,是推动少数民族古籍事业蓬勃发展的关键。30年来,我省少数民族古籍工作之所以能取得一系列成果,就在于省委、省政府的高度重视。2010年省政府办公厅下发的《关于进一步加强我省古籍保护工作的意见》和《省人民政府办公厅关于进一步繁荣发展少数民族文化事业的实施意见》明确了少数民族古籍保护工作的重要地位和基本任务,使民族古籍工作有章可循、有法可依。

(三) 完善机构,加强指导,是做好少数民族古籍工作的有效形式

少数民族古籍工作是一项涉及面广、专业性强、基础薄弱的长期工作,要使这项工作全面、协调、持久地开展下去,就必须以科学发展观为指导,从影响工作发展的根本性问题入手,建立并完善组织机构设置,健全工作运行机制和管理体制,建立能够保持连续性的各级领导班子,为少数民族古籍工作提供有力的组织保障。自1985年建立全省少数民族古籍整理出版规划小组以来,我们始终把建立健全少数民族古籍工作机构作为发展古籍事业的重要任务,通过政策引导、组织协调,逐步建立起从省到县的少数民族古籍组织机构。同时,不断加强自身建设,逐步完善工作运行机制,积极配合有关部门进行体制改革。这些举措从根本上理顺了少数民族古籍工作机制,落实了工作任务,有力地推动了少数民族古籍事业的不断向前发展。

(四) 少数民族古籍专业人才队伍建设,是确保少数民族古籍事业发展的基本力量

我省散存的少数民族古籍数量巨大、内容广博、类型纷繁,要做好少数民族古籍工作,使这项事业能够长期、持续稳步的发展下去,就必须培养和造就一支德才兼备、乐于奉献、敢于担当、勇于开拓的古籍专业人才队伍。少数民族古籍工作启动以来,积极组织调动专家、学者和古籍传承人等社会力量参加少数民族古籍工作,并在此基础上,加强与民族院校的沟通和交流,积极探索培养少数民族古籍新生力量的有效途径,建立分层次、多渠道的人才培养模式,逐步完善少数民族古籍人才梯队建设,有效地推动了少数民族古籍事业的发展。

(五)扩大宣传,提升公众保护意识,是做好少数民族古籍工作的社会保障

少数民族古籍工作是一项公益性文化事业,政府在发挥主导作用的同时,必须广开渠道,积极调动社会力量参与此项工作,建立政府主导、社会参与的工作机制。目前,我省的一些少数民族古籍资源仍然面临不断湮灭消亡的危险,少数民族古籍抢救、保护形势依然严峻,呼吁社会各界增强对少数民族古籍的保护意识具有十分重要的现实意义。近年来,我们大力加强少数民族古籍宣传工作,充分利用报纸、期刊、电视、网络等多种媒体搭建宣传平台,及时发布各地少数民族古籍工作动态,积极宣传少数民族古籍工作政策,展示少数民族古籍资源和工作成果,以唤起社会各界人士对少数民族古籍工作的关心,提升公众的古籍保护意识。这些措施取得了良好的社会效果,一大批专家、学者、文化机构、社会人士加入少数民族古籍保护行列,为少数民族古籍事业的发展做出了突出贡献。

繁荣发展少数民族古籍事业,是一项长期而艰巨的战略任务。在看到成绩的同时,也要清醒地认识到,我们所做的工作与事业发展的要求还有差距,工作中还面临着"三救"任务依然艰巨、工作经费短缺、少数民族古籍基础设施和工作条件落后等许多困难和问题。而这些困难和问题的存在,使我们肩上的担子显得更加沉重。实践反复证明,文明需要积累,积累越多越丰富,对人类的裨益就越大。古籍是文明的一部分,是各个民族的先辈们用生命和智慧谱写的历史,不可再生,弥足珍贵,消失就意味着永远退出历史舞台;保存就意味着留住了民族的记忆和文明的火种。这些珍贵的财富不但是具体民族的,也是中华民族的,同时也是世界的。因此,我们要贯彻落实科学发展观和四个全面的战略要求,特别是五大发展理念的要求,从更高的角度、更深远的历史眼光,深刻认识做好少数民族古籍工作的特殊重要性,把发展少数民族古籍事业作为一项重大的战略任务,采取更加切实、更加有效的政策措施,着力加以推进。

自1985年少数民族古籍工作全面开展以来,我省的少数民族古籍工作在省委、省政府的亲切关怀及省民宗委党组的高度重视和关心支持下,不断克服困难,努力拼搏前进。特别是"十二五"期间,我省少数民族古籍事业发展呈现喜人态势,各项工作都取得了突出成绩。这是各组织重视及全省少数民族古籍工作者共同努力的结果。在这里，我代表省民宗委，向默默无闻、兢兢业业地奋斗在少数民族古籍工作一线的同志们，向为少数民族古籍工作做出突出贡献的专家学者，向坚持弘扬少数民族优秀传统文化的古籍传承人，向关心和支持少数民族古籍事业发展的社会各界人士，表示衷心的感谢！

三、今后一段时期的主要任务

"十三五"时期，我国全面建成小康社会进入决胜阶段，也是我省少数民族古籍事业发展的重要战略机遇期。各级少数民族古籍工作部门必须认真全面贯彻党的十八届五中全会和省委十一届六次全会精神，以马克思列宁主义、毛泽东思想、邓小平理论、"三个代表"重要思想、科学发展观为指导，深入贯彻习近平总书记系列重要讲话和中央、全省民族工作会议精神，按照全面建成小康社会的战略布局，贯彻创新、协调、绿色、开放、共享五大发展理念，以《国务院关于进一步繁荣发展少数民族文化事业若干意见》（国发〔2009〕29号）、《国家民委文化部关于进一步加强少数民族古籍保护工作的实施意见》（民委发〔2008〕33号）、《关于进一步加强我省古籍保护工作的意见》（黔府办发〔2010〕110号）、《省民委省文化厅省档案局关于加强少数民族古籍保护工作的实施意见》（黔族发〔2012〕28号）的指示精神为指导，进一步增强责任感、使命感和紧迫感，以推动少数民族古籍工作的科学发展为主题，以加强少数民族古籍基础建设工作为主线，继续把抢救作为少数民族古籍工作的重要任务；创新思路，大胆实践，围绕中心，突出重点，科学制定"十三五"时期少数民族古籍事业发展规划；切实加大对少数民族古籍工作的政策、资金支持力度，在做好抢救、保护、整理、出版等工作的基础上，加强对少数民族古籍的研究、开发和利用；做好少数民族古籍人才队伍建设，进一步加大宣传工作力度，为弘扬中华文化、建设中华民族共有精神家园、增强民族凝聚力和创造力做出新的更大的贡献。"十三五"期间，要实现贵州省民族古籍人才队伍、经费基本满足民族古籍工作发展所需，基本实现民族古籍基地化、品牌化、制度化、社会化、数据化。即在全省形成一个民族古籍资源与高校、研究院（所）为主的研究力量相匹配的合理布局，使民族古籍研究工作基地化；以《贵州少数民族古籍经典系列丛书》和"汲古黔谭"为抓手，实现民族古籍品牌化；以制定和颁布《贵州少数民族古籍定级标准》为切入口，各市（州）、县（市、区）统筹规划，制定严密的抢救保护制度和合理利用办法，把现代化的保护手段和科学的管理方法纳入制度建设中来，使少数民族古籍工作制度化；调动民族古籍专家库专家、研究基地工作人员、全省民族古籍专业人员和社会上的民族古籍爱好者的积极性，让他们都来关心、参与民族古籍工作，实现民族古籍工作社会化；加强与文化、档案等部门的合作，做到资源共享、优势互补、互相促进，将全省民族古籍工作的资源和成就（成果）以目录的形式建立起相应的数据搜索信息库，为社会上热爱民族古籍抢救保护的人士提供交流的平台，便于民族古籍研究专家学者和民族古籍爱好者查找研究资料，实现民族古籍的数据化。

（一）全面开展贵州少数民族古籍普查登记

2008—2010年，我省曾开展为期三年的少数民族古籍普查。通过普查，了解到不少少数民族古籍的线索。但那次普查主要由民委系统参与，有其局限性，广度和深度不够。计划由民委牵头，发动文化和档案等部门及社会上的爱好者参与，广泛深入地开展全省民族古籍的调查、摸底、清点、编目等工作，全面了解和掌握其存量、分布和流传情况，为抢救、整理和出版工作打好基础。

（二）制定和试行《贵州省少数民族古籍定级标准》

贵州少数民族文字古籍、用汉字记贵州少数民族语音的古籍、用贵州少数民族语言传承的口碑古籍等是贵州民族古籍的重要组成部分，是贵州省重要的文化资源。为了科学、合理、规范地保护、传承并利用这些文化资源，参照相关国家标准和外省区标准，制定和颁布《贵州省少数民族古籍定级标准》。

（三）有序推进"贵州民族古籍综合信息数据库"建设

国务院办公厅2007年1月下发的《关于进一步加强古籍保护工作的意见》提出了5项重点工作，其中第一项，就是要建立中华古籍综合信息数据库。我们要在第一次全省民族古籍普查基础上，结合30年的成就，通过协调与整合全省资源，在"十三五"后期，建立"贵州民族古籍综合信息数据库"，作为全国、全省古籍信息库的一个重要分库，使贵州民族古籍的完整家底系统化，为实施保护夯实基础。

（四）编纂出版《贵州少数民族古籍总目提要》

在普查和进一步摸清底数的基础上，在不与《中国少数民族古籍总目提要》重复的前提下，编纂出版《贵州少数民族古籍总目提要》，使二者互为补充，相得益彰。

（五）出版一批民族古籍精品

拓宽思路，创新理念，树立精品意识，继承和弘扬民族优秀传统文化，深入挖掘、整理、研究全省民族古籍的特色内容和优势项目，通过科学规划、统筹安排、协同实施，出版一批能充分反映和集中展示贵州省各民族优秀传统文化内涵的民族古籍精品。除出版书籍外，还要发行一定数量的音像制品。

（六）培养民族古籍人才

培养造就一支贯彻党的民族政策、热爱民族文化事业、具有各项扎实功底和良好素质的民族古籍工作人才队伍，是做好民族古籍工作的重要保证。针对贵州省民族古籍工作人才青黄不接的现状，充分利用和发挥高校的专业人才和教学优势，坚持以提高民族古籍工作人员的理论水平和专业技能为重点，把短期培训、学历教育结合起来，培养一批年轻的民族古籍业务骨干，以更好地满足保护、整理、研究民族古籍工作的不同需要，促进民族古籍工作的深入开展。重点加强民族古籍保护、修复、翻译、整理、出版、研究人才的培养。从政治上爱护、待遇上关心、生活上照顾，为民族古籍专业人员和工作人员创造良好的工作条件和生活环境。

（七）完善贵州民族民间口碑古籍保护传承制度

民族民间口碑古籍传承人（如民族歌师等）是贵州省民族民间文化的活宝库、活化石，是活着的历史，对民族学、民俗学、人类学、历史学、语言学等学科研究具有很高的历史和现实价值。他们掌握的口碑古籍是一笔珍贵的非物质文化遗产。一方面，要组织一定的人力尽快搜集、整理民间艺人的口碑古籍，建立民间艺人名录和民族口碑古籍音像资料库，整理出版一批少数民族口述史料、口碑古籍声像出版物。另一方面，对那些因条件限制而不能及时全部记录整理、长期在民间传诵的民族口碑古籍，要有意识培育口碑古籍的继承人，扶持、保护口碑古籍之家，让具有悠久历史的口碑古籍能世代流传下去，实现科学保护和利用。切实推进民间口碑古籍进校园活动，通过口碑古籍传承人的言传身教，耳濡目染，使下一辈感受到民族口碑古籍的魅力，改被动授受为自发传承，实现"活态"保护。

（八）规划布局民族古籍保护基地及其功能建设

做好"十三五"民族古籍工作，要特别在"基地示范"上取得新突破。要进一步探索民族古籍工作社会化机制创新。一是基地布局及其功能建设的拓展。二是地域涵盖面要提高。"十二五"期间，贵州省已在6所高校和1个县级民研所建立了民族古籍研究基地。"十三五"期间，根据工作需要，还可以适当增加一些民族古籍研究基地，提高地域涵盖面。三是强化课题研究。民族古籍研究基地以课题为引领，充分发挥在民族古籍研究方面的主力军作用。每年各个基地都要申报一定数量的课题，侧重对地方民族古籍方面进行研究，要有一定数量的课题成果发表或出版。四是举办研讨会。各个基地有计划地轮流承办省民宗委主办的古籍学术研讨会、工作培训会、经验交流会等。五是人才培训。高校的研究基地每年要举办一定数量、一定人数的培训班，培训民族古籍专业人才，以基本满足民族古籍工作的需要。六是自身功能的拓展。各个基地在新形势下要考虑自身功能的拓展，不仅有抢救、整理、研究、培训等功能，还要根据自身的特长和经费，适当考虑民族古籍收藏、修复、保护功能等。

（九）实施民族古籍抢救保护项目

依照突出重点、抓出亮点、使有限的资金向亟需抢救保护的项目倾斜的原则，"十三五"期间，把主要精力和经费重点投向濒危语言口碑古籍抢救及彝文古籍、水书古籍、布依族壮族方块字古籍、清水江文书、金石古籍等的抢救、翻译、整理工作。

（十）加强与省外的协作交流

加强与省外相关单位的联合、协作，根据工作的需要，举行相应的协作会、学术研讨会等，通过经验交流与学术研究，吸取他人的长处和经验，减少短板，多快好省地助推贵州的民族古籍工作走上新台阶。

回顾过去成就，令人鼓舞；展望未来发展，催人奋进。少数民族古籍工作已经站在新的历史起点上，前景美好。让我们更加紧密地团结在以习近平同志为总书记的党中央周围，高举中国特色社会主义伟大旗帜，以邓小平理论和"三个代表"重要思想为指导，深入贯彻落实科学发展观，认真贯彻落实党的十八届五中全会和中央、全省民族工作会议精神，坚定信心，振奋精神，改革创新，扎实工作，以少数民族古籍工作的新发展，谱写各民族共同团结奋斗、共同繁荣发展的新篇章！

贵州少数民族古籍工作概览

杨通才

摘　要：党的十一届三中全会后，从中央到地方出台了一系列的文件，强调民族古籍是老祖宗留给我们的宝贵文化遗产，必须做好传承保护和开发利用。贵州省民族古籍整理办公室、各地州市古籍办、高校科研院所开展民族古籍普查、学术交流、人才培养、整理研究和翻译出版、传承保护和开发利用，成果丰硕。

关键词：贵州省；少数民族；古籍

党的十一届三中全会以来，从中央到地方出台了一系列关于少数民族古籍整理、保护、传承、管理等方面的文件，这些文件强调少数民族古籍是祖国宝贵的文化遗产，必须加强保护，在人力、财力、物力方面给予大力支持。各有关单位在相关职能部门的指导下做好收集整理和科学管理，组织力量开展科学研究，加强对少数民族古籍的传承保护和开发利用，促进少数民族古籍工作健康发展，推动社会主义文化大繁荣大发展。

一、民族古籍工作政策背景

（一）国家文件

1981年，《关于整理我国古籍的指示》指出："整理古籍，把祖国宝贵的文化遗产继承下来，是一项关系到子孙后代的重要工作。"

1984年，《国务院办公厅转发国家民委关于抢救、整理少数民族古籍的请示的通知》指出："少数民族古籍是祖国宝贵文化遗产的一部分，抢救、整理少数民族古籍，是一项十分重要的工作。各地、各有关部门要加强对这项工作的领导，并在人力、财力、物力方面给予支持；要为从事整理民族古籍的专门人员创造必要的工作条件和生活条件。"

2005年，《中共中央国务院关于进一步加强民族工作加快少数民族和民族地区经济社会发展的决定》指出："扶持民族地区发展文化事业。继承和发展少数民族优秀文化，对于增强中华文化的生命力和创造力、培育和弘扬民族精神具有重要意义。民族文化发展的着力点要放在不断满足少数民族群众精神文化需求上……加强少数民族文化遗产的登记建档、抢救保护和少数民族古籍的整理、出版。加强民族文化对外宣传、交流和合作。"

2007年,《国务院办公厅关于进一步加强古籍保护工作的意见》指出:"古籍具有不可再生性,保护好这些古籍,对促进文化传承、联结民族情感、弘扬民族精神、维护国家统一及社会稳定具有重要作用。"

2008年,《国家民委文化部关于进一步加强少数民族古籍保护工作的实施意见》指出:"少数民族古籍是中华民族传统文化的重要组成部分,是各民族在几千年历史发展进程中创造的重要文明成果,具有丰富的内涵。加强少数民族古籍保护工作,有利于继承和弘扬各少数民族优秀文化传统,推进社会主义精神文明建设;有利于促进各民族思想文化交流、加强民族团结、维护祖国统一;有利于推动社会主义文化大繁荣大发展;有利于凝聚各族人民共同投身于全面建设小康社会的伟大事业。"

2009年,《国务院关于进一步繁荣发展少数民族文化事业的若干意见》指出:"加强对少数民族文化遗产的挖掘和保护……扶持少数民族古籍抢救、搜集、保管、整理、翻译、出版和研究工作,逐步实现少数民族古籍的科学管理和有效保护。"

2017年,中共中央办公厅、国务院办公厅印发《关于实施中华优秀传统文化传承发展工程的意见》指出:"深入阐发文化精髓。实施国家古籍保护工程,完善国家珍贵古籍名录和全国古籍重点保护单位评定制度,加强中华文化典籍整理编纂出版工作。"

(二)省级文件

2010年,《贵州省人民政府办公厅关于进一步加强我省古籍保护工作的意见》(黔府办发〔2010〕110号)指出:"加强古籍保护工作刻不容缓。各地、各相关部门要从对国家和历史负责的高度,充分认识保护古籍的重要性,进一步增强责任感和紧迫感,切实做好古籍保护工作。"

2011年,《省人民政府办公厅关于转发省民族事务委员会贵州省"十二五"民族事业发展十大推进计划的通知》(黔府办发〔2011〕30号)指出:"民族古籍抢救推进计划。扶持对象为水书、锦屏文书、彝文、布依文等民族古籍和重要的少数民族口碑古籍。"

2011年,《省人民政府办公厅关于进一步繁荣发展少数民族文化事业的实施意见》(黔府办发〔2011〕50号)指出:"加强对少数民族文化遗产的挖掘和保护……推进少数民族古籍分级保护,加大对少数民族古籍抢救、搜集、保护、整理、翻译、出版和研究的扶持力度……"

2018年,贵州省民宗委审定通过《贵州省民族古籍项目管理试行办法》,从立项、实施、经费管理、项目验收、成果管理等方面就少数民族古籍抢救保护项目、研究课题项目等做了相应规定。

2019年，贵州省民宗委审定的《贵州省民族古籍出版项目管理暂行办法》开始执行，从资助范围、申报条件、立项程序、经费管理等方面就少数民族古籍图书出版事宜做了相应规定。

二、摸清家底，开展贵州少数民族古籍普查

我省是多民族聚居的省份，有汉、苗、布依、侗、彝、土家、水、仡佬等18个世居民族。各民族在长期历史发展进程中，创造和积累了丰富多彩的历史文化，留下了卷帙浩繁的文献典籍和口传古籍。为了解全省少数民族古籍资源分布及收藏情况，摸清家底，在省委、省政府的高度重视下，在国家民委古籍研究室的悉心指导下，全省于2008—2010年、2016—2018年先后两次开展了少数民族古籍普查工作，共普查到整理比较规范的少数民族古籍条目4万余条，在此基础上，编纂出版了《中国少数民族古籍总目提要·苗族卷》《中国少数民族古籍总目提要·侗族卷》《中国少数民族古籍总目提要·布依族卷》《中国少数民族古籍总目提要·水族卷》《中国少数民族古籍总目提要·仡佬族卷》《中国少数民族古籍总目提要·贵州彝族卷（毕节地区）》。《总目提要》收录全省各个少数民族的书册、典籍、口头传承、碑刻铭文等，种类繁多，数量巨大。这些民族古籍可划分为文字和无文字两大类。按载体来看，这些民族古籍又可划分为书籍、铭刻、文书、讲唱四大类，内容涉及政治、经济、哲学、法律、历史、宗教、军事、文学、艺术、语言、文字、地理、天文、历算、医学等诸多领域。其表达形式既有神话、史诗、叙事，又有歌谣、谚语等诸多文体。2018年12月，贵州民族文化宫、贵州民族大学图书馆、黔南民族师范学院民族研究院、黔南州档案馆、黔南州图书馆、三都档案史志局（馆）、荔波档案史志局（馆）、都匀档案史志局（馆）、独山民宗局参与完成了由中国民族图书馆吴贵飙馆长主持的国家重大文化工程"中华古籍保护计划"项目——"全国水文古籍书影采集项目"。这些少数民族古籍普查工作和古籍普查成果，为后续整理出版、翻译研究、转化利用等工作起到了很好的铺垫作用。

三、抢救保护，整理出版民族古籍精品成果

在有限的工作经费里，贵州省民宗委每年专门列出古籍工作经费，实施少数民族古籍抢救保护，并出台《贵州省民族古籍项目管理试行办法》，加大抢救古籍保护力度，目前已实施100多个项目，抢救保护了一批具有重要价值的文本古籍。如抢救《水西制度》《水书·壬辰卷》《清水江文书》《毛南族文书》等，珍稀古籍得以"传之后世"。在抢救保护的基础上，又出台了《贵

州省民族古籍出版项目管理暂行办法》，着力提高民族古籍图书出版质量，多年来已积累了丰富的民族学调查研究史料，资助出版了100余种少数民族古籍书籍，推荐75部少数民族古籍经典纳入《贵州文库》出版，推荐144部少数民族古籍入选《国家珍贵古籍名录》。翻译出版《雷山苗族理经》、《布依族做桥影印译注》、《八宫取用卷译注》（水书）、《盘古前皇》（布依族）等；整理出版《西南彝志》《彝族源流》《夜郎史籍译考》等系列图书成果，在探求民族历史源流、追溯中华文明之根、探寻中华文化之源等方面具有重要的文献价值和学术价值。出版了涉及民族古籍的民族志、民族调查资料。如《贵州省志·民族志》（上下卷）是贵州第一部省级少数民族志书，对贵州各民族从古至今的社会历史发展状况进行了较为全面系统的记载，所用资料主要依据各类文献，更有大量资料来自田野调查，翔实、可信而珍贵。又如《贵州"六山六水"民族调查资料选编》（10卷本），"六山六水"民族调查是对贵州省内少数民族较系统、全面的调查，收集了丰富、翔实的第一手资料，并抢救了许多有研究价值的民族学资料，为民族学学科建设奠定了极为丰富的研究基础，对学科发展有着举足轻重的意义和价值。

四、搭建平台，"汲古黔谭"学术交流影响深远

为推动学术发展，贵州省民宗委启动了学术研讨会，为专家学者、古籍研究爱好者等搭建学术交流研讨平台，树立起了"汲古黔谭"学术品牌。

2013年11月，第一届"汲古黔谭"——民族古籍进高校研讨会在贵州民族大学隆重召开。专家学者及民族文化爱好者、民族古籍工作人员等以"民族古籍进高校"为主题，就如何让民族古籍走进高校，如何以高校为依托开展民族古籍工作、弘扬民族古籍中的优秀传统文化展开了深入的交流与探讨。

2015年10月，第二届"汲古黔谭"——民间文献学的理论与实践：清水江文书（锦屏文书）与地方社会国际学术研讨会在贵州省黔东南州锦屏县召开。近百名来自国内外的专家、学者参会，围绕主题"清水江文书（锦屏文书）与地方社会"进行学术交流和探讨。

2016年4月，贵州省民族古籍整理办公室在黔南民族师范学院举办贵州省少数民族口碑古籍分类与定级专题学术研讨会。来自北京民族文化宫、贵州民族大学、贵阳学院、贵州省社科院、黔南州民族研究所等单位的专家学者近30人参会，会议收到论文20余篇，与会专家就贵州少数民族口碑古籍的界定、分类与定级等进行了集中研讨。

2016年10月，第三届"汲古黔谭"——水书习俗与殷商文化国际学术研讨会在三都成功召开。近百名来自国内外的专家、学者齐聚一堂，围绕主题"水书习俗与殷商文化"进行学术交流和探讨。

2017年8月，第四届"汲古黔谭"——彝文古籍与西南民族史学术研讨暨民族文化传承和旅游发展论坛在毕节市赫章县开展，主题为"彝文古籍与西南民族史"。来自省内外的60多位文献学、考古学、彝学等方面的文化学者参加会议。

2018年11月，第五届"汲古黔谭"——庆祝改革开放四十周年"民族古籍与文化自信"学术研讨会在贵阳召开。

2019年10月，第六届"汲古黔谭"——"民族优秀传统文化与乡风文明"研讨会在开阳县召开。

2021年12月，第七届"汲古黔谭——民族古籍与铸牢中华民族共同体意识"学术研讨会在贵州民族大学召开。

每一届的主题或紧扣我省历史文化，或紧扣当时的社会需要。参会同志围绕主题深入开展了交流与探讨，与会专家学者围绕主题深入开展了探讨，交流观点、分享思考，取得了很好的效果。

此外，我们积极组织各地民族古籍工作者开展民族古籍研究，先后汇编出版了《民族古籍论丛》《水族铭刻古籍搜集整理研究》等论著，有效推动了民族古籍学术繁荣发展，也推动民族古籍在传承弘扬中华优秀传统文化、促进民族团结、助推脱贫攻坚、服务乡村振兴等方面发挥了重要作用。

五、救书救人，培养少数民族古籍人才队伍

全省少数民族古籍资源许多散藏于民间，但是群众对少数民族古籍缺乏保护意识，一些珍贵稀少的古籍常被废弃，甚至用来陪葬、焚烧，导致古籍损毁消亡。一些商人和不法分子收购、倒卖少数民族古籍，导致少数民族古籍流失。而散落民间的少数民族古籍多由民间艺人、师公、毕摩等掌握和保存，随着外出求学就业的年轻人增多，掌握口传古籍的传承人越来越少，后继乏人。口传古籍也因未得到及时的抢救保护、传承人年老去世而消失。随着社会经济的快速发展，少数民族古籍的消失速度加快，能识读少数民族文本古籍的人越来越少，少数民族口传古籍传承人也越来越少。少数民族古籍管理工作也面临人才青黄不接的局面，大部分地方民族古籍工作人员多为兼职，且既懂民族语言文字又懂汉语言文字的专业双语人才严重匮乏。精通少数民族古籍的老专家学者日渐减少，投身少数民族古籍事业的年轻人才数量有限，人才断层现象非常明显，少数民族古籍工作显得紧迫而又艰难。

2014年7月，贵州省民族古籍整理办公室在西南民族大学举办首届贵州省民族古籍人才培训班。

2015年5月18日，国家古籍保护中心主办，国家古籍保护人才培训（贵州）基地、贵州省图书馆、贵州民族大学图书馆承办的"第四届全国民族文字古籍普查培训班"在贵阳开班;同年10月,贵州省民族古籍整理办公室举办黔南州2015年民族古籍暨双语服务骨干人才培训会。

2018年6月9日,贵州省民族古籍整理办公室在黔南民族师范学院举办黔南少数民族古籍普查培训班,水书文献古籍普查员、布依摩经文献古籍普查员及该校部分师生共计70多人参加培训。

2018年,贵州省民宗委联合贵州民族大学单列招收20名彝汉双语本科生,并单列招收3名"彝文古籍文献整理研究方向"的研究生。不仅举办学历教育,也开展短期业务培训,共举办3期民族古籍修复培训班、15期民族古籍人才培训班,受训人员2300余名。

2021年,贵州省民宗委支持贵州民族大学成立古籍保护研究院,促进民族文字古籍保护,推进人才培养、科学研究、文化传承,推动学校交叉学科发展。目前全省已建立了贵州民族大学、黔南民族师范学院、贵州工程应用技术学院、兴义民族师范学院、凯里学院、铜仁学院、荔波县方块布依字研究基地、奢哲彝族文化研究院、西江千户苗寨文化研究院9个民族古籍研究基地。

以上措施有效地推进了民族古籍人才培养和民族古籍学科建设。

在国务院批准公布的第一至五批《国家珍贵古籍名录》中,我省有16家古籍收藏单位和个人的171部珍贵古籍入选。其中,汉文古籍33部,少数民族文字古籍138部。

六、多措并举,推动少数民族古籍创新转化运用

古籍保护的目的不仅仅是保存,更应该是广泛传播。藏之于馆、束之高阁,无人问津,保护则失去了意义。尤其是一些古籍孤本、善本、珍本,整理出版化身千百,才是最好的保护。贵州省民宗委于2000年以来,积极开展善本再造、影印出版等工作,如水书《正七卷》《壬辰卷》再造及《布依族〈做桥〉影印译注》《摩且经》影印等,供更多的传统文化爱好者、研究者阅读研究,充分发挥了古籍善本的文献价值与文物价值,极大地促进了各民族优秀传统文化的传播。通过盘活古籍图书存量,做好古籍图书捐赠,先后开展少数民族古籍进校园、进乡村(进少数民族特色村寨或传统村落)、进社区、进机关、进图书馆等活动,引导群众了解各族人民交往、交流、交融的历史,引导各族人民认识中华文明起源和历史脉络,弘扬民族精神,增进民族团结,构筑中华民族共有精神家园。2017年7月,贵州省民宗委办公室组织征借我省民族古籍原件34部,参加国家民委全国少数民族古籍整理办公室在中国国家博物馆举办的"民族遗珍书香中国——中国少数民族古籍珍品暨保护成果展"全国巡展活动(北京)。2017年10月至11月,由国家图书馆和

贵州省文化厅共同主办，贵州省图书馆（贵州省古籍保护中心）承办，贵州民族大学图书馆协办的"册府千华——贵州省藏国家珍贵古籍特展"分别在贵州省图书馆和贵州民族大学图书馆展出。先后展出150余部孤本佳椠，这些珍品古籍中有唐宋写本、元明刻本、明代孤本兵书和西南名儒郑珍、莫友芝、黎庶昌等人的稿抄本，还有极具贵州民族特色，用彝文、水文、布依文撰写的珍贵少数民族古籍。这次的珍贵古籍特展，是省内珍本最丰富、规格最高、规模最大的一次古籍展览。珍贵古籍特展，其意义在于引导公众走进博大精深的传统文化宝库，享受精彩纷呈的精神盛宴，进一步唤起公众保护古籍的意识，更加热爱中华文化，不断增强民族自豪感和自信心，进一步推进我省的古籍保护事业再上新台阶。

同时，组织拍摄少数民族古籍系列之《苗绣文化密码》视频短片，为少数民族古籍创造性转化、创新性发展做了有益探索和尝试，让书写在古籍里的文字活起来，改变以往少数民族古籍"藏在深闺人未识"的状态，多渠道、多媒介、立体化推进少数民族古籍大众化传播。如何解决"保护"与"传承"、"收藏"与"利用"的关系？数字化建设是必然选择。早在2016年，贵州省民族古籍整理办公室和贵州省少数民族语言文字办公室就共同立项，委托贵州民族大学夜郎文化研究院实施《传统彝文信息化系统开发研究》项目。该项目已经完成2万多字传统彝文字库建设、传统彝文计算机拼音输入方案研制及软件开发、传统彝文常用字读音和字义整理等工作。为更好地整合全省资源，贵州省已于2021年启动少数民族古籍数字化平台建设。目前，平台已初步建成，功能正在进一步完善。已着手开展全省少数民族古籍资源的高清数据采集，录入了贵州少数民族古籍总目提要条目2万余条，涵盖17个世居少数民族古籍条目资源，着力实现少数民族古籍信息化保护传承、检索查询、宣传展示、项目申报等科学管理目标，逐步形成少数民族古籍文本结构化、知识体系化、利用智能化，探索与全省各少数民族古籍收藏单位已有的古籍数字资源系统实现信息链接和资源共享，畅通网络互联渠道，提高开放水平，推动古籍从专业化、学术化转向生活化和大众化，从而开发、推广古籍文创产品，有力推进中华优秀传统文化创造性转化、创新性发展。

七、聚焦主线，努力开启新时代民族古籍工作新篇章

新时代，党的民族工作进入了新的历史方位，包括少数民族古籍工作在内的民族工作也面临着新的要求。做好新时代民族古籍工作，需要深入领会习近平总书记关于加强和改进民族工作的重要思想，深入贯彻落实中央民族工作会议精神。习近平总书记在中央民族工作会议上强调的"十二个必须"，特别是必须坚持正确的中华民族历史观、必须构筑中华民族共有精神家园、

必须促进各民族广泛交往交流交融等,都是我们开展民族古籍工作需要遵循的要求。同时,要充分认识、正确把握"四个关系",即共同性和差异性的关系、中华民族共同体意识和各民族意识的关系、中华文化和各民族文化的关系、物质和精神的关系。从共同性和差异性的关系来讲,就是要正确把握增进共同性、尊重和包容差异性的重要原则,共同性是主导,是方向、前提和根本,差异性不能削弱和危害共同性。从中华文化和各民族文化的关系来讲,就是要把握好各民族优秀文化是中华文化的组成部分,中华文化是主干,各民族文化是枝叶,根深干壮才能枝繁叶茂,等等。我们要深刻把握铸牢中华民族共同体意识这一论断的科学内涵,明晰中华民族多元一体、家国一体的发展脉络,通过各民族的古籍研究,增强各民族休戚与共、荣辱与共、生死与共、命运与共的共同体理念。黔南是一个以布依族苗族为主体并有汉族、水族、毛南族、瑶族、仫佬族、侗族等多民族聚居的自治州,全州总人口420万,少数民族人口240余万,约占全州总人口的57.1%。千百年来,各民族人民在开发建设黔南的历史进程中,创造和保存了丰富的文化遗产,使民族古籍"开新造大"、华彩四放。认真回顾黔南自治州30年来的民族古籍工作,认真总结经验,不仅有利于更好地继承和发扬民族优秀传统文化,更有效地发展民族地区的先进文化,促进少数民族文化的保护和传承,而且对贯彻落实好习近平总书记指出的"要系统梳理传统文化资源,让收藏在禁宫里的文物、陈列在广阔大地上的遗产、书写在古籍里的文字都活起来"重要指示精神,有着重要和深远的意义。

黔南少数民族古籍工作三十年

杨 斌

黔南州历来重视民族古籍工作，在没有专设业务科室前，就有分管民族古籍工作的领导，安排民族语文工作者和民族研究工作者承担相关业务工作。1996年，成立古籍整理办公室，列入黔南州民族宗教事务局机关公务员编制，负责组织、联络、协调、指导全州的民族古籍工作。2010年，组建古籍语文办公室，属黔南州民族宗教事务委员会下设的正科级事业单位，编制5人，履行着组织、指导全州民族古籍的搜集、整理、出版工作；组织制定少数民族古籍重点项目、全州性重大课题的规划与实施工作；负责少数民族古籍的宣传与交流工作等。30年来，在州委、州政府的重视下，在主管部门的领导下，在上级业务部门的关心和指导下，在相关研究部门、高校、民族学会及社会各界的支持下，做了大量卓有成效的工作。

一、工作开展情况

（一）深入调查，把握藏量，搜集整理

我州各民族历来崇尚传统文化遗产，博采详核，形成了一种与传统文化并存的传承史脉。这是民族文化永久不衰的重要原因。30年来，我州以各县市区民宗部门和古籍收藏单位为平台，组织专业人员对州级及13县市区的图书馆、博物馆、档案馆、高等院校、科研机构、教育部门等单位及个人进行全面调查，并深入少数民族村寨走访调查，特别是通过2008—2010年的少数民族古籍普查工作，基本掌握了我州少数民族古籍收藏的数量及保存状况。如水族的水书大量深藏于我州三都水族自治县、荔波县、独山县、都匀市及福泉市的水族村寨的水书先生中，部分藏于档案馆、图书馆、博物馆、高等院校、科研单位。而布依文古籍，全州的布依族聚居区都有收藏，仅荔波民间就有5000余册。其中，傩书3000余册，经书2000余册。全州在深入调查的基础上，完成了黔南地区布依族、苗族、水族等民族古籍资料的普查、整理，共编写讲唱、书籍、文书和铭刻类条目6000余条，为《中国少数民族古籍总目提要》布依族卷、苗族卷、水族卷的编纂工作做出了积极贡献；完成了2万余册水书手抄本和1000余册布依傩书、布依经书手抄本的搜集，并进

行了灭菌、杀虫和消毒，以及分类、编目和整理工作。由于我州在少数民族古籍普查工作中的成绩突出，2008年12月，全省的少数民族古籍普查工作现场会在我州荔波召开，更进一步推动了我州的民族古籍工作。

（二）有重点地翻译、审定、编印和出版少数民族古籍

在全面调查搜集的基础上，30年来，有重点地翻译、审定、编印和出版了一批民族古籍。其中，翻译《砍牛经》《黔南苗族叙事长诗选》《水书·祁福卷》等50余卷民族古籍译稿；审定水书译稿10卷；出版民族古籍丛书20余本——《布依族古歌》《水书·正五卷》《水书·壬辰卷》《水书·丧葬卷》《水书·婚嫁卷》《水书·泐金纪日卷》《水书·秘籍卷》《水书·麒麟正七卷（上、下）》《水书·金用卷》《水书与水族历史研究》《中国水书探析》《水书常用字典》《水书研究史略》《己丑年（2009）汉水两用历书》《庚寅年（2010）汉水两用历书》《荔波县馆藏水书内容提要总目概览》《水书习俗择课汇编》《坝固苗族情歌》《苗族古歌（落北河次方言）》《黔南州戏曲音乐》《黔南州民间故事卷》《中国苗族文学丛书·中部方言民间文学作品选》，以及都匀市阳和、基长、奉合水族乡学校校本试用教材——《水书》第一册和《水族文化进校园小读本》等，其中也有不少堪称黔南少数民族古籍资料里的精品之作，如《布依族古歌》获得第四届中国少数民族图书奖二等奖。它们在文学、哲学、历史、天文等学科中均有十分重要的研究价值，并引起国际上专家学者的关注，为研究民族史、民族学、民族语言、民族艺术、民族习俗、宗教等提供了重要的参考资料，为弘扬民族文化、振奋民族精神、加强民族团结、建设和谐社会发挥了积极的作用。

同时，2002年，争取到国家民委古籍办编印、出版《民族古籍·水族专刊》，让水族古籍走向了全国。为了反映我州抢救、搜集、整理、研究少数民族古籍的概况，州古籍办把编印《黔南民族古籍》列入工作目标，州民宗委每年从州级民族经费中安排一定的出版经费，使之成为黔南民族古籍研究的重要阵地。自2001年以来编辑出版《黔南民族古籍》一至九册，近200万字，对全州的民族古籍工作起到了一定的理论指导和经验借鉴作用。而且，编辑《黔南民族古籍》是一项十分有意义和有影响的工作。其中，《黔南民族古籍（三）·黔南碑刻研究》开始由"个例"收集、整理进入在一定范围内系统的研究阶段，补充了我州碑刻研究方面的空白。

按照水书出版图文并茂、声像并举、出旧如旧的要求，已配合省民委完成入选《国家珍贵古籍名录》精品水书《泐金纪日卷》《庚甲卷》《正七卷》《壬辰卷》《放棺木卷》《子午卷》原件出旧如旧的工作，促进了水书的进一步宣传、保护和利用，使我州民族古籍工作又结硕果。

根据省古籍办的安排，我州承担了《中国少数民族古籍总目提要》布依

族卷、水族卷的编纂工作。布依族卷已于 2014 年出版，并且在刚刚揭晓的贵州省第十一次哲学社会科学科研成果评奖公示中获得了著作类三等奖。水族卷也已交国家民委古籍办审定。

（三）加快优秀少数民族古籍传承人的抢救工作

少数民族古籍传承人是我国各民族民间文化的活宝库、活化石，是活着的历史，对于民族学、历史学、语言学等学科研究具有很大的历史和现实价值，是一笔珍贵的非物质文化遗产。一旦传承人故去，他们所掌握的民族古籍也将随之消失。因此，我州按照"救人、救书、救学科"的原则和抢救非物质文化遗产的有关要求，及时做好"救人"工作。首先，组织一定的人力搜集、整理民族古籍传承人的口传资料，建立和完善了一定数量的水书、布依傩书、经书口传古籍音像资料库，整理制作了水书光盘 500 余张。其次，对水书先生、布依傩书先生进行调查、录音、录像。目前，已对 16 名布依傩书先生、194 名水书先生进行了调查、录音、录像，并为每一位水书先生建立了个人档案。经过我州的努力，贵州省人事厅出台了《贵州省水书师专业等级资格申报评审条件（试行）》，并组织了水书师专业等级资格的评审工作，共评出水书师 72 人。其中，高级水书师 23 人，中级水书师 13 人，初级水书师 36 人。春节期间，还对专家组水书师进行慰问并组织体检。总之，在专业知识上认可他们，在学习上帮助他们，在工作上支持他们，在生活上关心他们，以体现党和政府对水书先生的重视、关爱与保护。最后，对那些因条件限制而不能及时全部记录整理，长期在民间传诵的民族古籍，有意识培育民族古籍的继承人，扶持民族古籍之家，让具有悠久历史的民族古籍能世代流传下去，切实推进民族古籍的保护和利用。

（四）认真组织古籍收藏单位申报《国家珍贵古籍名录》和《全国古籍重点保护单位》

为了有针对性地保护中华珍稀古籍，自 2007 年 9 月底开始，国家文化部组织开展了《国家珍贵古籍名录》和《全国古籍重点保护单位》的申报工作。这项申报工作受到了黔南州各级党委政府及各有关部门的高度重视。在州古籍办和各相关单位的努力下，通过挑选，积极申报，经过国家评审，黔南州共有 77 种少数民族古籍分别入选第一批、第二批、第三批、第四批《国家珍贵古籍名录》，包括布依族傩书《献酒备用》等 16 种、水族水书《泐金纪日卷》等 61 种。荔波县档案馆被命名为首批全国古籍重点保护单位。这是我州少数民族古籍保护工作具有里程碑意义的大事，彰显了少数民族古籍保护的重要地位，标志着我州少数民族古籍保护工作进入了一个新的历史阶段。

（五）重视民族古籍抢救保护项目工作，促进民族古籍研究上台阶、出成果

根据省古籍办的相关要求，我州积极组织申报民族古籍抢救保护项目，近两年来，共获省古籍办项目立项 12 个。其中，《贵定县少数民族特色村寨文化普查》《西部方言落北河次方言苗族芦笙词曲收集、整理》已结题；《黔南州古籍传承人普查》《布依族〈婚嫁经〉整理、研究》《惠水县古籍铭刻拓片及整理》《古籍文物的保护传承研究》《都匀市布依民风民俗山歌汇粹》《贵州毛南族古籍》《荔波县水书保护》《三都水族自治县水书翻译整理》《贵定县古籍文化艺术布依山歌"十八调"搜集、整理》《惠水苗族文化精粹》10 个项目进入课题验收阶段。这 12 个民族古籍项目，地域涉及我州州直 2 个单位和 8 个县市，民族涉及我州世居的布依、苗、水、毛南 4 个民族。就收集品类而言，从说唱口碑到碑铭、石刻，从活页函本到线装典籍；从历史、文学、艺术到文物、村寨；从水书到方块布依文，我州现行的少数民族文字古籍，品种繁多，包罗万象。研究成果独具历史文物性、学术资料性和艺术代表性。同时，我州拟每年安排 10 万经费资助少数民族古籍抢救保护项目。省、州项目的实施完成，将更好地服务于传承和弘扬优秀民族传统文化，服务于少数民族和民族地区的社会经济发展，服务于全国民族团结进步示范州的建设。

（六）加强协作和培训，逐步形成一支具有一定水平的专业队伍

民族古籍工作是一项社会系统工程，涉及的学科领域广，需要多方面协作完成。30 年来，全州民族古籍机构十分重视地区、单位之间的协作，特别着力加强与科研单位，文化博物图书部门、档案部门、出版部门，以及大专院校等的联络与协作，共同承担民族古籍抢救、普查、搜集、整理、课题研究、人才培养和出版任务。通过加强协作，充分发挥民族古籍工作的整体效应，实现优势互补，资源成果共享，提高规模效益，扩大影响力度。

在加强协作中，重视提高民族古籍工作人员的政治素质和业务水平。全州共举办形式多样的少数民族古籍业务工作培训班 20 余期，并邀请省古籍办、省古籍保护中心、省档案馆及相关高校、科研院所的领导和专家到场授课和现场指导。同时，创造各种条件和机会，选派民族古籍骨干外出进修、在职培训、以老带新。注重坚持在工作实践中提高业务能力，产生了良好的效果，逐步形成了一支具有一定水平的专业队伍。据不完全统计，现在我州从事少数民族古籍工作的专兼职人员和学术界、教育界有关专家学者、研究人员已达到 100 余人，这是一支老中青相结合的专业队伍，各地热心于这项事业的人才还在相继涌现。他们或考察了解，进行宣传；或深入调查，搜集编目；或潜心整理，著书立说。他们有着严谨的工作作风、勤奋的学习态度和强烈的敬业精神，勇于开拓，不断创新，切实做到有为有位、有位有为，

以全新的视角、全新的思维、全新的理念，促进黔南民族古籍事业的发展。

二、几点体会

30年来，我州民族古籍工作积累了宝贵的经验，主要体现在三个认识、三个坚持和三个加强上：

三个认识：一是认识到民族古籍是中华古籍的重要内容；二是认识到保护民族古籍是保护民族文化之"根"的重要目标；三是认识到发展民族古籍是建设中华民族共有精神家园，增强民族凝聚力和创造力的重要保证。

三个坚持：一是坚持把党的古籍工作路线、方针、政策与黔南地处西部、民族众多、发展不平衡的特殊州情相结合，正确认识和把握民族古籍的特点和内容；二是坚持把"救人、救书、救学科"作为民族古籍工作的根本任务，以科学发展观统领民族古籍工作全局，实行分类指导，因地因族制宜，促进各民族的古籍成果繁荣；三是坚持科学规范的抢救保护方式，遵照摸清家底、如实著录、分级保护等原则，推动协作与交流，建立健全促进古籍工作的长效机制，为民族古籍事业发展奠定坚实的基础。

三个加强：一是加强对民族古籍工作的领导。在新的历史条件下，我州少数民族古籍工作面临着许多新情况、新问题、新常态。各县市区及有关部门进一步提高认识，加强领导，加大对少数民族古籍工作的支持力度，切实抓好组织规划和各项工作措施的落实。州县两级政府结合本地的实际情况和少数民族古籍工作的要求，进一步建立和完善少数民族古籍工作机构，配备得力的工作人员，加强人才培养和各方面的投入力度。30年来，州县两级共投入民族古籍普查、搜集、整理、展示和出版经费上千万元，保证了少数民族古籍工作的正常开展。二是加强队伍建设。建设一支热爱民族文化、懂专业、能吃苦、有奉献精神的少数民族古籍工作专业队伍，是做好我州少数民族古籍工作的关键。州及各县市区各部门把培养和建设少数民族古籍专业队伍作为一项重要的工作抓紧抓好，加强教育和培训工作，全面提高队伍的专业水平和整体素质，努力培养了一支德才兼备、乐于奉献、勇于开拓的少数民族古籍工作队伍。广大少数民族古籍工作者也继续发扬坚韧不拔、奋发有为的精神状态，保持严肃认真、实事求是的工作作风，坚持勇于探索、开拓进取的创新精神，不断加强学习，注重多种学科知识的学习和积累，努力提高工作水平，不断开创少数民族古籍工作的新局面。三是加强古籍成果的宣传和转化。少数民族古籍工作的根本目的是继承和发扬各民族优秀文化，为自治州改革、发展、稳定的大局服务。我州以形式多样的方式方法对古籍成果进行宣传和转化，不仅弘扬了少数民族古籍文化，促进了文化大发展大繁荣，而且使少数民族古籍备受关注和重视，同时促进了少数民族古籍工作的开展。

　　水书古籍是我州少数民族古籍的一大特色。水书古籍在我们的努力下，更好地得到了抢救、保护，并得以翻译、出版和开发、利用。第一，经常性地向广播、电视、报刊等新闻媒体传递水书信息和工作动态，拍摄《神秘的水书》等专题片在央视播出，以宣传水书文化。第二，建立"中国水书文化网站"，以发布和传递重要水书信息和水书古籍工作动态，扩大水书的对外宣传。第三，将水书文化宣传融入黔南旅游推介活动内容之中，拍摄制作水书宣传光碟和宣传画册，以展示黔南水书，宣传黔南文化。第四，以"春节"、"十一"旅游黄金周、"州庆"、民族团结月、端节、卯节等民族节日作为契机，开展水书宣传，对三都水族自治县姑鲁产蛋岩景点，水各、巴茅、板告旅游村寨，荔波县洞塘打卦岩和永康拉桥水族寨，都匀市归兰水族乡椰木水寨进行水书文化包装打造工作，积极打造水书旅游文化亮点，为旅游增加文化内涵。第五，三都水族自治县在大型歌舞剧《远古走来的贵族》《水家人》中渗透了水书文化，荔波县完成了"风土计划"——《水书表情》节目，利用水书打造文化活动。第六，设在黔南民族师范学院、三都水族自治县博物馆和荔波县档案馆的各具特色的水书文化展览馆发挥着宣传水书、宣传水族的积极作用。第七，2008年奥运会前夕，在深圳"上河坊民族文化宣传中心"和"北京中华民族园水族村寨景区"及2015北京·黔南州60周年成就展上，将水书手抄本、水书对联向外进行展示，使水书得以传承和弘扬，为繁荣民族文化事业，延续我们的民族历史和民族根脉做出了积极贡献。

　　回顾我州民族古籍工作30年来的历程，一条抢救、保护民族古籍的普查之路、整理之路、出版之路、研究之路、开发之路、收获之路、发展之路呈现在脚下。诚然，认真贯彻党和国家的民族政策、民族古籍工作方针，切实推动民族古籍工作加快发展，是一项非常复杂的系统工作及投入性工程。但我们坚信，在州委、州政府的坚强领导下，在上级业务部门的指导下，在各级各部门的大力支持和共同努力下，认真贯彻党的十八大和中央、省、州民族工作会议精神及民族古籍工作会议精神，与时俱进，开拓创新，定能为巩固和发展平等、团结、互助、和谐的社会主义新型民族关系做出新的贡献，共同努力为自治州把"守底线、走新路、奔小康"的各项工作落到实处，创造出经得起时间、民族、历史检验的成果，让书写在少数民族古籍里的文字真正活起来，在实现中国梦的伟大征程中谱写黔南民族古籍新篇章。

民族古籍整理

贵州毛南族地区清朝民国时期土地契约文书的调查与研究[①]

孟学华　邹洪涛　刘世彬

贵州毛南族多依山傍水而居，是典型的农耕民族。土地是其赖以生存的基础，也是家庭的主要财产。在我们收集的毛南族文书中，以土地买卖契约、当约、换约、送约最多。现逐一举例并作简要说明。

一、买卖契约，包括山场、地基、田地买卖契约等

卖约契1：道光二十一年石成琛卖田契约[②]

立约卖私田文契人石成琛，为因急用无处出办，只得将到项下甲鲁私田大小共二十块，其田有亩，每年纳乙钱伍卜，其田左右一下，从屋基下去□比抵尖坡为界，四至分明，凡与屋基上边，俱是卖主之项，连屋基下去一切左右尽净卖，自愿请亲族上门，出卖与堂兄石连山为业，即日当面中人授过卖价银乙佰八拾叁两整，亲领明白，自卖之后，任从耕种收花管业，后卖主子孙不敢争论、翻悔，有力不赎，无力不补，如有争此，现有卖约可盾，此系二比情愿，并非旁人逼勒成交，一卖百了，永不异言，今恐口无凭，立贵此卖约为据。

内拴缚人石名山受银乙两贰钱（押）

外拴缚人石羊保石阿二受银四钱（押）

凭中见银人石朝麟石廷桂受银四钱（押）

名原引人凭中人黎廷和（押）受银栽界人石阿垂受银乙百文

亲笔

道光二十一年十一月十二日立买契

卖约契2：同治七年石老中卖田契约

立约卖私田文契人石老中，因账目弟兄商议，只得将到项下私田贰丘，

[①]基金项目：2011年贵州省教育厅基地项目《贵州毛南族地区清朝民国时期"文书"的调查研究》研究成果，编号11JD086。

[②]所录契约原文中有一些错字、漏字情况，笔者为展示原貌，故未予以修正。如：□为缺字或无法辨认的字；乙为"壹"；翻为"反"；恐为"空"。以下同。

出米壹斗陆箩，坐落田名蛮散寨脚，其田上下抵垦，左右抵邻，四至分明，先问亲族，后问原主，无人承买，只得请凭中人上门出卖与石荣光名下为业，即日当面中人得授卖价纹壹两整，亲手领回，应用清白，自卖之后，任从买主耕种收花，子孙世代管业，日后卖主子孙不敢前来争论、翻悔，倘若来争荷，契内有名人等卖约，揭出罪累无辞，子孙有力不赎，无力不补，以此卖据批不许过割、倒退，此系二比情愿，并非逼勒成交，乙卖百了，永远不回头。恐口无凭，立此卖约存照。

千年万代

万古耕收

内缚拴人石□贵三十文（押）

外缚拴人石□田二十文（押）

断心人石礼才钱二十文（押）

代笔人石灿珍钱三十文（押）

合帐之日酒食一席

同治七年十二月二十日立卖私田石老中（押）

卖约契3：光绪十四年石绍夭、石老扛兄弟卖田契约

立约卖粮田文契人者皆寨石绍夭、石老扛，为因急需，弟兄商议，只得将到项下粮田贰丘，收花叁斗陆箩，座落地名甲那田，上下抵老垦，左右抵当朝，四至分明，先问亲族，后问邻里，无人承买，自愿请凭中人说合上门，出卖与旁宁寨石绍贵名下承买为业，是日三面言定，卖价足色纹银贰拾贰两整，亲手领回，应用明白，自卖之后，黄泥黑土，尽归买主子孙，永远管业，耕种收花，日后卖各色人等，不敢前来争论、翻悔，至其子孙，有力不赎，无力不补，如有此等，契上有人等凭中一力，硬耽不关买主之事，此系二比情愿，并非逼勒成交，自今以后，一卖一完，二卖二了，永世千秋不回头。今恐后人心不凭，立此卖约为据存照。

天长地久

后批条粮随田每年上纳银乙钱贰分交与卖主上纳

凭中石绍八收钱□□两（押）

挑戡石应新收钱□□两（押）

原引石绍金收钱□□两（押）

栽界石绍六收钱□□两（押）

代笔石永□收钱□□两（押）

画狎石绍□收钱□□两（押）

光绪十四年三月十二日立卖契字

我们仅在石治安家收集到的文书中就有买卖契约58份，比较完整。造成

卖田的原因，主要是"急需，无处出办"，只有出卖粮田去弥补"急需"。这种"急需"反映了当时百姓的生活之贫穷与艰难，家中没有半点积蓄，一旦遇到困难，就需要变卖家产才能解决。这种买卖是双方"情愿，并非旁人逼勒"。这种"平等交易"，一方面，体现了乡民的淳朴、乡村经济贸易的原始与简单；另一方面，反映出一种原始的"公平"，而不是暗箱操作，强买强卖。在交易过程中，还需要介绍人、见证人和立约人。交易程序一般是卖主与家人商议，在亲族中寻求买主，如果亲族中没有人愿意买，就到外族或者其他寨子寻求买主，买卖双方和帮助书写契约的人三方当面立约即成交。

二、当约，急需用钱，除了卖田地、山场、地基之外，还可以"出当"

当约契1：咸丰十一年石老忠当田契约

立约当私田文契石老忠，为因急用，无处出办，只得将到项下私田乙丘，坐落地名寨脚井边之田，自愿请凭中上门，出当与石忠保名下为业，即日当面中人授过当价纹银六两六钱整，亲手领回清白。自当之后，任从银主耕种、收花，其田当至不拘远近，银到赎归，若无原价依旧耕收，当主不敢异言。恐口无凭，立此当约为据。

凭中人石凤矗咸丰十一年三月十七日立当约

当约契2：同治元年杨应忠当田契约

立约当私田文契人上亮寨杨应忠，为因急用，无处出办，只得将到项下私田一丘，年中收花乙斗，座落地名坝更之田，上下左右抵垒，是以弟兄商定，上门出卖与下亮寨石朝凤名下为业，即日三面议定，当价纹银柒拾两整，亲手领回，应用明白。自当之后，任从银主坐垒分花，日后二比不敢异言，议定年数十二年，管期倘有过之后，原主银主到赎约。今恐口无凭，立此当约为据。

见银挑戥人杨应书受银八分

亲手代笔

凭中杨应凤杨应礼小钱受三百文

同治元四月十七日立当约

当约契3：同治三年石老三当山场树木契约

立约当山场树木文契人石老三，为因急用，自愿将到项下山场树木壹片，座落地名同马，上抵尖坡，下抵当主左右栽石为界，请凭中证人上门，出当与石宗保先生名下，是日当面受当价纹银壹两玖钱二分整，亲手领明白。自当之后，任从银主砍伐树、开山种地，不拘远近，银到归赎，再无亏补之情，亦无滥本之说。今恐口无凭，立当约为据。

见银凭中人石杨保

代笔人石雨亭

同治三年正月二十六日立当约

相对于买卖契约,"当约"较为简单,行文简洁,双方关系直接明了,除了明确规定所"当"田地、树林等的范围、价格、当期以及责任与义务之外,没有涉及更多的经济、社会、风俗等内容。但从中也可想见当时的一些社会情况,百姓生活穷苦,生活又有急需,无奈之下,也只有田地、树林等原始资源可出手,作为"当物"当掉以解决"急需"。

三、分关约

以下是一个家庭不同时期的三份分关契约。

分关契1:宣统元年石耀奎分关文书

立出分关字据石耀奎,今当亲族姻眷人等,分到祖置田业数目交与长子维枢名下,拈签就得寨脚拱桥上田大小田共捌丘,收花七石,并同亚田乙丘,收花七挑,又有场坝义田陆地乙湾,倒水来甲索为界。自分之后,名下诸子各自努力勤耕。此条当凭亲友酌量均分,并无厚此薄彼之意,予恐后无凭立,此分关各存为据。

凭亲石荣生石荣昌石荣兴周焕之

宣统元年四月十一日亲笔

分关契2:民国戊子三十七年石维枢分关文书

立分关字据人石维枢,今当内亲外眷人等,因已近六旬,故自将本已自置之业摊分二子各自掌管。工耕建造前程观舒予志。其余所有祖业并一概未分之业,总概归予养膳之资,及房屋地基任予坐管,待予百年归西,以荐葬修茔完毕,准许摊分。但虽是此,须再听予再有近终遗嘱吩咐。今当人等抽签。

长子其汤应得田土陆地山场列左:

鲁更田壹丘并连垦上荒田乙块并沟垦上山场在内纳才田沟边半块

公木路坎下田贰块木我水碾边田壹块公理合山场陆地在内

拉要陆地齐大地垦工来区地叁块并连垦上山场甲索了口地齐了口地外垦栽石头抵弯至维儒维雍之田自分以后各自照予书面管业努力前程宏开展就并非彼厚此薄勿兴争意照关管业特此分关各执存照为据

当凭人亲族人亲眷人石维江石维金

石维忠石维洲

石秀芳石大师(手印)

亲手笔立

中华民国戊子三十七年三月三十日石维枢立

分关契1是说父亲石耀奎将8丘田分配给"诸子"时长子石维枢所得之份。分关契2是说石维江将其慈祖养老田业、房屋、地基数目等件交予胞兄石维枢;这些田地和屋基,之前可能一直由弟弟石维江耕种与拥有,但到了中华民国十八年（1929年）五月，兄弟之间进行了一次财产分配，而哥哥石维枢以"抽签"的方式得到了这部分财产，所以立约较交。分关契2是石维枢"将本已自置之业摊分二子各自掌管"。

从这两份"文书"中可见一个家族变迁史的许多内容，从宣统元年（1909年）四月，经中华民国十八年（1929年）五月，到民国戊子三十七年（1948年），以长子石维枢为中心，上承父业，下传子基，祖孙三代之田地变化，也可以说是基业与财富的嬗变，基本由这两份"文书"勾勒了出来。石维枢从父亲石耀奎那里继承得来的田地，以及从弟弟石维江那里分得的田地、屋基等，到了民国戊子三十七年（1948年），年"近六旬"，统统分配给两个儿子，即是分关契3的内容，清楚地列举了长子所得的田地等。

四、换约

换约契1：光绪十八年石礼受以田换地基契约

立换约人石礼受，为因修造基址不便，是以祖孙叔侄相商，只得将到项下之田壹丘，出谷五挑，左抵路，右抵垦，上抵栽石，下抵垦，四至踏勘分明，坐落地名屋后路边之田，自愿请凭中上门与叔祖石志韦换路垦下屋基，以修造房屋。当日亦皆踏勘，栽界分明。自换之后，各照所得新业，永远管业，修基造屋培整居住，日后世代子孙不得异言争论、翻悔，此系二比情愿，并非旁人逼勒，交换一换百了，凡界内所有花木、果树，不准越界摘收。恐口无凭，立此换约为据。

原引栽界人石洪
凭中人石岩保石志贵石志二石志九
共受钱七十文
代笔人石桂臣受银乙百二十文

光绪十八年十月廿二日立约（押）

换约契2：光绪二十二年石中保换田契约

立换田约字据人石中保，为因本业离远不便耕种，自愿将到蛮散坡头干多口子口田贰丘，出花二头四至，以栽石为界，自请中证人上门说合换到石耀奎名下甲连屋基三间、园圃乙幅、竹木石脚一并在内，上抵坡脚，下抵老路，左抵陆姓，右抵古沟为界，其业自换之后，并无翻悔等情，任从换主永远管业，收花其田。倘有前抵别人帐目，惟原主自行填还，不与换主相干，原主宗族人等亦不得前来争论、找补等情，此系二比情愿，并非套哄之说。恐口无凭，立换约为据。

凭中人石老田受银三十文
代笔人周焕之受银五十文

光绪二十二年三月十九日立换约

在"换约"中，具体交换的内容很详细，从面积到边界都一一得到了说明，一目了然，并且十分彻底。交换的程序依然遵从血缘亲疏关系，交换过程邀请亲戚朋友来见证。从这些换约中，我们发现，家族势力依然起着重要的制约作用。也就是说，交换田地，立约立据，都要考虑兄弟、族人的感受与意见。换而言之，便是在交换的前后，可能遭遇族人的反对与破坏。为什么呢？因为田地在当时虽是私有的，却仍须服从宗族的管理。从继承角度来说，大家都是从祖父辈那里继承田地、屋基，而先辈是大家共同拥有的，所以财产自然也是大家共有的，只是具体把拥有权落实在个人的身上而已，个人买卖、交换田地等自然需要征求家人、族人的意见。从现实角度来说，交换之后，田地的新主人要来耕种生产，与周围其他田地的主人进行社交，这些人大多同族，所以新主人与族人的关系是否和睦，是否能够一起生产，都是需要考虑的因素。如果本族中有人与田地的新主人有矛盾，他们就会反对交换。从传承的角度来说，田地将来要由后辈耕种，如果他们不愿意交换，那么，交换就会失败。当然，这里面不仅存在血缘关系的因素，更有现实因素需要考虑。交换之前，征求族人的意见，一般是必须遵循的规律与习俗。[2]

五、送约

在我们收集到的"文书"中，送约不多，但内容均体现出了毛南族地区社会的和谐，毛南族人的淳朴与慷慨。

送约契1：民国四年石中华送约

立送约人叔岳石中华，兹念至亲无□□□□，今自愿以项下先祖放出帐项抵头陆地壹丘，出花红米壹斗，坐落地名抵翁寨甲索冲头位耀半坡，上下左右抵垦，自愿上门立约送与姑妈侄女幺妹名下为业。自送之后，任随侄女子孙，永远管业，送主亲族子孙人等，不得前来争论等蔽，若有此蔽，揭出送字入公，自干认咎。今恐口无凭，立此送约为据。

代笔内弟石景云

民国四年冬月廿三日立送字

送约契2：光绪十七年石绍田送阴地契约

立约送阴地文契人石绍田，今念同气连枝，视叔犹父，自愿以项下阴地一穴，坐落地名八盏房上，前后右左定于贰丈宽，自愿当面凭中人上门送与同族（支）石魁林名下为业，安葬尹父。自送之后，任随安葬，永世管业，亲兄亲弟不得争论、翻悔，如有翻悔者，揭出送字，自甘任咎无辞。今恐口无凭，立此送约存执为据。

亲手代笔伯侄石为珍

光绪十七年十月二十二日立送字

送约多源自亲戚之间互相支持与帮助，慷慨相助。送约契1：石中华自愿将陆地一丘、出花红米一斗，送给姑妈侄女幺妹。送约契2：石绍田念及同气连枝、视叔犹父，自愿送阴地一穴与同族（支）石魁林安葬其父。"自送之后，任随安葬，永世管业，亲兄亲弟不得争论、翻悔，如有翻悔者，揭出送字，自甘任咎无辞，今恐口无凭，立此送约存执为据。"

送约"文书"中同样需要说明所送之内容，送约权属绝不含糊，清清楚楚。从这些清楚而决然的"立约"中，我们能看出毛南族人的重情重义、慷慨大方。

参考文献：

［1］邹洪涛，杨正. 贵州毛南族［M］. 贵阳：贵州民族出版社，2012.

［2］张应强. 清代契约文书中的家族与社会生活［J］. 广西民族学院学报（哲学社会科学版），2005（9）.

《水书·阴阳五行卷》文化内涵破解研究[1]

文 毅 蒙耀远 戴建国 李孝梅 欧阳大霖

一、导言

(一) 水族概述

水族是中华民族中的一员,主要分布地区约在北纬 25°～26°30′,东经 107°30′～109°,位于苗岭山脉以南的龙江与都柳江上游地带;云雾山的支脉八瓣山横亘其间,形成龙江与都柳江的分水岭。全境地势北高东南低,总的地势是自北向南,海拔 500～1400 米。主要繁衍生息于贵州、广西两省交界处的龙江、都柳江上游一带,贵州省黔南布依族苗族自治州的三都水族自治县、荔波、独山、都匀等四县(市)为主要聚居区;黔东南苗族侗族自治州的榕江、丹寨、雷山、从江、黎平、剑河、麻江等县为主要散居区;此外,广西壮族自治区北部的南丹、河池、宜山、环江、融水、都安、来宾等县市和云南省富源县古敢乡也有部分散居水族村落分布。

水族自称"睢"(sui³³),民间有"饮睢水,成睢人"的歌谣,故水族人自己述说发祥于睢水流域而得名。潘朝霖、韦宗林主编的《中国水族文化研究》一书研究认为:"水族发祥于中原睢水流域及'豕韦'之地,处在夏商周文化圈之中。殷商亡国之后,水家先民举族南迁和越人的一支组合成为骆越的一支,在百越之地近千年的生息,留下了百越文化的特征;秦代发兵岭南,水家先民又大规模地溯流迁到龙江、都柳江上游一带生息,历经八百余年的发展,为唐代在水族地区设置都尚县、婆览县、莪州、抚水州奠定了基础。"[2]

为了研究水族的族源,我们查阅了大量的文献典籍资料,在水族典籍中,目前没有查找到水族形成年代和地点的具体记载;在水族地区,目前也没有发现相关出土文物及石刻等实物记载、佐证水族形成的具体年代和地点。而在汉族典籍中,《旧唐书·地理志三》记载:"天宝元年(742 年),改黔州为

---

[1] 基金项目:2009 年贵州省教育厅高等学校人文社科基地项目《〈水书·阴阳五行卷〉文化内涵破解研究》研究成果。
[2] 潘朝霖、韦宗林主编:《中国水族文化研究》,贵阳:贵州人民出版社,2004 年,第 29 页。

黔中郡，依旧都督施、夷、播、思、费、奖、珍、溱、商九州，又领充、明、劳、羲、福、犍、琰、清、庄、峨、蛮……抚水、矩、思、源……五十州。"《新唐书·地理志七》亦有记载："黔州都督府隶诸蛮五十一……抚水州（辖）县四：抚水、古劳、多蓬、京永。"南宋马端临《文献通考·四裔八》亦有记载："抚水蛮，在宜州南，有县四：曰抚水、曰京永、曰多蓬、曰古劳。唐隶黔南，其酋皆蒙姓出。有上、中、下三房；民则有区、廖、潘、吴四姓。"抚水州即今广西宜州、环江地区。在现代水族主要聚居区，蒙、潘、吴、廖、区等诸姓仍为水族之望族大姓，人口众多。水族民间《迁徙古歌》说："古父老，住在西噶，发洪水，四处跑散。在广东做不成吃，在广西积不起钱。哥溯红水上去，弟随清水下来。我们的祖公渡过河岸，来到贵州，养育后代。"水族民间《迁徙古歌》与汉族传世经典典籍所记基本吻合，证明水族先民迁徙聚居繁衍到唐代，在广西宜州、环江一带形成单一独立的民族，唐王朝正式为单一独立的水族建立抚水州。这是中央王朝对水族群民的正式确认，标志着水族以单一独立民族身份跻身于中华民族之林。

为了印证水族民间流传水族是殷人后裔、起源于睢水流域的传说，本地学者专程到河南睢水流域商丘地区的睢县进行实地考察，走访睢县县委、县政府、县民族宗教事务局，又到县史志部门查阅睢县的古今县志等文史资料，还走访了当地民族研究专家，尚未发现有关水族起源于睢水的历史文献资料和口传资料。因此，水族是殷人之后、起源于睢水流域之说有待进一步研究。

关于水族族称，中华人民共和国成立前，见于各种汉文献史籍的有水家苗、水仲家、水家夷、水家等称谓。1957年，国务院批准成立三都水族自治县，族称定为水族。又因在中国56个民族称谓中，唯独水族的族称有歧义，1989年，经上级批准，成立了以水族公民为主体、从事水家学研究的群众性民间学术团体——贵州省水家学会，会刊为《水家学研究》。

水族在漫长的发展历史过程中，既有自己的一部分融入相邻民族之中，也有相邻民族的一部分融入水族之中，形成你中有我、我中有你的现象。水族离不开汉族，汉族离不开水族；水族离不开周边各少数民族，周边各少数民族也同样离不开水族。水族与各兄弟民族和谐相处，共同繁荣发展。在中华民族大家庭中，像水族与各兄弟民族这样融合、团结发展、共同繁荣兴旺的现象是十分自然和普遍的，构筑起中华民族团结发展的牢固基础。

水族主要聚居区在气候温和的都柳江和龙江上游一带，这里山川秀美，土地肥沃，宜于种养殖。水族同胞和周边兄弟民族和睦相处，共同发展。中华人民共和国成立后，1953年第一次全国人口普查，贵州水族人口为132547人；1964年第二次全国人口普查，贵州水族人口增至153090人；1982年第三次全国人口普查，全国水族人口总数为275680人；1990年第四次全国人口普查，全国水族人口增至 322562 人；2000 年第五次全国人口普查统计显示，全国水族人口总数为 406902 人，贵州境内水族人口为 369723 人，占全国水族总人口的 90.8%。三都水族自治县水族人口接近水族总人口的 50%，其余主要分布在黔南布依族苗族自治州荔波县的佳荣、永康、水尧、水利等乡镇；独山县的本寨、甲定、翁台等乡；都匀市的基场、阳和、奉合等乡；福泉市的岩生坝等地。或散居在黔东南州榕江县的新华、定威、水尾、仁里、塔石、三江等乡镇；丹寨县的金中、合心、雅灰、兴仁等乡镇；雷山县的达地乡；剑河县的南加、展牙；从江县的摆沵、加哨、加勉、党久；黎平县的德化、尚重、雷洞；麻江县的宣威、龙山，等等。广西壮族自治区的南丹、河池、宜山、环江、融水、都安、来宾等县市及云南省富源县古敢乡等地也散居有水族村落。此外，在北京、上海、广州、重庆、贵阳、凯里等都市零星住有少数水族人。

（二）水书研究现状述评

少数民族文字是民族问题研究的一个领域，水族是贵州仅有的拥有自己语言文字的两个少数民族之一。当前水书研究存在两种倾向："'矮化'水书者，将水书与水族原始宗教、巫文化乃至封建迷信几乎等同；'高化'者，又认为水书早于殷商的甲骨文，似乎与远古的尚未成体系的类似文字的刻画符号有渊源。"[①] 研究存在的不足主要源于两个原因，其一，关于水书记载的文献资料极度匮乏，至今没有找到地下出土文物相佐证；其二，缺乏汉文化专业理论水平高而又精通水书的研究人才。精通水书文化知识者的汉文化水平普遍低下，而专业理论水平高者又对水书文化不甚了解，过分依赖水书先生，且语言差异导致水书先生自白的局限性太大，所得信息缺乏可靠性。

关于水族水书，晚清莫友芝于 1860 年就进行过研究，他"提出水族古文字'初本皆从竹简过录'，'云自三代'，'核其本字，疑斯篆前最简古文'的观点。"[②] 对水书进行较为系统的研究，始于 20 世纪 40 年代，其时岑家梧、张为纲、吴泽霖、陈国钧、李方桂等在水族地区调查水书和水族古文字，也多认为水书与汉字同源，水书从汉文化中分化出来的时间相对较早。中华人民共和国成立后，潘一志在《水族社会历史资料稿》一书也谈道："追溯往古，也足以说明水族文化与汉族的渊源是很古。"[③] 1980 年，日本西田龙雄根据日本东洋文库藏有的水书原件，撰写《水文字历的释读》，研究水书中的水字。王品魁在水书《正七卷》《壬辰卷》（1994）中详细翻译介绍部分水字水

[①] 潘朝霖、韦宗林主编：《中国水族文化研究》，贵阳：贵州民族出版社，2004 年。
[②] 王品魁译注：《水书·正七卷》《水书·壬辰卷》，贵阳：贵州民族出版社，1994 年。
[③] 王品魁、潘朝霖译注：《水书·丧葬卷》，贵阳：贵州民族出版社，2005 年。

书,引起了国内外学者的重视。2004年,潘朝霖在《中国水族文化研究》一书中专章论述水书起源;韦章炳的《中国水书探析》(2007)和《水书与水族历史研究》(2009)两书从水书自身去研究,多数成果均进一步论证了前人观点。同时,也有专家提出,水书是在学习借鉴汉文化之后于唐宋时期才形成的。如梁敏先生《关于水族族源和水书形成之我见》认为,"水书是水族先民仿照汉字创制的一种民族文字";[①] 饶文谊、梁光华先生《关于水族水字水书起源时代的学术思考》一文,根据传世史料和水书水字文物双重论证,认为水族水字水书的最早起源年代不早于唐代。"面对水书浩繁的卷帙和博大精深的内容,众人似乎只触摸到冰山一角。"[②] 对于水书的起源与形成年代,众说纷纭,莫衷一是。

21世纪以来,一些科研院所成功申报了一系列的"水族水书文化"国家社科课题,如潘朝霖《象形文字的最后领地——水书解读》(2004)、唐建荣《水书抢救保护与开发利用》(2005)、韦宗林《释读旁落的文明——濒危水族古文字与古汉字的对比研究》(2005)、梁光华《水族水书语音语料库系统研究》(2007)、蒙爱军《水书版本与内容调查研究》(2007)、吴贵飙《水族水书传承文化研究》(2010)等。这些课题做了许多有开创性的工作,取得了一大批拓荒性成果。中山大学张振江《水书与水族社会——以〈陆道根源为中心的研究〉》(2009),主要以文化人类学的方法综合研究水书与水族社会,通过水书与水族社会互证,深入理解水书、水族及其民族社会历史文化意蕴。贵州省档案馆、贵州省史学会编的《揭秘水书——水书先生访谈录》(2010)是一部如实记述水书先生的口传记忆及个人观点的著作。

(三) 水书阴阳五行思想研究略述

水书阴阳五行思想研究大致分为三个时期,即早期、中期、后期。早期主要指晚清时期,以著名学者莫友芝为代表。清咸丰庚申年(1860年),贵州著名学者莫友芝在《黔诗纪略·红崖古刻歌注》中说:"吾独山土著有水家一种。其师师相传有医、历二书,云自三代。舍弟祥芝曾得六十纳音一篇。甲、子、乙、丑、金作……丙、寅、丁、卯、火、戊、辰、己、巳、木作……且云其初本皆从竹简过录,其读音迥与今异而多合古,核其字画,疑斯籀前最简古文。"这是目前所见最早的关于水族地区流存水书的文献史料,也是水书阴阳五行思想研究的最早记载。中期主要指民国时期,以岑家梧、张为纲教授为代表。岑家梧在《水书与水家来源》中说:"水书乃水家固有之文化,非得自外传者甚明。水书字体,如干支字与甲骨文金文颇多类似;其象形原理,

---

[①] 韦章炳:《中国水书探析》,北京:中国文史出版社,2007年。
[②] 荔波县档案局(馆)编:《水书·泐金纪日卷》,贵阳:贵州人民出版社,2007年。

亦每与甲骨文相类似……至少水书与古代殷人甲骨文之间，当有若干姻缘关系，亦可断言也。"文章首次披露了水书中的黑书情况，"水书为一种巫术用书"为文章的重要观点。张为纲在《水家来源试探》中说："今日'水书'，已失却其文字之功用，转而为咒术之工具。然细考其字形，竟与武丁时期之甲骨文极为近似者……今水家之所以'鬼名'繁多，所以尊崇巫师，所以有为巫术用之'反书'，皆可为殷文化遗留之铁证。"认为水书乃"咒术之工具"。此外，窦全曾、陈矩等修纂的《都匀县志稿》卷五《地理志·风俗·夷语夷文》也有记载："夷族无文字，惟水族吉占病有专书，至今传习其文，谓之水书，一称反书，大氐古篆之遗，第相沿日久，渐多讹失耳。"这个时期的研究共识是水书与巫术的关系。后期主要指改革开放以后，以潘一志、王品魁、蒙爱军、唐建荣、刘日荣、张振江等为代表，其中不乏本土本民族学者。水族学者潘一志先生指出："（水）书中所用的天干、地支、五行生克、八卦六驳、二十八宿等等，与汉族的通书大致相同。"水书大师王品魁先生认为："《水书》源于《洛书》，根据《易》卦、星象、五行之理，以五行生克制化合于干支，进而推演吉凶，预测祸福，解决疑难。"蒙爱军认为，《水书》就其思想内容看，它兼有八卦六驳、九宫五行、二十八宿等内容，也有关于各种鬼神的记载和各种巫术的施行方法等，但从整体来看，其核心是阴阳五行思想。唐建荣认为，水书中蕴含的水族哲学思想观念，主要表现为广博的阴阳观念、对立统一观念、五行生克制化观念、物极必反与否极泰来观念。在水书中，阴阳五行与九星等是最常见的内容，阴阳五行相当于一种形象的思维模型。水书中有一套以阴阳为核心，以五行思想为支柱，以九星生克为框架的哲学思想体系。这套体系已经包含了未来科学发展的某些萌芽。[①] 此外，刘日荣的《"水书"中的干支初探》、张振江的《水书与水族社会》等，都对水族水书阴阳五行思想进行了不同层面的研究。

（四）选题的意义

五行学说的产生和五行观念的形成，对古代哲学和中国人的世界观、生活方式的影响极其深远。水族也有自己的"五行学说"，在水族的秘籍资料——《水书·阴阳五行卷》中得到了体现。该卷本主要讲的是在日常生活中如何利用五行的生克制化来趋吉避凶，用水家人独特的思维方式认识解读五行学说，对构筑和谐的水族社会产生着特殊的影响，是人们了解水族、认知世界的重要途径，是水族人认识世界的哲学理论基础。

本课题不仅从破译的角度填补《水书·阴阳五行卷》翻译上的空白，而且争创一种具有开拓性又可供后人效法的新的译注体例，融水书原件的破解

[①] 李奉来著，李祥注译：《崇正辟谬》，北京：华龄出版社，2006年。

翻译和水书文化内涵解读为一体，使研究者既能看到神秘水书的原始概貌，又能结合译注者的解读，全面了解、正确理解水书精深的文化内涵。

要破解神秘水书原始卷本，需要民族学专家、哲学理论专家、水族文化研究专家、水书专家等形成合力。本课题组人员具备这样的研究力量。本课题研究的《水书·阴阳五行卷》是水书中非常典型的一种卷本，是为深入研究水族的语言文字学、宗教学、历史学、民族学、民俗学、社会学等多学科奠定重要基础的卷本之一。其内容覆盖面相当广泛，与四柱命理学中生辰八字的六十甲子纳音五行，与择日学的天干地支五行，与堪舆学的正五行、三合五行、四长生五行、双山五行、元空五行、向上五行等有着若干难以割舍的渊源关系，这与中国古代哲学思想有相当广泛的联系，是研究水族社会哲学思想的重要内容，是构筑和促进水族和谐社会的研究基础。因此，《水书·阴阳五行卷》的破解研究具有特别重要的意义，必将为研究者研究水族水书文化奠定基础；势必对水书翻译研究体例到挖掘水书神秘性成因以致形成水族哲学理论起到非常重要的作用。

二、研究方法

（一）研究方案

研究目标、研究内容和拟解决的关键问题如下。

1. 破解翻译原始卷本。对当前已经出版问世的水书译著体例进行研究，分析其利弊，提出新的翻译体例，不致所有的水书翻译都得墨守此前版本之陈规。研究探讨新的水书翻译体例为本课题的第一步，新的译注体例要融水书原件的破解翻译和水书文化内涵解读为一体。

2. 破解翻译《水书·阴阳五行卷》。根据水书师释读录音译注，在注释时按"注疏"式进行，避免如此前的水书译著一般晦涩难懂，力求通俗易懂，形成译注初稿。

3. 对比研究。将《水书·阴阳五行卷》译注稿与汉文化的阴阳五行进行对比研究，通过水族人对阴阳五行的解读与四柱命理学中生辰八字的六十甲子纳音五行，与择日学的天干地支五行，与堪舆学的正五行、三合五行、四长生五行、双山五行、元空五行、向上五行等进行对比研究，探讨其异同，研究其关联，论证其差异。

4. 理论提升。用先进的汉文化对中国古代哲学的解释，对照水族人对阴阳五行的认识，探索水族人认识世界的方法，研究探讨出水族古代哲学理论基础。

（二）重难点分析

重点之一：对水书原始卷本的翻译破解。因为水书翻译的特殊性，必须认真做好水书师的存真释读录音,用国际音标注音完毕后,读给水书先生听是否失真;又因水书传内不传外,具有很大的隐秘性,不同地区对同一内容的解释或描述不同,所以在译注稿完成后,邀请不同地区的高级水书师参加审稿会,充分听取水族各地区水书师的意见,修改译注稿,力求解释全面准确。

重点之二:将对本卷水书的文化解读融入相关章节或详细的"注疏"之中。使原件破解与文化内涵珠联璧合,实现译与解的完美统一。

难点之一:本卷水书和汉文化的对比研究,目前还没有人尝试过,没有现成经验可循,课题组须慢慢摸索;地处偏远,向汉学专家咨询的难度较大,耗费时间多;水书的释读伸缩性大,水书师师承不一,水书师的知识技能良莠不齐,各地区对同一内容的解说不一,水书师缺乏交流合作,因此对意见分歧的知识点比较难以综合定性。

难点之二:在与汉文化进行对比研究时,要避免落入先进的、成熟的汉文化窠臼之中,要明确诸多尚未定论定性而被无限拔高的水族文化点,也要克服描述不严谨等问题。

(三) 研究方法路径

水书文化是水族特有的民俗文化,水书先生是水书的传承者,广大水族村寨是水书长期传承的基础,因此,要做好水书相关研究,离不开广泛调查。人类学研究主张通过长时段的参与观察,体验研究对象认知体系,获得某社区(大多数是乡村社会)的整体概况,从整体观的角度,以撰写民族志报告的形式得到研究结果。随着跨学科及交叉学科方法的应用、研究主题或关注点的细化、研究对象的改变,现在人类学通常采用多学科、多种方法相结合的研究方式。对本课题来说,关注的是处于经济全球化、旅游乡村化背景下的少数民族村落中的水书文化研究,结合研究实际情况,较多地使用人类学的田野调查法。具体来说,主要采用如下五种方法路径:

1. 参与观察

尽管研究成员中多数为熟悉水族社会文化的水族成员,并长期生活在水族村落中,但为了研究的中立性,还是需要长期参与观察,在观察分析中更好地处理研究视角的主位研究、客位研究关系。因此,研究成员需要多次深入水族地区,经常拜访水书先生、水族广大村民,参与水族村落中的各种仪式活动,请水书先生讲授水书知识,详细记录不同区域或村寨水书先生解读的异同,观察不同水书先生在各种仪式中展示水书知识的异同,观察不同水书先生之间的行为差异等,对水书相关的民俗知识有一个全面的了解。

2. 访谈

访谈主要采取以下形式进行:课题成员中的水族为一组,其他民族的为一组，分别同时就具体村落中的水书先生、村民对水书的认知和将来的传承问题等进行访谈，得到具体区域主位研究者与客位研究者获得的水书知识概貌；用同样的分组方法，请不同区域的水书先生对《水书·阴阳五行卷》进行解读，然后翻译出初稿，再将初稿分别给水书先生、水族村民、其他民族成员阅读，甚至请不同民族的知识精英阅读，让他们提出相应的意见。

3. 文献法

充分运用各种渠道和资源，搜集、整理、研究、分析相关研究文献。通过整理文献，对相关少数民族文字翻译研究有所了解，才能对水书翻译研究提供更多的帮助和参考价值。同时，对比不同水书先生手中的《水书·阴阳五行卷》翻译文献，形成大家公认的版本。

4. 加工制作

通过大量的资料分析，采用从感性到理性，从具体到抽象的思维方法，对之进行"去粗取精，去伪存真，由此及彼，由表及里"的加工制作，整合资料，加工成研究报告或著作。

5. 创新之处

坚持辩证否定的观点，破解翻译《水书·阴阳五行卷》，根据水书师释读录音译注，在注释时按"注疏"式进行，避免如此前的水书译著一般晦涩难懂，力求通俗易懂。用辩证唯物主义和历史唯物主义的观点，对照水族人对阴阳五行的认识，探索水族人认识世界的方法，研究探讨水族古代哲学理论渊源。

本课题翻译研究除了在体例上创新外，还力求在知识对话中让读者与作者乃至与所描写分析的对象能进行认知体系上的沟通。

三、《水书·阴阳五行卷》概述

（一）水书概述

在漫长的历史岁月中，水族人民凭借自己的智慧和勤劳，创造了丰富的物质财富和精神财富。水书便是水族人民勤劳与智慧的高度结晶，因而形成了水族独有、中国特有、世界罕见的一种少数民族传统文化遗产。

水书，水语称作"泐睢"（$le^{13}sui^{33}$）。"泐"（le^{13}），是水族人对文字和书的统称；"睢"（sui^{33}），即水族自称。在水族传说中，水书是陆铎公创制的。水书包括三方面的内容：一是水族文字体系，即人们所说的"水族古文字""水文字""水字"；二是运用水字记载水族原始宗教信仰、天文历法、民居农耕、祭祀占卜、民俗生活、婚丧嫁娶、历史文化等的文本典籍；三是水书先生对水族原始宗教信仰、天文历法、民居农耕、祭祀占卜、民俗生活、婚丧嫁娶、历史水书文化的讲解释读。不难看出，水书由有形的外在形式和无形的内在形式两部分有机组成。有形的外在形式指用水字记载的水书文本典籍；无形的内在形式是指水字数量少。水字尚属祭祀文字，不足以记录全部水语词汇，不敷应用于水族人民的日常生活，须由水书先生对水族原始宗教信仰、天文历法、民居农耕、祭祀占卜、民俗生活、婚丧嫁娶、历史文化进行讲解释读。20世纪40年代，著名语言学家李方桂先生深入水族地区研究水语时，在谈到水书以及水书与水语之间的关系时说道："这些书多是占卜用的书，只有巫师才会读。原抄本没有音注及译文，所以无法读他。"[①] 因此，水书的讲解释读方法保留在水书先生头脑之中，口口相传，代代相传。不难看出，一旦水书先生亡故，水书内容及传承它的特有语言就极易失传。

对于水语研究的重要性，李方桂先生有独到的见解：水家话押韵的声调问题似乎很特殊。它能保持古代的三个调类，虽阴阳调已经分化为不同的调了。这在汉语里因为有韵书的关系，还可以说是受韵书的影响。但是，水家话并无韵书，也没有通行的文字。我们所知道的水家文字似乎只是占卜用的，除巫师外，大多数人是不会读的。这种传统声调的分类能保持到现在，似乎全靠口头背诵歌词来维持。[②] "口头背诵歌词"绝大多数来源于水书配韵歌诀，因此，用水书研究水语，从某种程度上说，能够直通古人。这对于探索研究水书具有特别重要的意义。

水书创制的年代比较久远，目前学术界对水书创制年代有"殷商说"和"唐代说"两种观点。根据新旧《唐书》关于水族起源于唐代的记载，本课题组经过研究，认为水书创制也应起源于唐代。长期以来，水族水书都是靠手抄保存、口耳相授传承，水书掌握在社会地位和精神地位都比较高的水书先生手中，并且在传承上传男不传女、传内不传外。这使得水书在传承上受到很大的约束。加上它的功用主要是占卜、预测、择吉等，书中所记载的内容也多局限于年月日时、方位和吉凶，使用范围狭窄，导致水字的发展严重滞后于水语。本课题研究统计出近500个水字单字，加上异体字，总数约在2007个。因此，水族水书水字无法作为水族人民日常生活交流的工具。但是，水书祭祀、占卜的内容涉及水族的婚嫁、丧葬、营造、出行、节令、农事、祭祀、攻防等方面，保存了水族天象、历法、气象、民俗、宗教、哲学等资料，与水族人民的生产生活息息相关，是水族宗教信仰、哲学思想认识的真实体现，反映了水族人民社会生活的各个方面，对水族人民的社会生活和文化心态起到了塑造作用。因此，水书是研究水族社会历史文化的重要文献资料。

水书的可贵之处，在于历经千百年传承发展，尽管在传承发展中曾遭受

[①] 李方桂：《莫话记略·水话研究》，北京：清华大学出版社，2005年，第83页。
[②] 李方桂：《莫话记略·水话研究》，北京：清华大学出版社，2005年，第90页。

劫难，但至今仍然是水族人民生活中须臾不可离的宝典文献。在新的形势下，水书在实践运用和传承的过程中，会得到新的发展，变得更加完善。

根据不同的标准，水书大致有以下几种分法：以公开和隐秘为标准，水书可分为白书和黑书两大类；以吉凶为标准，可分为吉利类和凶克类；以水书内部结构为标准，可分为诵读类和应用类；以社会应用为标准，则可分为婚嫁类、起造类、丧葬类、祭祖类、占卜类、驱邪纳福类、巫术类、命理类，等等。

（二）《水书·阴阳五行卷》概述

1.《水书·阴阳五行卷》的版本情况

版本是指同一种文献（出版物）因编辑、传抄、刻版、排版及装订等的不同而产生的不同本子，它主要包括文献的版次及其他版本形式。水书与一般图书不同，水书大都以手抄孤本传承于世。据鉴别，《水书·阴阳五行卷》的版本情况为：字体为古拙竹签体；封面有"安定郡恩品置"，系都匀市阳和水族乡蒙氏家乘；封里有朱文小篆印章一枚，即"蒙荣熙印"。蒙荣熙（1939—2010），享年72岁，按都匀市阳和水族乡蒙氏分支家谱字辈韵"应永朝廷介，恩荣耀祖先，文章开国瑞，盛世庆光天"。另由"安定郡"为蒙氏郡望可知，恩品系荣熙父辈。又据该项书最末叶最末行"庚午年九月"，推断为民国庚午（1932年），可知该抄本约成书于20世纪30年代；纸张为四夹纸。鉴别水书版本也是民族古籍鉴别工作的一部分，它对于整理古代文化遗产、读书治学都有重要意义。

2.《水书·阴阳五行卷》的主要内容

（1）卷名

《水书·阴阳五行卷》的首章题名为"六十年阴阳"，"六十年"指的是六十甲子年。本章以阴阳相配、五行相生取用，大凡择吉，以此为首选，故取名"阴阳五行"。因该条目为本书最重要、最有分量的一章，按水书命名习惯，此卷命名为《水书·阴阳五行卷》。

（2）主要内容

《水书·阴阳五行卷》是水族水书阴阳五行思想的集中反映和代表载体。《水书·阴阳五行卷》适用于结婚、起房造屋、安葬等重大民俗事象，是选择吉日的最佳途径。其内容包括：①遵循阴阳相配原则。以十天干论，用事之人出生于阳天干之年者则用阴天干之日，出生于阴天干之年者则用阳天干之日；以十二地支论，用事之人出生于阳地支年则用阴地支日，出生于阴地支年则用阳地支日，是为阴阳。十天干中，甲、丙、戊、庚、壬为阳，乙、丁、己、辛、癸为阴；十二地支中，子、寅、辰、午、申、戌为阳，丑、卯、巳、未、酉、亥为阴。②配以水书"四雄"择法。如出生于甲子年的女子，选择己卯日结婚为上吉，甲为阳干，己为阴干，故阴阳相配。从子数到卯为四位，在水语中故称"四雄"。③按五行金、木、水、火、土生克论。用日与用事之人出生年相生为吉，如出生于甲子年的女子，选择己卯日结婚，纳音五行中甲子乙丑海中金，甲子属金，戊寅己卯城墙土，己卯属土，取"土生金"，用日生用事之人吉利，按五行六亲配卦讲，生我者父母，父母给孩子供衣食，所以说，用日生我助我为吉，用日克我泄我则凶。因此，可以说阴阳相配、五行相生是《水书·阴阳五行卷》的本质与核心。

四、《水书·阴阳五行卷》释读翻译

水书作为一种独特的民族文化，加之传承的封闭性，与主流文化的模式、结构、用途等差异很大，在译注的过程中，虽然力求简洁明了、通俗易懂，但仍然很难满足不同读者的需要。

（一）译注体例

1. 编排

《水书·阴阳五行卷》以水字原文、音标、直译、意译、篇章意译五部分为编排体例。其一，对直排的水书原文进行句读，再逐条逐句横排翻译。其二，对相应的水字进行注音，但个别条目有朗诵歌诀，所以个别句子不能实现一字一音、一音一义。其三，直译采用水语对译汉字，凡有与译音相符的汉字，一律用该语意汉字标出，但有的读音须用两个字或一个词语才能表达清楚，则在该音节下标注两个或两个以上的汉字；对原来只是一种记音符号、无法找到对应汉字者，则用与水语音近似的汉字标出。其四，意译部分，全面汉译，使汉译部分独立成文，力求意思表达全面清楚。其五，篇章意译主要针对传承使用水书的读者群，条目内容一目了然，便于检索。

此外，对书中的水书条目名称、专用名词等进行注脚解释，主要论述该条目的内容及其在水族社会民俗活动中的用法。

2. 该书条目

本书目录按水书抄本原件的顺序编排。因该书部分条目在水书传承过程中能熟读成诵、识记在心，有的条目通过遁掌而得，没有定制，所以变异比较大，虽为同一卷本，但难免出现人有我无或我有人无的版本差异，仅此说明。

3. 注音依据

本书系家乘水书抄本，为不失其语音面貌，以代表当地语音标准的都匀潘峒土语为标准音。考虑到水语声调系统比较复杂，本书注音音标的音节采用调值标记，这样更便于广大读者阅读。调值为：第一调12，第二调31，第三调33，第四调53，第五调35，第六调44，第七调55（短）、35（长），第八调42。

限于译注者的译注能力和水书知识粗浅，错谬之处在所难免，恳请读者批评指正。

（二）释读翻译举隅

六十年阴阳①

ljok^{42} sop^{42} mbe^{12} jum^{12} ja:ŋ^{31}

原文：▽ ╪ ⧸ 伞 ㄥ

注音：ta:p^{35} ka^{33} ti^{12} tum^{12} ta:ŋ^{31}

直译：甲　等　己　金　堂②

意译：天干为甲的年份或出生于天干年为甲的人，最好选择天干为己的日子举行活动，能诸事顺利，达到预期的最佳效果。

原文：彡 ᛋ ╪ ⧁ 西

注音：hi^{33} ŋo^{31} ka^{33} meu^{53} ju^{53}

直译：子　午　等　卯　酉

意译：上一句为总的指导方向，具体择用是甲子命择己卯日，己卯命择甲午日；甲午命择己酉日，己酉命择甲子日。如出生于甲子年的女子选择己卯日结婚，俗认为能夫妻恩爱，子孙发达，家庭幸福和谐。

原文：丘 ㄆ ╪ 禾 衣

注音：su^{33} mi^{44} ka^{33} sən^{31} hət^{55}

直译：丑　未　等　辰　戌

---

①六十年阴阳，水书条目名称，水语意译。本章适用于结婚、起房造屋、安葬等重大民俗事象，是选择吉日的最佳途径。其一，遵循阴阳相配原则。以十天干论，用事之人出生于阳天干之年则用阴天干之日，出生于阴天干之年则用阳天干之日；以十二地支论，用事之人出生于阳地支年则用阴地支日，出生于阴地支年则用阳地支日，是为阴阳。十天干中，甲、丙、戊、庚、壬为阳，乙、丁、己、辛、癸为阴；十二地支中，子、寅、辰、午、申、戌为阳，丑、卯、巳、未、酉、亥为阴。其二，配以水书"四雄"择法。如出生于甲子年的女子，选择己卯日结婚为上吉，甲为阳干，己为阴干，故阴阳相配。从子数到卯为四位，在水语中故称"四雄"。其三，按五行金、木、水、火、土生克论。用日与用事之人出生年相生为吉，如出生于甲子年的女子，选择己卯日结婚，纳音五行中甲子乙丑海中金，甲子属金，戊寅己卯城墙土，己卯属土，取"土生金"，用日生用事之人吉利，按五行六亲配卦讲，生我者父母，父母给孩子供衣食，所以说，用日生我助我为吉，用日克我泄我则凶。因此，可以说阴阳相配、五行相生是水书的本质与核心。本章以阴阳相配、五行相生取用，大凡择吉以此为首选，故取名"阴阳五行"。因该条目为本书压轴之章，按水书命名习惯，此卷命名为《阴阳五行卷》。择吉中，最佳选择水语称 tum^{12} ta:ŋ^{31}，译为"金堂"，故书中条目名称多沿用水语称谓。

②金堂，水语 tum^{12} ta:ŋ^{31} 音意并译，水书条目名称。俗认为选择金堂日举事，必定得到金银财宝。

意译：甲辰命择已未日，已未命择甲戌日；甲戌命择已丑日，已丑命择甲辰日。

原文：𘒮 𘓀 𘒸 𘒰 𘒵
注音：jan³¹ sən¹² ka³³ hi⁵³ ʁaːi³³
直译：寅　申　等　巳　亥
意译：甲寅命择己巳日，己巳命择甲申日；甲申命择己亥日，己亥命择甲寅日。

原文：𘒯 𘒸 𘒨 𘒹 𘒺
注音：jat⁵⁵ ka³³ qeŋ¹² ɬum¹² taːŋ³¹
直译：乙　等　庚　金　堂
意译：天干为乙的年份或出生于天干年为乙的人，最好选择天干为庚的日子举行活动，能诸事顺利，达到预期的最佳效果。

原文：𘒱 𘒲 𘒸 𘒳 𘒴
注音：hi³³ ŋo³¹ ka³³ meu⁵³ ju⁵³
直译：子　午　等　卯　酉
意译：上一句为总的指导方向，具体是乙卯命择庚午日，庚午命择乙酉日；乙酉命择庚子日，庚子命择乙卯日。例如，出生于乙卯年的人，选择庚午日建新房子，俗认为建房的各种事项能顺利举行，不会出现工伤事故等恶性事件。新房建成后，瑞霭盈庭，家兴业旺。

原文：𘒶 𘒷 𘒸 𘒻 𘒼
注音：su³³ mi⁴⁴ ka³³ sən³¹ hət⁵⁵
直译：丑　未　等　辰　戌
意译：乙未命择庚戌日，庚戌命择乙丑日；乙丑命择庚辰日，庚辰命择乙未日。

原文：𘒮 𘓀 𘒸 𘒰 𘒵
注音：jan³¹ sən¹² ka³³ hi⁵³ ʁaːi³³
直译：寅　申　等　巳　亥
意译：乙巳命择庚申日，庚申命择乙亥日；乙亥命择庚寅日，庚寅命择乙巳日。

原文：𘒽 𘒸 𘒾 𘒹 𘒺
注音：pjeŋ³³ ka³³ h̃ən¹² ɬum¹² taːŋ³¹
直译：丙　等　辛　金　堂
意译：天干为丙的年份或出生于天干年为丙的人，最好选择天干为辛的日子举行活动，能诸事顺利，达到预期的最佳效果。

原文：𖼄 𖼅 𖼆 𖼇 𖼈
注音：hi³³ ŋo³¹ ka³³ meu⁵³ ju⁵³
直译：子　午　等　卯　酉
意译：上一句为总的指导方向，具体是丙子命择辛卯日，辛卯命择丙午日；丙午命择辛酉日，辛酉命择丙子日。例如，出生于丙子年的老人去世，选择辛卯日入土安葬，俗认为能娱亡人之神，从而福泽子孙，钱财丰足，生活安康。

原文：𖼉 𖼊 𖼆 𖼋 𖼌
注音：su³³ mi⁴⁴ ka³³ sən³¹ hət⁵⁵
直译：丑　未　等　辰　戌
意译：丙辰命择辛未日，辛未命择丙戌日；丙戌命择辛丑日，辛丑命择丙辰日。

原文：𖼍 𖼎 𖼆 𖼏 𖼐
注音：jan³¹ sən¹² ka³³ hi⁵³ ʁaː i³³
直译：寅　申　等　巳　亥
意译：丙申命择辛亥日，辛亥命择丙寅日；丙寅命择辛巳日，辛巳命择丙申日。

原文：𖼑 𖼆 𖼒 𖼓 𖼔
注音：tjeŋ¹² ka³³ ȵum³¹ tɕum¹² taːŋ³¹
直译：丁　等　壬　金　堂
意译：天干为丁的年份或出生于天干年为丁的人，最好选择天干为壬的日子举行活动，能诸事顺利，达到预期的最佳效果。

原文：𖼄 𖼅 𖼆 𖼇 𖼈
注音：hi³³ ŋo³¹ ka³³ meu⁵³ ju⁵³
直译：子　午　等　卯　酉
意译：上一句为总的指导方向，具体是丁卯命择壬午日，壬午命择丁酉日；丁酉命择壬子日，壬子命择丁卯日。例如，出生于丁卯的孩子选择壬午日入学，俗认为孩子会努力进取，学习进步；听从老师教诲，自学遵章守纪，表现突出，行操优良。

原文：𖼉 𖼊 𖼆 𖼋 𖼌
注音：su³³ mi⁴⁴ ka³³ sən³¹ hət⁵⁵
直译：丑　未　等　辰　戌

意译：丁丑命择壬辰日，壬辰命择丁未日；丁未命择壬戌日，壬戌命择丁丑日。

原文：𖼄 𖼅 𖼆 𖼇 𖼈
注音：jan³¹ sən¹² ka³³ hi⁵³ ʁaːi³³
直译：寅　申　等　巳　亥
意译：壬申命择丁亥日，丁亥命择壬寅日；壬寅命择丁巳日，丁巳命择壬申日。

原文：𖼄 𖼅 𖼆 𖼇 𖼈
注音：mu⁴⁴ ka³³ tɕui³⁵ tɕum¹² taːŋ³¹
直译：戊　等　癸　金　堂
意译：天干为戊的年份或出生于天干年为戊的人，最好选择天干为癸的日子举行活动，能诸事顺利，达到预期的最佳效果。

原文：𖼄 𖼅 𖼆 𖼇 𖼈
注音：hi³³ ŋo³¹ ka³³ meu⁵³ ju⁵³
直译：子　午　等　卯　酉
意译：上一句为总的指导方向，具体是戊子命择癸卯日，癸卯命择戊午日；戊午命择癸酉日，癸酉命择戊子日。例如，出生于戊子年的人选择癸卯日出门经商，俗认为他会路途平安，生意兴隆。

原文：𖼄 𖼅 𖼆 𖼇 𖼈
注音：su³³ mi⁴⁴ ka³³ sən³¹ hət⁵⁵
直译：丑　未　等　辰　戌
意译：戊辰命择癸未日，癸未命择戊戌日；戊戌命择癸丑日，癸丑命择戊辰日。

原文：𖼄 𖼅 𖼆 𖼇 𖼈
注音：jan³¹ sən¹² ka³³ hi⁵³ ʁaːi³³
直译：寅　申　等　巳　亥
意译：戊寅命择癸巳日，癸巳命择戊申日；戊申命择癸亥日，癸亥命择戊寅日。

篇章意译：
甲子命择己卯日，己卯命择甲午日。甲午命择己酉日，己酉命择甲子日。
甲辰命择己未日，己未命择甲戌日。甲戌命择己丑日，己丑命择甲辰日。
甲寅命择己巳日，己巳命择甲申日。甲申命择己亥日，己亥命择甲寅日。

乙卯命择庚午日，庚午命择乙酉日。乙酉命择庚子日，庚子命择乙卯日。

乙未命择庚戌日，庚戌命择乙丑日。乙丑命择庚辰日，庚辰命择乙未日。
乙巳命择庚申日，庚申命择乙亥日。乙亥命择庚寅日，庚寅命择乙巳日。

丙子命择辛卯日，辛卯命择丙午日。丙午命择辛酉日，辛酉命择丙子日。
丙辰命择辛未日，辛未命择丙戌日。丙戌命择辛丑日，辛丑命择丙辰日。
丙申命择辛亥日，辛亥命择丙寅日。丙寅命择辛巳日，辛巳命择丙申日。

丁卯命择壬午日，壬午命择丁酉日。丁酉命择壬子日，壬子命择丁卯日。
丁丑命择壬辰日，壬辰命择丁未日。丁未命择壬戌日，壬戌命择丁丑日。
壬申命择丁亥日，丁亥命择壬寅日。壬寅命择丁巳日，丁巳命择壬申日。

戊子命择癸卯日，癸卯命择戊午日。戊午命择癸酉日，癸酉命择戊子日。
戊辰命择癸未日，癸未命择戊戌日。戊戌命择癸丑日，癸丑命择戊辰日。
戊寅命择癸巳日，癸巳命择戊申日。戊申命择癸亥日，癸亥命择戊寅日。

阴阳歌[①]

tiəu^{44} jum^{12} ja:ŋ^{31}

歌诀：ɬa:p^{35} wan^{12} ljok^{42} to^{31} kho^{12} ho^{53} ʔu^{12} toŋ^{12}
直译：甲　日　陆铎　接　放　上宫
意译：陆铎公已定好了甲日应该放在六宫内。

歌诀：ha:ŋ^{35} ha:i^{31} ʔda:u^{33} me^{31} tok^{35} ɬoŋ^{11} ha^{12}
直译：埋　枢　对　不　落　宫　了
意译：选择吉利的日子安葬，家中就不会出现恶性循环，使亡者入土安宁，生者在世安康。

歌诀：ɬa:p^{35} ʔa:u^{12} ɕi^{12} tu^{33} li^{11} tu^{33} lui^{35}
直译：甲　要　己　互　让　互　顺
意译：甲命择己日或甲年选己日是非常正确的。

歌诀：jum^{12} ja:ŋ^{31} hui^{44} ɬan^{33}
直译：阴　阳　坐　稳当
意译：阴阳相配是最佳选择，使所举之事顺利进行，圆满结束。

[①] 阴阳歌，是一首水书歌诀，在三都三洞土语区称为ɕip^{55} ɬum^{12} ta:ŋ^{31}（旭金堂），在都匀潘洞土语区称为tiəu^{44} jum^{12} ja:ŋ^{31}（调阴阳）。没有相应的水族文字记载，历来靠师徒口耳相传，但凡水书师都能出口成诵。更有甚者，一些妇孺儿童也耳熟能详。歌词大意是水书择吉要遵循阴阳相配的原则。五行相生、阴阳相配才和谐，才使得所要举办的事顺利进行，没有什么隐患，也不会出现后患。可以说，阴阳相配原则是水书的主要本质之一。

歌诀：ɬi¹² ʔaːu¹² taːp³⁵ taːp³⁵ hˉən³¹ ljok⁴² ɣaːn³¹
直译：己 要 甲 抬 成 六 家
意译：己命择甲日，家门族下都安宁，没有凶象再殃及远亲近临。

歌诀：jum¹² jaːŋ³¹ lui⁴⁴ mu⁴⁴ ɬui³⁵ tu³³ ɬaːu¹²
直译：阴 阳 下来 戊 癸 互 交
意译：按阴阳相配择法，戊癸配合最相宜。

歌诀：pjeŋ³³ ʔaːu¹² hˉən¹² pu³³ laː³³ khun¹² tsok³¹
直译：丙 要 辛 也 同 路 去
意译：丙命择辛日，会使所举之事一帆风顺。

歌诀：hˉən¹² ʔaːu¹² pjeŋ³³ tjaːŋ³³ ku³³ ljok⁴² pu³³
直译：辛 要 丙 是 头 六 辅
意译：辛命择丙日是"六辅"日，"六辅"是大吉大利的意思。

歌诀：mu⁴⁴ ʔaːu¹² ɬui³⁵ hui⁴⁴ ti⁴⁴ jum¹² jaːŋ³¹
直译：戊 要 癸 坐 地 阴 阳
意译：戊命择癸日才符合阴阳相配择用原理。

歌诀：ɬui³⁵ ʔaːu¹² mu⁴⁴ jum¹² jaːŋ³¹ tu³³ li¹²
直译：癸 要 戊 阴 阳 互 让
意译：癸命择戊日才遵循阴阳相配原则。

歌诀：tjeŋ¹² ʔaːu¹² ȵum³¹ jum¹² jaːŋ³¹ tu³³ lim³⁵
直译：丁 要 壬 阴 阳 互 垒
意译：丁命择壬日，阴阳相配，有利无弊。

歌诀：ʔjat⁵⁵ ʔaːu¹² qeŋ¹² ʔau⁵³ nam³³ tjik⁵⁵ hən³¹
直译：乙 要 庚 里面 水 满 地方
意译：乙命择庚日，物我相宜，事事顺畅。

歌诀：haːŋ³⁵ haːi³¹ ʔdai³³ fu³⁵ taŋ¹² ɣi³¹ ɣən³¹
直译：埋 柩 得 富 来 接 连
意译：择得阴阳相配的日子安葬亡人，福禄富贵自然来。

篇章意译（略）

阴 阳[①]

jum¹² ja:ŋ³¹

原文：𘚣 𘚥 𘚦 𘚧 𘚨 𘚩

注音：hi³³ ŋo³¹ meu⁵³ ju⁵³ pjeŋ³³ tjeŋ¹² jum¹²

直译：子 午 卯 酉 丙 丁 阴

意译：地支子午卯酉年在天干为丙丁的日子举行民俗事象遵循阴阳相配原则。

原文：𘚪 𘚫 𘚬 𘚭 𘚮 𘚯

注音：su³³ mi⁴⁴ sən³¹ hət⁵⁵ mu⁴⁴ tui³⁵ ja:ŋ³¹

直译：丑 未 辰 戌 戊 癸 阳

意译：地支丑未辰戌年在天干为戊癸的日子举行民众事象遵循阴阳相配原则。

原文：𘚰 𘚱 𘚲 𘚳 𘚴 𘚵

注音：jan³¹ sən¹² hi⁵³ ʁa:i³³ qeŋ¹² h̃ən¹² jum¹²

直译：寅 申 巳 亥 庚 辛 阴

意译：地支寅申巳亥年在天干为庚辛的日子举行民俗事象遵循阴阳相配原则。

（以下三句无水字）

注音：jum¹² sot⁵⁵ ja:ŋ³¹ hui⁴⁴ ta:ŋ³¹

直译：阴 请 阳 坐 堂

意译：天干属阴的年份，要选用天干属阳的日子才吉利。

注音：jum¹² sot⁵⁵ ja:ŋ³¹ hui⁴⁴ hi³³

直译：阴 请 阳 坐 桌

意译：亡命天干属阳的人，要选用天干属阴的日子入土安葬才适宜。

注音：tai¹² pu⁵³ ni⁵³ ndi³³ lo³⁵ jum¹² ja:ŋ³¹

直译：死 父 母 听 音 阴 阳

意译：如果父母去世，要选择与他们的年庚纳音五行属性相生的日子安葬，同时兼顾用日天干与仙命天干阴阳相配，这样能让亡灵在阴间安乐，其

---

①阴阳，水书条目名称，水语音译。所述为择日安葬的方法，选择符合阴阳相配的日子安葬，可保后代子孙发达。此外，依此择日为亡人除灵罢服，其魂魄才能归阴界，让在世儿孙生活安宁。

民族古籍整理 057

灵魂不再骚扰在世的亲人。

篇章意译：
子午卯酉年，丙丁是阴方。
丑未辰戌年，戊癸是阳方。
寅申巳亥年，庚辛是阴方。
阴说阴坐堂，阳说阳坐桌，
父母死要听阴阳说。

四季阴阳①

hi^{35} ȵot^{42} jum^{12} ja:ŋ^{31}

原文：𠂎 㐃 ㄎ 天 仪 〇
注音：sən^{12} ja^{53} ka^{33} qeŋ^{12} h̃ən^{12} wan^{12}
直译：春　夏　等　庚　辛　日
意译：在春夏两季举行重大民俗事象，选择天干为庚辛的日子，符合阴阳相配原则。

原文：狱　冬　ㄎ　王　癸　〇
注音：hju^{12} tua:ŋ^{12} ka^{33} ȵum^{33} ʨui^{35} wan^{12}
直译：秋　冬　等　壬　癸　日
意译：在秋冬两季举行重大民俗事象，选择天干为壬癸的日子，符合阴阳相配原则。

篇章意译：
春夏季，庚辛日，吉。
秋冬季，壬癸日，吉。

金　水②

ʨum^{12} sui^{33}

原文：玉　击　水　酉　年　壬　困　寸　十　下

---

①四季阴阳，水书条目名称，为水语意译。本条目是按春夏秋冬四季来选择分别与其相配为阴阳的日子。俗认为这样选择和谐相生，所举之事能够顺利完成，达到预期效果。

②金水，水书条目名称，水语音译。本条目是水书择吉的重要条目之一，要求在相应的年、月、元之下所选日子的纳音五行属性与举事之人的年庚纳音五行属性相生。例如，丧葬择吉，所选之日的纳音五行属性生亡命年庚的纳音五行属性，俗认为安葬之后，主人家富贵双全，人丁大旺。

注音：hi³³ ŋo³¹ meu⁵³ ju⁵³ mbe¹² tsjen¹² hi³⁵ hjat⁵⁵ sop⁴² sjeŋ⁴⁴
直译：子 午 卯 酉 年 正 四 七 十 显
意译：子午卯酉年的正月、四月、七月、十月。

原文：[水书符号]
注音：ɬum¹ joŋ⁴⁴ sui³³ ka³³ su³³ jan³¹ sən³¹ wan¹²
直译：金 用 水 等 丑 寅 辰 日
意译：子午卯酉年的正月、四月、七月、十月举事，若要找到五行相生中"金生水"的最佳选择，请用丑、寅、辰三日。此三日只起到导向作用，具体择用以下文依二十八星宿而得各元①所定的日子为准。

原文：[水书符号]
注音：ti⁴⁴ jat⁵⁵ ɬaːp³⁵ ŋo³¹ jat⁵⁵ su³³ wan¹²
直译：第 一 甲 午 乙 丑 日
意译：子午卯酉年的正月、四月、七月、十月举事，宜在第一元甲子的甲午、乙丑日进行。

原文：[水书符号]
注音：ti⁴⁴ ȵi⁴⁴ hˀən¹² su³³ ȵum³⁵ jan³¹ wan¹²
直译：第 二 辛 丑 壬 寅 日
意译：子午卯酉年的正月、四月、七月、十月举事，宜在第二元甲子的辛丑、壬寅日进行。

原文：[水书符号]
注音：ti⁴⁴ ljok⁴² qeŋ¹² sən³¹ wan¹²
直译：第 六 庚 辰 日
意译：子午卯酉年的正月、四月、七月、十月举事，宜在第六元甲子的庚辰日进行。

原文：[水书符号]
注音：pu³¹ ta³³ ɬat⁵⁵
直译：辅 大 吉
意译：以上所列的日子都属于大吉之日，可以举事。当这些日子的纳音

---

①元，水书写法为"[符号]"，可译为"第""地""代"等。本稿直译部分都译为"第"，意译部分译为"第×元"。系择日学的一个专业术语，以日论，一元六十日，即从甲子、乙丑至壬戌、癸亥止。以年论，一元六十年，也是从甲子年到癸亥年止。以日论的元，共有七元，其次递为第一元……第七元。元数的寻找方法以二十八宿的虚日鼠、奎木狼、觜火猴、鬼金羊、翼火蛇、氐土貉、箕水豹七星来决定。即一元甲子虚日鼠，二元甲子奎木狼，三元甲子鬼金羊，四元甲子觜火猴，五元甲子翼火蛇，六元甲子氐土貉，七元甲子箕水豹。

五行属性与所举事之人的年庚纳音五行属性相生时，更为灵验。俗认为选择符合这条水书的吉日，可富贵双全，人财两旺。

原文：𰉲 𰊫 𰋤 𰌕 𰍚 𰎃 𰏌 𰐑 𰑋
注音：su³³ mi⁴⁴ sən³¹ hət⁵⁵ mbe¹² ɲi⁴⁴ ŋo⁵³ pet⁵⁵ sop⁴² jat⁵⁵
直译：丑 未 辰 戌 年 二 五 八 十一
意译：丑未辰戌年的二月、五月、八月、十一月。

原文：工 𰒈 𰓅 𰔘 𰕣 申 〇
注音：thu³³ joŋ⁴⁴ ʨum³³ ka³³ ŋo³¹ ji³¹ sən¹² wan¹²
直译：土 用 金 等 午 寅 申 日
意译：丑未辰戌年的二月、五月、八月、十一月举事，若要找到五行相生中"土生金"的最佳选择，请用午、寅、申三日。此三日只起到导向作用，具体择用以下文依二十八星宿而得各元所定的日子为准。

原文：𰖊 𰗎 𰘁 申 𰙷 𰉲 〇
注音：ti⁴⁴ ha:m¹² mu⁴⁴ sən¹² h̃ən¹² su³³ wan¹²
直译：第 三 戊 申 辛 丑 日
意译：丑未辰戌年的二月、五月、八月、十一月举事，宜在第三元的戊申、辛丑日进行。

原文：𰖊 𰚁 𰛒 𰜆 𰙷 𰊫 〇
注音：ti⁴⁴ ŋo⁵³ qeŋ¹² ŋo³¹ h̃ən¹² mi⁴⁴ wan¹²
直译：第 五 庚 午 辛 未 日
意译：丑未辰戌年的二月、五月、八月、十一月举事，宜在第五元的庚午、辛未日进行。

原文：𰖊 𰝅 𰙷 𰞈 〇
注音：ti⁴⁴ hjat⁵⁵ h̃ən¹² ʁa:i³³ wan¹²
直译：第 七 辛 亥 日
意译：丑未辰戌年的二月、五月、八月、十一月举事，宜在第七元的辛亥日进行。

原文：𰟌 𰠃
注音：ta³³ ʨat⁵⁵
直译：大 吉
意译：以上的日子都属于大吉之日，可以举事。

原文：𰔘 申 工 𰞈 𰍚 𰗎 𰡙 𰢗 𰑋
注音：jan³¹ sən¹² hi⁵³ ʁa:i³³ mbe¹² ha:m¹² ljok⁴² ʨu³³ sop⁴² ɲi⁴⁴

直译：寅　申　巳　亥　年　　三　六　九　十二
意译：寅申巳亥年的三月、六月、九月、十二月。

原文：（图形符号）

注音：hua³³ joŋ³³ mua:k⁴² ka³³ ju⁵³ jan³¹ hət⁵⁵ wan¹²

直译：火　用　木　　等　酉　寅　戌　日

意译：寅申巳亥年的三月、六月、九月、十二月，若要找到五行相生中"木生火"的最佳选择，请用酉、寅、戌三日。此三日只起到导向作用，具体择用以下文依二十八星宿而得各元所定的日子为准。

原文：（图形符号）

注音：ti⁴⁴ hi³⁵ ɬa:p³⁵ ŋo³¹ tjen¹² ju⁵³ ɬi¹² ju⁵³ wan¹²

直译：第　四　甲　　午　丁　酉　己　酉　日

意译：寅申巳亥年的三月、六月、九月、十二月举事，宜在第四元甲子的甲午、丁酉日进行。

原文：（图形符号）

注音：ti⁴⁴ ŋo⁵³ mu⁴⁴ hət⁵⁵ pjen³³ jan³¹ ȵum³⁵ sən¹² wan¹²

直译：第　五　戊　戌　丙　寅　壬　申　日

意译：寅申巳亥年的三月、六月、九月、十二月举事，宜在第五元甲子的戊戌、丙寅、壬申日进行。

原文：（图形符号）

注音：ta³³ ɬat⁵⁵

直译：大　吉

意译：以上的日子都属于大吉之日，可以举事。

篇章意译：

子午卯酉年正月、四月、七月、十月，丑、寅、辰日，大吉。第一元甲午、乙丑日，第二元辛丑、壬寅日，第六元庚辰日。

丑未辰戌年二月、五月、八月、十一月，午、寅、申日，大吉。第三元戊申、辛丑日，第五元庚午、辛未日，第七元辛亥日。

寅申巳亥年三月、六月、九月、十二月，酉、寅、戌日，大吉。第四元甲午、丁酉日，第五元戊戌、丙寅、壬申日。

六甲金木① （一）

ljok⁴² ɬa:p³⁵ ɬum¹² mok⁴²

原文：▽ 三 ⼽

注音：ɬa:p³⁵ hi³³ mbe¹²

直译：甲 子 年

意译：甲子年出生的人。

原文：ㄣ ⽗ ○ 全 ⽊ 天 禾 ○ 朵 ⽊

注音：ɬi¹² meu⁵³ wan¹² ɬum¹² ta:ŋ³¹ qeŋ¹² sən³¹ wan¹² mok⁴² ta:ŋ³¹

直译：己 卯 日 金 堂 庚 辰 日 木 堂

意译：在甲子年己卯日、庚辰日出生的人，俗认为此人一生多获贵人相助，生活优裕，事业顺利；即使身处逆境，也会逢凶化吉。

原文：⼘ 正 ⼽

注音：jət⁵⁵ su³³ mbe¹²

直译：乙 丑 年

意译：乙丑年出生的人。

原文：天 禾 ○ 全 ⽊ 仏 工 ○ 朵 ⽊

注音：qeŋ¹² sən³¹ wan¹² ɬum¹² ta:ŋ³¹ h̃ən¹² hi⁵³ wan¹² mok⁴² ta:ŋ³¹

直译：庚 辰 日 金 堂 辛 巳 日 木 堂

意译：在乙丑年庚辰日、辛巳日出生的人，俗认为此人一生多获贵人相助，生活优裕，事业顺利；即使身处逆境，也会逢凶化吉。

原文：石 ⽺ ⼽

注音：pjeŋ³³ jan³¹ mbe¹²

直译：丙 寅 年

意译：丙寅年出生的人。

原文：仏 工 ○ 全 ⽊ 王 ⼟ ○ 朵 ⽊

注音：h̃ən¹² hi⁵³ wan¹² ɬum¹² ta:ŋ³¹ ȵum³¹ ŋo³¹ wan¹² mok⁴² ta:ŋ³¹

直译：辛 巳 日 金 堂 壬 午 日 木 堂

意译：在丙寅年辛巳日、壬午日出生的人，俗认为此人一生多获贵人相

---

① 六甲金木，水书条目名称，是六十甲子年中的金堂日和木堂日。"金堂"和"木堂"是水书名词，两者都是吉利、钱财丰盈的意思。相应的年份，出生对金堂日和木堂日的人，一生一世无忧无虑，凡事逢凶化吉。水书择用，也喜金堂日，木堂日的作用仅次于金堂日。下文同此。

助，生活优裕，事业顺利；即使身处逆境，也会逢凶化吉。

原文：丁 卯 年

注音：tjeŋ¹² meu⁵³ mbe¹²

直译：丁 卯 年

意译：丁卯年出生的人。

原文：壬 午 日 金 堂 癸 未 日 木 堂

注音：ȵum³¹ ŋo³¹ wan¹² ɬum¹² ta:ŋ³¹ ɬui³⁵ mi⁴⁴ wan¹² mok⁴² ta:ŋ³¹

直译：壬 午 日 金 堂 癸 未 日 木 堂

意译：在丁卯年壬午日、癸未日出生的人，俗认为此人一生多获贵人相助，生活优裕，事业顺利；即使身处逆境，也会逢凶化吉。

原文：戊 辰 年

注音：mu⁴⁴ sən³¹ mbe¹²

直译：戊 辰 年

意译：戊辰年出生的人。

原文：癸 未 日 金 堂 甲 申 日 木 堂

注音：ɬui³⁵ mi⁴⁴ wan¹² ɬum¹² ta:ŋ³¹ ɬa:p³⁵ sən¹² wan¹² mok⁴² ta:ŋ³¹

直译：癸 未 日 金 堂 甲 申 日 木 堂

意译：在戊辰年癸未日、甲申日出生的人，俗认为此人一生多获贵人相助，生活优裕，事业顺利；即使身处逆境，也会逢凶化吉。

原文：己 巳 年

注音：ɬi¹² hi⁵³ mbe¹²

直译：己 巳 年

意译：己巳年出生的人。

原文：甲 申 日 金 堂 乙 酉 日 木 堂

注音：ɬa:p³⁵ sən¹² wan¹² ɬum¹² ta:ŋ³¹ jat⁵⁵ ju⁵³ wan¹² mok⁴² ta:ŋ³¹

直译：甲 申 日 金 堂 乙 酉 日 木 堂

意译：在己巳年甲申日、乙酉日出生的人，俗认为此人一生多获贵人相助，生活优裕，事业顺利；即使身处逆境，也会逢凶化吉。

原文：庚 午 年

注音：qeŋ¹² ŋo³¹ mbe¹²

直译：庚 午 年

意译：庚午年出生的人。

原文：☐ ☐ ☐ ☐ ☐ ☐ ☐ ☐ ☐
注音：jat⁷⁷ ju⁵³ wan¹² ɬum¹² ta:ŋ³¹ pjeŋ³³ hət⁵⁵ wan¹² mok⁴² ta:ŋ³¹
直译：乙　酉　日　金　堂　丙　戌　日　木　堂
意译：在庚午年乙酉日、丙戌日出生的人，俗认为此人一生多获贵人相助，生活优裕，事业顺利；即使身处逆境，也会逢凶化吉。

原文：☐ ☐ ☐
注音：hˉən¹² mi⁴⁴ mbe¹²
直译：辛　未　年
意译：辛未年出生的人。

原文：☐ ☐ ☐ ☐ ☐ ☐ ☐ ☐ ☐
注音：pjeŋ³³ hət⁵⁵ wan¹² ɬum¹² ta:ŋ³¹ tjeŋ¹² ɣa:i³³ wan¹² mok⁴² ta:ŋ³¹
直译：丙　戌　日　金　堂　丁　亥　日　木　堂
意译：在辛未年丙戌日、丁亥日出生的人，俗认为此人一生多获贵人相助，生活优裕，事业顺利；即使身处逆境，也会逢凶化吉。

原文：☐ ☐ ☐
注音：ȵum³⁵ sən¹² mbe¹²
直译：壬　申　年
意译：壬申年出生的人。

原文：☐ ☐ ☐ ☐ ☐ ☐ ☐ ☐ ☐
注音：tjeŋ¹² ɣa:i³³ wan¹² ɬum¹² ta:ŋ³¹ mu⁴⁴ hi³³ wan¹² mok⁴² ta:ŋ³¹
直译：丁　亥　日　金　堂　戊　子　日　木　堂
意译：在壬申年丁亥日、戊子日出生的人，俗认为此人一生多获贵人相助，生活优裕，事业顺利；即使身处逆境，也会逢凶化吉。

原文：☐ ☐ ☐
注音：ɬui³⁵ ju⁵³ mbe¹²
直译：癸　酉　年
意译：癸酉年出生的人。

原文：☐ ☐ ☐ ☐ ☐ ☐ ☐ ☐ ☐
注音：mu⁴⁴ hi³³ wan¹² ɬum¹² ta:ŋ³¹ ɬi⁵³ su³³ wan¹² mok⁴² ta:ŋ³¹
直译：戊　子　日　金　堂　己　丑　日　木　堂
意译：在癸酉年戊子日、己巳日出生的人，俗认为此人一生多获贵人相助，生活优裕，事业顺利；即使身处逆境，也会逢凶化吉。

篇章意译：
甲子年生人逢己卯日为金堂，逢庚辰日为木堂。
乙丑年生人逢庚辰日为金堂，逢辛巳日为木堂。
丙寅年生人逢辛巳日为金堂，逢壬午日为木堂。
丁卯年生人逢壬午日为金堂，逢癸未日为木堂。
戊辰年生人逢癸未日为金堂，逢甲申日为木堂。
己巳年生人逢甲申日为金堂，逢乙酉日为木堂。
庚午年生人逢乙酉日为金堂，逢丙戌日为木堂。
辛未年生人逢丙戌日为金堂，逢丁亥日为木堂。
壬申年生人逢丁亥日为金堂，逢戊子日为木堂。
癸酉年生人逢戊子日为金堂，逢己丑日为木堂。

六甲金木（二）

ljok42 ɬa:p35 ɬum12 mok42

原文：▽ 丕 ⺺

注音：ɬa:p35 hət55 mbe12

直译：甲　戌　年

意译：甲戌年出生的人。

原文：ㄅ 𠃊 ○ 仐 ㄅ 灭 ⺷ ○ 末 ㄅ

注音：ɬi12 su53 wan12 ɬum12 ta:ŋ31 qeŋ12 jan31 wan12 mok42 ta:ŋ31

直译：己　丑　日　金　堂　庚　寅　日　木　堂

意译：在甲戌年己丑日、庚寅日出生的人，俗认为此人一生多获贵人相助，生活优裕，事业顺利；即使身处逆境，也会逢凶化吉。

原文：⌐ 辛 ⺺

注音：jat55 ʁa:i33 mbe12

直译：乙　亥　年

意译：乙亥年出生的人。

原文：灭 ⺷ ○ 仐 ㄅ ⺀ ⺍ ○ 末 ㄅ

注音：qeŋ12 jan31 wan12 ɬum12 ta:ŋ31 h̃ən12 meu53 wan12 mok42 ta:ŋ31

直译：庚　寅　日　金　堂　辛　卯　日　木　堂

意译：在乙亥年庚寅日、辛卯日出生的人，俗认为此人一生多获贵人相助，生活优裕，事业顺利；即使身处逆境，也会逢凶化吉。

原文：丙 壬 ⺺

注音：pjeŋ³³ hi³³ mbe¹²

直译：丙　子　年

意译：丙子年出生的人。

原文：

注音：h˜ən¹² meu⁵³ wan¹² ɬum¹² ta:ŋ³¹ ȵum³⁵ sən³¹ wan¹² mok⁴² ta:ŋ³¹

直译：辛　卯　日　金　堂　壬　辰　日　木　堂

意译：在丙子年辛卯日、壬辰日出生的人，俗认为此人一生多获贵人相助，生活优裕，事业顺利；即使身处逆境，也会逢凶化吉。

原文：

注音：tjeŋ¹² su³³ mbe¹²

直译：丁　丑　年

意译：丁丑年出生的人。

原文：

注音：ȵum³⁵ sən³¹ wan¹² ɬum¹² ta:ŋ³¹ ɬui³⁵ hi⁵³ wan¹² mok⁴² ta:ŋ³¹

直译：壬　辰　日　金　堂　癸　巳　日　木　堂

意译：在丁丑年壬辰日、癸巳日出生的人，俗认为此人一生多获贵人相助，生活优裕，事业顺利；即使身处逆境，也会逢凶化吉。

原文：

注音：mu⁴⁴ jan³¹ mbe¹²

直译：戊　寅　年

意译：戊寅年出生的人。

原文：

注音：ɬui³⁵ hi⁵³ wan¹² ɬum¹² ta:ŋ³¹ ta:p³⁵ ŋo³¹ wan¹² mok⁴² ta:ŋ³¹

直译：癸　巳　日　金　堂　甲　午　日　木　堂

意译：在戊寅年癸巳日、甲午日出生的人，俗认为此人一生多获贵人相助，生活优裕，事业顺利；即使身处逆境，也会逢凶化吉。

原文：

注音：ɬi¹² meu⁵³ mbe¹²

直译：己　卯　年

意译：己卯年出生的人。

原文：

注音：ta:p³⁵ ŋo³¹ wan¹² ɬum¹² ta:ŋ³¹ jat⁵⁵ mi⁴⁴ wan¹² mok⁴² ta:ŋ³¹

直译：甲　午　日　金　堂　乙　未　日　木　堂

意译：在己卯年甲午日、乙未日出生的人，俗认为此人一生多获贵人相助，生活优裕，事业顺利；即使身处逆境，也会逢凶化吉。

原文：𭀠 𭀡 𭀢
注音：qeŋ¹² sən³¹ mbe¹²
直译：庚　辰　年
意译：庚辰年出生的人。

原文：𭀣 𭀤 𭀥 𭀦 𭀧 𭀨 𭀩 𭀪 𭀫 𭀧
注音：jat⁵⁵ mi⁴⁴ wan¹² tum¹² ta:ŋ³¹ pjeŋ³³ sən¹² wan¹² mok⁴² ta:ŋ³¹
直译：乙　未　日　金　堂　丙　申　日　木　堂
意译：在庚辰年乙未日、丙申日出生的人，俗认为此人一生多获贵人相助，生活优裕，事业顺利；即使身处逆境，也会逢凶化吉。

原文：𭀬 𭀭 𭀢
注音：h̃ən¹² hi⁵³ mbe¹²
直译：辛　巳　年
意译：辛巳年出生的人。

原文：𭀨 𭀩 𭀥 𭀦 𭀧 𭀮 𭀯 𭀩 𭀪 𭀧
注音：pjeŋ³³ sən¹² wan¹² tum¹² ta:ŋ³¹ tjeŋ¹² ju⁵³ wan¹² mok⁴² ta:ŋ³¹
直译：丙　申　日　金　堂　丁　酉　日　木　堂
意译：在辛巳年丙申日、丁酉日出生的人，俗认为此人一生多获贵人相助，生活优裕，事业顺利；即使身处逆境，也会逢凶化吉。

原文：𭀰 𭀱 𭀢
注音：ȵum³⁵ ŋo³¹ mbe¹²
直译：壬　午　年
意译：壬午年出生的人。

原文：𭀮 𭀯 𭀥 𭀦 𭀧 𭀲 𭀳 𭀩 𭀪 𭀧
注音：tjeŋ¹² ju⁵³ wan¹² tum¹² ta:ŋ³¹ mu⁴⁴ hət⁵⁵ wan¹² mok⁴² ta:ŋ³¹
直译：丁　酉　日　金　堂　戊　戌　日　木　堂
意译：在壬午年丁酉日、戊戌日出生的人，俗认为此人一生多获贵人相助，生活优裕，事业顺利；即使身处逆境，也会逢凶化吉。

原文：𭀴 𭀤 𭀢
注音：tui³⁵ mi⁴⁴ mbe¹²
直译：癸　未　年
意译：癸未年出生的人。

原文：芊 丙 ○ 仐 ㄋ ㄅ 辛 ○ 柔 ㄋ
注音：mu⁴⁴ hət⁵⁵ wan¹² ɬum¹² ta:ŋ³¹ ɬi⁵³ ʁa:i³³ wan¹² mok⁴² ta:ŋ³¹
直译：戊　戌　日　金　堂　己　亥　日　木　堂
意译：在癸未年戊戌日、己亥日出生的人，俗认为此人一生多获贵人相助，生活优裕，事业顺利；即使身处逆境，也会逢凶化吉。

篇章意译：
甲戌年生人逢己丑日为金堂，逢庚寅日为木堂。
乙亥年生人逢庚寅日为金堂，逢辛卯日为木堂。
丙子年生人逢辛卯日为金堂，逢壬辰日为木堂。
丁丑年生人逢壬辰日为金堂，逢癸巳日为木堂。
戊寅年生人逢癸巳日为金堂，逢甲午日为木堂。
己卯年生人逢甲午日为金堂，逢乙未日为木堂。
庚辰年生人逢乙未日为金堂，逢丙申日为木堂。
辛巳年生人逢丙申日为金堂，逢丁酉日为木堂。
壬午年生人逢丁酉日为金堂，逢戊戌日为木堂。
癸未年生人逢戊戌日为金堂，逢己亥日为木堂。

六甲金木（三）

ljok⁴² ɬa:p³⁵ ɬum¹² mok⁴²

原文：▽ 申 乓
注音：ɬa:p³⁵ sən¹² mbe¹²
直译：甲　申　年
意译：甲申年出生的人。

原文：ㄅ 辛 ○ 仐 ㄋ 亢 彐 ○ 柔 ㄋ
注音：ɬi¹² ʁa:i³³ wan¹² ɬum¹² ta:ŋ³¹ qeŋ¹² hi³³ wan¹² mok⁴² ta:ŋ³¹
直译：己　亥　日　金　堂　庚　子　日　木　堂
意译：在甲申年己亥日、庚子日出生的人，俗认为此人一生多获贵人相助，生活优裕，事业顺利；即使身处逆境，也会逢凶化吉。

原文：广 酉 乓
注音：jat⁵⁵ ju⁵³ mbe¹²
直译：乙　酉　年
意译：乙酉年出生的人。

原文：𘫽 𘫾 〇 𘫿 𘬀 𘬁 𘬂 〇 𘬃 𘬀
注音：qeŋ¹² hi⁵³ wan¹² ɬum¹² ta:ŋ³¹ h̃ən¹² su³³ wan¹² mok⁴² ta:ŋ³¹
直译：庚 子 日 金 堂 辛 丑 日 木 堂
意译：在乙酉年庚子日、辛丑日出生的人，俗认为此人一生多获贵人相助，生活优裕，事业顺利；即使身处逆境，也会逢凶化吉。

原文：𘫽 𘫾 𘫿
注音：pjeŋ³³ hət⁵⁵ mbe¹²
直译：丙 戌 年
意译：丙戌年出生的人。

原文：𘬁 𘬂 〇 𘫿 𘬀 𘬄 𘬅 〇 𘬃 𘬀
注音：h̃ən¹² su³³ wan¹² ɬum¹² ta:ŋ³¹ ȵum³⁵ jan³¹ wan¹² mok⁴² ta:ŋ⁴¹
直译：辛 丑 日 金 堂 壬 寅 日 木 堂
意译：在丙戌年辛丑日、壬寅日出生的人，俗认为此人一生多获贵人相助，生活优裕，事业顺利；即使身处逆境，也会逢凶化吉。

原文：𘬆 𘬇 𘫿
注音：tjeŋ¹² ʁa:i³³ mbe¹²
直译：丁 亥 年
意译：丁亥年出生的人。

原文：𘬄 𘬅 〇 𘫿 𘬀 𘬈 𘬉 〇 𘬃 𘬀
注音：ȵum³⁵ jan³¹ wan¹² ɬum¹² ta:ŋ³¹ ɬui³⁵ meu⁵³ wan¹² mok⁴² ta:ŋ³¹
直译：壬 寅 日 金 堂 癸 卯 日 木 堂
意译：在丁亥年壬寅日、癸卯日出生的人，俗认为此人一生多获贵人相助，生活优裕，事业顺利；即使身处逆境，也会逢凶化吉。

原文：𘬊 𘫾 𘫿
注音：mu⁴⁴ hi⁵³ mbe¹²
直译：戊 子 年
意译：戊子年出生的人。

原文：𘬈 𘬉 〇 𘫿 𘬀 𘬋 𘬌 〇 𘬃 𘬀
注音：ɬui³⁵ meu⁵³ wan¹² ɬum¹² ta:ŋ³¹ ʑa:p³⁵ sən³¹ wan¹² mok⁴² ta:ŋ³¹
直译：癸 卯 日 金 堂 甲 辰 日 木 堂
意译：在戊子年癸卯日、甲辰日出生的人，俗认为此人一生多获贵人相助，生活优裕，事业顺利；即使身处逆境，也会逢凶化吉。

原文：𘬍 𘬎 𘫿

注音：ʨi¹² su³³ mbe¹²

直译：己　丑　年

意译：己丑年出生的人。

原文：（图符）

注音：ʦa:p³⁵ sən³¹ wan¹² ʦum¹² ta:ŋ³¹ jat⁵⁵ hi⁵³ wan¹² mok⁴² ta:ŋ³¹

直译：甲　辰　日　金　堂　乙　巳　日　木　堂

意译：在己丑年甲辰日、乙巳日出生的人，俗认为此人一生多获贵人相助，生活优裕，事业顺利；即使身处逆境，也会逢凶化吉。

原文：（图符）

注音：qeŋ¹² jan³¹ mbe¹²

直译：庚　寅　年

意译：庚寅年出生的人。

原文：（图符）

注音：jat⁵⁵ hi⁵³ wan¹² ʦum¹² ta:ŋ³¹ pjeŋ³³ ŋo³¹ wan¹² mok⁴² ta:ŋ³¹

直译：乙　巳　日　金　堂　丙　午　日　木　堂

意译：在庚寅年乙巳日、丙午日出生的人，俗认为此人一生多获贵人相助，生活优裕，事业顺利；即使身处逆境，也会逢凶化吉。

原文：（图符）

注音：h̃ən¹² meu⁵³ mbe¹²

直译：辛　卯　年

意译：辛卯年出生的人。

原文：（图符）

注音：pjeŋ³³ ŋo³¹ wan¹² ʦum¹² ta:ŋ³¹ tjeŋ¹² mi⁴⁴ wan¹² mok⁴² ta:ŋ³¹

直译：丙　午　日　金　堂　丁　未　日　木　堂

意译：在辛卯年丙午日、丁未日出生的人，俗认为此人一生多获贵人相助，生活优裕，事业顺利；即使身处逆境，也会逢凶化吉。

原文：（图符）

注音：ȵum³⁵ sən³¹ mbe¹²

直译：壬　辰　年

意译：壬辰年出生的人。

原文：（图符）

注音：tjeŋ¹² mi⁴⁴ wan¹² ʦum¹² ta:ŋ³¹ mu⁴⁴ sən¹² wan¹² mok⁴² ta:ŋ³¹

直译：丁　未　日　金　堂　戊　申　日　木　堂

意译：在壬辰年丁未日、戊申日出生的人，俗认为此人一生多获贵人相助，生活优裕，事业顺利；即使身处逆境，也会逢凶化吉。

原文：𤤰 𧰼 𦘭
注音：ɬui³⁵ hi⁵³ mbe¹²
直译：癸　巳　年
意译：癸巳年出生的人。

原文：𦘭 𦘭 ○ 𦘭 𦘭 𦘭 𦘭 ○ 𦘭 𦘭
注音：mu⁴⁴ sən¹² wan¹² ɬum¹² ta:ŋ³¹ ɕi¹² ju⁵³ wan¹² mok⁴² ta:ŋ³¹
直译：戊　申　日　金　堂　己　酉　日　木　堂
意译：在癸巳年戊申日、己酉日出生的人，俗认为此人一生多获贵人相助，生活优裕，事业顺利；即使身处逆境，也会逢凶化吉。

篇章意译：
甲申年生人逢己亥日为金堂，逢庚子日为木堂。
乙酉年生人逢庚子日为金堂，逢辛丑日为木堂。
丙戌年生人逢辛丑日为金堂，逢壬寅日为木堂。
丁亥年生人逢壬寅日为金堂，逢癸卯日为木堂。
戊子年生人逢癸卯日为金堂，逢甲辰日为木堂。
己丑年生人逢甲辰日为金堂，逢乙巳日为木堂。
庚寅年生人逢乙巳日为金堂，逢丙午日为木堂。
辛卯年生人逢丙午日为金堂，逢丁未日为木堂。
壬辰年生人逢丁未日为金堂，逢戊申日为木堂。
癸巳年生人逢戊申日为金堂，逢己酉日为木堂。

六甲金堂（四）

Ljok⁴² ɬa:p³⁵ ɬum¹² ta:ŋ³¹

原文：𦘭 𦘭 𦘭
注音：ɬa:p³⁵ ŋo³¹ mbe¹²
直译：甲　午　年
意译：甲午年出生的人。

原文：𦘭 𦘭 ○ 𦘭 𦘭 𦘭 𦘭 ○ 𦘭 𦘭
注音：ɕi¹² ju⁵³ wan¹² ɬum¹² ta:ŋ³¹ qen¹² hət⁵⁵ wan¹² mok⁴² ta:ŋ³¹
直译：己　酉　日　金　堂　庚　戌　日　木　堂
意译：在甲午年己酉日、庚戌日出生的人，俗认为此人一生多获贵人相助，生活优裕，事业顺利；即使身处逆境，也会逢凶化吉。

原文：𗶷 𗴂 𗴾

注音：jat⁵⁵ mi⁴⁴ mbe¹²

直译：乙 未 年

意译：乙未年出生的人。

原文：𗶷 𗴂 〇 𗴾 𗶷 𗴂 〇 𗴾 𗶷

注音：qeŋ¹² hət⁵⁵ wan¹² ɬum¹² ta:ŋ³¹ h̃ən¹² ʁa:i³³ wan¹² mok⁴² ta:ŋ³¹

直译：庚 戌 日 金 堂 辛 亥 日 木 堂

意译：在乙未年庚戌日、辛亥日出生的人，俗认为此人一生多获贵人相助，生活优裕，事业顺利；即使身处逆境，也会逢凶化吉。

原文：𗶷 𗴂 𗴾

注音：pjeŋ³³ sən¹² mbe¹²

直译：丙 申 年

意译：丙申年出生的人。

原文：𗶷 𗴂 〇 𗴾 𗶷 𗴂 〇 𗴾 𗶷

注音：h̃ən¹² ʁa:i³³ wan¹² ɬum¹² ta:ŋ³¹ ȵum³⁵ hi³³ wan¹² mok⁴² ta:ŋ³¹

直译：辛 亥 日 金 堂 壬 子 日 木 堂

意译：在丙申年辛亥日、壬子日出生的人，俗认为此人一生多获贵人相助，生活优裕，事业顺利；即使身处逆境，也会逢凶化吉。

原文：𗶷 𗴂 𗴾

注音：tjeŋ¹² ju⁵³ mbe¹²

直译：丁 酉 年

意译：丁酉年出生的人。

原文：𗶷 𗴂 〇 𗴾 𗶷 𗴂 〇 𗴾 𗶷

注音：ȵum³⁵ hi³³ wan¹² ɬum¹² ta:ŋ³¹ ɬui³⁵ su³³ wan¹² mok⁴² ta:ŋ³¹

直译：壬 子 日 金 堂 癸 丑 日 木 堂

意译：在丁酉年壬子日、癸丑日出生的人，俗认为此人一生多获贵人相助，生活优裕，事业顺利；即使身处逆境，也会逢凶化吉。

原文：𗶷 𗴂 𗴾

注音：mu⁴⁴ hət⁵⁵ mbe¹²

直译：戊 戌 年

意译：戊戌年出生的人。

原文：𘒵 𘓏 𘑳 𘒱 𘓹 𘒧 𘓷 𘓽 𘑳 𘑷 𘒧

注音：ɬui³⁵ su³³ wan¹² ɬum¹² ta:ŋ³¹ ɬa:p³⁵ jan³¹ wan¹² mok⁴² ta:ŋ³¹

直译：癸 丑 日 金 堂 甲 寅 日 木 堂

意译：在戊戌年癸丑日、甲寅日出生的人，俗认为此人一生多获贵人相助，生活优裕，事业顺利；即使身处逆境，也会逢凶化吉。

原文：𘑲 𘒲 𘒳

注音：ɬi¹² ʁa:i³³ mbe¹²

直译：己 亥 年

意译：己亥年出生的人。

原文：𘓷 𘓽 𘑳 𘒱 𘓹 𘒧 𘓼 𘑳 𘑷 𘒧

注音：ɬa:p³⁵ jan³¹ wan¹² ɬum¹² ta:ŋ³¹ jat⁵⁵ meu⁵³ wan¹² mok⁴¹ ta:ŋ³¹

直译：甲 寅 日 金 堂 乙 卯 日 木 堂

意译：在己亥年甲寅日、乙卯日出生的人，俗认为此人一生多获贵人相助，生活优裕，事业顺利；即使身处逆境，也会逢凶化吉。

原文：𘒴 𘒵 𘒳

注音：qeŋ¹² hi³³ mbe¹²

直译：庚 子 年

意译：庚子年出生的人。

原文：𘒧 𘓼 𘑳 𘒱 𘓹 𘒨 𘒩 𘑳 𘑷 𘒧

注音：jat⁵⁵ meu⁵³ wan¹² ɬum¹² ta:ŋ³¹ pjeŋ³³ sən³¹ wan¹² mok⁴² ta:ŋ³¹

直译：乙 卯 日 金 堂 丙 辰 日 木 堂

意译：在庚子年乙卯日、丙辰日出生的人，俗认为此人一生多获贵人相助，生活优裕，事业顺利；即使身处逆境，也会逢凶化吉。

原文：𘒶 𘓏 𘒳

注音：hˀən¹² su³³ mbe¹²

直译：辛 丑 年

意译：辛丑年出生的人。

原文：𘒨 𘒩 𘑳 𘒱 𘓹 𘒧 𘒪 𘒲 𘑳 𘑷 𘒧

注音：pjeŋ³³ sən³¹ wan¹² ɬum¹² ta:ŋ³¹ tjeŋ¹² hi⁵³ wan¹² mok⁴² ta:ŋ³¹

直译：丙 辰 日 金 堂 丁 巳 日 木 堂

意译：在辛丑年丙辰日、丁巳日出生的人，俗认为此人一生多获贵人相助，生活优裕，事业顺利；即使身处逆境，也会逢凶化吉。

原文：𘒷 𘒸 𘒳

注音：ȵum³⁵ jan³¹ mbe¹²

直译：壬　寅　年

意译：壬寅年出生的人。

原文：【符号】

注音：tjeŋ¹² hi⁴ wan¹² ɬum¹² ta:ŋ³¹ mu⁴⁴ ŋo³¹ wan¹² mok⁴² ta:ŋ³¹

直译：丁　巳　日　金　堂　戊　午　日　木　堂

意译：在壬寅年丁巳日、戊午日出生的人，俗认为此人一生多获贵人相助，生活优裕，事业顺利；即使身处逆境，也会逢凶化吉。

原文：【符号】

注音：ɬui³⁵ meu⁵³ mbe¹²

直译：癸　卯　年

意译：癸卯年出生的人。

原文：【符号】

注音：mu⁴⁴ ŋo³¹ wan¹² ɬum¹² ta:ŋ³¹ ɬi¹² mi⁴⁴ wan¹² mok⁴² ta:ŋ³¹

直译：戊　午　日　金　堂　己　未　日　木　堂

意译：在癸卯年戊午日、己未日出生的人，俗认为此人一生多获贵人相助，生活优裕，事业顺利；即使身处逆境，也会逢凶化吉。

篇章意译：

甲午年生人逢己酉日为金堂，逢庚戌日为木堂。

乙未年生人逢庚戌日为金堂，逢辛亥日为木堂。

丙申年生人逢辛亥日为金堂，逢壬子日为木堂。

丁酉年生人逢壬子日为金堂，逢癸丑日为木堂。

戊戌年生人逢癸丑日为金堂，逢甲寅日为木堂。

己亥年生人逢甲寅日为金堂，逢乙卯日为木堂。

庚子年生人逢乙卯日为金堂，逢丙辰日为木堂。

辛丑年生人逢丙辰日为金堂，逢丁巳日为木堂。

壬寅年生人逢丁巳日为金堂，逢戊午日为木堂。

癸卯年生人逢戊午日为金堂，逢己未日为木堂。

六甲金堂（五）

ljok⁴² ɬa:p³⁵ ɬum¹² ta:ŋ³¹

原文：【符号】

注音：ɬa:p³⁵ sən³¹ mbe¹²

直译：甲　辰　年

意译：甲辰年出生的人。

原文：（图形符号）

注音：ɬi¹² mi⁴⁴ wan¹² ɬum¹² ta:ŋ³¹ qeŋ¹² sən¹² wan¹² mok⁴² ta:ŋ³¹

直译：己　未　日　金　堂　庚　申　日　木　堂

意译：在甲辰年己未日、庚申日出生的人，俗认为此人一生多获贵人相助，生活优裕，事业顺利；即使身处逆境，也会逢凶化吉。

原文：（图形符号）

注音：jat⁵⁵ hi⁵³ mbe¹²

直译：乙　巳　年

意译：乙巳年出生的人。

原文：（图形符号）

注音：qeŋ¹² sən¹² wan¹² ɬum¹² ta:ŋ³¹ h˜ən¹² ju⁵³ wan¹² mok⁴² ta:ŋ³¹

直译：庚　申　日　金　堂　辛　酉　日　木　堂

意译：在乙巳年庚申日、辛酉日出生的人，俗认为此人一生多获贵人相助，生活优裕，事业顺利；即使身处逆境，也会逢凶化吉。

原文：（图形符号）

注音：pjeŋ³³ ŋo³¹ mbe¹²

直译：丙　午　年

意译：丙午年出生的人。

原文：（图形符号）

注音：h˜ən¹² ju⁵³ wan¹² ɬum¹² ta:ŋ³¹ ȵum³⁵ hət³⁵ wan¹² mok⁴² ta:ŋ³¹

直译：辛　酉　日　金　堂　壬　戌　日　木　堂

意译：在丙午年辛酉日、壬戌日出生的人，俗认为此人一生多获贵人相助，生活优裕，事业顺利；即使身处逆境，也会逢凶化吉。

原文：（图形符号）

注音：tjeŋ¹² mi⁴⁴ mbe¹²

直译：丁　未　年

意译：丁未年出生的人。

原文：（图形符号）

注音：ȵum³⁵ hət⁵⁵ wan¹² ɬum¹² ta:ŋ³¹ ɬui³⁵ ʁa:i³³ wan¹² mok⁴² ta:ŋ³¹

直译：壬　戌　日　金　堂　癸　亥　日　木　堂

意译：在丁未年壬戌日、癸亥日出生的人，俗认为此人一生多获贵人相助，生活优裕，事业顺利；即使身处逆境，也会逢凶化吉。

原文：芊 申 乍

注音：mu⁴⁴ sən¹² mbe¹²

直译：戊 申 年

意译：戊申年出生的人。

原文：癶 丰 ○ 夅 ક ▽ 亖 ○ 朩 ક

注音：ɬui³⁵ ʁaːi³³ wan¹² ɬum¹² taːŋ³¹ ɬaːp³⁵ hi³³ wan¹² mok⁴² taːŋ³¹

直译：癸 亥 日 金 堂 甲 子 日 木 堂

意译：在戊申年癸亥日、甲子日出生的人，俗认为此人一生多获贵人相助，生活优裕，事业顺利；即使身处逆境，也会逢凶化吉。

原文：ㄑ 西 乍

注音：ɬi¹² ju⁵³ mbe¹²

直译：己 酉 年

意译：己酉年出生的人。

原文：▽ 亖 ○ 夅 ક ˪ 丑 ○ 朩 ક

注音：ɬaːp³⁵ hi³³ wan¹² ɬum¹² taːŋ³¹ jat⁵⁵ su³³ wan¹² mok⁴² taːŋ³¹

直译：甲 子 日 金 堂 乙 丑 日 木 堂

意译：在己酉年甲子日、乙丑日出生的人，俗认为此人一生多获贵人相助，生活优裕，事业顺利；即使身处逆境，也会逢凶化吉。

原文：元 戍 乍

注音：qeŋ¹² hət⁵⁵ mbe¹²

直译：庚 戌 年

意译：庚戌年出生的人。

原文：˪ 丑 ○ 夅 ક 丙 ᨅ ○ 朩 ક

注音：jat⁵⁵ su³³ wan¹² ɬum¹² taːŋ³¹ pjen³³ jan³¹ wan¹² mok⁴² taːŋ³¹

直译：乙 丑 日 金 堂 丙 寅 日 木 堂

意译：在庚戌年乙丑日、丙寅日出生的人，俗认为此人一生多获贵人相助，生活优裕，事业顺利；即使身处逆境，也会逢凶化吉。

原文：ㄨ 丰 乍

注音：h̃ən¹² ʁaːi³³ mbe¹²

直译：辛 亥 年

意译：辛亥年出生的人。

原文：[图符]
注音：pjeŋ³³ jan³¹ wan¹² ɬum¹² taːŋ³¹ tjeŋ¹² meu⁵³ wan¹² mok⁴² taːŋ³¹
直译：丙　寅　日　金　堂　丁　卯　日　木　堂
意译：在辛亥年丙寅日、丁卯日出生的人，俗认为此人一生多获贵人相助，生活优裕，事业顺利；即使身处逆境，也会逢凶化吉。

原文：[图符]
注音：ȵum³⁵ hi³³ mbe¹²
直译：壬　子　年
意译：壬子年出生的人。

原文：[图符]
注音：tjeŋ¹² meu⁵³ wan¹² ɬum¹² taːŋ³¹ mu⁴⁴ sən³¹ wan¹² mok⁴² taːŋ³¹
直译：丁　卯　日　金　堂　戊　辰　日　木　堂
意译：在壬子年丁卯日、戊辰日出生的人，俗认为此人一生多获贵人相助，生活优裕，事业顺利；即使身处逆境，也会逢凶化吉。

原文：[图符]
注音：ɬui³⁵ su³³ mbe¹²
直译：癸　丑　年
意译：癸丑年出生的人。

原文：[图符]
注音：mu⁴⁴ sən³¹ wan¹² ɬum¹² taːŋ³¹ ɕi⁵³ hi⁵³ wan¹² mok⁴² taːŋ³¹
直译：戊　辰　日　金　堂　己　巳　日　木　堂
意译：在癸丑年戊辰日、己巳日出生的人，俗认为此人一生多获贵人相助，生活优裕，事业顺利；即使身处逆境，也会逢凶化吉。

篇章意译：
甲辰年生人逢己未日为金堂，逢庚申日为木堂。
乙巳年生人逢庚申日为金堂，逢辛酉日为木堂。
丙午年生人逢辛酉日为金堂，逢壬戌日为木堂。
丁未年生人逢壬戌日为金堂，逢癸亥日为木堂。
戊申年生人逢癸亥日为金堂，逢甲子日为木堂。
己酉年生人逢甲子日为金堂，逢乙丑日为木堂。
庚戌年生人逢乙丑日为金堂，逢丙寅日为木堂。
辛亥年生人逢丙寅日为金堂，逢丁卯日为木堂。
壬子年生人逢丁卯日为金堂，逢戊辰日为木堂。
癸丑年生人逢戊辰日为金堂，逢己巳日为木堂。

六甲金木（六）

ljok⁴² ta:p³⁵ tum¹² mok⁴²

原文：▽ ⚿ ⺕
注音：ta:p³⁵ jan³¹ mbe¹²
直译：甲 寅 年
意译：甲寅年出生的人。

原文：⼑ 工 ○ 伞 ⻆ 页 士 ○ 来 ⻆
注音：ti¹² hi⁵³ wan¹² tum¹² ta:ŋ³¹ qeŋ¹² ŋo³¹ wan¹² mok⁴² ta:ŋ³¹
直译：己 巳 日 金 堂 庚 午 日 木 堂
意译：在甲寅年己巳日、庚午日出生的人，俗认为此人一生多获贵人相助，生活优裕，事业顺利；即使身处逆境，也会逢凶化吉。

原文：⼚ ⺼ ⺕
注音：jat⁵⁵ meu⁵³ mbe¹²
直译：乙 卯 年
意译：乙卯年出生的人。

原文：页 士 ○ 伞 ⻆ ⺋ 走 ○ 来 ⻆
注音：qeŋ¹² ŋo³¹ wan¹² tum¹² ta:ŋ³¹ h̃ən¹² mi⁵³ wan¹² mok⁴² ta:ŋ³¹
直译：庚 午 日 金 堂 辛 未 日 木 堂
意译：在乙卯年庚午日、辛未日出生的人，俗认为此人一生多获贵人相助，生活优裕，事业顺利；即使身处逆境，也会逢凶化吉。

原文：丙 ⾠ ⺕
注音：pjeŋ³³ sən³¹ mbe¹²
直译：丙 辰 年
意译：丙辰年出生的人。

原文：⺋ 走 ○ 伞 ⻆ 王 申 ○ 来 ⻆
注音：h̃ən¹² mi⁴⁴ wan¹² tum¹² ta:ŋ³¹ ȵum³⁵ sən¹² wan¹² mok⁴² ta:ŋ³¹
直译：辛 未 日 金 堂 壬 申 日 木 堂
意译：在丙辰年辛未日、壬申日出生的人，俗认为此人一生多获贵人相助，生活优裕，事业顺利；即使身处逆境，也会逢凶化吉。

原文：丁 工 ⺕
注音：tjeŋ¹² hi⁵³ mbe¹²

直译：丁　巳　年

意译：丁巳年出生的人。

原文：𰀀　𰀁　〇　𰀂　𰀃　𰀄　𰀅　〇　𰀆　𰀃

注音：ȵum³⁵ sən¹² wan¹² ɬum¹² ta:ŋ³¹ ɬui³⁵ ju⁵³ wan¹² mok⁴² ta:ŋ³¹

直译：壬　申　日　金　堂　癸　酉　日　木　堂

意译：在丁巳年壬申日、癸酉日出生的人，俗认为此人一生多获贵人相助，生活优裕，事业顺利；即使身处逆境，也会逢凶化吉。

原文：𰀇　𰀈　𰀉

注音：mu⁴⁴ ŋo³¹ mbe¹²

直译：戊　午　年

意译：戊午年出生的人。

原文：𰀄　𰀅　〇　𰀂　𰀃　𰀊　𰀋　〇　𰀆　𰀃

注音：ɬui³⁵ ju⁵³ wan¹² ɬum¹² ta:ŋ³¹ ɬa:p⁵⁵ hət³⁵ wan¹² mok⁴² ta:ŋ³¹

直译：癸　酉　日　金　堂　甲　戌　日　木　堂

意译：在戊午年癸酉日、甲戌日出生的人，俗认为此人一生多获贵人相助，生活优裕，事业顺利；即使身处逆境，也会逢凶化吉。

原文：𰀌　𰀍　𰀉

注音：ɬi¹² mi⁴⁴ mbe¹²

直译：己　未　年

意译：己未年出生的人。

原文：𰀊　𰀋　〇　𰀂　𰀃　𰀎　𰀏　〇　𰀆　𰀃

注音：ɬa:p³⁵ hət⁵⁵ wan¹² ɬum¹² ta:ŋ³¹ jat⁵⁵ ʁa:i³³ wan¹² mok⁴² ta:ŋ³¹

直译：甲　戌　日　金　堂　乙　亥　日　木　堂

意译：在己未年甲戌日、乙亥日出生的人，俗认为此人一生多获贵人相助，生活优裕，事业顺利；即使身处逆境，也会逢凶化吉。

原文：𰀐　𰀁　𰀉

注音：qeŋ¹² sən¹² mbe¹²

直译：庚　申　年

意译：庚申年出生的人。

原文：𰀎　𰀏　〇　𰀂　𰀃　𰀑　𰀒　〇　𰀆　𰀃

注音：jat⁵⁵ ʁa:i³³ wan¹² ɬum¹² ta:ŋ³¹ pjeŋ³³ hi³³ wan¹² mok⁴² ta:ŋ³¹

直译：乙　亥　日　金　堂　丙　子　日　木　堂

意译：在庚申年乙亥日、丙子日出生的人，俗认为此人一生多获贵人相助，生活优裕，事业顺利；即使身处逆境，也会逢凶化吉。

原文：
注音：h˜ən¹² ju⁵³ mbe¹²
直译：辛　酉　年
意译：辛酉年出生的人。

原文：
注音：pjeŋ³³ hi³³ wan¹² ɬum¹² ta:ŋ³¹ tjen¹² su³³ wan¹² mok⁴² ta:ŋ³¹
直译：丙　子　日　金　堂　丁　丑　日　木　堂
意译：在辛酉年丙子日、丁丑日出生的人，俗认为此人一生多获贵人相助，生活优裕，事业顺利；即使身处逆境，也会逢凶化吉。

原文：
注音：ȵum³⁵ hət⁵⁵ mbe¹²
直译：壬　戌　年
意译：壬戌年出生的人。

原文：
注音：tjen¹² su³³ wan¹² ɬum¹² ta:ŋ³¹ mu⁴⁴ jan³¹ wan¹² mok⁴² ta:ŋ³¹
直译：丁　丑　日　金　堂　戊　寅　日　木　堂
意译：在壬戌年丁丑日、戊寅日出生的人，俗认为此人一生多获贵人相助，生活优裕，事业顺利；即使身处逆境，也会逢凶化吉。

原文：
注音：ɬui³⁵ ʁa:i³³ mbe¹²
直译：癸　亥　年
意译：癸亥年出生的人。

原文：
注音：mu⁴⁴ jan³¹ wan¹² ɬum¹² ta:ŋ³¹ tɬi⁵³ meu⁵³ wan¹² mok⁴² ta:ŋ³¹
直译：戊　寅　日　金　堂　己　卯　日　木　堂
意译：在癸亥年戊寅日、己卯日出生的人，俗认为此人一生多获贵人相助，生活优裕，事业顺利；即使身处逆境，也会逢凶化吉。

篇章意译：
甲寅年生人逢己巳日为金堂，逢庚午日为木堂。
乙卯年生人逢庚午日为金堂，逢辛未日为木堂。
丙辰年生人逢辛未日为金堂，逢壬申日为木堂。
丁巳年生人逢壬申日为金堂，逢癸酉日为木堂。

戊午年生人逢癸酉日为金堂，逢甲戌日为木堂。
己未年生人逢甲戌日为金堂，逢乙亥日为木堂。
庚申年生人逢乙亥日为金堂，逢丙子日为木堂。
辛酉年生人逢丙子日为金堂，逢丁丑日为木堂。
壬戌年生人逢丁丑日为金堂，逢戊寅日为木堂。
癸亥年生人逢戊寅日为金堂，逢己卯日为木堂。

坤壬乙[①]

fən^{12} ȵum^{35} jat^{55}

原文：申 子 辰 等 正 五 九 等 坤 壬 乙 日
注音：sən^{12} hi^{33} sən^{31} mbe^{12} tsjeŋ^{12} ŋo^{53} tu^{33} ka^{33} fən^{12} ȵum^{35} jat^{55} wan^{12}
直译：申 子 辰 年 正 五 九 等 坤 壬 乙 日
意译：申子辰年的正月、五月、九月择吉，选择未、壬、乙日，俗认为在这样的日子里举行重大民俗事务，日后家庭富贵双全，发福悠久。

原文：第 一 乙 未 日
注音：ti^{44} jat^{55} jat^{55} mi^{44} wan^{12}
直译：第 一 乙 未 日
意译：在申子辰年的正月、五月、九月举行重大民俗事务，第一元甲子的乙未日为最佳选择，俗认为是大吉大利的日子。

原文：正 月 壬 申 日 五 月 壬 辰 日
注音：tsjeŋ^{12} ȵot^{42} ȵum^{35} sən^{12} wan^{12} ŋo^{53} ȵot^{42} ȵum^{35} sən^{31} wan^{12}
直译：正 月 壬 申 日 五 月 壬 辰 日
意译：在申子辰年举行重大民俗事务，正月的壬申日、五月的壬辰日是最佳选择。

原文：九 月 壬 寅 辛 未 日 吉
注音：tu^{33} ȵot^{42} ȵum^{35} jan^{31} h~ən^{12} mi^{44} wan^{12} ɬat^{55}
直译：九 月 壬 寅 辛 未 日 吉
意译：在申子辰年举行重大民俗事务，九月的壬寅日、辛未日是最佳选择。

原文：

[①] 坤壬乙，水书条目名称，水语意译，有的叫壬辰。本条目的日子是水书择吉的首选之日，适用于各种民俗事象，尤重于丧葬。同时认为选用于中等人户作用最大，将会使中等人户在原有的基础更加兴旺发达；用于上等人户者，能稳住家业，发福悠久。

注音：hi⁵³ ju⁵³ su³³ mbe¹² ȵi⁴⁴ ljok⁴² sop⁴² ka³³ hən³⁵ qeŋ¹² ɬui³⁵ wan¹²
直译：巳 酉 丑 年 二 六 十 等 巽 庚 癸 日
意译：巳酉丑年的二月、六月、十月择吉，选择辰、庚、癸日，俗认为在这样的日子里举行重大民俗事务，后世子孙会聪明俊秀，为人中豪杰。

原文：
注音：ti⁴⁴ ȵi⁴⁴ qeŋ¹² sən³¹ wan¹²
直译：第 二 庚 辰 日
意译：在巳酉丑年的二月、六月、十月举行重大民俗事务，第二元甲子的庚辰日为最佳选择，俗认为是最吉利的日子。

原文：
注音：ȵi⁴⁴ ȵot⁴² ɬui³⁵ mi⁴⁴ wan¹² ljok⁴² ȵot⁴² pjeŋ³³ sən³¹ wan¹²
直译：二 月 癸 未 日 六 月 丙 辰 日
意译：在巳酉丑年举行重大民俗事务，二月的癸未日、六月的丙辰日是最佳选择。

原文：
注音：sop⁴² ȵot⁴² ɬui³⁵ meu⁵³ wan¹² ɬat⁵⁵
直译：十 月 癸 卯 日 吉
意译：在巳酉丑年举行重大民俗事务，十月的癸卯日是最佳选择。

原文：
注音：jan³¹ ŋo³¹ hət⁵⁵ mbe¹² haːm¹² hjat⁵⁵ sop⁴² jat⁵⁵ ka³³ qan³⁵ pjeŋ³³ h̃ən¹² wan¹²
直译：寅 午 戌 年 三 七 十一 丑 丙 辛 日
意译：寅午戌年的三月、七月、十一月择吉，丑、丙、辛日吉利，俗认为在这样的日子举行重大民俗活动，日后家运宏开，福寿康宁。

原文：
注音：ti⁴⁴ haːm¹² h̃ən¹² su³³ wan¹² ti⁴⁴ ljok⁴² pjeŋ³³ sən³¹ wan¹²
直译：第 三 辛 丑 日 第 六 丙 辰 日
意译：在寅午戌年的三月、七月、十一月举行民俗事象，第三元甲子的辛丑日、第六元甲子的丙辰日是最佳选择。

原文：
注音：haːm¹² ȵot⁴² ȵum³⁵ jan³¹ wan¹² hjat⁵⁵ ȵot⁴² pjeŋ³³ ŋo³¹ wan¹²
直译：三 月 壬 寅 日 七 月 丙 午 日
意译：在寅午戌年举行民俗事象，三月的壬寅日、七月的丙午日是最佳选择。

原文：卞 彡 ⅠK ◇ ○ 罕

注音：sop⁴² jat⁵⁵ ȵot⁴² h˜ən¹² meu⁵³ wan¹² ȶat⁵⁵

直译：十 一 月 辛 卯 日 吉

意译：在寅午戌年举行民俗事象，十一月的辛卯日是最佳选择。

原文：辛 ◇ 未 ⇄ 囯 ✕ 卞 丞 ▽ 丁 ○

注音：ʁaːi³³ meu⁵³ mi⁴⁴ mbe¹² hi³⁵ pet⁵⁵ sop⁴² ȵi⁴⁴ ka³³ ten³¹ ȶaːp³⁵ tjeŋ¹² wan¹²

直译：亥 卯 未 年 四 八 十 二 戌 甲 丁 日

意译：亥卯未年的四月、八月、十二月择吉，戌、甲、丁三日吉利，俗认为在这些日子里举行民俗活动，能顺利开展，并且福荫日后家庭运程。

原文：卌 囯 ▽ 丞 ○ 卌 ✕ 丁 辛 ○

注音：ti⁴⁴ hi³⁵ ȶaːp³⁵ hət⁵⁵ wan¹² ti⁴⁴ ljok¹² tjeŋ¹² ʁaːi³³ wan¹²

直译：第 四 甲 戌 日 第 六 丁 亥 日

意译：在亥卯未年的四月、八月、十二月举行民俗活动，第四元甲子的甲戌日、第六元甲子的丁亥日是最好的日子。

原文：囯 彡 ⅠK 辛 ○ ✕ 彡 丁 ◇ ○

注音：hi³⁵ ȵot⁴² h˜ən¹² ʁaːi³³ wan¹² pet⁵⁵ ȵot⁴² tjeŋ¹² meu⁵³ wan¹²

直译：四 月 辛 亥 日 八 月 丁 卯 日

意译：在亥卯未年举行民俗活动，四月的辛亥日、八月的丁卯日是最好的日子。

原文：卞 彡 ▽ 辛 ○ 罕

注音：sop⁴² ȵi⁴² ȵot⁴² ȶaːp³⁵ ŋo³¹ wan¹² ȶat⁵⁵

直译：十 二 月 甲 午 日 吉

意译：在亥卯未年举行民俗活动，十二月的甲午日是最好的日子。

篇章意译：

申子辰年正月、五月、九月，未、壬、乙日，大吉。第一元乙未日，正月壬申日，五月壬辰日，九月壬寅、辛未日。

巳酉丑年二月、六月、十月，辰、庚、癸日，大吉。第二元庚辰日，二月癸未日，六月丙辰日，十月癸卯日。

寅午戌年三月、七月、十一月，丑、丙、辛日，大吉。第三元辛丑日，第六元丙辰日，三月壬寅日，七月丙午日，十一月辛卯日。

亥卯未年四月、八月、十二月，戌、甲、丁日，大吉。第四元甲戌日，第六元丁亥日，四月辛亥日，八月丁卯日，十二月甲午日。

天罡米①

then¹² qa:ŋ¹² ʔau⁵³

原文：〔原文水书字符〕
注音：hi³³ ŋo³¹ meu⁵³ ju⁵³ mbe¹² tɕjeŋ¹² hi³⁵ hjat⁵⁵ sop⁴² sjeŋ⁴⁴
直译：子　午　卯　　酉　年　正　　四　七　十　显
意译：子午卯酉年的正月、四月、七月、十月。

原文：〔原文水书字符〕
注音：seŋ³¹ h˘jen³¹ seŋ³¹ ʔau⁵³ qau³³ hai⁵³ jan³¹
直译：成　钱　成　米　狗　给　寅　日
意译：子午卯酉年的正月、四月、七月、十月择吉，应选择戌日和寅日，若用于安葬，日后钱财充足，生活安康。

原文：〔原文水书字符〕
注音：ti⁴⁴ ȵi⁴⁴ jat⁵⁵ ʁa:i³³ fan³¹ wan¹² ti⁴⁴ ŋo⁵³ n̩um³⁵ jan³¹ wan¹²
直译：第二　乙亥　文日　第五　壬　寅　日
意译：在子午卯酉年的正月、四月、七月、十月举行重大民俗活动，选择第二元甲子的乙亥日且又是文曲星值符者或第五元甲子的壬寅日，大吉大利。

原文：〔原文水书字符〕
注音：ti⁴⁴ ljok⁴² ɬa:p³⁵ hət⁵⁵ pu³¹ wan¹² ɬat⁵⁵
直译：第六　甲　戌　辅　日　吉
意译：在子午卯酉年的正月、四月、七月、十月举行重大民俗活动，选择第六元甲子的甲戌日且又是左辅星值符者，大吉大利。

原文：〔原文水书字符〕
注音：su³³ mi⁴⁴ sən³¹ hət⁵⁵ mbe¹² ȵi⁴⁴ ŋo⁵³ pet⁵⁵ sop⁴² jat⁵⁵
直译：丑　未　辰　戌　年　二　五　八　十一
意译：丑未辰戌年的二月、五月、八月、十一月。

---

①天罡米，这是水书条目名称，水语音译。这是水书择吉的主要吉利条目之一，适用于各种民俗事象，多用于安葬亡人。俗认为若按此择用，家必纳福，富贵双全，丁财两旺；家中不仅人才辈出，而且能言善辩。选择这样的日子新开田地，庄稼能茁壮成长，并且少受病虫灾害，有好的收成。

②〔字符〕，在此只起记音的作用，依音而译为"给"。本条目该字下同。

原文：𛰀 𛰁 𛰂 ○
注音：hˠən¹² jan¹² hˠən¹² fu³⁵ thu³⁵ hai⁵³ ljoŋ³¹
直译：发　人　发　富　兔　给　龙　辰　日
意译：丑未辰戌年的二月、五月、八月、十一月择吉，应选择卯日或辰日，俗认为这样能够发富发贵，家兴业旺。

原文：卅 一 㐅 𛰀 共 ○ 㐅 辛 出 ○
注音：ti⁴⁴ ȵi⁴⁴ hˠən¹² meu⁵³ tha:m¹² wan¹² hˠən¹² ʁa:i³³ fan³¹ wan¹²
直译：第　二　辛　卯　贪　日　辛　亥　文　日
意译：在丑未辰戌年的二月、五月、八月、十一月举行重大民俗活动，选择第二元甲子的辛卯日且又是贪狼星值符者、第二元甲子的辛亥日且又是文曲星值符者，大吉大利。

原文：卅 兴 ▽ 𛰂 坣 ○ 罕
注音：ti⁴⁴ ljok⁴² ʨa:p³⁵ sən³¹ pu³¹ wan¹² tat⁵⁵
直译：第　六　甲　辰　辅　日　吉
意译：在丑未辰戌年的二月、五月、八月、十一月举行重大民俗活动，选择第六元甲子的甲辰日且又是左辅星值符者，大吉大利。

原文：关 申 互 辛 㐅 山 兴 古 卡
注音：jan³¹ sən¹² hi⁵³ ʁa:i³³ mbe¹² ha:m¹² ljok⁴² tu³³ sop⁴² ȵi⁴⁴
直译：寅　申　巳　亥　年　三　六　九　十二
意译：寅申巳亥年的三月、六月、九月、十二月。

原文：　　　　　　　　　　酉 辛 未 ○
注音：seŋ³¹ jum¹² seŋ³¹ ja:ŋ³¹ ka³³ la:u³³ taŋ¹² hai⁵³ mi⁴⁴
直译：成　阴　成　阳　等　只　酉　给　未　亥　辰　日
意译：寅申巳亥年的三月、六月、九月、十二月择吉，选择酉、未日，阴阳相配，日后家中能人辈出，能言善辩；家庭福禄延绵，经久不衰。

原文：卅 囗 𛰃 未 坣 ○
注音：ti⁴⁴ hi³⁵ ʨui³⁵ mi⁴⁴ pu³¹ wan¹²
直译：第　四　癸　未　辅　日
意译：在寅申巳亥年的三月、六月、九月、十二月举行重大民俗活动，选择第四元甲子的癸未日且又是左辅星值符者，大吉大利。

原文：卅 兴 𛰃 酉 共 ○ 丁 辛 出 ○ 罕
注音：ti⁴⁴ ljok⁴² ʨui³⁵ ju⁵³ tha:m¹² wan¹² tjen¹² ʁa:i³³ fan³¹ wan¹² tat⁵⁵
直译：第　六　癸　酉　贪　日　丁　亥　文　日　吉

意译：在寅申巳亥年的三月、六月、九月、十二月举行重大民俗活动，选择第六元甲子的癸酉日且又是贪狼星值符，或者丁亥日且又是文曲星值符者，大吉大利。

篇章意译：

子午卯酉年正月、四月、七月、十月，戌、寅二日吉。第二元乙亥日且又是文曲星，第五元壬寅日；第六元甲戌日且又是左辅星。

丑未辰戌年二月、五月、八月、十一月，卯、辰二日吉。第二元辛卯日且又是贪狼星，辛亥日且又是文曲星；第六元甲辰日且又是左辅星。

寅申巳亥年三月、六月、九月、十二月，酉、未二日吉。第四元癸未日且又是左辅星；第六元丁亥日且又是文曲星，癸酉日且又是贪狼星。

五行年金吉[①]

1. 金 年

ɬum^{12} mbe^{12}

原文：

注音：ɬum^{12} sop^{42} ȵi^{44} mbe^{12} ɬum^{12} njen^{31} he^{12} meu^{53} fa:ŋ^{12} ɬat^{55}

直译：金　十　二　年　金　月　　卯　方　吉

意译：在六十甲子纳音中五行属金的十二个年份，选择卯日卯方安葬吉利。

原文：

注音：jat^{55} meu^{53} wan^{12} ȵət^{42} wa:n^{35} wa:n^{35} ʔep^{42} tep^{42} tep^{42} ɬat^{55}

直译：乙　卯　日　湾　晚　鸭　　　得　得　吉

意译：在六十甲子纳音中五行属金的十二个年份，选择乙卯日安葬虽然吉利，但是后代易出现多嘴且语无伦次的人。

原文：

注音：ȵum^{35} jan^{21} wan^{12} mu^{44} ɕot^{42} ɕoŋ^{33}

直译：壬　寅　日　戌　玄　凶

意译：在六十甲子纳音中五行属金的十二个年份，俗认为选择壬寅日犯墓玄，安葬、开路、立房等都不吉利，事后导致人丁、钱财溃败；不能在这一日禳解凶神恶鬼，否则当年雨水不好。

[①] 五行年金吉，水书条目名称，水语意译。其内容为六十甲子年中，纳音为金、木、火、土水的五行年份，在举行重大民俗活动的时间选择上，尤其是丧葬，如何趋吉避凶，选择适宜的时间和方位。

原文：▽ 丽 ○ 伞　　　 罕
注音：ta:p³⁵ sən³¹ wan¹² tum¹² ɕeŋ³⁵ ni⁵³ sau³¹ tat⁵⁵
直译：甲　辰　日　金　像　宜　受　吉
意译：在六十甲子纳音中五行属金的十二个年份，俗认为选择甲辰日举行重大民俗事务，以后人丁兴旺。

原文：癶 工 ○ 𠀾　　　 罕
注音：tui³⁵ hi⁵³ wan¹² fa:n⁴⁴ fu³⁵ pja:i³¹ tsjek⁴² tat⁵⁵
直译：癸　巳　日　万　富　必　接　吉
意译：在六十甲子纳音中五行属金的十二个年份，俗认为选择癸巳日举行重大民俗事务，家庭生活富裕，生产顺利，钱财多。

原文：丽 𠮷 ○ 米 林 𠀾 爻
注音：qeŋ¹² ŋo³¹ nət⁴² fa³³ sja:ŋ¹² lei³¹ seŋ³⁵ ɕoŋ³³
直译：庚　午　日　火　伤　雷　省　凶
意译：在六十甲子纳音中五行属金的十二个年份，俗认为选择庚午日安葬，家中一定有人被杀死或被打死。

原文：忄 未 ○ 𤆬 比 𤆬 爻
注音：hˉən¹² mi⁴⁴ nət⁴² nu³¹ soi¹² nu³¹ ɕoŋ³³
直译：辛　未　日　牛　随　牛　凶
意译：在六十甲子纳音中五行属金的十二个年份，俗认为选择辛未日安葬，后人易出现乱伦现象。

原文：壬 申 ○ 　 ⚭ 兴 　 罕
注音：num³⁵ sən¹² nət⁴² pən³³ pjət⁵⁵ ljok⁴² toŋ⁵³ tat⁵⁵
直译：壬　申　日　本　笔　六　动　吉
意译：在六十甲子纳音中五行属金的十二个年份，俗认为选择壬申日安葬亡人，后人生活富足。

原文：忄 酉 ○ 𠁅 　 古 亢 爻
注音：hˉən¹² ju⁵³ nət⁴² ʔjən³⁵ kwa:n¹² tu³³ qhau³³ ɕoŋ³³
直译：辛　酉　日　引　贯　　九　高　凶
意译：在六十甲子纳音中五行属金的十二个年份，俗认为选择辛酉日举行葬礼，后人生活穷困，贫病而死。

原文：芊 丙 ○ 𤆬 比 𤆬 罕
注音：mu⁴⁴ hət⁵⁵ nət⁴² nu³¹ soi¹² nu³¹ tat⁵⁵

民族古籍整理　　087

直译：戊　戌　日　牛　穿　牛　吉
意译：在六十甲子纳音中五行属金的十二个年份，俗认为选择戊戌日安葬亡人，后代人财两旺，但易出现乱伦现象。

原文：
注音：jat⁵⁵　ʁa:i³⁵　ȵət⁴²　fa³³　ɕa:ŋ¹²　thu³³　si⁵³　ɕoŋ³³
直译：乙　亥　日　火　伤　土　死　凶
意译：在六十甲子纳音中五行属金的十二个年份，俗认为选择乙亥日安葬，触犯火神，会导致有人被烧伤烧死。

原文：
注音：qeŋ¹² hi³³ ȵət⁴² au⁵³ ɬik⁵⁵ jum³⁵ thoŋ³³ ɬat⁵⁵
直译：庚　子　日　米　谷　满　谷桶　吉
意译：在六十甲子纳音中五行属金的十二个年份，俗认为选择庚子日举行重大民俗事务，后代生产生活六畜兴旺，五谷丰登。

原文：
注音：ɬui³⁵ su³³ ȵət⁵⁵ ɬum¹² njiŋ³⁵ ni⁵³ ndju¹² ɬat⁵⁵
直译：癸　丑　日　金　宁　宜　受　吉。
意译：在六十甲子纳音中五行属金的十二个年份，俗认为选择癸丑日举行重大民俗事务，人丁兴旺，家庭富裕。

2．木　年
mok⁴² mbe¹²

原文：
注音：mok⁴² sop⁴² ȵi⁴⁴ mbe¹² mok⁴² njen³¹ he¹² hət⁵⁵ fa:ŋ¹² ɬat⁵⁵
直译：木　十　二　年　木　月　安　戌　方　吉
意译：在六十甲子纳音中五行属木的十二个年份，选择戌日戌方行事吉利。

原文：
注音：qeŋ¹² sən¹² wan¹² mu⁴⁴ ɕot⁴² ɕoŋ³³
直译：庚　申　日　戊　雪　凶
意译：在六十甲子纳音中五行属木的十二个年份，俗认为选择庚申日犯墓玄，安葬、开路、立房等都不吉利，事后导致人丁、钱财溃败；不能在这一日禳解凶神恶鬼，否则当年雨水不好。

原文：

注音：h̃ən¹² ju⁵³ wan¹² ȵət⁴² waːn³³ wa³⁵ ʔep⁴² tep⁴² tep⁴² ɬat⁵⁵

直译：辛　酉　日　湾　晚　鸭　　得　得　吉

意译：在六十甲子纳音中五行属木的十二个年份，选择辛酉日安葬虽然吉利，但是后代易出现多嘴且语无伦次的人。

原文：

注音：ɬaːp³⁵ hət⁵⁵ wan¹² ɬum¹² ɕen³⁵ ni⁵³ sau³¹ ɬat⁵⁵

直译：甲　戌　日　金　　像　宜　受　吉

意译：在六十甲子纳音中五行属木的十二个年份，选择甲戌日安葬吉利，日后人丁兴旺，生活富裕。

原文：

注音：h̃ən¹² ʁaːi³³ wan¹² fan⁴⁴ fu³⁵ pjaːi³¹ tsjek⁴² ɬat⁵⁵

直译：辛　亥　日　万　富　必　接　吉

意译：在六十甲子纳音中五行属木的十二个年份，选择辛亥日安葬，家庭生活富裕，生产顺利。

原文：

注音：qeŋ¹² hi³³ ȵət⁴² fan³³ sjaːŋ¹² lei³¹ seŋ³⁵ ɕoŋ³³

直译：丙　子　日　火　伤　雷　省　凶

意译：在六十甲子纳音中五行属木的十二个年份，选择丙子安葬触犯火神，恐有火患，生命财产受到威胁。

原文：

注音：h̃ən¹² su³³ ȵət⁴² ȵu³¹ soi¹² ȵu³¹ ɕoŋ³³

直译：辛　丑　日　牛　随　牛　凶

意译：在六十甲子纳音中五行属木的十二个年份，俗认为选择辛丑日安葬，后代人财两旺，但易出现乱伦现象。

原文：

注音：ȵum³⁵ jan³¹ ȵət⁴² pən³³ pjət⁵⁵ ljok⁴² toŋ⁵³ ɬat⁵⁵

直译：壬　寅　日　本　笔　六　动　吉

意译：在六十甲子纳音中五行属木的十二个年份，俗认为选择壬寅日安葬，后代富贵。

原文：

注音：tjeŋ¹² meu⁵³ ȵət⁴² ʔən³⁵ kwaːn¹² ɬu³³ qhau³³ ɕoŋ³³

直译：丁　卯　日　引　贯　九　高　凶

意译：在六十甲子纳音中五行属木的十二个年份，俗认为选择丁卯日安

民族古籍整理　089

葬，后人生活穷困，贫病而死。

原文：𰀀 𰀁 ○ 𰀂 比 𰀂 𰀃
注音：qeŋ¹² sən³¹ ȵət⁴² ȵu³¹ soi¹² ȵu³¹ ȶat⁵⁵
直译：庚 辰 日 牛 穿 牛 吉
意译：在六十甲子纳音中五行属木的十二个年份，俗认为选择庚辰日安葬，后代人财两旺，但易出现乱伦现象。

原文：𰀄 丄 ○ 𰀅 𰀆 工 𰀇
注音：h̃ən¹² hi⁵³ ȵət⁴² fa³³ ɕa:ŋ¹² thu³³ si⁵³ ɕoŋ³³
直译：辛 巳 日 火 伤 土 死 凶
意译：在六十甲子纳音中五行属木的十二个年份，俗认为选择辛巳日安葬触犯火神，会导致有人被烧伤烧死。

原文：▽ ￡ ○ 𰀈 𰀉 𰀊 𰀋
注音：ȶa:p³⁵ ŋo³¹ ȵət⁴² au⁵³ ȶik⁵⁵ jum³⁵ thoŋ³³ ȶat⁵⁵
直译：甲 午 日 米 谷 满 谷桶 吉
意译：在六十甲子纳音中五行属木的十二个年份，俗认为选择甲午日安葬，后代生产生活六畜兴旺，五谷丰登。

原文：ら ￡ ○ 𰀌 𰀍
注音：ȶi¹² mi⁴⁴ ȵət⁵⁵ ȶum¹² njiŋ³⁵ ni⁵³ ndʑu¹² ȶat⁵⁵
直译：己 未 日 金 宁 宜 受 吉
意译：在六十甲子纳音中五行属木的十二个年份，俗认为选择己未日安葬，后代子孙发达，生活富裕。

3. 火 年
fa³ mbe¹

原文：𰀎 卡 𰀏 𰀎 ㇏ 𰀐 𰀑 𰀒 𰀓
注音：fa³³ sop⁴² ȵi⁴⁴ mbe¹² fa³³ njen³¹ he¹² su⁵³ fa:ŋ¹² ȶat⁵⁵
直译：火 十 二 年 火 月 安 丑 方 吉
意译：在六十甲子纳音中五行属火的年份，选择丑日丑方行事吉利。

原文：厂 ￡ ○ 𰀔 𰀕
注音：jat⁵⁵ ʁa:i³³ wan¹² mu⁴⁴ ɕot⁴² ɕoŋ³³
直译：乙 亥 日 戊 雪 凶
意译：在六十甲子纳音中五行属火的十二个年份，俗认为选择乙亥日犯墓玄，安葬、开路、立房等都不吉利，事后导致人丁、钱财溃败；不能在这一日禳解凶神恶鬼，否则当年雨水不好。

原文：（图形符号）
注音：ȵum³⁵ hi³³ wan¹² nət⁴² wa:n³⁵ wa:n³⁵ ʔep⁴² tep⁴² tep⁴² tat⁵⁵
直译：壬 子 日 湾 晚 鸭 得 得 吉
意译：在六十甲子纳音中五行属火的十二个年份，选择壬子日安葬虽然吉利，但是后代易出现多嘴且语无伦次的人。

原文：（图形符号）
注音：h̃ən¹² su³³ wan¹² tum¹² ɕen³⁵ ni⁵³ sau³¹ tat⁵⁵
直译：辛 丑 日 金 像 宜 受 吉
意译：在六十甲子纳音中五行属火的十二个年份，俗认为选择辛丑日举行重大民俗事务，如丧葬，后代人财两旺，生活富裕。

原文：（图形符号）
注音：ȵum³⁵ jan³¹ wan¹² fa:n⁴⁴ fu³⁵ pja:i³¹ tsjek⁴² tat⁵⁵
直译：壬 寅 日 万 富 必 接 吉
意译：在六十甲子纳音中五行属火的十二个年份，俗认为选择壬寅日安葬，后代子孙生活富裕。

原文：（图形符号）
注音：tjeŋ¹² meu⁵³ nət⁴² fa³³ sja:ŋ¹² lei³¹ sen³⁵ ɕoŋ³³
直译：丁 卯 日 火 伤 雷 省 凶
意译：在六十甲子纳音中五行属火的十二个年份，选择丁卯日安葬触犯火神，恐有火患，生命财产受到威胁。

原文：（图形符号）
注音：qeŋ¹² sən³¹ ȵu³¹ soi¹² ȵu³¹ ɕoŋ³³
直译：庚 辰 日 牛 随 牛 凶
意译：在六十甲子纳音中五行属火的十二个年份，俗认为选择庚辰日安葬，后代人财两旺，但易出现乱伦现象。

原文：（图形符号）
注音：tui³⁵ hi⁵³ nət⁴² pən³³ pjət⁵⁵ ljok⁴² toŋ⁵³ tat⁵⁵
直译：癸 巳 日 本 笔 六 动 吉
意译：在六十甲子纳音中五行属火的十二个年份，俗认为选择癸巳日安葬，后代子孙生活富裕。

原文：（图形符号）
注音：mu⁴⁴ ŋo³¹ nət⁴² ʔjen³⁵ kwa:n¹² tu³³ qhau³³ ɕoŋ³³

直译：戊 午 日 引 贯 九 高 凶

意译：在六十甲子纳音中五行属火的十二个年份，俗认为选择戊午日安葬，后人生活穷困，贫病而死。

原文：

注音：ʨi¹² mi⁴⁴ ȵət⁴² ȵu³¹ soi¹² ȵu³¹ ʨat⁵⁵

直译：己 未 日 牛 穿 牛 吉

意译：在六十甲子纳音中五行属火的十二个年份，俗认为选择己未日安葬，后代人财两旺，但易出现乱伦现象。

原文：

注音：pjeŋ³³ sən¹² ȵət⁴² fa³³ ɕa:ŋ¹² thu³³ si⁵³ ɕoŋ³³

直译：丙 申 日 火 伤 土 死 凶

意译：在六十甲子纳音中五行属火的十二个年份，俗认为选择丙申日安葬犯杀伤，易出现恶死恶伤凶象。

原文：

注音：jat⁵⁵ ju⁵³ ȵət⁴² au⁵³ ʨik⁵⁵ jum³⁵ thoŋ³³ ʨat⁵⁵

直译：乙 酉 日 米 谷 满 谷桶 吉

意译：在六十甲子纳音中五行属火的十二个年份，俗认为选择乙酉日安葬，后代家庭富裕，米谷满仓。

原文：

注音：ȵum³⁵ hət⁵⁵ ȵət⁵⁵ ʨum¹² njiŋ³⁵ ni⁵³ ndju¹² ʨat⁵⁵

直译：壬 戌 日 金 宁 宜 受 吉

意译：在六十甲子纳音中五行属火的十二个年份，俗认为选择壬戌日安葬，后代人财两旺，生活富裕。

4．土水年

thu³¹ sui³³ mbe¹²

原文：

注音：thu³¹ sui³³ sop⁴² ȵi⁴⁴ mbe¹² thu³¹ sui³³ ʔjət⁵⁵ he¹² ŋo³¹ jan³¹ fa:ŋ¹² ʨat⁵⁵

直译：土 水 十二年 土 水 月 安 午 寅 方 吉

意译：在六十甲子纳音中五行属土水的年份，选择午、寅日，午、寅方，行事吉利。

原文：

注音：ʨui³⁵ hi⁵³ wan¹² mu⁴⁴ ɕot⁴² ɕoŋ³³

直译：癸 巳 日 戊 雪 凶

意译：在六十甲子纳音中五行属土水的十二个年份，俗认为选择癸巳日犯墓玄，安葬、开路、立房等都不吉利，事后导致人丁、钱财溃败；不能在这一日禳解凶神恶鬼，否则当年雨水不好。

原文：（图形符号）

注音：ȵum³⁵ ŋo³¹ wan¹² ȵət⁴² wa:n³⁵ wa:n³⁵ ʔep⁴² tep⁴² tep⁴² ɬat⁵⁵

直译：壬 午 日 湾 晚 鸭 得 得 吉

意译：在六十甲子纳音中五行属土水的十二个年份，选择壬午日安葬虽然吉利，但是后代易出现多嘴且语无伦次的人。

原文：（图形符号）

注音：h˜ən¹² mi⁴⁴ wan¹² ɬum¹² ɕen³⁵ ni⁵³ sau³¹ ɬat⁵⁵

直译：辛 未 日 金 像 宜 受 吉

意译：在六十甲子纳音中五行属土水的十二个年份，俗认为选择辛未日安葬吉利，日后人丁兴旺，生活富裕。

原文：（图形符号）

注音：ɬa:p³⁵ sən¹² hi⁵³ wan¹² fa:n⁴⁴ fu³⁵ pja:i³¹ tɕjek⁴² ɬat⁵⁵

直译：甲 申 日 万 富 必 接 吉

意译：在六十甲子纳音中五行属土水的十二个年份，俗认为选择甲申日安葬，日后家庭顺利，生活富裕。

原文：（图形符号）

注音：tjeŋ¹² ju⁵³ ȵət⁴² fa³³ sja:ŋ¹² lei³¹ seŋ³⁵ ɕoŋ³³

直译：丁 酉 日 火 伤 雷 省 凶

意译：在六十甲子纳音中五行属土水的十二个年份，俗认为选择丁酉日安葬触犯火神，恐有火患，生命财产受到威胁。

原文：（图形符号）

注音：ȵum³⁵ hət⁵⁵ ȵət⁴² ȵu³¹ soi¹² ȵu³¹ ɕoŋ³³

直译：壬 戌 日 牛 随 牛 凶

意译：在六十甲子纳音中五行属土水的十二个年份，俗认为选择壬戌日安葬虽然吉利，但易出现乱伦现象。

原文：（图形符号）

注音：h˜ən¹² ʁa:i³³ ȵət⁴² pən³³ pjət⁵⁵ ljok⁴² toŋ⁵³ ɬat⁵⁵

直译：辛 亥 日 本 笔 六 动 吉

意译：在六十甲子纳音中五行属土水的十二个年份，俗认为选择辛亥日

民族古籍整理　093

安葬，后代人丁发展快，兴旺富贵。

原文：丙 子 〇 引 古 贯 凶
注音：pjeŋ³³ hi³³ ȵət⁴² ʔjən³⁵ kwaːn¹² tu³³ qhau³³ ɕoŋ³³
直译：丙 子 日 引 贯 九 高 凶
意译：在六十甲子纳音中五行属土水的十二个年份，俗认为选择丙子日安葬，后人生活穷困，贫病而死。

原文：丁 丑 〇 牛 比 牛 吉
注音：tjeŋ¹² su³³ ȵət⁴² ȵu³¹ soi¹² ȵu³¹ tat⁵⁵
直译：丁 丑 日 牛 穿 牛 吉
意译：在六十甲子纳音中五行属土水的十二个年份，俗认为选择丁丑日安葬虽然吉利，但易出现乱伦现象。

原文：戊 寅 〇 火 伤 土 死 凶
注音：mu⁴⁴ jan³¹ ȵət⁴² fa³³ ɕaːŋ¹² thu³³ si⁵³ ɕoŋ³³
直译：戊 寅 日 火 伤 土 死 凶
意译：在六十甲子纳音中五行属土水的十二个年份，俗认为选择戊寅日举事犯杀伤，易出现恶死恶伤凶象。

原文：己 卯 〇 米 谷 满 谷桶 吉
注音：ɬi¹² meu⁵³ ȵət⁴² au⁵³ ɬik⁵⁵ jum³⁵ thoŋ³³ tat⁵⁵
直译：己 卯 日 米 谷 满 谷桶 吉
意译：在六十甲子纳音中五行属土水的十二个年份，俗认为选择己卯日安葬，后人五谷丰登，六畜兴旺。

原文：壬 辰 〇 金 宁 宜 受 吉
注音：ȵum³⁵ sən³¹ ȵət⁵⁵ tum¹² njiŋ³⁵ ni⁵³ ndju¹² tat⁵⁵
直译：壬 辰 日 金 宁 宜 受 吉
意译：在六十甲子纳音中五行属土水的十二个年份，俗认为选择壬辰日安葬吉利，日后人丁兴旺，生活富裕。

篇章意译：

1. 金年

十二年属金，卯方吉。

乙卯日凶，壬寅日凶，甲辰日吉，癸巳日吉，庚午日凶，辛未日半吉半凶，壬申日吉，辛酉日凶，戊戌日半吉半凶，乙亥日凶，庚子日吉，癸丑日吉。

2. 木年

十二年属木，戌方吉。

庚申日凶，甲戌日吉，辛酉日半吉半凶，辛亥日吉，丙子日凶，辛丑日半吉半凶，壬寅日吉，丁卯日凶，庚辰日半吉半凶，辛巳日凶，甲午日吉，己未日吉。

3. 火年

十二年属火，卯方吉。

乙亥日凶，壬子、辛丑、壬寅日吉，丁卯日凶，庚辰日吉，戊午日凶，己未日吉，丙申日凶，乙酉日吉，壬戌日吉。

4. 土水年

十二年属土水，午、寅方吉。

癸巳日凶，壬午日吉，辛未日吉，甲申日吉，丁酉日凶，壬戌日吉，辛亥日吉，丙子日凶，丁丑日吉，戊寅日凶，己卯日吉，壬辰日吉。

五行年金木①

mbe^{12} ɬum^{12} mok^{42}

原文：十 二 秊 金 巳 金 堂 午 木 堂

注音：sop^{42} ȵi^{44} mbe^{12} sok^{42} ɬum^{33} hi^{53} ɬum^{12} ta:ŋ^{31} ŋo^{31} mok^{42} ta:ŋ^{31}

直译：十 二 年 金 巳 金 堂 午 木 堂

意译：在六十甲子纳音中五行属木的十二个年份十二年属金，巳日为金堂，午日为木堂。此两日举行民俗活动，会取得良好效果。

原文：十 二 秊 木 卯 金 堂 辰 木 堂

注音：sop^{42} ȵi^{44} mbe^{12} sok^{42} mok^{42} meu^{53} ɬum^{12} ta:ŋ^{31} sən^{31} mok^{42} ta:ŋ^{31}

直译：十 二 年 木 卯 金 堂 辰 木 堂

意译：在六十甲子纳音中五行属木的十二个年份十二年属木，卯日为金堂，辰日为木堂。此两日举行民俗活动，会取得良好效果。

原文：十 二 秊 土 未 金 堂 申 木 堂

注音：sop^{42} ȵi^{44} mbe^{12} sok^{42} thu^{33} mi^{44} ɬum^{12} ta:ŋ^{31} sən^{12} mok^{42} ta:ŋ^{31}

直译：十 二 年 土 未 金 堂 申 木 堂

意译：在六十甲子纳音中五行属木的十二个年份十二年属土，未日为金

---

①五行年金木，水书条目名称，水语意译。本条目内容为六十甲子纳音五行年份的金堂日和木堂日，此两日举行各种民俗活动能顺利完成，取得圆满的效果。多用于营建新房和安葬亡人。

堂，申日为木堂。此两日举行民俗活动，会取得良好效果。

原文：（水书符号）
注音：sop^{42} ȵi^{44} mbe^{12} sok^{42} fa^{33} hi^{33} ɬum^{12} ta:ŋ^{31} su^{33} mok^{42} ta:ŋ^{31}
直译：十 二 年　　火 子 金 堂 丑 木 堂
意译：在六十甲子纳音中五行属火的十二个年份，子日为金堂，丑日为木堂。此两日举行民俗活动，会取得良好效果。

原文：（水书符号）
注音：sop^{42} ȵi^{44} mbe^{12} sok^{42} sui^{33} mi^{44} ɬum^{12} ta:ŋ^{31} sən^{12} mok^{42} ta:ŋ^{31}
直译：十 二 年　　水 未 金 堂 申 木 堂
意译：在六十甲子纳音中五行属木的十二个年份，未日为金堂，申日为木堂。此两日举行民俗活动，会取得良好效果。

篇章意译：

五行属金之年，巳日金堂，午日木堂。

五行属木之年，卯日金堂，辰日木堂。

五行属土之年，未日金堂，申日木堂。

五行属水之年，未日金堂，申日木堂。

五行属火之年，子日金堂，丑日木堂。

地支年金木①

mbe^{12} ɬum^{12} mok^{42}

原文：（水书符号）
注音：hi^{33} mbe^{12} tɕjeŋ^{12} ȵot^{55} meu^{53} ɬum^{12} ta:ŋ^{31} sən^{31} mok^{42} ta:ŋ^{31}
直译：子 年 正 月 卯 金 堂 辰 木 堂
意译：子年正月，卯日为金堂，辰日为木堂。此两日宜开吊、驱邪。

原文：（水书符号）
注音：su^{33} mbe^{12} ȵi^{44} ȵot^{55} sən^{31} ɬum^{12} ta:ŋ^{31} hi^{53} mok^{42} ta:ŋ^{31}
直译：丑 年 二 月 辰 金 堂 巳 木 堂
意译：丑年二月，辰日为金堂，巳日为木堂。此两日宜开吊、驱邪。

原文：（水书符号）
注音：jan^{31} mbe^{12} ha:m^{12} ȵot^{55} hi^{53} ɬum^{12} ta:ŋ^{31} ŋo^{31} mok^{42} ta:ŋ^{31}

---

① 地支年金木，水书条目名称，水语意译。系十二地支年在相应的月份里之金堂日和木堂日。宜用于开吊亡人，或用于驱邪。

直译：寅　年　三　月　巳　金　堂　午　木　堂
意译：寅年三月，巳日为金堂，午日为木堂。此两日宜开吊、驱邪。

原文：
注音：meu⁵³ mbe¹² hi³⁵ ȵot⁵⁵ ŋo³¹ ɬum¹² ta:ŋ³¹ mi⁴⁴ mok⁴² ta:ŋ³¹
直译：卯　　年　四　月　午　金　堂　未　木　堂
意译：卯年四月，午日为金堂，未日为木堂。此两日宜开吊、驱邪。

原文：
注音：sən³¹ mbe¹² ŋo⁵³ ȵot⁵⁵ mi⁴⁴ ɬum¹² ta:ŋ³¹ sən¹² mok⁴² ta:ŋ³¹
直译：辰　年　五　月　未　金　堂　申　木　堂
意译：辰年五月，未日为金堂，申日为木堂。此两日宜开吊、驱邪。

原文：
注音：hi⁵³ mbe¹² ljok⁴² ȵot⁵⁵ sən¹² ɬum¹² ta:ŋ³¹ ju⁵³ mok⁴² ta:ŋ³¹
直译：巳　年　六　　月　申　金　堂　酉　木　堂
意译：巳年六月，申日为金堂，酉日为木堂。此两日宜开吊、驱邪。

原文：
注音：ŋo³¹ mbe¹² hjat⁵⁵ ȵot⁵⁵ ju⁵³ ɬum¹² ta:ŋ³¹ hət⁵⁵ mok⁴² ta:ŋ³¹
直译：午　年　　七　　月　酉　金　堂　戌　木　堂
意译：午年七月，酉日为金堂，戌日为木堂。此两日宜开吊、驱邪。

原文：
注音：mi⁴⁴ mbe¹² pa:t³⁵ ȵot⁵⁵ hət⁵⁵ ɬum¹² ta:ŋ³¹ ʁa:i³³ mok⁴² ta:ŋ³¹
直译：未　年　　八　月　戌　金　堂　亥　木　堂
意译：未年八月，戌日为金堂，亥日为木堂。此两日宜开吊、驱邪。

原文：
注音：sən¹² mbe¹² ɬu³³ ȵot⁵⁵ ʁa:i³³ ɬum¹² ta:ŋ³¹ hi³³ mok⁴² ta:ŋ³¹
直译：申　年　　九　月　亥　金　堂　子　木　堂
意译：申年九月，亥日为金堂，子日为木堂。此两日宜开吊、驱邪。

原文：
注音：ju⁵³ mbe¹² sop⁴² ȵot⁵⁵ hi³³ ɬum¹² ta:ŋ³¹ su³³ mok⁴² ta:ŋ³¹
直译：酉　年　　十　月　子　金　堂　　丑　木　堂
意译：酉年十月，子日为金堂，丑日为木堂。此两日宜开吊、驱邪。

原文：
注音：hət⁵⁵ mbe¹² sop⁴² jat⁵⁵ ȵot⁵⁵ su³³ ɬum¹² ta:ŋ³¹ jan³¹ mok⁴² ta:ŋ³¹

民族古籍整理　　097

直译：戌　年　十一　月　丑　金　堂　寅　木　堂
意译：戌年十一月，丑日为金堂，寅日为木堂。此两日宜开吊、驱邪。

原文：

注音：ʁaːi³³ mbe¹² sop⁴² ȵi⁴⁴ ȵot⁵⁵ jan³¹ ʈum¹² taːŋ³¹ meu⁵³ mok⁴² taːŋ³¹
直译：亥　年　十二　月　寅　金　堂　卯　木　堂
意译：亥年十二月，寅日为金堂，卯日为木堂。此两日宜开吊、驱邪。

篇章意译：

子年正月，卯日为金堂，辰日为木堂。
丑年二月，辰日为金堂，巳日为木堂。
寅年三月，巳日为金堂，午日为木堂。
卯年四月，午日为金堂，未日为木堂。
辰年五月，未日为金堂，申日为木堂。
巳年六月，申日为金堂，酉日为木堂。
午年七月，酉日为金堂，戌日为木堂。
未年八月，戌日为金堂，亥日为木堂。
申年九月，亥日为金堂，子日为木堂。
酉年十月，子日为金堂，丑日为木堂。
戌年十一月，丑日为金堂，寅日为木堂。
亥年十二月，寅日为金堂，卯日为木堂。

月金木（一）[1]

njen³¹ ʈum¹² mok⁴²

原文：

注音：tsjeŋ¹² meu⁵³ wan¹² ʈum¹² taːŋ³¹ sən³¹ wan¹² mok⁴² taːŋ³¹
直译：正　卯　日　金　堂　辰　日　木　堂
意译：正月，卯日为金堂，辰日为木堂。

原文：

注音：ȵi⁴⁴ ju⁵³ wan¹² ʈum¹² taːŋ³¹ hət⁵⁵ wan¹² mok⁴² taːŋ³¹
直译：二　酉　日　金　堂　戌　日　木　堂
意译：二月，酉日为金堂，戌日为木堂。

---

[1] 月金木，水书条目名称，水语意译。本条目内容为一年十二个月份中的金堂日和木堂日，主要用于营建新房、安葬亡人、结婚嫁娶，保后代子孙人财两旺、家庭和睦；同时，给老人庆寿、做保福、杀猪敬祖、杀牲敬家神等择此两日为最佳。

原文：ᰠ ᰡ ○ ᰢ ᰣ ᰤ ○ ᰥ ᰣ
注音：ha:m¹² sən³¹ wan¹² ɬum¹² ta:ŋ³¹ hi⁵³ wan¹² mok⁴² ta:ŋ³¹
直译：三　辰　日　金　堂　巳　日　木　堂
意译：三月，辰日为金堂，巳日为木堂。

原文：ᰦ ᰡ ○ ᰢ ᰣ ᰧ ○ ᰥ ᰣ
注音：hi³⁵ hət⁵⁵ wan¹² ɬum¹² ta:ŋ³¹ ʁa:i³³ wan¹² mok⁴² ta:ŋ³¹
直译：四　戌　日　金　堂　亥　日　木　堂
意译：四月，戌日为金堂，亥日为木堂。

原文：ᰨ ᰤ ○ ᰢ ᰣ ᰩ ○ ᰥ ᰣ
注音：ŋo⁵³ hi⁵³ wan¹² ɬum¹² ta:ŋ³¹ ŋo³¹ wan¹² mok⁴² ta:ŋ³¹
直译：五　巳　日　金　堂　午　日　木　堂
意译：五月，巳日为金堂，午日为木堂。

原文：ᰪ ᰧ ○ ᰢ ᰣ ᰫ ○ ᰥ ᰣ
注音：ljok⁴² ʁa:i³³ wan¹² ɬum¹² ta:ŋ³¹ hi³³ wan¹² mok⁴² ta:ŋ³¹
直译：六　亥　日　金　堂　子　日　木　堂
意译：六月，亥日为金堂，子日为木堂。

原文：ᰬ ᰩ ○ ᰢ ᰣ ᰭ ○ ᰥ ᰣ
注音：hjat⁵⁵ ŋo³¹ wan¹² ɬum¹² ta:ŋ³¹ mi⁴⁴ wan¹² mok⁴² ta:ŋ³¹
直译：七　午　日　金　堂　未　日　木　堂
意译：七月，午日为金堂，未日为木堂。

原文：ᰮ ᰫ ○ ᰢ ᰣ ᰯ ○ ᰥ ᰣ
注音：pa:t³⁵ hi³³ wan¹² ɬum¹² ta:ŋ³¹ su³³ wan¹² mok⁴² ta:ŋ³¹
直译：八　子　日　金　堂　丑　日　木　堂
意译：八月，子日为金堂，丑日为木堂。

原文：ᰰ ᰭ ○ ᰢ ᰣ ᰱ ○ ᰥ ᰣ
注音：ɬu³³ mi⁴⁴ wan¹² ɬum¹² ta:ŋ³¹ sən¹² wan¹² mok⁴² ta:ŋ³¹
直译：九　未　日　金　堂　申　日　木　堂
意译：九月，未日为金堂，申日为木堂。

原文：ᰲ ᰯ ○ ᰢ ᰣ ᰳ ○ ᰥ ᰣ
注音：sop⁴² su³³ wan¹² ɬum¹² ta:ŋ³¹ jan³¹ wan¹² mok⁴² ta:ŋ³¹
直译：十　丑　日　金　堂　寅　日　木　堂
意译：十月，丑日为金堂，寅日为木堂。

民族古籍整理　099

原文：卞 申 ○ 仝 多 西 ○ 柔 多
注音：sop⁴² jat⁵⁵ sən¹² wan¹² ȶum¹² ta:ŋ³¹ ju⁵³ wan¹² mok⁴² ta:ŋ³¹
直译：十一　申日　金　堂　酉日　木　堂
意译：十一月，申日为金堂，酉日为木堂。

原文：卞 其 ○ 仝 多 ⺕ ○ 柔 多
注音：sop⁴² n̠i⁴⁴ jan³¹ wan¹² ȶum¹² ta:ŋ³¹ meu⁵³ wan¹² mok⁴² ta:ŋ³¹
直译：十二　寅日　金　堂　卯日　木　堂
意译：十二月，寅日为金堂，卯日为木堂。

篇章意译：

正月，卯日为金堂，辰日为木堂。
二月，酉日为金堂，戌日为木堂。
三月，辰日为金堂，巳日为木堂。
四月，戌日为金堂，亥日为木堂。
五月，巳日为金堂，午日为木堂。
六月，亥日为金堂，子日为木堂。
七月，午日为金堂，未日为木堂。
八月，子日为金堂，丑日为木堂。
九月，未日为金堂，申日为木堂。
十月，丑日为金堂，寅日为木堂。
十一月，申日为金堂，酉日为木堂。
十二月，寅日为金堂，卯日为木堂。

月金木（二）①

njen³¹ ȶum¹² mok⁴²

原文：䒑 十 歹 丙 仝 多 幸 柔 多
注音：tsjen¹² hjat⁵⁵ n̠ot⁵⁵ hət⁵⁵ ȶum¹² ta:ŋ³¹ ʁa:i³³ mok⁴² ta:ŋ³¹
直译：正　七　月　戌　金　堂　亥　木　堂
意译：正月、七月，戌日为金堂，亥日为木堂。

原文：⊥)(歹 西 仝 多 丙 柔 多
注音：n̠i⁴⁴ pa:t³⁵ n̠ot⁵⁵ ju⁵³ ȶum¹² ta:ŋ³¹ hət⁵⁵ mok⁴² ta:ŋ³¹

---

① 本条目内容为一年六组对应的两个月的金堂日和木堂日，主要用于立碑逢。俗认为在此两日立碑，家人延年益寿，家业兴旺发达。

直译：二 八 月 西 金 堂 戌 木 堂
意译：二月、八月，酉日为金堂，戌日为木堂。

原文：[水书符号]
注音：haːm¹² ɬu³³ ȵot⁵⁵ ʁaːi³³ ɬum¹² taːŋ³¹ hi³³ mok⁴² taːŋ³¹
直译：三 九 月 亥 金 堂 子 木 堂
意译：三月、九月，亥日为金堂，子日为木堂。

原文：[水书符号]
注音：hi³⁵ sop⁴² ȵot⁵⁵ mi⁴⁴ ɬum¹² taːŋ³¹ sən¹² mok⁴² taːŋ³¹
直译：四 十 月 未 金 堂 申 木 堂
意译：四月、十月，未日为金堂，申日为木堂。

原文：[水书符号]
注音：ŋo⁵³ sop⁴² jat⁵⁵ ȵot⁴² ŋo³¹ ɬum¹² taːŋ³¹ mi⁴⁴ mok⁴² taːŋ³¹
直译：五 十 一 月 午 金 堂 未 木 堂
意译：五月、十一月，午日为金堂，未日为木堂。

原文：[水书符号]
注音：ljok⁴² sop⁴² ȵi⁴⁴ ȵot⁴² hi⁵³ ɬum¹² taːŋ³¹ ŋo³¹ mok⁴² taːŋ³¹
直译：六 十 二 月 巳 金 堂 午 木 堂
意译：六月、十二月，巳日为金堂，午日为木堂。

篇章意译：

正月、七月，戌日为金堂，亥日为木堂。
二月、八月，酉日为金堂，戌日为木堂。
三月、九月，亥日为金堂，子日为木堂。
四月、十月，未日为金堂，申日为木堂。
五月、十一月，午日为金堂，未日为木堂。
六月、十二月，巳日为金堂，午日为木堂。

金堂九穷①

ɬum¹² taːŋ³¹ ɬu³³ ho³³

原文：[水书符号]

---

① 金堂九穷，水书条目名称，水语意译。本条目中金堂日安葬，发财富贵，家业兴旺；得驱邪和禳解恶鬼；九穷日，若用于安葬，后人懒惰，易招惹官司，家业退败，若用于为病人驱魔，病情反而加重。本条目依都匀市第四代水书传人、首批高级水书师蒙君昌先生解释。

注音：ʨa:p⁴² ʨi¹² mbe¹² ʨu³³ not⁴² mi⁴⁴ fa:ŋ¹² ʨi¹²
直译：甲　己　年　九月　未　方　忌
意译：甲己年九月忌未日。

原文：
注音：mi⁴⁴ ʨu³³ hi³³ sən¹² tai³³ ʔa:n¹³
直译：未　九紫　　　申 歺　安
意译：甲己年的九月，未日为"九紫"，此日安葬，引起官司，家业退败，凶；申日为"大赤口"，此日举事，招惹是非，凶。

原文：
注音：ju⁵³ hieu³³ ʔa:n¹³ hət⁵⁵ h˜in¹² pjat⁵⁵
直译：酉　小　安　　　戌　成　粥
意译：甲己年的九月，酉为"小赤口"，此日举事易招惹是非，凶；戌日为"沙朋"，出生逢之或举行重大民俗活动都易滋事，凶。

原文：
注音：ʁa:i³² hi³⁵ ʔa:n¹³ hi³³ ʨum¹² ta:ŋ³¹
直译：亥　四　安　　　子　金　堂
意译：甲己年的九月，亥为"四安"，用于起房、安葬，后人出能人，吉；子日为金堂，用于安葬，后代发财富贵，家业兴旺，还利于驱撵恶鬼和解鬼，吉。

原文：
注音：su³³ mok⁴² ta:ŋ³¹ jan³¹ ʨu³³ ho³³
直译：丑　木　堂　　　寅　九　穷
意译：甲己年的九月，丑日为木堂，吉；寅日犯九穷，若用于安葬，后人懒惰，家业退败，若用于为病人驱魔，病情反而加重，凶。

原文：
注音：meu⁵³ jiaŋ¹² ʨi³⁵ sən³¹ nam³³ pjat⁵⁵
直译：卯　将　记　　　辰　水　粥
意译：甲己年的九月，卯日为"将记"，利于禳解恶鬼，邪魔消散；辰日为"水粥"，出生逢此日，该人性格古板守旧，成年后生活困窘。

原文：
注音：hi⁵³ tai³³ ʔa:n¹³ ŋo³¹ tai³³ won⁴⁴
直译：巳　歺　安　　　午　歺　碗
意译：甲己年的九月，巳日为"歺安"，出生逢此日，长大后易被充军；

午日为"歹碗"，此日宜祀祖敬神，出生逢此日，为人在世，做什么都顺利。

原文：ᡒ ᡓ ᡔ ᡕ ᡖ
注音：ʔjat⁷ qeŋ¹ mbe¹ pa:t⁸ ɳot⁸ qai¹ tsu¹ li²
直译：乙 庚 年 八 月 该 猪 力
意译：乙庚年八月忌亥日。

原文：ᡗ ᡘ ᡙ ᡚ ᡛ ᡜ
注音：ʁa:i³ ɬu³³ hi³³ hi³ tai³³ ʔa:n¹³
直译：亥 九 紫 子 歹 安
意译：乙庚年八月，亥日为"九紫"，此日安葬，引起官司，家业退败，凶；子日为"大赤口"，此日举事易招惹是非，凶。

原文：ᡝ ᡞ ᡟ ᡠ ᡡ
注音：su³³ hieu³³ ʔa:n¹³ jan³¹ h̃in¹² pjat⁵⁵
直译：丑 小 安 寅 成 弱
意译：乙庚年八月，丑日为"小赤口"，此日举事易招惹是非，凶；寅日为"沙朋"，出生逢之或举行重大民俗活动都易滋事，凶。

原文：ᡢ ᡣ ᡤ ᡥ ᡦ ᡧ
注音：meu⁵³ hi³⁵ ʔa:n¹³ sən³¹ ɬum¹² ta:ŋ³¹
直译：卯 四 安 辰 金 堂
意译：乙庚年八月，卯日为"四安"，用于起房、安葬，后人出能人，吉；辰日为金堂，用于安葬，后代发财富贵，家业兴旺，还利于驱撵恶鬼和解鬼，吉。

原文：ᡨ ᡩ ᡪ ᡫ ᡬ
注音：hi⁵³ mok⁴² ta:ŋ³¹ ŋo³¹ ɬu³³ ho³³
直译：巳 木 堂 午 九 穷
意译：乙庚年八月，巳日为木堂，吉；午日犯九穷，若用于安葬，后人懒惰，家业退败，若用于为病人驱魔，病情反而加重，凶。

原文：ᡭ ᡮ ᡯ ᡰ ᡱ
注音：mi⁴⁴ jiaŋ¹² ɬi³⁵ sən¹² nam³³ pjat⁵⁵
直译：未 将 记 申 水 弱
意译：乙庚年八月，未日为"将记"，利于禳解恶鬼，邪魔消散；申日为"水弱"，出生逢此日，该人性格古板守旧，成年后生活困窘。

原文：ᡲ ᡳ ᡴ ᡵ ᡶ ᡷ
注音：ju⁵³ tai³³ ʔa:n¹³ hət⁵⁵ tai³³ woŋ⁴⁴

民族古籍整理　　103

直译：酉 歹 安　　　　戌 歹 碗

意译：乙庚年八月，酉日为"歹安"，出生逢此日，长大后易被充军；戌日为"歹碗"，此日宜祀祖敬神，出生逢此日，为人在世，做什么都顺利。

原文：

注音：pjeŋ³³ h˜ən¹² mbe¹² hjat⁵⁵ ȵot⁴² sjeŋ¹² la:u⁵³ su³³

直译：丙　辛　年　七　月　杀伤　大　鼠

意译：丙辛年七月忌子日。

原文：

注音：hi³³ ɫu³³ hi³³ su³³ tai³³ ʔa:n¹³

直译：子　九　紫　　　丑　歹　安

意译：丙辛年七月，子日为"九紫"，此日安葬，引起官司，家业退败，凶；丑日为"大赤口"，此日举事易招惹是非，凶。

原文：

注音：jan³¹ hieu³³ ʔa:n¹³ meu⁵³ h˜in¹² pjat⁵⁵

直译：寅　小　安　　　卯　成　弼

意译：丙辛年七月，寅为"小赤口"，此日举事易招惹是非，凶；卯日为"沙朋"，出生逢之或举行重大民俗活动都易滋事，凶。

原文：

注音：sən³¹ hi³⁵ ʔa:n¹³ hi⁵³ ɫum¹² ta:ŋ³¹

直译：辰　四　安　　　巳　金　堂

意译：丙辛年七月，辰为"四安"，用于起房、安葬，后人出能人，吉；巳日为金堂，用于安葬，后代发财富贵，家业兴旺，还利于驱撑恶鬼和解鬼，吉。

原文：

注音：ŋo³¹ mok⁴² ta:ŋ³¹ mi⁴⁴ ɫu³³ ho³³

直译：午　木　堂　　　未　九　穷

意译：丙辛年七月，午日为木堂，吉；未日犯九穷，若用于安葬，后人懒惰，家业退败，若用于为病人驱魔，病情反而加重，凶。

原文：

注音：sən¹² jiaŋ¹² ɫi³⁵ ju⁵³ nam³³ pjat⁵⁵

直译：申　将　记　酉　水　弼

意译：丙辛年七月，申日为"将记"，利于禳解恶鬼，邪魔消散；酉日为"水弼"，出生逢此日，该人性格古板守旧，成年后生活困窘。

104

原文：

注音：hət⁵⁵ tai³³ ʔaːn¹³ ɣaːi³³ tai³³ woŋ⁴⁴

直译：戌 歹 安　　　亥 歹 碗

意译：丙辛年七月，戌日为"歹安"，出生逢此日，长大后易被充军；亥日为"歹碗"，此日宜祀祖敬神，出生逢此日，为人在世，做什么都顺利。

原文：

注音：tjeŋ³³ ȵum³³ mbe¹³ ljok⁴² ȵot⁴² mu⁴⁴ jon³¹ ti⁴²

直译：丁 壬 年 六 月 母 猿 地

意译：丁壬年六月忌申日。

原文：

注音：sən¹² ɬu³³ hi³³ ju⁵³ tai³³ ʔaːn¹³

直译：申 九 紫　　　酉 歹 安

意译：丁壬年六月，申日为"九紫"，此日安葬，引起官司，家业退败，凶；酉日为"大赤口"，此日举事易招惹是非，凶。

原文：

注音：hət⁵⁵ hieu³³ ʔaːn¹³ ɣaːi³³ h̃in¹² pjat⁵⁵

直译：戌 小 安　　　亥 成 弼

意译：丁壬年六月，戌为"小赤口"，此日举事易招惹是非，凶；亥日为"沙朋"，出生逢之或举行重大民俗活动都易滋事，凶。

原文：

注音：hi³³ hi³⁵ ʔaːn¹³ su³³ ɬum¹² taːŋ³¹

直译：子 四 安　　　丑 金 堂

意译：丁壬年六月，子为"四安"，用于起房、安葬，后人出能人，吉；丑日为金堂，用于安葬，后代发财富贵，家业兴旺，还利于驱撵恶鬼和解鬼，吉。

原文：

注音：jan³¹ mok⁴² taːŋ³¹ meu⁵³ ɬu³³ ho³³

直译：寅 木 堂　　　卯 九 穷

意译：丁壬年六月，寅日为木堂，吉；卯日犯九穷，若用于安葬，后人懒惰，家业退败，若用于为病人驱魔，病情反而加重，凶。

原文：

注音：sən³¹ jiaŋ¹² ti³⁵ hi⁵³ nam³³ pjat⁵⁵

直译：辰　将记　　　　　巳　水弼

意译：丁壬年六月，辰日为"将记"，利于禳解恶鬼，邪魔消散；巳日为"水弼"，出生逢此日，该人性格古板守旧，成年后生活困窘。

原文：（图形符号）

注音：ŋo³¹ tai³³ ʔaːn¹³　mi⁴⁴ tai³³ woŋ⁴⁴

直译：午　歹　安　　　未　歹　碗

意译：丁壬年六月，午日为"歹安"，出生逢此日，长大后易被充军；未日为"歹碗"，此日宜祀祖敬神，出生逢此日，为人在世，做什么都顺利。

原文：（图形符号）

注音：mu³⁵ ɬui³⁵ mbe¹² ŋo⁵³ jam³³ su³³ mi⁴⁴ mi³¹

直译：戊　癸　年　五　染　鼠　未　密

意译：戊癸年五月忌子日。

原文：（图形符号）

注音：hi³³ ɬu³³ hi³³ su³³ tai³³ ʔaːn¹³

直译：子　九　紫　　　丑　歹　安

意译：戊癸年五月，子日为"九紫"，此日安葬，引起官司，家业退败，凶；丑日为"大赤口"，此日举事易招惹是非，凶。

原文：（图形符号）

注音：jan³¹ hieu³³ ʔaːn¹³ meu⁵³ h̃in¹² pjat⁵⁵

直译：寅　小　安　　　卯　成　弼

意译：戊癸年五月，寅为"小赤口"，此日举事易招惹是非，凶；卯日为"沙朋"，出生逢之或举行重大民俗活动都易滋事，凶。

原文：（图形符号）

注音：sən³¹ hi³⁵ ʔaːn¹³ hi⁵³ ɬum¹² taːŋ³¹

直译：辰　四　安　　　巳　金　堂

意译：戊癸年五月，辰为"四安"，用于起房、安葬，后人出能人，吉；巳日为金堂，用于安葬，后代发财富贵，家业兴旺，还利于驱撵恶鬼和解鬼，吉。

原文：（图形符号）

注音：ŋo³¹ mok⁴² taːŋ³¹　mi⁴⁴ ɬu³³ ho³³

直译：午　木　堂　　　未　九　穷

意译：戊癸年五月，午日为木堂，吉；未日犯九穷，若用于安葬，后人懒惰，家业退败，若用于为病人驱魔，病情反而加重，凶。

原文：申 ◊　　　　　酉 水 ⊙
注音：sən¹² jiaŋ¹² ʨi³⁵ ju⁵³ nam³³ pjat⁵⁵
直译：申 将 记　　　　酉 水 弼
意译：戊癸年五月，申日为"将记"，利于禳解恶鬼，邪魔消散；酉日为"水弼"，出生逢此日，该人性格古板守旧，成年后生活困窘。

原文：戌 ◊ ♡　　　　亥 ◊ ❋
注音：hət³⁵ tai³³ ʔaːn¹³ ʁaːi³³ tai³³ woŋ⁴⁴
直译：戌 歹 安　　　　亥 歹 碗
意译：戊癸年五月，戌日为"歹安"，出生逢此日，长大后易被充军；亥日为"歹碗"，此日宜祀祖敬神，出生逢此日，为人在世，做什么都顺利。

篇章意译：
甲己年九月。
未日九紫　　　　申日大安
酉日小安　　　　戌日成弼
亥日四安　　　　子日金堂
丑日木堂　　　　丙寅日九穷
卯日将记　　　　辰日水白
巳日大安　　　　午日歹碗

乙庚年八月。
亥日九紫　　　　子日大安
丑日小安　　　　寅日成弼
卯日四安　　　　辰日金堂
巳日木堂　　　　壬午日九穷
未日将记　　　　申日水白
酉日大安　　　　戌日歹碗

丙辛年七月。
子日九紫　　　　丑日大安
寅日小安　　　　卯日成弼
辰日四安　　　　巳日金堂
午日木堂　　　　丁未日九穷
申日将记　　　　酉日水白
戌日大安　　　　亥日歹碗

丁壬年六月。

申日九紫　　　　　酉日大安

戌日小安　　　　　亥日歹碗

子日四安　　　　　丑日金堂

寅日木堂　　　　　乙卯日九穷

辰日将记　　　　　巳日水白

午日大安　　　　　未日歹碗

戊癸年五月。

子日九紫　　　　　丑日大安

寅日小安　　　　　卯日成弼

辰日四安　　　　　巳日金堂

午日木堂　　　　　未日九穷

申日将记　　　　　酉日水白

戌日大安　　　　　亥日歹碗

元金木①

ti⁴⁴ ɬum¹² mok⁴²

原文：（水书符号）

注音：hi³³ njen³¹ tsjeŋ¹² hət⁵⁵

直译：子　年　正　戌

意译：子年正戌日。

原文：（水书符号）

注音：ti⁴⁴ jat⁵⁵ jat⁵⁵ h̃ən¹² meu⁵³ ɬum¹² ta:ŋ³¹ ȵum³⁵ sən³¹ mok⁴² ta:ŋ³¹

直译：第一元　乙　辛　卯　金堂　壬　辰　木　堂

意译：子年正月，第一元乙辛卯日为金堂，壬辰日为木堂。此两日安葬，后代人财兴旺，儿孙聪明能干，家庭和睦。

原文：（水书符号）

注音：su³³ njen³¹ ȵi⁴⁴ sən³¹

直译：丑　年　二　辰

意译：丑年二月辰日。

原文：（水书符号）

---

①元金木，水书条目名称，水语意译。本条目内容为十二地支年及十二个月份在不同的元中的金堂日和木堂日，主要用于安葬，保后代人财两旺，儿孙聪明能干，家庭和睦。

注音：ti⁴⁴ ȵi⁴⁴ h˜ən³¹ ɬui³⁵ ju⁵³ ɬum¹² ta:ŋ³¹ qeŋ¹² hət⁵⁵ mok⁴² ta:ŋ³¹
直译：第二元 辛 癸 酉 金 堂 庚 戌 木 堂
意译：丑年二月，第二元辛酉、癸酉两日为金堂，庚戌日为木堂。此三日安葬，后代人财兴旺，儿孙聪明能干，家庭和睦。

原文：
注音：jan³¹ njen³¹ ha:m⁵³ ʁa:i³³
直译：寅 年 三 亥
意译：寅年三月亥日。

原文：
注音：ti⁴⁴ jat⁵⁵ mu⁵³ ȵum³⁵ sən³¹ ɬum¹² ta:ŋ³¹ ɬi¹² hi⁵³ mok⁴² ta:ŋ³¹
直译：第一元 戊 壬 辰 金 堂 己 巳 木 堂
意译：寅年三月，第一元戊辰、壬辰两日为金堂，己巳日为木堂。此三日安葬，后代人财兴旺，儿孙聪明能干，家庭和睦。

原文：
注音：meu⁵³ njen³¹ hi³⁵ hi⁵³
直译：卯 年 四 巳
意译：卯年四月巳日。

原文：
注音：ti⁴⁴ jat⁵⁵ mu⁴⁴ ȵum³⁵ hət⁵⁵ ɬum¹² ta:ŋ³¹ h˜ən¹² ʁa:i³³ mok⁴² ta:ŋ³¹
直译：第一元 戊 壬 戌 金 堂 辛 亥 木 堂
意译：卯年四月，第一元戊戌、壬戌两日为金堂，辛亥日为木堂。此三日安葬，后代人财兴旺，儿孙聪明能干，家庭和睦。

原文：
注音：sən³¹ njen³¹ ŋo⁵³ hi³³
直译：辰 年 五 子
意译：辰年五月子日。

原文：
注音：ti⁴⁴ ȵi⁴⁴ h˜ən¹² ɬui³⁵ hi⁵³ ɬum¹² ta:ŋ³¹ qeŋ¹² ȵum³⁵ ŋo³¹ mok⁴² ta:ŋ³¹
直译：第二元 辛 癸 巳 金 堂 庚 壬 午 木 堂
意译：辰年五月，第二元辛巳、癸巳两日为金堂，庚午、壬午两日为木堂。此四日安葬，后代人财兴旺，儿孙聪明能干，家庭和睦。

原文：
注音：hi⁵³ njen³¹ ljok⁴² ŋo³¹

民族古籍整理　109

直译：巳　年　六　午

意译：巳年六月午日。

原文：[图形符号]

注音：ti⁴⁴ ɲi⁴⁴ jat⁵⁵ tjeŋ¹² ʁa:i³³ ʨum¹² ta:ŋ³¹ ȵum³⁵ hi³³ mok⁴² ta:ŋ³¹

直译：第二元　乙　丁　亥　金　堂　壬　子　木　堂

意译：巳年六月，第二元乙亥、丁亥两日为金堂，壬子日为木堂。此三日安葬，后代人财兴旺，儿孙聪明能干，家庭和睦。

原文：[图形符号]

注音：ŋo³¹ njen³¹ hjat⁵⁵ su³³

直译：午　年　七　丑

意译：午年七月丑日。

原文：[图形符号]

注音：ti⁴⁴ ɲi⁴⁴ pjeŋ³³ ŋo³¹ ʨum¹² ta:ŋ³¹

直译：第二元　丙　午　金　堂

意译：午年七月，第二元丙午日为金堂。此日安葬，后代人财兴旺，儿孙聪明能干，家庭和睦。

原文：[图形符号]

注音：ti⁴⁴ ha:m¹² pjeŋ³³ ŋo³¹ h̃ən¹² mi⁴⁴ mok⁴² ta:ŋ³¹

直译：第三元　丙　午　辛　未　木　堂

意译：午年七月，第三元丙午、辛未两日为木堂。此两日安葬，后代人财兴旺，儿孙聪明能干，家庭和睦。

原文：[图形符号]

注音：mi⁴⁴ njen³¹ pa:t⁴² mi⁴⁴

直译：未　年　八　未

意译：未年八月未日。

原文：[图形符号]

注音：ti⁴⁴ ɲi⁴⁴ qeŋ¹² hi³³ ʨum¹² ta:ŋ³¹

直译：第二元　庚　子　金　堂

意译：未年八月，第二元庚子日为金堂。此日安葬，后代人财兴旺，儿孙聪明能干，家庭和睦。

原文：[图形符号]

注音：ti⁴⁴ ha:m¹² pjeŋ³³ hi³³ tjeŋ¹² su³³ h̃ən¹² su³³ mok⁴² ta:ŋ³¹

直译：第三元　丙　子　丁　丑　辛　丑　木　堂

意译：未年八月，第三元丙子、丁丑、辛丑三日为木堂。此三日安葬，后代人财兴旺，儿孙聪明能干，家庭和睦。

原文：𭀠 𭀡 𭀢 𭀣
注音：sən¹² njen³¹ ʨu³³ jan³¹
直译：申 年 九 寅
意译：申年九月寅日。

原文：𭀤 𭀥 𭀦 丁 𭀧 𭀨 𭀩 𭀪 申 𭀫 𭀩
注音：ti⁴⁴ ha:m¹² ljok⁴² tjeŋ¹² mi⁴⁴ ʨum¹² ta:ŋ³¹ mu⁴⁴ sən¹² mok⁴² ta:ŋ³¹
直译：第 三 六 元 丁 未 金 堂 戊 申 木 堂
意译：申年九月，第三、六元丁未日为金堂，戊申日为木堂。此两日安葬，后代人财兴旺，儿孙聪明能干，家庭和睦。

原文：𭀬 𭀡 十 申
注音：ju⁵³ njen³¹ sop⁴² sən¹²
直译：酉 年 十 申
意译：酉年十月申日。

原文：𭀤 𭀭 𭀦 𭀮 丁 𭀯 𭀨 𭀩
注音：ti⁴⁴ hi³⁵ ljok⁴² jat⁵⁵ tjeŋ¹² su³³ ʨum¹² ta:ŋ³¹
直译：第 四 六 元 乙 丁 丑 金 堂
意译：酉年十月，第四、六元乙丑、丁丑两日为金堂。此两日安葬，后代人财兴旺，儿孙聪明能干，家庭和睦。

原文：𭀰 𭀱 𭀣 𭀫 𭀩
注音：pjeŋ³³ ȵum³⁵ jan³¹ mok⁴² ta:ŋ³¹
直译：丙 壬 寅 木 堂
意译：酉年十月，第四、六元丙寅、壬寅两日为木堂。此两日安葬，后代人财兴旺，儿孙聪明能干，家庭和睦。

原文：𭀤 𭀥 𭀲 𭀯 𭀳 𭀣 𭀤 𭀦 丁 𭀯 𭀳 𭀣 𭀫 𭀩
注音：ti⁴⁴ ni⁴⁴ ʨui³⁵ su³³ qeŋ¹² jan³¹ ti⁴⁴ ljok⁴² tjeŋ¹² su³³ qeŋ¹² jan³¹ mok⁴² ta:ŋ³¹
直译：第 二 元 癸 丑 庚 寅 第 六 元 丁 丑 庚 寅 木 堂
意译：酉年十月，第二元癸丑、庚寅及第六元丁丑、庚寅为木堂。此四日安葬，后代人财兴旺，儿孙聪明能干，家庭和睦。

原文：𭀴 𭀡 十 𭀵
注音：hət⁵⁵ njen³¹ sop⁴² jat⁵⁵ meu⁵³
直译：戌 年 十 一 卯

意译：戌年十一月卯日。

原文：🪧 🪧 🪧 🪧 🪧 🪧 🪧 🪧
注音：ti⁴⁴ hi³⁵ ȵum³⁵ sən¹² jat⁵⁵ ju⁵³ ɬum¹² ta:ŋ³¹
直译：第 四 元 壬 申 乙 酉 金 堂
意译：戌年十一月，第四元壬申、乙酉日为金堂。此两日安葬，后代人财兴旺，儿孙聪明能干，家庭和睦。

原文：🪧 🪧 🪧 🪧 🪧 🪧 🪧 🪧
注音：ti⁴⁴ ljok⁴² ȵum³⁵ sən¹² ɬui³⁵ ju⁵³ mok⁴² ta:ŋ³¹
直译：第 六 元 壬 申 癸 酉 木 堂
意译：戌年十一月，第六元壬申、癸酉两日为木堂。此两日安葬，后代人财兴旺，儿孙聪明能干，家庭和睦。

原文：🪧 🪧 🪧 🪧
注音：ʁa:i³³ njen³¹ sop⁴² ȵi⁴⁴ ju⁵³
直译：亥 年 十 二 酉
意译：亥年十二月酉日。

原文：🪧 🪧 🪧 🪧 🪧 🪧 🪧 🪧 🪧 🪧
注音：ti⁴⁴ hi³⁵ qeŋ¹² jan³¹ ɬum¹² ta:ŋ³¹ h̃ən¹² meu⁵³ mok⁴² ta:ŋ³¹
直译：第 四 元 庚 寅 金 堂 辛 卯 木 堂
意译：亥年十二月，第四元庚寅日为金堂，辛卯日为木堂。此两日安葬，后代人财兴旺，儿孙聪明能干，家庭和睦。

原文：🪧 🪧 🪧 🪧 🪧 🪧 🪧 🪧 🪧 🪧
注音：ti⁴⁴ ljok⁴² ȵum³⁵ jan³¹ ɬum¹² ta:ŋ³¹ h̃ən¹² meu⁵³ mok⁴² ta:ŋ³¹
直译：第 六 元 壬 寅 金 堂 辛 卯 木 堂
意译：亥年十二月，第六元壬寅日为金堂，辛卯日为木堂。此两日安葬，后代人财兴旺，儿孙聪明能干，家庭和睦。

篇章意译：

子年正月戌日，第一元乙辛卯金堂，壬辰木堂。

丑年二月辰日，第二元辛酉、癸酉金堂，庚戌木堂。

寅年三月亥日，第一元戊辰、壬辰金堂，己巳木堂。

卯年四月巳日，第一元戊戌、壬戌金堂，辛亥木堂。

辰年五月子日，第二元辛巳、癸巳金堂，庚午、壬午木堂。

巳年六月午日，第二元乙亥、丁亥金堂，壬子木堂。

午年七月丑日，第二元丙午金堂，第三元丙午、辛未木堂。

未年八月未日，第二元庚子金堂，第三元丙子、丁丑、辛丑木堂。

申年九月寅日，第三、六元丁未金堂，戊申木堂。

酉年十月申日，第四、六元乙丑、丁丑金堂，丙壬寅木堂；第二元癸丑、庚寅及第六元丁丑、庚寅木堂。

戌年十一月卯日，第四元壬申、乙酉金堂，第六元壬申、癸酉木堂。

亥年十二月酉日，第四元庚寅金堂，辛卯木堂；第六元壬寅金堂，辛卯木堂。

元金堂①

ti⁴⁴ ɫum¹² ta:ŋ³¹

原文：𖿡 𖿢 𖿣 𖿤 𖿥 𖿦 𖿧 𖿨

注音：hi³³ njen³¹ ti⁴⁴ hi³⁵ ɫi¹² hi⁵³ ɫum¹² ta:ŋ³¹

直译：子 年 第四元 己 巳 金 堂

意译：子年第四元己巳日为金堂。此日宜起造、嫁娶、做保福、庆寿、杀牲祭祖等，吉利。

原文：𖿣 𖿩 𖿪 𖿦 𖿧 𖿨

注音：ti⁴⁴ ȵi⁴⁴ jat⁵⁵ hi⁵³ ɫum¹² ta:ŋ³¹

直译：第二元 乙 巳 金 堂

意译：子年第二元乙巳日为金堂。此日宜起造、嫁娶、做保福、庆寿、杀牲祭祖等，吉利。

原文：𖿫 𖿢 𖿣 𖿩 𖿬 𖿭 𖿮 𖿦 𖿧 𖿨

注音：su³³ njen³¹ ti⁴⁴ ha:m¹² pjen³³ ȵum³⁵ ŋo³¹ ɫum¹² ta:ŋ³¹

直译：丑 年 第三元 丙 壬 午 金 堂

意译：丑年第三元丙午、壬午二日为金堂。此二日宜起造、嫁娶、做保福、庆寿、杀牲祭祖等，吉利。

原文：𖿣 𖿯 𖿭 𖿮 𖿦 𖿧 𖿨

注音：ti⁴⁴ hjat⁵⁵ ȵum³⁵ ŋo³¹ ɫum¹² ta:ŋ³¹

直译：第七元 壬 午 金 堂

意译：丑年第七元壬午日为金堂。此日宜起造、嫁娶、做保福、庆寿、杀牲祭祖等，吉利。

---

①元金堂，水书条目名称，水语意译。本条目内容为十二地支年在不同的元中的金堂日，宜于起造、嫁娶、做保福、为老人庆寿、杀牲祭祖等。俗认为选择此日建造新房，家庭生活殷实；在此日结婚成亲，夫妻恩爱，家庭幸福美满。

民族古籍整理　113

原文：𘎅 𘎆 𘎇 𘎈 𘎉 𘎊 𘎋 𘎌

注音：jan³¹ njen³¹ ti⁴⁴ ȵi⁴⁴ ɬui³⁵ mi⁴⁴ ɬum¹² ta:ŋ³¹

直译：寅　年　第二元　癸未　金堂

意译：寅年第二元癸未日为金堂。此日宜起造、嫁娶、做保福、庆寿、杀牲祭祖等，吉利。

原文：𘎇 𘎈 𘎉 𘎊 𘎋 𘎌

注音：ti⁴⁴ ha:m¹² ɬui³⁵ mi⁴⁴ ɬum¹² ta:ŋ³¹

直译：第三元　癸　未　金　堂

意译：寅年第三元癸未日为金堂。此日宜起造、嫁娶、做保福、庆寿、杀牲祭祖等，吉利。

原文：𘎍 𘎆 𘎇 𘎈 𘎎 𘎏 𘎋 𘎌

注音：meu⁵³ njen³¹ ti⁴⁴ ha:m¹² qeŋ¹² sən¹² ɬum¹² ta:ŋ³¹

直译：卯　年　第　三元　庚　申　金　堂

意译：卯年第三元庚申日为金堂。此日宜起造、嫁娶、做保福、庆寿、杀牲祭祖等，吉利。

原文：𘎇 𘎐 𘎑 𘎏 𘎋 𘎌

注音：ti⁴⁴ hjat⁵⁵ ta:p⁴² sən¹² ɬum¹² ta:ŋ³¹

直译：第七元　甲　申　金　堂

意译：卯年第七元甲申日为金堂。此日宜起造、嫁娶、做保福、庆寿、杀牲祭祖等，吉利。

原文：𘎒 𘎆 𘎇 𘎓 𘎔 𘎕 𘎋 𘎌

注音：sən³¹ njen³¹ ti⁴⁴ hi³⁵ ɬi¹² ju⁵³ ɬum¹² ta:ŋ³¹

直译：辰　年　第四元　己　酉　金　堂

意译：辰年第四元己酉日为金堂。此日宜起造、嫁娶、做保福、庆寿、杀牲祭祖等，吉利。

原文：𘎇 𘎖 𘎊 𘎕 𘎋 𘎌

注音：ti⁴⁴ ljok⁴² ɬui³⁵ ju⁵³ ɬum¹² ta:ŋ³¹

直译：第六元　癸　酉　金　堂

意译：辰年第六元癸酉日为金堂。此日宜起造、嫁娶、做保福、庆寿、杀牲祭祖等，吉利。

原文：𘎗 𘎆 𘎇 𘎈 𘎎 𘎒 𘎋 𘎌

注音：hi⁵³ njen³¹ ti⁴⁴ ȵi⁴⁴ qeŋ¹² hət⁵⁵ ɬum¹² ta:ŋ³¹

直译：巳 年 第二元 庚 戌 金 堂

意译：巳年第二元庚戌日为金堂。此日宜起造、嫁娶、做保福、庆寿、杀牲祭祖等，吉利。

原文：𖼀 𖼁 𖼂 𖼃 𖼄 𖼅

注音：ti⁴⁴ hi³⁵ ta:p⁴² hət⁵⁵ ɬum¹² ta:ŋ³¹

直译：第四元 甲 戌 金 堂

意译：巳年第四元甲戌日为金堂。此日宜起造、嫁娶、做保福、庆寿、杀牲祭祖等，吉利。

原文：𖼀 𖼁 𖼂 𖼃 𖼄 𖼅 𖼆

注音：ŋo³¹ njen³¹ ti⁴⁴ ha:m¹² tjeŋ¹² ʁa:i³³ ɬum¹² ta:ŋ³¹

直译：午 年 第三元 丁 亥 金 堂

意译：午年第三元丁亥日为金堂。此日宜起造、嫁娶、做保福、庆寿、杀牲祭祖等，吉利。

原文：𖼀 𖼁 𖼂 𖼃 𖼄 𖼅

注音：ti⁴⁴ hi³⁵ h˜ən¹² ʁa:i³³ ɬum¹² ta:ŋ³¹

直译：第 四元 辛 亥 金 堂

意译：午年第四元辛亥日为金堂。此日宜起造、嫁娶、做保福、庆寿、杀牲祭祖等，吉利。

原文：𖼀 𖼁 𖼂 𖼃 𖼄 𖼅 𖼆

注音：mi⁴⁴ njen³¹ ti⁴⁴ hi³⁵ ȵum³⁵ hi³³ ɬum¹² ta:ŋ³¹

直译：未 年 第四元 壬 子 金 堂

意译：未年第四元壬子日为金堂。此日宜起造、嫁娶、做保福、庆寿、杀牲祭祖等，吉利。

原文：𖼀 𖼁 𖼂 𖼃 𖼄 𖼅

注音：ti⁴⁴ ȵi⁴⁴ pjeŋ³³ hi³³ ɬum¹² ta:ŋ³¹

直译：第二元 丙 子 金 堂

意译：未年第二元丙子日为金堂。此日宜起造、嫁娶、做保福、庆寿、杀牲祭祖等，吉利。

原文：𖼀 𖼁 𖼂 𖼃 𖼄 𖼅 𖼆

注音：sən¹² njen³¹ ti⁴⁴ ljok⁴² ɬui³⁵ su³³ ɬum¹² ta:ŋ³¹

直译：申 年 第六元 癸 丑 金 堂

意译：申年第六元癸丑日为金堂。此日宜起造、嫁娶、做保福、庆寿、杀牲祭祖等，吉利。

民族古籍整理　　115

原文：丗 一 厂 匡 伞 彡

注音：ti⁴⁴ jat⁵⁵ jat⁵⁵ su³³ ɬum¹² ta:ŋ³¹

直译：第 一 元 乙 丑 金 堂

意译：申年第一元乙丑日为金堂。此日宜起造、嫁娶、做保福、庆寿、杀牲祭祖等，吉利。

原文：酉 年 丗 田 王 羊 伞 彡

注音：ju⁵³ njen³¹ ti⁴⁴ hi³⁵ ȵum³⁵ jan³¹ ɬum¹² ta:ŋ³¹

直译：酉 年 第四元 壬 寅 金 堂

意译：酉年第四元壬寅日为金堂。此日宜起造、嫁娶、做保福、庆寿、杀牲祭祖等，吉利。

原文：丗 十 丞 羊 伞 彡

注音：ti⁴⁴ hjat⁵⁵ qeŋ¹² jan³¹ ɬum¹² ta:ŋ³¹

直译：第七元 庚 寅 金 堂

意译：酉年第七元庚寅日为金堂。此日宜起造、嫁娶、做保福、庆寿、杀牲祭祖等，吉利。

原文：丙 年 丗 一 䒑 ф 伞 彡

注音：hət⁵⁵ njen³¹ ti⁴⁴ ȵi⁴⁴ h̃ən¹² meu⁵³ ɬum¹² ta:ŋ³¹

直译：戌 年 第二元 辛 卯 金 堂

意译：戌年第二元辛卯日为金堂。此日宜起造、嫁娶、做保福、庆寿、杀牲祭祖等，吉利。

原文：丗 山 厂 ф 伞 彡

注音：ti⁴⁴ ha:m⁵³ jat⁵⁵ meu⁵³ ɬum¹² ta:ŋ³¹

直译：第三元 乙 卯 金 堂

意译：戌年第三元乙卯日为金堂。此日宜起造、嫁娶、做保福、庆寿、杀牲祭祖等，吉利。

原文：辛 年 丗 山 王 辰 伞 彡

注音：ʁa:i³³ njen³¹ ti⁴⁴ ha:m¹² ȵum³⁵ sən³¹ ɬum¹² ta:ŋ³¹

直译：亥 年 第三元 壬 辰 金 堂

意译：亥年第三元壬辰日为金堂。此日宜起造、嫁娶、做保福、庆寿、杀牲祭祖等，吉利。

原文：丗 兴 ⊽ 辰 伞 彡

注音：ti⁴⁴ ljok⁴² ta:p³⁵ sən³¹ ɬum¹² ta:ŋ³¹

116

直译：第六元　甲　辰　金　堂

意译：亥年第六元甲辰日为金堂。此日宜起造、嫁娶、做保福、庆寿、杀牲祭祖等，吉利。

篇章意译：

子年，第四元己巳金堂，第二元乙巳金堂。

丑年，第三元丙午、壬午金堂，第七元壬午金堂。

寅年，第二元癸未金堂，第三元癸未金堂。

卯年，第三元庚申金堂，第七元甲申金堂。

辰年，第四元己酉金堂，第六元癸酉金堂。

巳年，第二元庚戌金堂，第四元甲戌金堂。

午年，第三元丁亥金堂，第四元辛亥金堂。

未年，第四元壬子金堂，第二元丙子金堂。

申年，第六元癸丑金堂，第一元乙丑金堂。

酉年，第四元壬寅金堂，第七元庚寅金堂。

戌年，第二元辛卯金堂，第三元乙卯金堂。

亥年，第三元壬辰金堂，第六元甲辰金堂。

方金堂①

fa:ŋ¹² ɬum¹² ta:ŋ³¹

原文：

注音：ɬa:p³⁵ ɬi¹² njen³¹ hi³³ fa:ŋ¹² ɬum¹² ta:ŋ³¹

直译：甲　己　年　子　方　金　堂

意译：天干为甲、己的年份，起造、嫁娶、出门、动土、平整屋基、开吊等先从子方开始，大吉大利。

原文：

注音：jat⁵⁵ qeŋ¹² njen³¹ sən²¹ fa:ŋ¹² ɬum¹² ta:ŋ³¹

直译：乙　庚　年　辰　方　金　堂

意译：天干为乙、庚的年份，起造、嫁娶、出门、动土、平整屋基、开吊等先从辰方开始，大吉大利。

原文：

---

①方金堂，也叫金堂方，水书条目名称，水语意译。本条目内容是十天干年举事的吉利方位，如平整宅基地、动土等宜从此方位天始，嫁娶中新娘出阁、进亲朝此方位吉利，出行、开吊等先朝此方位起步大吉大利。

民族古籍整理　117

注音：pjeŋ³³ h˜ən¹² njen³¹ hi⁵³ fa:ŋ¹² ɬum¹² ta:ŋ³¹
直译：丙　辛　年　巳　方　金　堂
意译：天干为丙、辛的年份，起造、嫁娶、出门、动土、平整屋基、开吊等先从巳方开始，大吉大利。

原文：丁 壬 年 丑 方 金 堂
注音：tjeŋ¹² ȵum³⁵ njen³¹ su³³ fa:ŋ¹² ɬum¹² ta:ŋ³¹
直译：丁　壬　年　丑　方　金　堂
意译：天干为丁、壬的年份，起造、嫁娶、出门、动土、平整屋基、开吊等先从丑方开始，大吉大利。

原文：戊 癸 年 午 方 金 堂
注音：mu⁴⁴ ɬui³⁵ njen³¹ ŋo³¹ fa:ŋ¹² ɬum¹² ta:ŋ³¹
直译：戊　癸　年　午　方　金　堂
意译：天干为戊、癸的年份，起造、嫁娶、出门、动土、平整屋基、开吊等先从午方开始，大吉大利。

篇章意译：
甲年己方为金堂方，庚方为木堂方。己年甲方为金堂方，乙方为木堂方。
乙年庚方为金堂方，辛方为木堂方。庚年乙方为金堂方，丙方为木堂方。
丙年辛方为金堂方，壬方为木堂方。辛年丙方为金堂方，丁方为木堂方。
丁年壬方为金堂方，癸方为木堂方。壬年丁方为金堂方，戊方为木堂方。
戊年癸方为金堂方，甲方为木堂方。癸年戊方为金堂方，己方为木堂方。

时金堂①

si³¹ ɬum¹² ta:ŋ³¹

原文：正 四 七 十 显 卯 时 金 堂
注音：tɕjeŋ¹² hi¹⁵ hjat⁵⁵ sop⁴² sjeŋ⁴⁴ meu⁵³ si³¹ ɬum¹² ta:ŋ³¹
直译：正　四　七　十　显　卯　时　金　堂
意译：正月、四月、七月、十月，卯时为金堂。在此时安葬亡人、起立房子排列、立碑等，吉利。

原文：二 五 八 卜 巳 时 金 堂
注音：ȵi⁴⁴ ŋo⁵³ pet³⁵ sop⁴² jat⁵⁵ hi³³ si³¹ ɬum¹² ta:ŋ³¹

---

① 时金堂，也叫金堂时，水书条目名称，水语音译。本条目内容为在每个月份举事的最佳时辰，主要用于安葬、起立房子排列、立碑等。俗认为依此行事，日后家庭和睦，富贵双全。

直译：二　五　八　十一子　　子时　金　堂

意译：二月、五月、八月、十一月，子时为金堂。在此时安葬亡人、起立房子排列、立碑等，吉利。

原文：（水书符号）

注音：ha:m¹³ ljok⁴² ʈu³³ sop⁴² ȵi⁴⁴ mi⁴⁴ si³¹ ʈum¹² ta:ŋ³¹

直译：三　六　九　十二　未时　金　堂

意译：三月、六月、九月、十二月，未时为金堂。在此时安葬亡人、起立房子排列、立碑等，吉利。

篇章意译：

正、四、七、十月，卯日金堂。

二、五、八、十一月，子日金堂。

三、六、九、十二月，未日金堂。

金堂日时方①

ʈum¹² ta:ŋ³¹ wan³¹ si³¹ fa:ŋ¹²

原文：（水书符号）

注音：hi³³ ȵjen³¹ jat⁵⁵ hi⁵³ ʈum¹² ta:ŋ³¹ wan¹²

直译：子　年　乙　巳　金　堂　日

意译：子年出生的人，乙巳为金堂日。

原文：（水书符号）

注音：hət⁵⁵ ʈum¹² ta:ŋ³¹ si³¹ hi⁵³ ʈum¹² ta:ŋ³¹ fa:ŋ¹²

直译：戌　金　堂　时　巳　金　堂　方

意译：子年出生的人，戌时为金堂时，巳方为金堂方。子年出生的老人，在乙巳日的戌时朝巳方为其立生碑，② 能使之延年益寿。

原文：（水书符号）

注音：su³³ ȵjen³¹ qeŋ¹² ŋo³¹ ʈum¹² ta:ŋ³¹ wan¹²

直译：丑　年　庚　午　金　堂　日

意译：丑年出生的人，庚午为金堂日。

原文：（水书符号）

---

①金堂日时方，水书条目名称，水语意译。本条目以人的出生年来论金堂日、时、方。俗认为依此给在世的老人立生碑，能使其延年益寿。其他作用同前章。

②生碑，也叫寿藏，即老人尚在世便事先给他立的碑碣。

民族古籍整理　119

注音：ʁa:i³³ ʈum¹² ta:ŋ³¹ si³¹ ŋo³¹ ʈum¹² ta:ŋ³¹ fa:ŋ¹²
直译：亥 金 堂 时 午 金 堂 方
意译：丑年出生的人，亥时为金堂时，午方为金堂方。丑年出生的老人，在庚午日的亥时朝午方为其立生碑，能使之延年益寿。

原文：
注音：jan³¹ njen³¹ jat⁵⁵ mi⁴⁴ ʈum¹² ta:ŋ³¹ wan¹²
直译：寅 年 乙 未 金 堂 日
意译：寅年出生的人，乙未为金堂日。

原文：
注音：hi³³ ʈum¹² ta:ŋ³¹ si³¹ mi⁴⁴ ʈum¹² ta:ŋ³¹ fa:ŋ¹²
直译：子 金 堂 时 未 金 堂 方
意译：寅年出生的人，子时为金堂时，未方为金堂方。寅年出生的老人，在乙未日的子时朝未方为其立生碑，能使之延年益寿。

原文：
注音：meu⁵³ njen³¹ ʈa:p³⁵ sən¹² ʈum¹² ta:ŋ³¹ wan¹²
直译：卯 年 甲 申 金 堂 日
意译：卯年出生的人，甲申为金堂日。

原文：
注音：su³³ ʈum¹² ta:ŋ³¹ si³¹ sən¹² ʈum¹² ta:ŋ³¹ fa:ŋ¹²
直译：丑 金 堂 时 申 金 堂 方
意译：卯年出生的人，丑时为金堂时，申方为金堂方。卯年出生的老人，在甲申日的丑时朝申方为其立生碑，能使之延年益寿。

原文：
注音：sən³¹ njen³¹ ti¹² ju⁵³ ʈum¹² ta:ŋ³¹ wan¹²
直译：辰 年 己 酉 金 堂 日
意译：辰年出生的人，己酉为金堂日。

原文：
注音：jan³¹ ʈum¹² ta:ŋ³¹ si³¹ ju⁵³ ʈum¹² ta:ŋ³¹ fa:ŋ¹²
直译：寅 金 堂 时 酉 金 堂 方
意译：辰年出生的人寅时为金堂时，酉方为金堂方。辰年出生的老人，在己酉日的寅时朝酉方为其立生碑，能使之延年益寿。

原文：
注音：hi⁵³ njen³¹ qeŋ¹² hət⁵⁵ ʈum¹² ta:ŋ³¹ wan¹²

直译：巳　年　庚　戌　金　堂　日

意译：巳年出生的人，庚戌为金堂日。

原文：（原文符号）

注音：meu⁵³ ɬum¹² taːŋ³¹ si³¹ hət⁵⁵ ɬum¹² taːŋ³¹ faːŋ¹²

直译：卯　金　堂　方　戌　金　堂　时

意译：巳年出生的人，卯时为金堂时，戌方为金堂方。巳年出生的老人，在庚戌日的卯时朝戌方为其立生碑，能使之延年益寿。

原文：（原文符号）

注音：ŋo³¹ njen³¹ h⁻ən¹² ʁaːi³³ ɬum¹² taːŋ³¹ wan¹²

直译：午　年　辛　亥　金　堂　日

意译：午年出生的人，辛亥为金堂日。

原文：（原文符号）

注音：sən³¹ ɬum¹² taːŋ³¹ si³¹ ʁaːi³³ ɬum¹² taːŋ³¹ faːŋ¹²

直译：辰　金　堂　时　亥　金　堂　方

意译：午年出生的人，辰时为金堂时，亥方为金堂方。午年出生的老人，在辛亥日的辰时朝亥方为其立生碑，能使之延年益寿。

原文：（原文符号）

注音：mi⁴⁴ njen³¹ ɬaːp³⁵ hi³³ ɬum¹² taːŋ³¹ wan¹²

直译：未　年　甲　子　金　堂　日

意译：未年出生的人，甲子为金堂日。

原文：（原文符号）

注音：hi⁵³ ɬum¹² taːŋ³¹ si³¹ hi³³ ɬum¹² taːŋ³¹ faːŋ¹²

直译：巳　金　堂　时　子　金　堂　方

意译：未年出生的人，巳时为金堂时，子方为金堂方。未年出生的老人，在甲子日的巳时朝子方为其立生碑，能使之延年益寿。

原文：（原文符号）

注音：sən¹² njen³¹ jat⁵⁵ su³³ ɬum¹² taːŋ³¹ wan¹²

直译：申　年　乙　丑　金　堂　日

意译：申年出生的人，乙丑为金堂日。

原文：（原文符号）

注音：ŋo³¹ ɬum¹² taːŋ³¹ si³¹ su³³ ɬum¹² taːŋ³¹ faːŋ¹²

直译：午　金　堂　时　丑　金　堂　方

意译：申年出生的人，午时为金堂时，丑方为金堂方。申年出生的老人，在乙丑日的午时朝丑方为其立生碑，能使之延年益寿。

原文：[图符]
注音：ju⁵³ njen³¹ qeŋ¹² jan³¹ ʨum¹² ta:ŋ³¹ wan¹²
直译：酉　年　　庚　寅　金　堂　日
意译：酉年出生的人，庚寅为金堂日。

原文：[图符]
注音：mi⁴⁴ ʨum¹² ta:ŋ³¹ si³¹ jan³¹ ʨum¹² ta:ŋ³¹ fa:ŋ¹²
直译：未　金　堂　时　寅　金　堂　方
意译：酉年出生的人，未时为金堂时，寅方为金堂方。酉年出生的老人，在庚寅日的未时朝寅方为其立生碑，能使之延年益寿。

原文：[图符]
注音：hət⁵⁵ njen³¹ ʨi¹² meu⁵³ ʨum¹² ta:ŋ³¹ wan¹²
直译：戌　年　　己　卯　金　堂　日
意译：戌年出生的人，己卯为金堂日。

原文：[图符]
注音：sən¹² ʨum¹² ta:ŋ³¹ si³¹ meu⁵³ ʨum¹² ta:ŋ³¹ fa:ŋ¹²
直译：申　金　堂　时　卯　金　堂　方
意译：戌年出生的人，申时为金堂时，卯方为金堂方。戌年出生的老人，在己卯日的申时朝卯方为其立生碑，能使之延年益寿。

原文：[图符]
注音：ʁa:i³³ njen³¹ ʨa:p³⁵ sən³¹ ʨum¹² ta:ŋ³¹ wan¹²
直译：亥　年　　甲　辰　金　堂　日
意译：亥年出生的人，甲辰为金堂日。

原文：[图符]
注音：ju⁵³ ʨum¹² ta:ŋ³¹ si³¹ sən³¹ ʨum¹² ta:ŋ³¹ fa:ŋ¹²
直译：酉　金　堂　时　辰　金　堂　方
意译：亥年出生的人，酉时为金堂时，辰方为金堂方。亥年出生的老人，在甲辰日的酉时朝辰方为其立生碑，能使之延年益寿。

篇章意译：

子年，乙巳金堂日，戌金堂时，巳金堂方。

丑年，庚午金堂日，亥金堂时，午金堂方。

寅年，乙未金堂日，子金堂时，未金堂方。

卯年，甲申金堂日，丑金堂时，申金堂方。

辰年，己酉金堂日，寅金堂时，酉金堂方。
巳年，庚戌金堂日，卯金堂时，戌金堂方。
午年，辛亥金堂日，辰金堂时，亥金堂方。
未年，甲子金堂日，巳金堂时，子金堂方。
申年，乙丑金堂日，午金堂时，丑金堂方。
酉年，庚寅金堂日，未金堂时，寅金堂方。
戌年，己卯金堂日，申金堂时，卯金堂方。
亥年，甲辰金堂日，酉金堂时，辰金堂方。

壬 辰①

ȵum³⁵ sən³¹

原文：申 子 辰 年 正 五 九 壬 辰 ○
注音：sən¹² hi³³ sən³¹ mbe¹² tsjen¹² ŋo⁵³ tu³³ ȵum³⁵ sən³¹ thu³⁵ taŋ³¹ ti⁴⁴ thu³³
直译：申 子 辰 年 正 五 九 壬 辰 兔 来 地 土
意译：申子辰年正月、五月、九月的壬辰日，如土能生万物，选择此日举行重大民俗活动，百事顺利，家业发达。

原文：第 一 乙 卯 ○ 第 二 壬 辰 ○ 吉 吉
注音：ti⁴⁴ jat⁵⁵ jat⁵⁵ meu⁵³ wan¹² ti⁴⁴ ȵi⁴⁴ ȵum³⁵ sən³¹ wan¹² ɬat⁵⁵
直译：第一元 乙 卯 日 第二 壬 辰 日 吉
意译：申子辰年正月、五月、九月，第一元的乙卯日、第二壬辰日是大吉大利之日。

原文：巳 酉 丑 年 二 六 十 戊 癸 己 酉 ○
注音：hi⁵³ ju⁵³ su³³ mbe¹² ȵi⁴⁴ ljok⁴² sop⁴² mu⁴⁴ ɬui³⁵ ti¹² ju⁵³ fa:ŋ¹² ɬat⁵⁵
直译：巳 酉 丑 年 二 六 十 戊 癸 己 酉 日
意译：巳酉丑年二月、六月、十月，戊癸、己酉两日吉利，用于举行民俗活动，百事顺利，家业发达。

原文：第 二 戊 申 己 酉 癸 酉 ○ 吉 吉
注音：ti⁴⁴ ȵi⁴⁴ mu⁴⁴ sən³¹ ti¹² ju⁵³ ɬui³⁵ ju⁵³ wan¹² ɬat⁵⁵
直译：第二元 戊 申 己 酉 癸 酉 日 吉
意译：巳酉丑年二月、六月、十月，第二元的戊申、己酉、癸酉三日吉

---

① 壬辰，水书条目名称，水语直译。依此举行重大民俗活动，尤其是安葬亡人，俗认为如土能生万物，日后将会百事顺利，人财两旺，后代聪明俊秀，人才辈出。是水书择吉最佳选择之一。

利，用于举行重大民俗活动，日后人财两旺，后代聪明俊秀，发科甲。

原文：（水书字符）

注音：jan³¹ ŋo³¹ hət⁵⁵ mbe¹² ha:m¹² hjat⁵⁵ sop⁴² jat⁵⁵ pjen³³ jan³¹ fa:ŋ¹²

直译：寅　午　戌　年　三　七　十一　丙　寅　日

意译：寅午戌年三月、七月、十一月的丙寅日吉利，用于举行民俗活动，百事顺利，家业发达。

原文：（水书字符）

注音：ti⁴⁴ ha:m¹² jat⁵⁵ meu⁵³ qen¹² ŋo³¹ wan¹² ɬat⁵⁵

直译：第三元　乙　卯　庚　午　日　吉

意译：寅午戌年三月、七月、十一月，第三元乙卯、庚午两日大吉，利于举行各种重大民俗活动。

原文：（水书字符）

注音：ʁa:i³³ meu⁵³ mi⁴⁴ mbe¹² hi³⁵ pet³⁵ sop⁴² ȵi⁴⁴ h˜en¹² mi⁴⁴ fa:ŋ¹²

直译：亥　卯　未　年　四　八　十二　辛　未　日

意译：亥卯未年四月、八月、十二月的辛未日，用于举行民俗活动，百事顺利，家业发达。

原文：（水书字符）

注音：ti⁴⁴ ŋo⁵³ tjen¹² su³³ ȵum³⁵ ŋo³¹ wan¹² ɬat⁵⁵

直译：第五元　丁　丑　壬　午　日　吉

意译：亥卯未年四月、八月、十二月，第五元的丁丑、壬午两日大吉，用于举行重大民俗活动，日后人财两旺，后代聪明俊秀，发科甲。

篇章意译：

申子辰年正月、五月、九月，壬辰日，大吉。第一元乙卯日，第二壬辰日。

巳酉丑年二月、六月、十月，戊癸、己酉两日，大吉。第二元戊申、己酉、癸酉三日。

寅午戌年三月、七月、十一月，丙寅日，大吉。第三元乙卯、庚午两日。

亥卯未年四月、八月、十二月，辛未日，大吉。第五元丁丑、壬午两日。

五、《水书·阴阳五行卷》破解研究

（一）水书中的阴阳五行

水族是一个勤劳智慧的民族，至今仍保留有自己的民族语言，传承着自

己的民族文字。水书是水族人民特有的文化，是积淀丰厚的水族文化中的典型代表，是中国少数民族文化中不可多得的宝贵的国家级非物质文化遗产之一。关于水书研究，"早在清咸丰庚申年（1860年），莫友芝就已对水族古文字作过研究，并提出水族古文字'初本皆从竹简过录'，'云自三代'，'核其本字，疑斯篆前最简古文'的观点"。因此，学界认为，自1860年清末硕儒莫友芝先生开山以降，水书研究至今已有160多年的历史。21世纪初，水书抢救保护工作向纵深开展，水书在一个崭新的时代里迎来生命的春天，呈现出蓬勃的生机。如今，水书研究涉及社会学、人类学、语言文字学、哲学、宗教学、版本学……已经发展成为一门涵盖多种学科的显学。

近年来，水书抢救保护工作取得了重大突破，水书研究工作也取得了重要的学术成果，目前以水书为研究对象的国家社科课题有6项；同时，出版了不少的水书译著和水书研究专著，如吴支贤、石尚昭《水族文字研究》（1985），潘朝霖、韦宗林《中国水族文化研究》（2004），韦章炳《中国水书探析》（2007）和《水书与水族历史研究》（2009），韦世方《水书常用字典》（2007），张振江《水书与水族社会——以〈陆道根源〉为中心研究》（2009），贵州省档案馆、贵州省史学会《揭秘水书——水书先生访谈录》（2010）。但面对水书浩繁的卷帙和博大精深的内容，人们似乎只触摸到冰山一角。仅在官方搜集馆藏的2万余册水书中，最能代表整个水书体系的卷本是哪一部？水书创制的初衷是什么？其源与流又是什么？这些问题仍困扰着众多学人。没有回答好这些问题，那么，就很难厘清水书最为本质、最为核心的内容，对水书的整体价值取向起决定性作用的东西也就仍然是个未知数。这将影响到水书的抢救保护与研究！正如熊宗仁先生在《揭秘水书——水书先生访谈录》一书的序中所说："如果我们的研究工作和翻译出版工作不能解读水书的真正价值及其历史成因，反而循封建迷信的路径或主观臆断上进行误导与误读，这对于水书文化拥有者的水族人民和中华文化至少是一种不负责任的态度，而且水书的研究也必将进入死胡同。"纵观众多的水书卷本，笔者认为《水书·阴阳五行卷》与回答这些问题有较为密切的关系。《水书·阴阳五行卷》水语叫作"$jum^{12}\ ja{:}\eta^{31}$"。在水书入选国家珍贵古籍名录的57册水书中，以"阴阳"命名的有两本，即三都水族自治县档案馆2010年申报的《阴阳》（清抄本）和荔波县档案馆2010年申报的《看日阴阳》（清潘玉龙抄本）；以"五行"命名的有1本，系三都水族自治县档案馆2009年申报的《纳音五行》（清抄本）。《水书·阴阳五行卷》是水族社会自然传承至今的重要卷本之一，在水族社会的日常生活中被广泛运用，是比较有代表性的水书卷本之一。

阴阳五行说作为哲学问题，在中国哲学思想史上产生了极大的影响。"阴阳"一词最早见于《诗经·大雅·公刘》第五章："笃公刘，既溥既长，既景乃冈，相其阴阳。观其流泉，其军三单。"之后的《庄子·天下篇》也出现了该词，书中载："诗以道志，书以道事，礼以道行，乐以道和，易以道阴阳。"按中国台湾学者邝芷人先生的观点："《天下篇》既说及'易以道阴阳'，这句话不但在《天下篇》的作者看来，是代表儒家'易'的要旨，而《天下篇》的作者所指的'易'，已不限于《易经》了，所以这其实证明《易传》中的系辞可能已完成于《天下篇》的作者时代之前。"又按著名哲学家冯友兰先生在《中国哲学简史》中说，庄周约生于公元前369年，卒于公元前286年。那么，《易经》中的阴阳说至少在公元前3世纪就已经流传。"'五行'这个名词曾出现于《书经》中《夏书·甘誓》，传统的说法，它是公元前21世纪的文献……关于'五行'的可靠记载，见于《书经》中的《洪范》篇。按传统的说法，公元前12世纪末，周武王克商之后，商朝贵族箕子对周武王陈述来自夏朝大禹的治水大法，这是《洪范》篇的来历。传说夏禹生活于公元前22世纪。《洪范》篇的作者引述传说的古代历史，意在表明'五行'说的重要来历。至于写作《洪范》的真实年代，据现代学者考订，应是公元前4世纪至前3世纪。"由此观之，阴阳五行学说的成立当在公元前3世纪前。

同时，《洪范》述及："呜呼，箕子。惟天阴骘下民，相协厥居，我不知其彝伦攸叙。箕子乃言曰：'我闻在昔，鲧堙洪水，汩陈五行，帝乃震怒。'……一、五行：一曰水，二曰火，三曰木，四曰金，五曰土。水曰润下，火曰炎上，木曰曲直，金曰从革，土爰稼穑。润下作咸，火上作苦，曲直作酸，从革作辛，稼穑作甘。"我们知道，在汉代以前的思想史中，五行一词是多义的，认为是"五种行为原则"者有之，认为是指"物质的五种性质"者有之，认为是反映"自然界中提供人类生活的五种必需物质条件"者有之，有的又认为是"分类的五种基本原则"，凡此种种，这就是五行说的根源。

至于水书与汉字的渊源关系，我们秉承20世纪40年代老一辈学者的观点。20世纪40年代，迫于抗日战争，岑家梧、张为纲等学者因大学内迁贵州，始有机会深入水族地区调查研究。其中，岑家梧先生在《水书与水家来源》一文中说："水书制造之时代极为古远。""相传水书初时不用笔写，只用竹片焚火，取所余灰烬刻画之，故字迹与用刀刻之甲骨文及金文，颇多类似。"张为纲先生在《水家来源试探》一文中说："今之水家，盖即殷之遗民。""故今日'水书'，已失却其文字之功用，转而为咒术之工具。然细考其字形，竟与武丁时期之甲骨文字极为近似者……殷人尚鬼，其文化为一种'宗教的文化'，极端相信占卜，故巫术盛行。贤臣如'巫咸''巫贤'，皆以巫得官。易卦辞作者，近人考证亦皆殷人。今水家之所以'鬼名'繁多，所以尊崇巫师，所以有为咒术用之'反书'，皆可为殷代文化遗留之铁证。"岑、张两先生的观点和清末本土布依族学者莫友芝先生的观点基本一致。因此，我们认为，水书与汉字是同源关系，并且分化的时间已经相当久远。

水书创制的初衷，肯定不是我们现在见到的样子。经过历史的演变和发展，现在的水书只是其分支流派之一。那么，它的源头又在哪里呢？"阴阳五行家之思想，有宗教的成分，亦有科学的成分。所谓科学的成分，系指其推步天文与算定时序之知识而言，所谓宗教的成分，系指其将科学的知识附会于推断人事之吉凶方面，认为天道人事互相感应，自然现象可以显示人事之吉凶。而人事的吉凶，亦可促发与之相应的自然现象。"现在我们看到水书中的阴阳五行内容，保留更多的是宗教的成分，讲求的是通过择吉来实现冥冥之中的感应。水书师在传承使用水书的过程中，对很多感应的现象，也只能让人们信其如此，而不能使人知其所以然。

关于水书的择吉问题，笔者在《水书习俗及其文化内蕴》一文中说，"水书习俗的择吉方法繁缛复杂而又神秘奇特。以十天干和十二地支配合择其年月日时之时间，以东南西北和八卦为方位空间，参照天体中的二十八星宿和九星，依照水族人的认知体系，结合五行的生克制化，进行推算所举行事象的时间和方位，判定其吉凶与宜忌，为民间各种民俗活动寻找并确定一个适宜的时空点。"对于水书的阴阳五行，中山大学张振江教授认为："水族的五行观念包括：金、木、水、火、土等五个方面。一般都相信，五行是水族历法和水书的基础，但据学者们考证，这套概念却不是水族自创的，而是历史上来自汉文化，所指至今与汉族的理解相同。"没法全面认识水书的原因是多方面的，无法把水书翻译注释清楚可能是其中的一个原因，因为在水书翻译的过程，尽管对其进行译介并详加注释，可是在水族这一特定环境中，没有办法将所有问题都向外界解释清楚。这给水书的追根溯源增加了难度。

其一，老子说："万物负阴而抱阳，冲气以为和。"《水书·阴阳五行卷》的第一个条目"六十年阴阳"，就是典型的"负阴以抱阳"。水族重大民俗择吉，认为"六十年阴阳"是选择吉日的最佳方法之一。此选择方法遵循阴阳相配原则，以十天干论，用事之人出生于阳天干之年者则用阴天干之日，出生于阴天干之年者则用阳天干之日；以十二地支论，用事之人出生于阳地支年则用阴地支日，出生于阴地支年则用阳地支日，是为阴阳。十天干中，甲、丙、戊、庚、壬为阳，乙、丁、己、辛、癸为阴；十二地支中，子、寅、辰、午、申、戌为阳，丑、卯、巳、未、酉、亥为阴。其二，配以水书"四雄"择法，如出生甲子年的女子，选择己卯日结婚为上吉，甲为阳干，己为阴干，故天干阴阳相配。从子数到卯为四位，在水语中故称"四雄"。其三，遵循五行相生原则。按五行金、木、水、火、土生克论，用日与用事之人出生年相生为吉，如出生于甲子年的女子，选择己卯日结婚，纳音五行中甲子乙丑海中金，甲子属金，戊寅己卯城墙土，己卯属土，取"土生金"，用日生用事之人吉利，按五行六亲配卦讲，生我者父母，父母给孩子供衣食，所以说，用日生我助我为吉，用日克我泄我则凶。乍一看，好像全是汉文化框架下的阴阳五行理论，但是，笔者曾细读《象吉通书》《鳌头通书》《协纪辨方》《崇正辟谬》等汉字择吉用书，就是没有找到与水书此条目内容相一致的记载。因此，是水族人学习借鉴汉族的阴阳五行知识之后才创作这一条水书条目呢？还是在李耳之前，水族人就已经有了"负阴抱阳"的认识呢？这些我们都不得而知。有意思的是，在2010年的"中国水书·易经三都论坛"上，笔者既没有将水书与古汉字进行实质性对比，既不从文字，也不从内容去寻找水书与《易经》的渊源关系，而是将水书条目和《易经》八卦的结构形式进行粗浅的探讨，结果找到诸多相似之处。其一，《易经》每一卦的卦象、卦名、卦辞、爻辞与水书条目的条目符、条目名、条目辞、条目文一一对应。其二，《易经》的卦象和水书的条目符都以图画符号出现，符合华夏民族象形造字的特点。其三，《易经》的卦辞和水书的条目辞，总括全文意思，对下文有决定性的导向作用。其四，《易经》爻辞和水书条目文，都是第三要素的发展和延伸，同时又回过头来具体解释回答第三要素。其五，两者的第三要素和第四要素都是"总—分"的关系，《易经》每一卦辞之下都有六条爻辞（乾坤两卦除外），水书条目辞相对复杂，但条目的每一句之下对应的条目文，以元论有七条，以月论有四、六或十二条不等，以相冲之年论有六条，以三合年论有四条……其六，都有固定的爻题，《易经》以"九""六"作为爻题，水书文则以"元""年""月"作为爻题。同时，把水书与《易经》的创作年代均久湮无可考和作者又都是传说中的人物视为两个共同的恒定要素。最后得出"水书与《易经》疑为同一历史时期的文化产物"的结论。

1989年，费孝通先生提出了"中华民族多元一体"的民族理论体系，繁衍生息在神州大地上的每一个少数民族都是华夏这个"一体"中的一元。少数民族文化虽然有自己发展的特点，但都离不开华夏文化这个根源。水族的水书也是一样的，精确论证也罢，大胆假设也罢，"水汉文化同源共生"的认识是比较一致的，只是因史籍文献匮乏和暂时没有找到地下文物相印证，所以无法得知两者分化时间的迟早。

基于对汉文化阴阳五行和水书阴阳五行的粗浅了解，笔者认为，在水家人的认知体系下，阴阳相配、五行相生是水书的本质与核心。

（二）水书阴阳五行内涵

水书是水族先民用类似甲骨文和金文的一种古老文字书写而成的民族古籍，反映了水族原始宗教、民俗、天象、历法、地理、文学、艺术、伦理道德、生产生活等诸方面的内容，具有唯一性、综合性、古老性、文物性。水书于2002年被国家档案局、中央档案馆作为首批重要档案文献列入《中国档案文献遗产名录》，2006年列入首批"国家级非物质文化遗产名录"，2008年以来已有50余种水书古籍被列入《国家珍贵古籍名录》。现今，水书及水书习俗申报世界文化遗产的工作正在进行中。水书已成为中华民族一份珍贵的历史文化遗产。

1. 阴阳五行学说的概念

（1）阴阳

"阴阳"二字含意较多，原是分别指云蔽日而暗及太阳之明照而言，如《国风·豳风·七月》载："七月流火，九月授衣。春日载阳，有鸣仓庚。"《诗经·小雅·正月》载："终其永怀，又窘阴雨。"引申为北方和南方，如《尚书·禹贡》载："既修太原，至于岳阳。""华阳黑水而惟梁州。""南至于华阴，东至于底柱。"后来分别指两种抽象原则或两种物质条件，两者互相作用而产生变异，如老子书谓："万物负阴而抱阳，冲气以为和。"总之，"阴阳"二字逐渐演变成一对互为对立的抽象概念。"阴阳"最早见于《诗·大雅·公刘》中的"相其阴阳，观其流泉"。而对阴阳概念最好、最完备的阐述当数宋代周敦颐《太极图说》："（阴阳）二气交感，化生万物。万物生生，而变化无穷焉。"阴阳思想最好的代表模式就是太极图。

（2）五行

五行的概念早在战国时期就已经出现，木、火、土、金、水五种物象表达的相生相克关系就简称为五行。木、火和金、水分列于土地上下，前两者属阳，后两者属阴。火比木更活跃，属至阳；水比金位置更下，属至阴；土地处中间，属于中性；因水为树木生长所必需，故水又与木相互依存。这样就构成了木生火、火生土、土生金、金生水、水生木的五行循环，称为"五行相生"。顺着这种循环，物质就相生；违背了这种循环，物质就会相克。木克土、土克水、水克火、火克金、金克木，称为"五行相克"。五行思想最好的代表模式就是圆圈五星图。

（3）阴阳五行说

阴阳五行说始于战国，流行于两汉，由邹衍提出，以《黄帝内经》、董仲舒的《春秋繁露》、班固的《白虎通》为重要著作，是阴阳学说和五行学说的合称。它认为世界是物质的，物质世界在阴阳二气的推动下滋生、发展和变化；并认为木、火、土、金、水五种最基本的物质是构成世界不可缺少的元素。这五种物质相互滋生、相互制约，处于不断的运动变化之中。阴阳五行学说是上古认识自然和解释自然的世界观和方法论，是中国古代朴素的唯物论和自发的辩证法思想，对后来古代唯物主义哲学、天文学、气象学、算学、音乐和医学有着深远的影响。①

2. 水书阴阳五行思想的主要内容

水书阴阳五行来源于中国的传统文化，与中国传统的阴阳五行体系大同小异。水族先民认为，宇宙万物之间存在着彼此对立而又相互作用、千变万化而又十分复杂的关系，于是把这种阴阳对立、五行相生相克的思想统一推演到水族社会各个层面，特别是在生产、丧葬、婚嫁、营建、节日、出行、占卜等活动中发挥着一种导示性、干预性的作用，从而形成水族水书阴阳五行思想。具体来说，就是建立对应、匹配关系，把对象的性质、状态、时间、空间（方位）变换到阴阳五行。例如，水书采用天干、地支相配的方法来记时，而天干地支及它们的组合总是对应着一定的阴阳五行，具体对应关系是：甲、丙、戊、庚、壬、子、寅、辰、午、申、戌对应的是阳；乙、丁、己、辛、癸、丑、卯、巳、未、酉、亥对应的是阴。五行与天干地支的对应关系是：甲、乙、寅、卯、辰对应木；丙、丁、巳、午、未对应火；戊、己、辰、戌、丑对应土；庚、辛、申、酉、戌对应金；壬、癸、亥、子、丑对应水。这种对应关系就可把对象的时间（年月日时）用阴阳五行来标识。空间与五行的对应关系是东对木，南对火，中对土，西对金，北对水。其他如季节、星宿、易卦、颜色、气味、声音、身体的内脏等，都与阴阳五行有着特定的对应关系。

3.《水书·阴阳五行卷》的文化内涵

（1）反映了水书与水族原始宗教的密切关系

马克思说"宗教的苦难，既是现实苦难的表现，又是这种现实苦难的抗议。"宗教形式就是人们的现实生活方式的特殊反映。水族是典型的泛神民族，信仰的鬼神竟有七八百个之多，庞大纷繁的鬼神世界致使巫术现象遍及水族生活的各个环节。② 同时，在水族社会，包括《水书·阴阳五行卷》在内的水书被水书先生广泛运用于结婚、起房造屋、安葬等重大民俗事象，成为选择吉日的最佳范本。在水族巫文化之自然崇拜、图腾崇拜和祖先崇拜的现象中，不难看出鬼灵崇拜是贯穿其中的一条主线。而在水族的鬼灵信仰意识中形成一个鬼神世界，却是依赖其特有的文化载体——水书。虽然水书只有四五百个字，不能作为日常生活中交流思想的书面工具，但是，水书记录了各种鬼怪魂灵、禁忌事项及避邪驱鬼的方法，是水族原始宗教信仰的理论依据。水族鬼师占卜施法皆源于此，水族婚嫁、丧葬、出行、动土、生产、祭祀等，一举一动都受水书之制约。因此说，水书是一种典型的"卜筮文字"，与水族的原始宗教及巫术有着密切的关系。

---

① 赵玉材著，陈明译：《地理五诀》，北京：华龄出版社，2006年。
② 李方桂、王启龙编：《水话研究》，北京：清华大学出版社，2005年。

(2) 反映了水族诸多民间文化习俗

水族民俗众多，特色鲜明。亲哥背妹到夫家的婚俗，开控砍牛祭祀的丧葬习俗，卖房不卖梁的营建习俗，教人行善的做桥习俗，以及爱惜粮食的接米魂仪式、祭祖端节和卯节、传统刺绣马尾绣、象形文字水书习俗等，构筑了水族丰富多彩的民俗文化。水族的婚嫁、丧葬、动土、生产、祭祀等民俗活动，一般按水书条目行事。例如卯节，水语称"借卯"，意为吃卯。卯节的日期是依据水族历法来推算的，即在水历九、十月（阴历五、六月）内的卯日，分四批过节。水历十月，水书称为"绿色生命最旺盛的时节"，辛卯日被称为"最顺遂的日子"，是过节的上吉日。水族人认为，过节逢辛卯就预示风调雨顺，人寿年丰。与此相反，丁卯日被视为凶日，是过节的忌日。过节逢丁卯日，会招致旱象、虫灾与瘟疫。在《水书·阴阳五行卷》中，先后记载了婚配、开路、立房、安葬等民俗择日办事的方法，也有依据生辰对照水书条目预测吉凶及驱鬼避凶的习俗。例如，"六十年阴阳"条目说："如出生于甲子年的女子选择己卯日结婚，水书先生认为会夫妻恩爱，子孙发达，家庭幸福和谐。""出生于乙卯年的人，选择庚午日建新房子，水书先生认为建房的各种事项会顺利举行，不会出现工伤事故等恶性事件。新房建成后，瑞霭盈庭，家兴业旺。"又如"阴阳"条目说："如果父母去世，要选择与他们的年庚纳音五行属性相生的日子安葬，兼顾用日天干与仙命天干阴阳相配，这样能让亡灵在阴间安乐，其灵魂不再骚扰在世的亲人。"这个条目反映了水族民间信鬼、水书先生通过水书控制鬼的习俗。

(3) 反映了汉族文化对水族文化的影响

水书的产生、发展、演变过程有着深刻的社会基础，这就是水族先民对命运的广泛承认。从战国时期的阴阳五行说到两汉时期的天人感应，从东汉的图纬之说到明清时期的子平禄命法，阴阳五行不断地传承和发展着。随着明清时期土司制度、改土归流政策的实行，汉文化大量传入水族地区，水族先民在整理记录传统巫术经验时，按自己的理解，将汉文化中的阴阳五行、天文历法等思想内容加以吸收并与水族的原始宗教信仰相结合，这便形成了水族水书的阴阳五行思想。因此说，"水书是阴阳五行观念与水族原始宗教信仰相结合的产物"。[①]据研究，水书从五个方面吸收汉文化：其一，水书吸收了古代汉族占卜术的一些内容。其二，春秋时汉族的数术家拿十二种动物来配十二地支，水书采用十二地支代替十二种动物，且运用得非常广泛，受中原文化的影响。其三，阴阳五行学说将干支与十二种动物相对应并与五行联系起来，用以解释种种自然现象，推算吉凶祸福。这与水族巫术、水书九宫五

[①] 李奉来著，李祥注译：《崇正辟谬》，北京：华龄出版社，2006年。

民族古籍整理　131

行、二十八宿、阴阳五行思想等内容一脉相承。其四，水书表示方位的十二地支与八卦的对应关系，说明水书吸收了周文王的后天八卦卦象。① 其五，水书中的干支都是古代汉语借词，干支纪时法在唐宋时就已经传入水族地区。

（4）科学成分与宗教成分并存

阴阳五行是中国古代最为典型的哲学理论，对中国传统学术产生了重大影响，乐律、史观、伦理、政治、气象、医药、术数、历法等都充满着阴阳五行的元素，或者说中国古代阴阳家兼具天文、历法、气象及五行之术。班固在《汉书·艺文志》中说："阴阳家者流，盖出于羲和之官，敬顺昊天，历象日月星辰，敬授民时，此其所长也。及拘者为之，则牵于禁忌，泥于小数，舍人事而任鬼神。"梁任公也说："阴阳五行说，为二千年迷信之大本营。"可以说，阴阳五行家的思想，有科学的成分，也有宗教的成分。所谓科学的成分，系指其推步天文与算定时序之知识而言；所谓宗教的成分，系指其将科学的知识附会于推断人事之吉凶方面，认为天道人事互相感应，自然现象可以显示人事之吉凶，而人事之作为，亦可促发与之相应的自然现象。② 水族水书阴阳五行思想来源于汉文化中的阴阳五行。因此，《水书·阴阳五行卷》既包含科学的成分，也包含宗教的成分。表现在：其一，水书阴阳五行思想带有一定的朴素唯物论；其二，水书体现了一种朴素的辩证思想；其三，水书阴阳五行认识体系与科学体系在形式、结构和方法上存在某种一致性，包含着未来科学发展的某些萌芽，从方法论而言，它具备了一种系统思维的基本构架，可视为"一般系统理论"；其四，医巫兼施并用，水书先生利用水书，在神秘的未知世界，包括鬼神世界，向人们施展预测术，同时利用一些实用的医术行医。

水书阴阳五行思想来源于中国古代阴阳五行学说。《水书·阴阳五行卷》中的阴阳五行、天干地支、六十甲子、四时五方、七元历制等内容都是水族先民观测天象、制订历法的基本依据，虽然包含预言吉凶祸福的迷信思想和宿命观念，但其中的阴阴阳五行思想是水族哲学思想的核心，作为"一般系统理论"，主张人与自然的和谐，提倡"天人合一"，反映出水族先民较高的天文知识水平，是水族人民聪明才智的结晶，是一份珍贵的历史文化遗产。

（三）水书与水族阴阳五行关系分析

水书作为水族的文化典籍，保存了大量珍贵的水族天象、历法、气象、民俗、宗教等资料。从水书的主要思想内容来看，它既有八卦六驳、久宫五行、二十八属等内容，也有关于各种鬼神的记载以及巫术的施行方法等。其

---

① 韦世方：《水书常用字典》，贵阳：贵州省民族出版社，2007年。
② 莫友芝：《黔诗纪略·红崖古刻歌注》，贵阳：贵州人民出版社，1993年，第351页。

体现的核心思想是水族的阴阳五行观。因此，水书是作为水族阴阳五行思想的载体而存在和发挥作用的。

1. 水字与水书经典

水族人把自己的文字和用这种文字写成的书籍统称为"le^1 sui^3"（泐睢）。泐，即文字和书籍；睢，即水家的自称；而"泐睢"汉译为"水书"，意即水家的文字和书籍。实际上，水书有时指的是"书"，有时则指的是"字"。从学术研究科学性的角度考虑，我们把用水族文字写成的典籍称为"水书"，其中所使用的文字符号称为"水字"。

水字是学界的一个重要研究内容，也取得了许多富有见解的研究成果。因水书的创制年代较远、手抄口授传承等原因，一般认为现在的水书中有四五百个独立的水字，加上相关的异体字，水字总数在1200个左右。根据华东师范大学中国文字研究与应用中心目前所做的研究，现收集水族古文字字形819个，根据意义类型进行分析：属于天象类的文字形体有265个，地理类86个，宗教类72个，数名34个，以及少量的"田、坡、地、塘、河、井"等名词。据以上分析可见，用来书写水书的水字很少，而且主要集中在以阴阳五行为核心的宗教领域中，诸如干支、五行、七曜、宗教神鬼等。因此，水书多局限于记载年月日和方位吉凶，多用来占卜求祥。

水字如此之少，而又如此集中在宗教领域，以此为基础编撰而成的水书的记载范围当然就十分狭隘有限了。水书内容大致涉及水族的嫁娶、丧葬、营造、出行、节令、农事、祭祀、攻防等。水书按使用性质，可以分类为白书（也称之为普通水书）和秘密使用的黑书两种。白书用于占卜、出行、婚嫁、丧葬、动土之类，当事者事前均要卜问凶吉，并按水书所示以决定方位行止。黑书为秘传水书，多用于放鬼、拒鬼、收鬼等巫术。

水书"相传有六家：一是《正七卷》，二是《春寅卷》，三是《亥子卷》，四是《丑牛卷》，五是《甲乙卷》，六是《黑书》"。一些学者在研究水书经典之后得出结论：水书有正式出版和非正式出版两大类。水书正式翻译出版的主要卷本有如下三部：

水书第一基础读本《正七卷》，水族称为"泐竿"，即主干的意思。一般收录水书条目约150条。从使用功能上来说，《正七卷》是水书忌用条目的总览，能起到指引避忌方向的作用。但它只涉及总体方向，没有牵涉到月、日、时等具体的分割。水书先生在授课时，首先要求弟子掌握主干，为将来对其他卷本的深入具体学习奠定基础。

水书的运用卷本首先是《分割卷》。《正七卷》与《分割卷》的关系是：前者为纲，后者是目；前者只指引方向，后者是具体运用，也就是针对每个凶吉条目，具体落实到某一月份及某一具体日子、时辰、方位。水书先生则将其作为水族日常生活中实践运用的根本依据。《分割卷》是水书择日运用的总览，共有210多个条目，关系水族社会生活中的各个方面。

《丧葬卷》按照民间手抄本的顺序编排为上、下两卷，上卷收入水书条目79条，下卷收入水书条目88条。为便于查阅，译注者把同一名称的条目合并归类。《丧葬卷》条目可归纳为以下七方面的忌戒：①寿命终结带来的恐惧与祸患；②重丧，死人接连不断；③克死家中有才能的人；④断绝子孙，后继无人；⑤退败家产，沦为贫困；⑥惹是生非，纷争不断；⑦病伤不断，祸根不息。

未正式翻译出版的水书有如下几部：

《婚嫁卷》，包括水族婚嫁习俗、成婚原则、民俗禁忌、生育观念等一系列文化特征。

《贪巨卷》是水书的重要卷本之一，是水书中的上乘读本。其内容博大精深，几乎涵盖水书百分之六十的内容，主要用于丧葬。

《措夕卷》主要是对生、死日的凶吉推算和化解。《措夕卷》一般有二三十个条目不等，图文并茂，分两个部分：第一部分是凶克条目罗列，第二部分是禳解用日方法的选择。

《黑书卷》是水书中的特殊卷本，一般在隐秘的地方使用，是相对于在公开场合使用的水书而言的；专用于放鬼、收鬼、拒鬼、退鬼等的民间巫术蓝本。从使用功能看，《黑书卷》是水书基础读本《正七卷》的另一面目而已。通常情况下，水书先生在传授弟子相关知识时，只讲《正七卷》的白书正用，不传授《正七卷》作为黑书的反用。

在水族的社会生活中，诸如婚姻、丧葬、祭祀、营造、出行、农事等活动，都要依据水书推定而行，人的安康祸福也由水书推算。水书历来是水族社会的主要精神支柱之一，是水族人民生活中笃信不疑的"《易经》"。

从整体上看，这些水书都运用和体现了阴阳五行观的思想体系。因为只有运用阴阳五行，才能确定年、月、日、时、方位等因素组合的凶吉，于此基础上再进行趋避吉凶的其他推演和祭祀等活动。水族先民以水书为载体，形成了以阴阳五行思想为核心的思想体系，并潜移默化地塑造着、影响着、体现着水族人的基本价值取向。

2. 水族阴阳五行思想的来源和主要内容

水族是一个笃信鬼神的民族。他们认为，人的旦夕祸福都掌控在神灵手中，继而塑造了大量鬼神，并对之十分敬重。潘朝霖在《水家原始宗教鬼神观念浅说》一文中谈道："水家是一个泛神民族，信仰的鬼神有七八百多个。——其显著特点是鬼与神不分，神与仙不分。"

鬼神观念是伴随着远古人民对周围客观事物和现象的认识需要而产生的。

在生产力和认知水平都十分有限的情况下，人们只好把一切无法理解的事物和现象都归结为超自然的力量，并把这些超自然、超人力的力量用人格化的方式表现出来——鬼神。诸如：山神、雷神、风神和雨神等，这些神各司其职，都有自己适当的位置。与此同时，伴随对着对自然的认识和改造，人们充分发挥自己的智慧，克服了重重困难，创造出灿烂的人类文明，涌现出一批杰出人物。这些杰出人物当中有许多人成了部落首领。经历了漫长的时间推移，他们开始被神化，成了创造世界的神，成了救灾救难的神，也就成了主宰世界的神。远古先民在这个过程中推人及物，认为不仅这些鬼神是超自然力量和先祖精神的化身，而且周围的一切事物都可以成为鬼神。贵州南部月亮山周边的水族村寨的传统节日——敬霞节所崇奉和祭拜的"霞神"就是一块形状像人的石头，因为传说"霞"能够为当地百姓的农业生产带来风调雨顺、五谷丰登的好年景。

把鬼神作为事物和现象最终成因的思想，在水族的社会生活中是非常普遍的。大到整个社区、整个村寨的重大事件，小到个人的生活琐事，都被认为有鬼神介入其间而发挥作用。粮食歉收的原因是干旱，而干旱的最终原因则是鬼神；卧床不起的原因是生病，而生病的原因也是鬼神；甚至连某人品行不端这类事，也往往被看作鬼神在背后作怪。

然而，仅仅把事物和现象背后的原因归于鬼神，并不等于解决了一切问题。为了满足生存的需要，也为了满足理智的需要，人们就要去寻找一个更深层、更普遍的原因，寻求更有说服力、更有权威的解释，并能发挥人的主观能动性去预测和干预吉凶，以期得到解决问题的最终答案。而在那个时代，汉族的阴阳五行恰好能给予这样的理性答复。因此，汉族的阴阳五行就有了被引进的需要，以满足水族先民认识自然、社会和人生的社会需求。

阴阳五行思想是中国古代传统思想中的一种最普遍、最具代表性的思想体系，一直居于各种具体思维方式的主导地位，广泛而深刻地影响着整个中国文化。阴阳五行思想被公认为中国人的宇宙观，构成了中国人的基本思想框架。五行说是中国最古老的哲学理论之一，大约产生于殷商之际，又为后来的著作家进一步阐释。这一理论把自然界的五种物质性的东西，即金、木、水、火、土，看作世界的本原，认为这五种基本元素按照相生相克的变化规律，制约着自然现象和社会运动的过程。阴阳说是与五行说一样古老的哲学理论之一，大约产生于殷商之际。阴阳说认为，阴气和阳气构成了世界的本原；阴阳具有相互对立、相互渗透和相互转化的统一性关系；天气为阳，地气为阴，二气上下对流生成万物的形态、性质及其变化，构成天地之秩序。春秋战国时期，阴阳说和五行说逐渐合流为阴阳五行说。阴阳五行学家们将阴阳和五行、五方、四时相互比附、配合，用以解释季节更迭和天象变化，构成了以阴阳五行为基础的中国古代的自然哲学，并延伸到政治、宗教等众多领域。

水族作为中华民族大家庭的一员，也深受这一思想的影响。水族先民把汉文化中的阴阳五行及其相关的思想加以吸收，并与水族的各种传统思想相结合，最终形成水族的阴阳五行观。其具体内容，我们可以从《水书·阴阳五行卷·六十年阴阳》这一条目的基本解释来分析，从而窥探水族阴阳五行观的特点。《阴阳五行卷》适用于结婚、起房造屋、安葬等重大民俗事象，是选择吉日的最佳途径。遵循阴阳相配原则，以十天干论，用事之人出生于阳天干之年则用阴天干之日，出生于阴天干之年则用阳天干之日；以十二地支论，用事之人出生于阳地支年则用阴地支日，出生于阴地支年则用阳地支日，是为阴阳。十天干中，甲、丙、戊、庚、壬为阳，乙、丁、己、辛、癸为阴；十二地支中，子、寅、辰、午、申、戌为阳，丑、卯、巳、未、酉、亥为阴。配以水书"四雄"择法，如出生甲子年的女子，选择己卯日结婚为上吉，甲为阳干，己为阴干，故阴阳相配。从子数到卯为四位，在水语中故称"四雄"。按五行金、木、水、火、土生克论，用日与用事之人出生年相生为吉，如出生于甲子年的女子，选择己卯日结婚，纳音五行中甲子乙丑海中金，甲子属金，戊寅己卯城墙土，己卯属土，取"土生金"，用日生用事之人吉利，按五行六亲配卦讲，生我者父母，父母给孩子供衣食，所以说，用日生我助我为吉，用日克我泄我则凶。因此，可以说阴阳相配、五行相生是水书的本质与核心。

水族阴阳五行体系具有对对象进行解释、预测和干预的功能。水书是水书先生进行占卜择日等宗教活动的文化典籍。《正七卷》是水书中一部有代表性的以反映忌戒条目为主的文献，主要收录了各项忌戒事项的日期、时辰和方位，除去方位忌戒以外，主体为时间忌戒，纪时采用干支。据《陆道根原·正七》载："正月、七月，寅日；二月、八月，辰日；三月、九月，午日；四月、十月，申日；五月、十一月，戌日；六月、十二月，子日；忌。如果在此凶日安葬死者，死者家人中有人有遭遇伤亡之灾。凶。宜忌。如果某人出生于此凶日，日后有易于遭受伤亡之祸。凶。宜忌。"根水书先生的解释，依据水书，有解救之法。解救之法就是事主家请水书先生来操持祭祀仪式，并在家里用若干祭品供奉"亚关"（一种鬼神），以免除上述灾难而得平安。[①] 再如水书阴阳五行的算命术，按八字推算，某人属金命，按阴阳五行平衡的观点，要干预此人的命运，使之避难，向好的方向发展，就应减少金的成分。由于土生金，也可以通过降低土来减低金的成分。由于金生水，也可

[①] 张振江：《水书与水族社会：以〈陆道根原〉为中心的研究》，广州：中山大学出版社，2009年，第570—571页。

以通过增加水来减低金。根据方位的阴阳五行属性，就要求此人居住在北方（属水），不要居住在西方（属金），也不要居住在中间方位（属中）。他的名字不要有与金相关的字，最好带与水相关的字；最好居住在河边或井边；婚配也要有利于与他的阴阳五行平衡。① 水书先生操持祭祀仪式，运用水书阴阳五行的择日活动就可以规避灾难，使人们做事顺利，实际上包括和再现了水族阴阳五行的解释、预测和干预功能。

水族阴阳五行观的形成和发展，直接反映出水族人探求未知事物深层次原因的渴望。而且，阴阳五行作为一个体系化的认识，要借助于某种首尾一贯的因果体系，借助于一定的认识框架，以统一解释、预测和干预各种事物和现象，而不是求助于某种拟人的、神秘的、具有鬼神相貌特征的精神力量。可以说，这是水族在思想上的一次飞跃。

但是，水族阴阳五行思想又有其明显的缺陷和不足。相对而言，汉族的阴阳五行观是一个庞大的思想体系，而水族的阴阳五行观则要狭隘得多。这是因为面对汉族的阴阳五行思想，水书先生们更感兴趣和专注于它在宗教、巫术上的价值。水书先生们把阴阳五行思想运用于择日、算命、看风水这类活动中，阴阳五行观很容易就被神秘化了。另外，阴阳五行观与鬼神观相结合，被迷信化了。鬼神观渗透进水族社会的方方面面，而且水书本身也包含很多鬼神的内容。因此，阴阳五行观与鬼神观很容易被水书先生们融合起来使用，自然没有水书先生对深藏于其中的哲学问题感兴趣了，就更谈不上形成抽象的思辨哲学范畴了。基于此，在水族历史上，也就不会产生水族系统的哲学理论和哲学家了。总之，引进的水族化的阴阳五行观只要能满足宗教和认识的需要，这种引进的目的就达到了，当然不会有人再关注汉族阴阳五行的其他内容。

3. 结论

水族人把汉文化中的阴阳五行思想加以吸收，并与水族的各种传统思想相结合，以水字记录下来，形成了水族的典籍——水书，并进而影响水族社会的认知结构。水族阴阳五行思想的形成和发展使水族的宗教体系日渐完整而丰富，水族化的阴阳五行因为水书而得以传承并发挥其在水族人民生活中的强大作用。

阴阳五行的引进更进一步强化了水字、水书的宗教服务功能。阴阳五行的基本内容及推理运用的过程都需要文字来记载和传承，但阴阳五行又把文字的知识记载和传承功能神秘化，并将其局限在宗教鬼神需要的领域内。

戴建国曾经在《水书不能普及的多维度分析》② 中论述了水书与宗教的关

---

① 蒙爱军：《水家族水书阴阳五行观的认识结构》，《贵州民族学院学报》2002 年第 5 期。
② 戴建国：《水书不能普及的多维度分析》，《前沿》2010 年第 3 期。

系：文字既是宗教神权的载体，又是知识性内容的主要载体。水字和水书是宗教功能和知识功能的糅合，两种功能从产生至今也没有分离、分立，知识功能居于宗教功能之下。

无论是图画符号也好，象形文字也罢，应该说文字的初创动因都是为了满足宗教的需要，但其宗教需要伴随着人的主体意识的觉醒而日渐萎缩。与此同时，文字的知识载体功能日渐丰富和发展，并最终形成能用于人际沟通的文字体系。由于争战和流徙，水族先民没有把所有的文字都毫不变样地传承下来，加之水族地区的社会组织形态长期处于松散而非严密的状态以及水族社会延续了先民较强的神本意识，而人本意识相对较弱，或者说，在很大程度上是通过神本意识来达到调节人际关系的目的，因此，水族文字的知识性功能因缺乏稳定的外部环境而没能充分实现和发展，完整的文字体系也就没有得到发展。相反，水族文字的宗教功能得以保持其主导地位，所以，水字也就向着神灵文字的方向发展了。

水书是为以阴阳五行思想为核心的宗教信仰而产生、服务的，水书主要记载的当然就是宗教内容；宗教需要既促成水字和水书的产生，又限制了其发展；而水书所附带的知识功能显得可有可无，也就没能充分发展起来；阴阳五行思想的引进更进一步强化了水字和水书为宗教服务的局面。

在此，有必要对这个问题进行简单分析：水族先民在引进汉族阴阳五行之时，为何不直接使用汉字来承载阴阳五行思想呢？笔者认为，这主要有两方面的原因：其一，水族在引入汉族阴阳五行思想之前，就已经有了自己的民族文字——水字，且这种文字原本主要是为宗教需要服务的，虽然能熟练掌握并运用的人很少。与此同时，引进的汉族阴阳五行思想主要是和宗教内容相关的部分，而水族已有的文字亦主要是为宗教服务的；也就是说，宗教文字已经具备，只需根据汉族阴阳五行思想的表述需要，进行简单的创制和规范即可。因此，当引进汉族阴阳五行思想时，出于民族自我认同，水族先民宁肯花费相当的时间和精力，用水字来表述汉族阴阳五行内容，并在运用的过程中不断结合本民族的文化，从而实现汉族阴阳五行思想的水族化。其二，这与水族特有的鬼神观念密切相关。在现在的水族地区，水书先生们依然有这样的看法：汉字写出来是给人看的，水族文字写出来是写给鬼看的。在水族人民的宗教活动中，如果没有水书，没有水族文字，好像就显示不出对天地鬼神的敬重，当然也烘托不出神秘的氛围。在一个多"鬼名"的民族里，在人们的心中，天地鬼神和祖先的世界是一个很神秘的世界，与神秘世界进行交流和对话，其形式不具备神秘的色彩，那必定不能达到目的。①

---

① 潘朝霖、韦宗林主编：《中国水族文化研究》，贵阳：贵州人民出版社，2004年，第278页。

民族口碑古籍研究

口碑古籍的界定与整理范围问题研究①

龙耀宏

各个民族的口头流传形式多种多样,而且内容广泛而杂乱。如何对口头流传进行科学的"古籍"界定,特别是对口碑古籍的搜集整理范围进行界定,不仅是一个学术问题,也是古籍整理保护工作要明确的问题。本文从语言与文字发展的角度出发,对无文字民族的口头流传的文化意义进行梳理,从而提炼出"口碑古籍"的一般概念,然后从口传内容的重要性、历史深度和口传形式的特性等方面出发,就口碑古籍的基本内容和搜集整理的大致范围做一个界定。

一、口头流传与古籍的关系

(一) 古籍的一般理解

从事古籍整理研究工作,首先要明确什么是古籍。

一般来说,"古"意为早已过去的年代,与"今"相对,也是历时久远之意。历史学上所指的古代通常指奴隶制时期,一般也包括原始社会时期。因历史发展的不平衡性,在世界范围内尚无统一的时限。但在中国史学上,中国古代也包括封建社会。也就是说,1840年鸦片战争前都算作中国古代,因为"古"是相对而言的,没有绝对的时限。对我国少数民族的古籍时限的最低年限,有的人认为应该定在中华人民共和国成立前。

"籍"指的是书册、簿籍。按理说,"古籍"是指用文字符号记载内容、有一定年限的历史文献。"民族古籍"则主要是指民族文字书写的古籍。根据我国民族的具体情况,国家的有关文件已经明确规定,民族古籍整理的范围包括三个方面的主要内容,即除了民族传统文字书写的古籍外,还应包括汉文古籍中有关民族方面的记载和各民族民间的口头流传。这里的"口头流传"也就是一般所讲的"口碑文献"。我国56个民族中有传统文字的民族只

---

① 基金项目:国家社科基金重大招标项目《黔湘桂边区汉字记录少数民族语言文献搜集整理研究》(项目编号:12&181)阶段成果。2016年4月贵州省少数民族口碑古籍分类与定级学术研讨会交流论文。

占少数，大多数少数民族的历史文化主要靠口头流传。因此，口头流传是民族文化的重要组成部分，是古籍整理的重要范畴。

（二）口碑是重要古籍

语言是人类最重要的交际工具和文化载体，文字是书写语言的符号系统，人们往往又把文字书写称为"书面语言"。文字与语言不是同时产生的，文字是在语言的基础上产出的。因此，语言是第一性的，文字是第二性的。文字是人类最重要的辅助交际工具和文化的书写符号。

语言的历史和人类的历史同样古老。现代各种高度发达的语言，都是在原始语言的基础上随着社会的发展，经过千万年的演变形成的，而文字的历史比起语言来是非常"年轻"的。可以说，几乎所有民族的文化历史都有一段非常长久的口头流传时期。可见，从历史的角度看，口碑传统是多么的重要。

即使有了文字的民族，在古代（以至现代），广大劳动人民往往陷于文盲的境地，他们喜怒哀乐的文学作品和生产生活的知识积累只能靠口头流传。在我国有文字的少数民族中，也有很多不见诸文字记载的、有学术价值的口头流传，如藏族的《格萨尔王传》、柯尔克孜族的《玛纳斯》和蒙古族的《江格尔》三大史诗，虽有不同版本的文字记载，但很大一部分是从民间艺人歌手的口头流传中记录整理出来的。苗族的史诗《亚鲁王》何尝不是这样。《诗经·国风》中的诗篇，一般认为多数是由劳动人民的口头创作、被采风者收集编辑的。我国这些没有传统民族文字或文字不完备的民族都具有丰富的、有价值的口头流传，把它们作为古籍进行搜集、整理是非常有必要的。

从形式上来看，口头流传的主要是民间文学作品。文学是社会生活的反映，是生活的镜子，各民族的民间文学以及其他口头流传是该民族各个历史时期物质生活和精神生活的反映。口头传统从社会生活的各个方面反映了先民的历史变迁、生产劳动、生活面貌、思想感情、道德伦理、风尚习俗和宗教信仰等，对研究民族的历史、语言、民俗、生活、信仰、自然观、文化观等方面都有重要的价值。特别是对没有本民族文字的民族来说，口碑文献尤为珍贵，是重要的民族古籍文献。

二、口碑古籍范围

各民族都有丰富的口头流传，形式丰富多样，内容包罗万象。像汉族那样有悠久文字的民族，民间仍流传着很多口头作品。没有传流文字的民族，口头流传可说是唯一继承和发展民族文化的途径，因此，其口头流传也特别丰富。而一些民间艺人的记忆力更是惊人，如黎平县侗族歌师潘老替，他自己创作的东西不多，主要是传唱侗歌，他不认识汉字，汉语也不太懂，完全靠记忆背诵。他会演唱《吉金烈美》《善郎娥美》《珠郎娘美》《莽子榴媄》等叙事长歌。据有人估计，他会唱上万首歌。这样的歌手，在侗族民间不乏其人。那么，在海量的口头流传中，哪些形式内容的口碑称得上是古籍呢？

从广义上说，历时久远的、反映人民生活的文学作品和一切科技成果都可以作为古籍整理成册。但在浩瀚的口头流传中，不是任何作品都是有历史文化价值的，都值得传之后世的。整理这些口头流传，总得有选择，有一个大致的范围。当然，选择的标准很难界定，各人有各人的理解，各人有各人的看法，但大家比较一致的看法是：那些流传较广、篇幅较长、时代较远、影响较深的口头流传，应当作为口碑文献加以搜集整理。

基于这样的一种认识，笔者认为口碑古籍应包括下列这些内容。

（一）关于原始自然观的

任何民族都经历过漫长的原始社会时期。他们的先民不仅从生产实践和对自然界的长期观察中，逐渐认识到自然界中某些现象的简单的因果联系，同时，随着思维、语言和推理能力的发展，总是努力从自己当时的认识水平来对自然界加以说明和解释，产生了不少神话或史诗。这些人类早期的文学作品是研究一个民族原始社会生产力和原始自然观的重要资料，对一些缺少文献记载和地下考古发掘的民族来说尤有价值。

原始的口头流传，包括"开天辟地"以及天体运行等自然现象的看法，或是有关人类来源和事物起源的解释，也就是人们习惯称为"创世纪"或"万物起源"的古歌、叙事诗或传说。可以说，每个民族都有这样的古歌或传说。侗族民间流传的有开天辟地、龟婆孵蛋、洪水滔天、兄妹结亲繁衍人类等神话传说。这部分还包括反映远古图腾崇拜的口头流传。图腾崇拜（totemism）是原始社会一种最早的宗教信仰，约与民族公社同时发生。原始人类相信每个民族都与某种动物、植物或无生物有着亲属或其他特殊的关系。此物（多为动物）即成为该氏族的图腾——保护者和象征（如熊、狼、鹰等）。图腾往往为全族之忌物，动植物图腾则禁杀禁食，且举行崇拜仪式，以保全族繁荣昌盛，如布依族等的"竹王的传说"、土家族的"白虎崇拜"、苗族的"蝴蝶妈妈"等。图腾信仰曾普遍存在于世界各地，在近代某些部落和民族中仍然流行。关于侗族先民的图腾信仰，众说纷纭，有水牛、青蛙等各种说法，在南部地区则普遍流传着龟婆孵生了人类和动物的共同祖先诵恩和诵藏，诵恩和诵藏生了十二个子女——虎、熊、龙、蛇、雷婆、猫、狗、猪、鸭、鹅和章良、章妹的说法。黔东南苗族流传着从枫林里生出了"妹榜妹留"，妹榜妹留生下了十二个蛋，由鹡宇鸟孵了十二年孵出雷公、水龙、老虎、水牛、蜈蚣、老鹰和苗族的祖先姜央。究竟这些动物或植物是不是远古祖先的图腾，尚需要进一步研究，但口碑是一代一代流传下来的。

（二）关于民族历史和民族迁徙的

由于很多少数民族没有本民族的文字，无法记载本民族的历史，只有靠口耳相传的办法，利用各种场合对本民族人民进行有关民族起源、祖先迁徙等的教育，所以，各民族都有这一类的歌谣传说。比如说，侗族很多地方，很多姓氏都有一些"某某祖宗从何地来""祖公进村""祖公落寨"等诗歌或诵词。侗族南部地区广泛流传的《祖公上河》（ongl bux gak nyal）篇幅较长。它以广阔的生活画面描述侗族部分祖先沿都柳江溯水而上到达今日的侗族聚居区，建村立寨的经历。歌中提及的地名有史可依。流传在通道一带的"祖公落寨"以河流为中心叙述该流域的村寨创建情况，地域涉及湖南、广西周边地区，其中列举的某些寨名已不可考，讲到的某些事件也不确切，但这些口碑无疑是研究这一地区村寨史的珍贵资料。

侗族中还有一些歌谣是歌颂古代女英雄为捍卫民族利益而英勇献身的，如《萨子之歌》（gal sax sis），属于历史传说的范畴，主要以韵文体的念词和踩堂歌的形式流传在侗族南部方言地区，包括贵州黎、榕、从三县，广西三江、龙胜，湖南通道。

赞颂唐朝末年五代时期叙州地区"十峒"首领杨氏家族英雄业绩的《杨家将故事》（此杨家将讲的是"飞山蛮"首领杨再思，而非彼杨家将杨六郎），是侗族北部方言地区最有影响力的口头文学，广泛流传在贵州省的天柱、锦屏、剑河、三穗、玉屏、镇远和湖南省的新晃、靖县、芷口、会同以至鄂西恩施等地。这是形成相互关联的故事系列。

（三）反映婚姻制度方面的

人类的婚姻形态经过"群婚"（血缘婚）、"族内婚"（内婚制或外婚制，即部落内婚、氏族外婚）、"对偶婚"（对偶家庭，是群婚向一夫一妻制的迁度环节）到"单偶婚"（一夫一妻制）的过程。婚姻制度的发展是社会发展的标志之一，它和生产力的发展相适应，因此，有关婚姻制度的口头流传是很有社会历史价值的。侗族社会过去盛行姑舅表婚，即姑舅表兄妹之间有优先婚配的权利，是原始社会民族外婚制的残余。侗族口头流传中经常出现反对姑舅表婚的题材。如《破姑开亲》（pak singk jids senp）反映了侗族历史上婚姻制度的一次重大改革：只要是不同房族的，同姓也可以结亲。这实际也是一种社会变革，是氏族血亲集团向父系房族组织过渡的阶段性现象。关于破姓开亲的传说有好几种异本，有一首名为《美道歌》的叙事歌长达600多行。黔东南地区苗族的"开亲歌"篇幅更为长大。

（四）关于社会制度方面的

很多少数民族过去没有建立过自己的政权，在社会形态方面，各种社会发展阶段的痕迹也不明显，封建社会形态也发展得不平衡。但历史上，很多少数民族曾经存在过"议榔""埋岩""合款""停目""石牌"等社会组织。就"合款"而言，原为侗族古代村与村、寨与寨之间的社会联盟组织，早在宋代就有记载，如陆次云《侗族纤志》："各峒歃血誓约缓急相扶曰门款。"款组织制定的法规也名之为"款"。这些款约是侗族社会对外共同御敌，对内保持团结、维护治安、维系社会道德风尚的习惯法。侗族过去没有本民族文字，便采用诗歌形式来传诵法律条文。今天，"合款"的组织已经消亡，大多数"款约"也失去了作用，但"款词"却作为文学形式保存下来。这些款词的内容相当丰富，广义地说，包括用这种形式表现的各种文学题材，涉及社会生活的各个方面，给后人留下了一笔丰富的文化遗产。

（五）关于劳动生产的

口头流传中，有一些内容是反映古代先民的生产生活的，带有一定的神话色彩，如侗族的《青蛙南海寻谷种》、布依族的《芒耶寻谷种》等。侗语称蛙为 yeel，与布依族芒耶的"耶"音近，可能出自同源，很有意思。还有一些反映劳动生活、叙述生产劳动过程、传授生产经验的生产劳动歌，比如很多民族都有《十二月劳动歌》。侗族的《十二月劳动歌》创作于清光绪年间，作者是通道县甘溪寨人吴昌盛。这首歌用大琵琶伴奏演唱，流传面很广。侗族还有另外一首歌叫《挑担子歌》，创作于清光绪年间，作者是通道中少寨人，后迁往三江的高友，出身贫苦，以挑盐运粮为生。诗歌描绘清朝后期侗族地区的社会状况，叙述挑担子人的艰辛生活，非常有史料价值。

（六）反压迫、反奴役，争取自由光明的

封建社会时期，少数民族地区无不受到封建王朝的压迫和欺凌，因此，少数民族都有一些口头流传的故事和歌谣是反映起义斗争历史事件的，如苗族的《张秀眉歌》、布依族的《王嬢仙歌》、侗族的《吴勉之歌》等。这些民歌往往能弥补汉文记载的不足，保留较为完整的历史信息。如南部侗族地区流传的《吴勉之歌》，反映了明洪武十一年（1378年）和洪武十八年（1383年）在五开卫上黄兰洞贫苦侗族农民吴勉领导下的两次起义斗争。《姜映芳之歌》反映了清咸丰五年（1855年）侗族北部地区在天柱垒溪侗族农民姜映芳领导下掀起的抗暴斗争。其他还有《咸同六洞起义歌》《金银王歌》《抗石官刘官歌》《长工歌》等。

（七）总结经验和讲述哲理的

这类口头流传主要包括一些寓言故事等。这些故事多以拟人化的动植物作为主人公，把动植物人格化，用以体验人们的思想和观念，如《猴子和蚱蜢》《羊偷角》《老虎和螃蟹》等。

另有各个民族民间大量流传的谚语、俗语、谜语等，都是各民族生活知识的总结，无不体现出劳动人民的智慧，也应该列为口碑古籍搜集整理的范围。

（八）关于山川名胜、节日、服饰、器物的传说

民间文学把这一类的传说叫作地方风物传说。这一类的内容很多，不仅具有民族特色，还具有地方特色，如侗族的《白来崖》《踩歌堂的来历》《为也习俗》《采茶歌》等，目前对这些内容的收集整理比较少。

（九）情歌

情歌是人类文化中的重要部分，很多民族的情歌都是不朽的名作。无论是哪个民族，口头文学中情歌的数量都是最多的，且逐渐形成系统。如侗族北部地区的玩山歌就有传统的套数，按照青年人交往的不同阶段，一般分为"初相会歌""借把凭歌""初相连歌""相思歌""久伴歌""失恋歌"等若干方面的内容。侗族南部方言地区琵琶坐夜歌的《情人之歌》（al anyenc singc），分为《新情人》《旧情人》《失恋的情人》《十四岁的情人》《远方的情人》等不同的俗曲，每一单元的俗曲代表的是一首抒情的长歌，还有简单情节，非常有文学价值。

（十）戏剧

民间戏剧也是古籍整理的对象，虽然侗戏、布依戏都有文字书写的文本，但是严格来说，这些民间戏剧还属于口传的范畴。贵州的侗戏、布依戏约产生于19世纪初期，历史不是很长，但也有100多年的历史。这些戏剧广受民众的喜爱，至今依然在民间流传，其中不乏优秀剧目（大部分有汉字记侗音和方块布依字记录的唱本），非常值得整理成籍。

（十一）念词等宗教口传文本

民间信仰是民族文化的重要组成部分，各个民族的宗教生活中都有大量的祷祝词，称为"念词"，是口碑古籍整理的重要对象。过去由于受到极"左"思想的影响，人们较少涉及这方面的内容，造成了很大的损失，在未来的古籍搜集、整理工作中，应当把这一类内容列为重点。

（十二）其他

上面介绍的基本上属于文学范畴。还有大量属于民俗方面的，也很有历史文献价值，例如：过去的劳动组织、宗教活动、婚丧节日习俗、民间赛会、文学艺术活动、民间药学、历法等，已经被列为非物质文化遗产保护名录的

各类文化事项，都应属于口碑古籍的整理范围，将这些内容综合整理出来，就是很有价值的民族古籍。中国历史上著名的民俗学著作如《山海经》（大约成书于先秦至西汉，记载了丰富的神话、宗教、民族、民间医药等古民俗资料），还有东汉应劭的《风俗通义》、晋朝周处的《风土记》、梁朝宗懔的《荆楚岁时记》等，都是非常有价值的古籍整理成果。比如，侗族的侗年、为也、年半、祭萨、抢花炮、玩山、走寨等都是有价值的民俗，都应该得到较为完整的搜集整理。

三、结语

口碑文献是无文字民族重要的古籍形式，是他们重要的文化载体，是人类重要的文化遗产。虽然各民族口碑文献的内容各有重点，搜集整理的领域不同，但是把握的原则应该是一致的，那就是"内容的重要性""流传的广泛性""形式的民族性""历史的久远性"。

少数民族口碑古籍的分类边界与定级参数

麻勇斌

一、引言

少数民族口碑古籍浩如烟海。以什么作为标准边界划分口碑古籍，以什么作为标准划分口碑古籍的价值等次，是口碑古籍保护首先要思考的问题。然而，少数民族口碑古籍的分类与定级工作，有法可依却无规可循，只能大体套用非物质文化遗产的章法开展，针对性不够强，有效性亦难预期。本文拟结合自己在苗族东部方言原生信仰经典收集整理的见闻和思考，提出一些粗浅看法，求教于方家。

二、口碑古籍的定性参数

少数民族口碑古籍，是少数民族历史（包括社会发展史、思想史、知识史、文化史、科技史等）以语言文字为媒介的物证，是少数民族先民创造和传承传播的口传文本精品珍品。如果这个定义成立，则口碑古籍的定性参数，可以从3个维度设定。

（一）时间的维度

这是将"先民创造"转化为时间尺度。具体所指，就是文本创生发展、传承传播的历史深度。这个尺度的建立，是以"今人"为基点的上溯，可以用"百年以上"，亦可用"传承四五代以上"为起点，设定"下确界"。古籍必须"古"。时间太短，沉淀不到"古"的层次。应当经过百年时间沉淀的口传文本，才能视为口碑古籍。

（二）空间的维度

这是将"传承传播"转化为范围尺度。具体所指，就是使用者的数量。使用者，包括过去使用和现在使用的人。使用者越多，其古籍基质越好，反之则差。尤其是过去传承传播的人很多，现在传承传播的人很少，其古籍基

---

① 本文系2016年4月贵州省少数民族口碑古籍分类与定级学术研讨会交流论文。

质更好。

（三）影响的维度

这是将"精品珍品"转化为质量尺度。具体所指，就是使用者受影响的深度。影响越深，其古籍基质越好，反之则差。文本对使用者的生产生活指导作用越大，或在使用者心中的神性意义越重，文本的古籍基质越佳。

假如能够采用上述衡量尺度，少数民族口碑古籍与口头文学就可以找到区分的基线，口碑古籍与口头非物质文化遗产也有可能找到区分的基线。

本人倾向于厘定这样的基线：口碑古籍在"品质"和"品相"上，必须优于一般口头文学，必须是口头说唱文本中的"文物"，必须是民族特色突出的"口头非遗"。

三、口碑古籍的定级参数

在"定性参数"确定之后，少数民族口碑古籍的定级，可以从以下六个方面设定价值判断的参数。

（一）善本判断

口碑古籍都是口传文本。口传文本的"传""承""述"，都会产生信息衰减和新增。因此，往往"版本"多样。这些"版本"，除了故事梗概、主体结构基本相同之外，很多内容不尽相同。因此，必须首先甄别出"善本"，以"善本"作为同类文本的代表，进行定级。

以苗语巫经（东部方言）为例来说，虽然从清中叶至今，有不少专家学者关注并对其开展文本收集整理研究，但截至目前，还很少有人意识到，同一堂巫事的经文，不同师承者传承的内容都有差异，是不同的版本。比如，其中的《藏魂经》（rad xioub jiant del），是苗巫知识的核心内容之一，不少专家学者通过实地调查获得的巫经文本，就有没有《藏魂经》这个部分；而有的专家学者获得的版本虽然有《藏魂经》，但里面的内容乱七八糟，一看就知没有掌握要诀和经文的真意。这种版本的巫经，绝不是善本，作为定级苗语巫经古籍价值的版本，必定会造成估价不当。笔者从实际出发，总结认为，《藏魂经》"善本"的基本尺度，至少由五个指标构成：一是经文中的大量经句是不是用"隐语"，即经句有没有"表层语义"和"真实语义"。这是最重要的条件。如果巫者唱诵的《藏魂经》，语句不存在或很少有"隐语"，说明根本不是正宗巫者所用的《藏魂经》。二是经文中"魂"的概念是否符合苗族关于"魂魄"的传统观念，即经文中所述的"魂"，是巫者周身器官及所有法器的"魂"，也就是"群魂"，而不是巫者的一个"魂身"。三是叙述秩序是否符合"巫的行事"逻辑。具体来说，就是经文所叙述的"藏魂"，是从何处开始,到何处结束,有没有章法。如果是"东一句,西一句",即苗族俗话所说的"ghad niex ad zheat, ghad yul ad zheat",内容便不完整,亦不能视为"善本"。四是语句构造是否符合苗族"dut ntongd"体例的诗歌语句组织范式。《藏魂经》是巫经的核心内容,创生在古老时代,是苗巫无数先师精心打磨的神奇诗篇。其语句构造,严格遵循苗族"dut ntongd"体例诗歌的句子结构原则:以"吟唱句"为经句的基本单位,在连续完整的诗意导引下进行精密的叠累;一个"吟唱句"通常是两个单句,它们由若干互为偶联的语词组合而成,大体上形成骈俪结构。五是《藏魂经》是一堂巫事的经文的一个相对独立的段落,即苗语说的段落单位——"zhens(梯)",不能独立存在于巫事之外。因此,"善本"的《藏魂经》,必须有跟前后巫事仪式相互联系的明确交代。

(二)内容的价值

内容的价值,是文本能否被视为古籍的根本参数,是口碑古籍定级的核心指标。口传文本的内容价值如何,主要从四个分项指标判别:一是思想智慧蕴含量;二是历史信息蕴含量;三是知识礼仪蕴含量;四是技术艺术蕴含量。其中,思想智慧,主要体现文本对使用者的影响深度和它对启发今人心智的价值;历史信息,主要体现时间久远程度,即文本"生命"的古老程度;知识礼仪、技术艺术,主要体现文本的适用状况和影响深度。

(三)形式的价值

本文所讲的"形式的价值"有两层意思。

1. 形式完整的价值

具体所指是,作为古籍的口传文本,是其在少数民族文化生境中的完整,即本原的完整,而不是外部视角的专家学者摘取出来的内容的"自成体系"。由于专家学者对少数民族口传文本的认知,绝大多数不是经过虔心学习的全面掌握,而是通过实地调查、浅尝辄止的了解,因此,对于重要口传文本尤其是具有神圣性的口传文本,实际上只掌握了其局部或呈碎片化。比如,东部方言苗族民间智慧故事《fangt jiangb sand》,在20世纪80年代被一些苗族知识分子呈现出来,但其所呈现的内容,仅是这个系列故事的一部分,而且用阶级斗争的思维框架对故事进行了改变和曲解。如此,《fangt jiangb sand》如果能够被视为苗族口碑古籍,它的"形式的价值"实际上就被极大地削弱了。

2. 形式成熟的价值

这是文本审美价值的重要参数,也是文本传承传播状况的间接参数。比如说,在巫经中,有的巫者掌握的巫事经文形式独特,但在其他巫者掌握的相同门类巫事的经文中未见使用,换句话说就是:一例独存。这样的巫经文本,有可能就不能被视为价值高的古籍,因为它完全有可能是某个传承者的个人独创。又如,在苗族古歌或大歌中,有苗语称作"ghob gind sead"的"歌茎",以及苗语称作"ghob benx sead"的"歌花"。"歌茎"是比较稳定的,形式成熟度高;"歌花"是随机植入的,形式不够成熟度。"歌茎"的古籍价值就比"歌花"显著。

(四)延伸性影响的价值

对于某个具体的少数民族来说,其口传文本之间,往往存在某种内在的联系。比如,历史事件往往是古歌史诗的依据,思想、知识、智慧往往是巫经的前提,在古歌史诗、巫经神辞构成相对稳定的体系之后,其他门类的口传文本就从这些具有神圣性的文本中衍生。所以,位于奠基层面的口传文本可能是元典本经,其古籍基质更充裕,价值更大。

(五)体量的价值

文本的体量越大,说明参与创造的人越多,成型和传承的困难越大。因此,体量大的文本,古籍基质往往较大。当然,也不排除体量较小的文本成为珍贵古籍的可能性。比如盟辞、咒词等。

(六)信息保真状况的价值

在信息保真方面,口碑古籍是以整体性来体现价值,不是以局部或片段体现价值。这一点可能与皮帛简纸之类古籍不同。口碑古籍不能有内容漏落、缺损和错乱安放,否则就是价值低下的残本、废本。皮帛简纸之类古籍,即使有破损和错简,只要时间久远能够被证明,就存在固定的价值。因此,口传古籍假若被届时的传承者嵌入或掺杂了个人创造的内容,其价值就会衰减。

四、口碑古籍分类与定级规程的两个基本点

基于上述见解,本文认为,在对少数民族口碑古籍进行分类与定级时,应当建立一套专门针对少数民族口碑古籍的规程。在这一规程的设立和操作方面,必须基于以下两点:

1. 对少数民族口碑古籍的认知,必须是在掌握整体的情况下,再对其中具体的项目进行判读。

2. 对少数民族口碑古籍的分类,不用套用"非物质文化遗产"项目的遴选方法,应当从古籍内容与形式的稳定性、可靠性、关联性上建立价值秩序框架,进而对其等级进行具体划分。本文倾向于大体分为三类:一是具有神圣性的口碑古籍;二是具有规程性的口碑古籍;三是具有生活性的口碑古籍。

关于口碑古籍定级的思考[①]

周国茂

古籍，本义是指古代书籍。由于我国少数民族中有很多民族没有自己的文字，因此，民族古籍中分出了一个古籍类别——讲唱类，用以指称那些以口耳相传形式创作和传承的古籍作品。这类作品长期以来是民俗学和民间文学研究的对象，主要有神话、史诗、传说、故事、歌谣、谚语、谜语等种类。口碑古籍具有口头性、集体性、变异性等特征。由于具有这些特性，口碑古籍只要在民众中流传着，就永远处于变异之中，形成诸多异文。这些异文因讲唱者个人因素的影响，会呈现出不同的情况。

古籍定级，顾名思义，就是为古籍确定等级。文化部于2006年发布的《古籍定级标准》，成为后来"全国古籍普查工作"的依据。该"定级标准"在2011年进行了修订。其"引言"部分，对"定级"的内涵和目的意义进行了阐发："综观古籍传本，因产生时代不同，有宋椠元刊之别；因所载内容不同，有价值高下之分；因写印技艺不同，有精美粗劣之异。研究古籍传本的特征与异同，辨别古籍传本的真伪与优劣，进而确定古籍传本的级别等次，最终实现对古籍的科学保护、合理利用。"

《古籍定级标准》主要针对文献古籍，也就是书籍类的古籍。很显然，这样的定级标准不能完全适用于口碑古籍的定级，甚至也不完全适用于少数民族古文字典籍的定级。这里，笔者结合口碑古籍的特征和实际，对口碑古籍定级问题谈一点粗浅认识。

一、对民族古籍分类的再认识

古籍，一个"古"字包含了时间的概念。作为"古籍"，其时限大体应当在100年左右。

目前我国对民族古籍一般分为四类，即书籍类、铭刻类、文书类和讲唱类。人们一般把其中的讲唱类视为口碑古籍。实际上，讲唱类古籍与口碑古籍只能说是大体相当。

[①] 本文系2016年4月贵州省少数民族口碑古籍分类与定级学术研讨会交流论文。

说"大体相当",是因为在一些有文字的民族中,书籍类古籍也是可以用于讲唱的。比如布依族摩经(包括"傩书"),很多就是用布依族古文字记录,成为书籍,这些古籍作品都是在仪式上演唱的。另外,还有一些不在仪式上演唱的民歌手抄本,到底算书籍类还是口碑类?这些问题给我们原有的分类框架提出了挑战,应重新加以考虑和解决。

分类是我们认识事物的重要步骤,而分类可以从不同角度进行。无论从什么角度进行分类,都必须坚持统一标准。笔者认为,民族古籍分类中原有的四类里,书籍类、铭刻类是从古籍的呈现形态划分的,文书类是从古籍的文体性质划分的,讲唱类则是从古籍的传承表现形式划分的,并没有坚持统一标准的原则。其实,如果从呈现形态来说,民族古籍实际上就是两大类:书写类和口碑类。书写包括了书籍、铭刻、文书三类。书籍中又可从书写的方式分为刊刻类和手抄类,铭刻类可从所用材料分为石刻类(包括摩崖石刻、碑刻、牌坊刻等)和木刻类,文书类可根据适用范围情况细分为公文类和契约类等,口碑类可按文体形式分为散文类、韵文类和说唱类等。每一种问题类别中又可以做更细的划分,如散文类可分为神话、传说、故事等。

书写类和口碑类各自具有鲜明特征。书写类主要表现为:物态性、文本的相对固定性、个人性等。口碑类古籍的主要特征主要有:口头性、变异性、集体性等。

由此,对民族古籍两大类可以分别界定如下:

书写类古籍:以物质作为载体,以书写作为传承方式,具有物态性、相对固定性和个体性特征,书写时间在 100 年以上的古籍。

口碑类古籍:以口耳相传形式传承的,具有口头性、变异性和集体性,内容反映时间在 100 年以上的作品。

如果这样来界定民族古籍和对民族古籍进行分类,那么前面提到的问题就迎刃而解了。而且,定级标准问题相对容易解决。因为书写类的古籍作品,无论属于何种性质,都具有相对固定性,可用同一种标准,而口碑类古籍则必须考虑不同于书写类古籍的标准。

二、口碑类古籍标准制定的原则

我国在文字典籍方面的定级,规定了"三性""九条"原则。

(一)三性

1. 历史文物性

所谓历史文物性,当有两个方面的含义:

一是指古书版印、抄写的时代较早而具有历史文物价值。

二是指古书可作为历史人物、历史事件的文献实物见证而具有某种纪念意义。

2. 学术资料性

所谓学术资料性，除了指经过精校细勘，文字上讹误较少和经过前代学人精注精疏的稿本、写本、抄本、印本以外，还应包括古书中那些在学术上有独到见解，或有学派特点，或集众说较有系统，或在反映某一时期、某一领域、某一人物、某一事件的资料方面比较集中、比较完善、比较少见的稿本、写本、抄本、印本。

3. 艺术代表性

所谓艺术代表性，主要指那些能反映我国古代各种印刷技术的发明、发展和成熟水平；或是在装帧上能反映我国古代书籍各种装帧形制的演变；或是用纸特异，印刷精良，能反映我国古代造纸工艺的进步和印刷技术水平的古书。

（二）九条

第一，元代或元代以前刻印或抄写的图书；

第二，明代刻印或抄写的图书（版本模糊、流传较多的除外）；

第三，清代乾隆及乾隆以前流传较少的刻本、抄本；

第四，太平天国及历代农民革命政权所印行的图书；

第五，辛亥革命前在学术研究上有独到见解或学派特点，以及流传很少的刻本、抄本；

第六，辛亥革命前反映某一时期、某一领域或某一事件资料方面的稿本及较少见的刻本、抄本；

第七，辛亥革命前有名人、学者批校、题跋或抄录前人批校而有参考价值的刻本、抄本；

第八，在印刷上能反映我国印刷技术发展、代表一定时期印刷水平的各种活字本、套印本，或有较精版画的刻本；

第九，明代印谱、清代集古印谱、名家篆刻的钤印本，有特色或有亲笔题记的。

凡是符合上述九条细则之一者，可称为善本书。

这是针对文献古籍提出来的标准。由于口碑古籍的特殊性，不能完全适用，但作为原则，则是可以参照的。

比如"历史文物性"，虽然口碑古籍是一种非物质的存在形态，但有些作品内容可以大体反映出历史时代，对于研究历史具有一定价值。这样的古籍作品无疑适用"历史文物性"原则。"学术资料性"在文字古籍方面有明确界定，口碑古籍虽然没有版本，却因口耳相传而出现诸多异文，不同异文的价值有高下之别。那种内容丰富、情节完整、具有民族独特性和研究价值的作品，无疑更具有学术资料价值。"艺术代表性"在文字古籍中指装帧、印刷等，也就是文本的外观而言。其实，口碑古籍借鉴这条原则，可以用来衡量不同口碑古籍作品艺术水平的高下。比如，叙事作品情节完整程度、人物形象的丰满程度和语言表达的生动及个性化程度等，抒情性作品（韵文体）音韵和谐程度、结构完整程度、语言生动和个性化程度以及情感表达真挚程度等，都会有不同的表现，体现出不同的艺术水平。

总之，文字古籍的三性原则可以用于口碑古籍的定级，但其内涵必须做出新的界定，有些提法可以改变，如"历史文物性"可以考虑改为"历史性"。在三性原则基础上，根据口碑古籍的特点制定出相应的若干条评价标准。

三、口碑古籍定级标准试拟

定义：口碑古籍，指通过口耳相传方式创作、传承，时间在一百年以上，具有历史文化研究价值和艺术欣赏价值的作品。

口碑古籍定级原则：历史性、学术资料性、艺术代表性。

历史性：作品内容反映自远古至辛亥革命前的民族重大历史事件，或反映民族历史发展演变某方面的情况，具有民族历史重要研究价值。历史性原则着重考察作品在反映民族历史方面的价值。

学术资料性：作品内容丰富，具有民族独特性，对研究民族历史文化具有重要资料价值。学术资料性主要考察作品的学术研究的资料性，在历史研究方面与"历史性"有一定重合，但更注重全面性。

艺术代表性：作品主题积极健康，结构完整，语言生动形象，韵文体作品音韵和谐，情感真挚，具有审美价值。艺术代表性着重考察作品的艺术水平，所谓"代表性"，当然地包含了民族性，无论形式特征还是内容和艺术水平必须在该民族中具有典范意义。

少数民族口传古籍分类与定级的思考[①]

樊 敏

民族古籍是民族文化的重要组织部分，加强民族古籍工作，意义重大而深远。在贵州，要做好民族古籍工作，就要重视口传古籍。重视口传古籍的分类与定级至关重要，制定少数民族口传古籍的统一分类与定级标准最为关键。

一、前言

贵州省委书记陈敏尔在两次重要讲话中提到民族民间文化的重要性，一是 2015 年 9 月 18 日，在省委统战工作会议上的重要讲话中专门提到"多姿多彩的民族文化是贵州最为珍视的宝贝"，同时讲到怎么样抓好"三传"（传人、传承、传播）；二是 2015 年 9 月 24 日，在出席第一届国际民族民间工艺品博览会上指出："贵州各族人民共同创造了各美其美、美美与共的民族民间文化。"面对陈敏尔书记的重要指示，我们在大书特书、大赞特赞的同时，明确了民族工作的风向标。这要求我们用战略眼光去认识民族文化，充分认识到民族文化在贵州经济社会发展中的战略意义。民族古籍是民族文化的重要组织部分，是民族传统文化的最原始记载。民族古籍的毁坏和消失在很大程度上意味着民族文化的消失。民族文化是民族的根，一旦失去民族文化，民族的消亡也会接踵而至。因此，加强民族古籍工作，意义重大而深远。要做好民族古籍工作，就要确定好民族古籍的分类与定级，科学地、严谨地、有的放矢地开展工作。分类不明、定级不准，将会影响民族古籍的抢救、保护、收集、整理、研究、传承、发展，也将会影响民族文化传承、弘扬、发展。

目前我国没有统一的民族古籍分类法，分散收藏的各民族古籍的分类各行其是，传统的与专家的分类法并存。关于少数民族文字古籍的定级标准工作，2007 年 3 月，文化部与国家民委口头委托民族文化宫主持编制《中国少数民族文字古籍定级标准》。2008 年 11 月，国家民委正式下发文件，通知启动这项工作，由民族文化宫主持承担，于 2011 年 1 月终于圆满完成。而少数

[①] 本文系 2016 年 4 月贵州省少数民族口碑古籍分类与定级学术研讨会交流论文。

民族口传古籍尚无统一分类的方法，定级也无标准可依据。少数民族口传古籍内容丰富、数量巨大、浩如烟海，特别是在贵州，世居的 17 个少数民族中，除土家族、回族转用汉语外，苗族、布依族、侗族、彝族、水族、仡佬族、瑶族、毛南族、壮族、仫佬族、畲族 11 个少数民族有自己的语言，只有彝族、水族、布依族有古文字。口传古籍更是占据了贵州少数民族古籍的绝大部分江山，因此，要做好贵州的少数民族古籍工作，就要重视口传古籍。重视口传古籍的分类与定级至关重要，制定少数民族口传古籍的统一分类与定级标准最为关键。

二、少数民族口传古籍与口碑古籍

口传，指把见闻、意见、信仰和习俗通过口说传授下去的过程。亦指通过口述来传授。原始出处见《淮南子·氾论训》："此皆不著于法令，而圣人之所不口传也。"

口碑，指人们口头上的赞颂；泛指众人的议论、群众的口头传说。亦指社会上流传的口头熟语。原始出处见宋·释普济《五灯会元》卷十七："劝君不用镌顽石，路上行人口似碑。"

无文字记录而流传至今的少数民族古籍用于记载本民族一切生活活动的事实，是通过少数民族民间艺人口耳相传得以传承的。"口传"比"口碑"更符合无文字记录而流传至今的少数民族古籍的内涵。因此，把无文字记录而流传至今的少数民族古籍称为少数民族口传古籍比称为少数民族口碑古籍更恰当、更贴切、更科学。

三、少数民族口传古籍的分类分析

少数民族口传古籍内容丰富、形式多样，不拘一格。从形式分，主要有神话、史诗、传说、故事、歌谣、叙事诗、谚语等。每一类又可以根据口传古籍内容分为若干类，如神话可分为天地形成神话、人类起源神话等；史诗可分为创世史诗、英雄史诗等；传说可分为历史传说、人物传说、风物传说等；故事可分为生活故事、动植物故事、幻想故事等；歌谣可分为古歌、劳动歌、情歌、习俗歌、生活歌、时政歌等；叙事诗可分为历史叙事诗、爱情叙事诗等；谚语可分为明辨是非谚语、勤俭节约谚语、诚实谦虚谚语等。这若干类可以分为若干小类，如风物传说还可以分为风俗传说（风俗传说还可以细分为节日、营建、婚礼、葬礼等小类）、物产传说；生活故事可以分为爱情故事、婚姻故事、生产故事等；情歌可以分为初识歌、结交歌、赞美歌、相思歌、起誓歌等。包罗万象、丰富多彩，而且，仁者见仁，智者见智。无论是按照口传古籍的内容分类，还是按照其形式分类，都无可非议。

下面以列入《国家"十一五"时期文化发展规划纲要》《国家"十二五"时期文化改革发展规划纲要》《少数民族事业"十二五"规划》的《中国少数民族古籍总目提要》来具体分析和探究少数民族口传古籍的分类。在《中国少数民族古籍总目提要》中，口传古籍归为讲唱类，以文学式样为立类依据，以文学类作品概念拟定类名，包括史诗、神话、传说、民间故事、民间歌谣等。而每一个民族卷又各有不同的分类。我们不能说《中国少数民族古籍总目提要》没有明确统一的分类，这恰恰体现了各民族卷的鲜明特色。如《布依族卷》分为两类：韵文体和散文体。韵文体又分为古歌·摩经、礼俗·风物、生产·生活、情歌、戏曲；散文体又分为神话、传说、故事。

《苗族卷》分为五类：神话、传说、故事、史诗歌谣、民间戏剧·噶百福歌。传说又分为人物传说、史事传说、地方风物传说、习俗传说、龙神话传说、姓氏来历传说、其他神话传说；故事又分为伦理道德故事、幻想故事、生活故事、智人故事、动植物故事、笑话、寓言·童话；史诗歌谣又分为创世史诗、古歌、叙事诗、民歌民谣（其中又分为劳动歌、礼俗歌、生活歌、情歌、苦歌·起义斗争歌）、诵词（其中又分为理词、埋岩词、婚姻诵词、丧事诵词、建房架桥诵词、芦笙词、原始崇拜诵词、其他诵词）、杂歌。

《侗族卷》分为七类：神话、传说、故事、歌谣、款词、宗教经词、侗戏（曲）。传说又分为史事传说、习俗传说、地方风物传说；故事又分为历史人物故事、机智人物故事、爱情故事、伦理道德故事、生活故事；歌谣又分为古歌古词、叙事诗、琵琶歌、耶歌、礼（习）俗歌、生活歌；宗教经词又分为傩愿经词、巫符经词、祭祀经词。

《白族卷》分为三类：神话传说、民间故事、唱词和歌谣。神话传说按照传说对象分为龙神话传说、本主神话传说、其他神话传说；民间故事按照故事主题分为地名故事、文人故事、木匠故事、讽喻故事、其他故事；唱词和歌谣按照演唱场合分为本子曲和大本曲、吹吹腔词、其他歌谣。

每一个民族卷本都有统一分类的是神话、传说、故事、歌谣等。神话、传说是少数民族传统讲述的经典口传古籍，是没有文字时代少数民族文化历史的记述。故事是少数民族较常见的口传古籍，情节生动完整，人物形象鲜明，基本上反映了少数民族的世俗生活。歌谣是少数民族喜闻乐见的韵文体口传古籍，一般多在村边、田野、山间、歌会及各类习俗活动中歌唱。而各个民族卷本分类的差别，也契合了各个民族口传古籍的实际和特色，彰显了本民族的传统文化。如《布依族卷》分类中有"摩经"，是因为"摩经"是布依族的民族宗教——摩教的经典。它是布依族的知识体系，记载了布依族的历史，反映了布依族的哲学、宗教、伦理观念等重要精神文化内容。《苗族卷》分类中有"理词"，是因为"理词"是苗族在长期的社会发展中形成的生产经验的总结和规范人们行为的"法典"。《侗族卷》分类中有"款词",是因为"款词"是侗族社会款组织出现以后,款首们借用来订立款规款约、叙述款的来历和组成方式的原始宗教中的祭词符语。后来,随着社会的发展,款词的内容逐渐丰富,是一种有节奏、有韵律,专用于吟诵的侗族特有的文学样式。《白族卷》分类中有"大本曲",是因为"大本曲"是流传于中国境内的一种白族民间特有的说唱艺术,有长篇故事含义,故唱大曲可以解释为唱长篇故事的曲子,在白族民间,经过数百年的演出发展,深深扎根于白族生活之中,在白族人民精神生活领域起到重要作用,寓教于娱乐之中是白族大本曲的艺术魅力。

从以上《布依族卷》《苗族卷》《侗族卷》和《白族卷》四个民族卷本中口传古籍的分类可以看出,它们实际上是以惯常的文学式样为分类标准划分类目,以文学类作品概念命名类目名称。这与口传古籍的表达方式文学化、收集整理者以文学界工作者为主、社会文化环境和人们的文化心理变化、口传古籍意义的转变等都有关系。因此,以文学作品的标准给予其分类是符合少数民族口传古籍实际的。而这具体到每一个口传古籍整理项目、每一个民族,其口传古籍在分类上会有一些差别与不同,而这是守护民族传统、彰显民族特色,且现阶段我们提倡和需要遵循的分类原则。

四、少数民族口传古籍的定级浅探

少数民族口传古籍的定级既可以参照《中国少数民族文字古籍定级标准》《国家级非物质文化遗产代表作申报评定暂行办法》《贵州省非物质文化遗产保护条例》等非物质文化遗产代表作相关申报评定暂行办法,又要根据口传古籍是各少数民族对自身社会、历史和文化最真切、最直接、最深处的记忆,具有较强的民族性、群众性、文学性、口头性、匿时性和匿名性、变异性和交叉性及地域性和本土文化的独特性来探析。

(一)指导原则

1. 真实性原则

侧重以口传文献的真实与否为衡量尺度。主要体现在:题材的真实、形象的真实、环境的真实和价值的真实等。

2. 历史性原则

侧重以口传文献反映的时代为衡量尺度。主要体现在:一是指其反映的内容时代较早,具有珍藏价值;二是指其可以作为历史人物、历史事件的资料佐证,具有参考价值。

3. 学术性原则

侧重以口传文献反映的思想内容为衡量尺度。主要体现在:一是内容重要、结构完整、思路清晰、层次分明；二是学术见解独到，有学派特点，或集众说较有系统，或在反映某一时期、某一领域、某一人物、某一事件方面，内容比较集中完备或稀见。

4. 艺术性原则

侧重以口传文献体现的艺术特征为衡量尺度。主要体现在：一是有完整的故事情节、鲜明的人物形象、典型的环境场景；二是具有一定的句式和韵律；三是风格朴素、精练。

5. 有时限又不唯时限原则

指确定口传文献的级别时，在坚持有时限性的前提下，视其价值及流传、传承状况可采取适度灵活性定级。即口传文献以真实性、历史性衡量应定为某一级别时，按学术性和艺术性衡量，价值特别重要的可上靠一个级别，思想内容和艺术特征较差的则下调一个级别。

6. 民族古籍语种平等原则

侧重以科学态度正视各少数民族口传文献，强调各少数民族口传文献在定级时享有平等权利。即各少数民族口传文献都有特别重要、重要、比较重要和一定价值之分，应在各等级中客观体现。允许不同民族的少数民族口传文献在同等级别划分上存在适度差异。

（二）时限原则

1. 少数民族口传古籍下限延伸界定规则

因为少数民族口传文献在产生、发展和流传过程中客观存在的差异和复杂性，可以将各少数民族口传文献时代下限延伸至1949年（含1949年）。其规则指以少数民族语言流传并具有重要历史、学术、艺术价值及传承意义的口传文献；或者以汉语言流传并具有民族重要历史、学术、艺术价值及传承意义的口传文献。1949年以后流传或抄写的这类口传文献中具有特别重要价值的亦应加以保护，但不属于民族口传古籍概念范畴。1912—1949年产生的与本民族传统文化无直接关系的口传文献，也不属于民族口传古籍概念范畴。

2. 难以断代的少数民族口传古籍的定级

对口传文献未有明显的年代反映的，应尽量根据其内容及其他信息进行鉴别，推定大致年代，划入相对应的等级。所谓其他信息，指口传文献的体裁、格式、讲唱者或演唱者的身份、流传范围、传承关系和其他相关佐证资料等。对这类口传文献定级应采取谨慎的科学态度，要有一定的依据。

（三）定级原则

中国少数民族口传古籍可以分为一级、二级、三级、四级。具体条款如下：

一级口传古籍定级标准：具有特别重要的历史、艺术、民族学、民俗学、社会学、人类学、语言学及文学等方面价值的代表性口传文献。反映的内容是明代及其以前的；具有展现该民族文化创造力的杰出价值；广泛流传于该民族中，世代相传，具有鲜明的民族特色；具有促进民族文化认同、增强社会凝聚力、增进民族团结和社会稳定的作用，是文化交流的重要纽带；具有见证该民族文化传统的独特价值；对维系该民族的文化传承具有重要意义，同时因社会变革或缺乏保护措施而面临消失的危险。

二级口传古籍定级标准：具有重要的历史、艺术、民族学、民俗学、社会学、人类学、语言学及文学等方面价值的代表性口传文献。反映的内容是清代的；具有展现该民族在某一区域传统文化和民族民间文化创造力的杰出价值；流传于相关区域，世代相传，具有鲜明的地方特色；具有促进民族文化认同、增强社会凝聚力、增进民族团结和社会稳定的作用，是文化交流的重要纽带；具有见证该民族在某一区域文化传统的独特价值；对维系某一区域民族文化传承具有重要意义，同时因社会变革或缺乏保护措施而面临消失的危险。

三级口传古籍定级标准：具有比较重要的历史、艺术、民族学、民俗学、社会学、人类学、语言学及文学等方面价值的代表性口传文献。反映的内容是民国时期的；具有展现该民族在某一地区传统文化和民族民间文化创造力的杰出价值；流传于相关地区，世代相传，具有鲜明的地方特色；具有促进民族文化认同、增强社会凝聚力、增进民族团结和社会稳定的作用，是文化交流的重要纽带；具有见证该民族在某一地区文化传统的独特价值；对维系某一地区民族文化传承具有重要意义，同时因社会变革或缺乏保护措施而面临消失的危险。

四级口传古籍定级标准：具有一定民族历史、学术、艺术价值的口传文献。反映的内容没有明显的年代痕迹；具有展现该民族在某一社区文化创造力的杰出价值；流传于相关社区，世代相传，具有鲜明的地方特色；具有促进民族文化认同、增强社会凝聚力、增进民族团结和社会稳定的作用，是文化交流的重要纽带；具有见证该民族在某一社区文化传统的独特价值；对维系某一社区民族文化传承具有重要意义，同时因社会变革或缺乏保护措施而面临消失的危险。

五、结语

口传古籍是广大少数民族群众长期社会生活的产物。它凭少数民族社会生活和精神生活的需要而产生和流传，反映了少数民族各方面的生活和有关的思想、感情，直接或间接地为少数民族的生活和精神服务——给予知识、教诲、鼓舞和希望，其中有些本身就是少数民族生活和精神的构成部分。在人类历史坎坷、曲折的进程中，面对天灾人祸的无情冲击，有形的物质文化则难逃其劫而遭毁损。少数民族口传古籍因其独有的传承方式而得以世代相传，发挥了巨大的历史功能，维系、存护和传承着中华文明的精神血脉。挖掘、抢救、整理、传承少数民族口传古籍是历史赋予我们的不可推卸的职责，是"救书、救人、救学科"的抢救少数民族古籍的原则。关于其分类、定级，还有许多值得商榷的地方，笔者旨在学习和求教。其实，口传古籍的分类与定级是一个动态的和不断完善的工作过程，需要随着民族发展、时代变迁、社会进步、认识水平的不断提高而丰富和提升，以便对口传古籍进行完好的传承和弘扬，以便对抢救和保护中华民族古籍，对传承和弘扬中华优秀传统文化、培育社会主义核心价值观、扩大中华民族文化影响力发挥积极的作用。

谈少数民族口碑古籍搜集整理技术路径[①]

蒙耀远

何为少数民族口碑古籍？该如何定义？笔者认为，少数民族口碑古籍具有广、狭二义，广义的少数民族口碑古籍泛指 1949 年以前在少数民族地区创作成型并传唱的口头传统；狭义的少数民族口碑古籍指的是在 1949 年以前由本民族人士创作而成，由本民族人士使用本民族语言传唱或讲述的记载本民族地方性知识的无形的口头传统。尽管对某一概念所作的定义都会面临不一定准确、不一定全面的问题，但是这个定义的作用有两点：其一，能区别在少数民族地区流传、用当地汉语方言传唱的口碑古籍。这一类口碑古籍不具有鲜明的民族性，能够使用通行的汉字记录，只在方言、俗语、俚语等方面有所不同，稍作解释说明即可，不存在语言转换和特定的文化场域；其二，能界定传唱者并非本民族人士而导致古籍族别归属争议。口碑古籍，有的叫口头传统。朝金戈指出："口头传统是人类表达文化之根。"他认为，这牵涉如何建构自己的精神世界，如何传承文化血脉的问题。[②]众所周知，少数民族口碑古籍的价值意义是不言而喻的，对口碑古籍的搜集整理是一项功在当代、利在千秋的文化事业。贵州的少数民族语言和全国各地的少数民族语言一样，都面临着消亡的危险。对此，覃东平呼吁："弱势语言一旦消亡，语言中积存和蕴藏的口碑古籍也将随之消失，到时候再想回过头来抢救、收集那些民族口碑古籍将成为一件永远不可能实现的憾事。这既是使用该语言群体文化财富的损失，也是人类文化财富的损失。"[③]

贵州是一个少数民族众多的省份，共有 17 个世居少数民族，可见丰富的少数民族文化是构成多彩贵州的文化元素之一，是贵州人民的共同财富，是贵州多彩文化中的珍贵遗产。民族古籍是少数民族文化的重要载体，不管是

[①] 基金项目：国家民委项目《水书与水族民俗关系研究》（14QNZ007）、教育部人文社会科学研究规划基金项目（编号：15YJA870015）、贵州省教育厅项目（14QN053）阶段性成果。2016 年 4 月贵州省少数民族口碑古籍分类与定级学术研讨会交流论文。

[②] 朝金戈：《口头传统·中国少数民族史诗》，超星学术视频，2007 年 9 月 12 日。

[③] 覃东平：《仡佬族口碑古籍搜集整理刻不容缓》，《贵州民族报》2014 年 4 月 21 日，第 B03 版。

文献古籍还是口碑古籍，其数量众多，内容丰富，含义广博。贵州省高度重视少数民族古籍的抢救保护工作，2015年就已经制定好《贵州省民族古籍"十三五"规划》，目前搜集整理出版了大量的民族古籍。其中，彝族整理翻译了142部，公开出版的成果有80部，整理翻译、尚未公开出版的成果计54部；苗族整理出版了《苗族古歌通解》等30余部；水族出版了中国水书译注丛书等。"以往过于重视和崇拜文字，崇拜精英文化，对于地方文化，对于非文字的遗产重视不够。"①在已经出版的成果中，不难看出文献古籍著作远远超出口碑古籍，可见口碑古籍的抢救保护难度要大得多。对此，梁学凡、龙小金《贵州少数民族口碑古籍抢救与保护现状及对策》②一文做了比较全面而深入的探讨。进行口碑搜集整理，前提是必须对全省的少数民族古籍开展全面普查，做到无一遗漏地全面摸清家底情况。此项工作务必做细，必须如实记录每一种口碑古籍的名称、语种、流传地区、讲唱者、内容和价值等基本信息，同时建立讲唱者、传承人档案。在依据《贵州省少数民族古籍定级标准》逐一评鉴定级的时候，需要综合考虑讲唱者和传承人的年龄和身体状况，再根据级别高低，组织力量搜集整理。如何开展少数口碑古籍抢救保护工作？如何向实际操作要质量、要效果？笔者就此谈谈个人粗浅的看法，权作引玉之砖。

一、前期准备

20世纪搜集整理的"中国民间文学三套集成"，因其出发点是民间文学，所以注重的是内容，也限于人力，很多少数民族的民间口头文学都没能按照要求使用国际音标记录本民族语言，或语音记录不够规范。现在看来，很多少数民族的三套集成都存在一些缺憾。因为语言具有差异性，不免存在搜集整理者根据个人喜好或有关规避而再创作的情况，翻译出来的固化了的文本意思与用本民族语言理解相去甚远，读者无从知晓这些文章在民族语境里最真实的意思表达，更有甚者出现了加工改写而失真的情况。因此，在少数民族口碑古籍搜集整理工作中应当遵循"忠实于原语言文化环境"的原则，遵循国际民间叙事研究会"将对口传作品进行忠实于字词的书面转录规定为该学科当今进行的学术准则"。③

少数民族口碑古籍搜集整理工作的措施方法，可以从以下三个方面入手。

---

①朝金戈：《口头传统·中国少数民族史诗》，超星学术视频，2007年9月12日。
②梁学凡、龙小金：《贵州少数民族口碑古籍抢救与保护现状及对策》，《贵州民族报》2014年2月24日，第B04版。
③傅玛瑞：《中国民间文学及其记录整理的若干问题》，《北京师范大学学报》（社会科学版）2005第5期，第57页。

（一）编写工作规范

搜集整理工作有效推进，在充分调查研究的基础上，还需要做大量的前期准备工作。组织编写《项目实施规范》或《少数民族古籍培训调查手册》是必不可少的环节。规范或手册至少分为两大部分。第一部分是工作规范，内容包括调查地点、调查对象、调查内容、调查方法、记音、摄像、录音、照相等。例如调查对象，首先对讲唱者进行访谈，需要掌握讲唱人的个人情况和家庭情况等基础资料，然后从从艺经历、师承关系、对掌握的口碑古籍的了解程度等方面进行深入访谈，这些资料信息对更好地理解与使用搜集到的口碑古籍将起到至关重要的作用。第二部分是资料整理规范，包括文本的样本、影音图片剪辑、文件命名、文件归档、校对、提交等，都要逐一详细地说明，基础工作做得越细，就越有利于工作人员实际操作，就越能使最终成果统一规范。使用编写好的手册进行培训，并用之指导整个搜集整理工作，既能避免重复、降低错误，又能提高效率、提高质量。

（二）优化人员组合

口碑古籍的搜集整理，其难度就在于无法单枪匹马搞定所有事情，需要组建一个战斗力比较强的团队进行联合工作。工作团队要有讲唱人、记音人、摄录人、中间人，缺一不可。口碑古籍传承人的讲唱，需要一位既懂本民族语言又能够准确使用汉语转述的中间人，中间人的重要性和不可替代性在于直译与意译工作离不开他。熟练运用国际音标记音的记音人，需要准确记录讲唱人的每一个语音，并现场复述核对。这样记下来的语音，具有相关专业知识的人员即可读出来。影音摄制人员的主要任务是数据采集与合成。熟练掌握摄录设备的摄录人，通过现场灵活操作，取得高质量的影音材料，并有效储存与合成。过程中如果遇到讲唱者须置身特定的文化场所中演唱且演唱不能中断的情况，摄录人在整体录制结束后，还需要配合记音人员记音复核全程。设若记音人企图事后再进行整理，那问题会很多，不同的人听出的是不同的音，尽管现在也研制出了能够识别记录语音的设备，但终归替代不了人力，还是需要人员操作和核对，这是强调在现场记音和复核的原因所在。

由此观之，组建专业工作团队并非易事，仅仅依靠省、州、县三级的民族古籍办的力量是不够的，何况有的州县的民族古籍机构尚未健全。因此，民族古籍办需要整合民族语言办、民族研究科研院所的人力和物力等各种资源。为了此项工作的有效推进，建立专门的少数民族口碑古籍抢救保护办公室是非常必要的。

（三）配置先进设备

现在是高科技时代，需要借助先进的电子设备和科学技术进行数据采集，从而保留最为原始的影像、录音和图片资料。常规的设备如摄像机、录音笔、照相机、储存盘等必不可少，设备的质量趋于专业化更好，采集的影音效果会更好。后期合成的影音资料实现影、音、字幕三位同步。通过剪辑合成的第一手资料，是建立少数民族口碑古籍资料库的重要内容。其作用有三点：一是作为双语教学、口碑古籍保护培训的辅助教材；二是作为学术研究的宝贵资料；三是作为口碑古籍自然传播的一种媒介。

二、现场作业

搜集整理工作在具体实施过程中，将会遇到很多新的问题，务必处理好关系，因为它们决定着搜集整理成果的质量。

（一）处理好现场记音与机器录音的关系

强调充分利用现代化高科技手段来抢救保护口碑古籍。认为把传承人的唱词录音下来就达到了抢救的目的，这是非常粗浅的认识。必须依靠专业人员，运用国际音标逐字逐句记音，采取注音、直译、意译相对照的方式，与传承人面对面，一字一音、一音一意地记录核对，实现音义的准确无误记录。就算影音效果很好，在语流音变、唱腔的干扰下，事后利用影音来记音和翻译难免出现错漏，切记高科技设备只是一种辅助工具。

（二）处理好讲唱人与民族翻译人的关系

贵州少数民族地区的汉文化水平普遍较低，有的年事稍长的讲唱人不会用汉语交流。而能够进行民汉双语互译的人员，或受专业知识所限，无法用汉语准确表达相关内容。

（三）处理好本民族人士汉译与客位人员汉译的关系

基于文化差异，客位人员切忌按照自己的理解，想当然地写作，避免与现实情况发生偏离。在工作时，必须做到忘掉自我，自己只是"依口代笔"之人，必须忠实于讲唱人、民汉互译人。特别是一些专用名词和有歧义的字词，一定要用相应的篇幅做注解。

（四）工作需要与民间禁忌的关系

"入国问禁，入乡随俗"，这是田野调查工作需要注意的问题，是工作之前必须认真且严肃地了解清楚的事情，尤其是在特定仪式上，除了事前进行详细了解外，在拍摄的过程中，也需要多多征求中间人的意见。有的仪式，影音摄制无法找到好的视角。最难的是有的仪式不允许外人参加，如果确实需要采取特殊手段录音，必须与中间人沟通好。一旦有人犯禁，双方关系很难修复，也会导致搜集工作无法继续进行。

三、后期合成

（一）文本撰写

每一部口碑古籍的文本应该包括三个部分的内容。

第一部分，口碑古籍的基本概况。这部分结合普查摸底情况来写，内容包括讲唱者小传，以及口碑古籍内容梗概、流传区域、传承脉络、濒危程度等。第二部分，史诗正文。这是最重要的内容，也是文本的主体。按照完整的口碑古籍记录翻译，体例通常是国际注音、直译、意译三者相对照，注音和直译，一音一义，意译准确无误。第三部分，田野调查纪实。如实记录参加调查人员的情况、调查地点、调查时间、遇到的困难、解决的问题、得到的帮助、取得的效果、存在的缺憾等，便于后续工作或后人进一步挖掘时参考。

（二）数据合成与储存

数据合成的工作量很大，需要花费大量的时间和精力，并且需要记音翻译人和合成人同时协作才能完成。因此，需要按照影像资料、录音资料、图片资料的规范要求逐一著录，规范储存，建立资料目录，便于查阅使用者按图索骥。未经允许，不得随意复制。

（三）成果形式与署名

1. 成果形式

总体来说，成果形式主要包括两个方面：一是文本，二是影音。文本含有文字和图片，文字稿件见前述文本撰写，图片有讲唱人图像、工作图片，涉及口碑古籍演唱的仪式、场景、舞蹈、道具、乐器等。图片格式、像素、大小等应从高要求，并做好编号与命名。影音包括视频和音频两种，在仪式中演唱的口碑古籍，视频需要有活动过程的影像和讲唱人独立摄制的纪录片；音频则包括讲唱内容的录音和访谈录音。

2. 署名

署名视工作经费来源和与立项单位签订的协议而定，虽然属于集体成果，也可以有所侧重：文本成果侧重于记音人、讲唱人和翻译人，影音成果侧重于拍摄采集合成人和解说文稿、字幕撰写等人员。署名要尽可能详细周到，它会影响到后续的搜集整理工作。

四、结语

少数民族口碑古籍的价值和意义是不言而喻的，少数民族口碑古籍抢救保护工作也多次被列入议事日程，并取得了不少的突出业绩。在古籍抢救保护工作整体推进的过程中，因其工作难度大，一个为搜集整理少数民族口碑古籍的专门机构尚未全面建立，一支攻克少数民族口碑古籍搜集整理难题的队伍尚未形成。在今后的工作中，避免只注重由精英文化书写叙事的文献古籍而忽略了口头传承的口碑古籍，毕竟在人类历史上，口头传统"是一个民族的档案，是民族精神的集中体现"。[1] 搜集整理的目的就是保护利用，既要用这些优秀的少数民族口碑古籍来振奋少数民族同胞精神，增强少数民族同胞的自信心和自豪感，激发少数民族同胞自我抢救、保护、传承优秀传统文化的文化自觉；又要用作双语教育的教材，培养新一代的传承人；还要组织科研力量进行研究，进行理论探索与提升，服务于中华民族的文化软实力。

---

[1] 朝金戈：《口头传统·中国少数民族史诗》，超星学术视频，2007年9月12日。

少数民族口碑古籍的分类与定级探讨[①]
——以铜仁为例

龙 运

少数民族口碑古籍是千百年文明绵延下来的精神文化遗产，是不可多得的宝贵财富，也是当今文明走向未来的重要文献资源保障。因此，对其给予充分的认识，并站在发展战略的高度认真研究其分类与定级问题，建立科学合理的鉴定和评估体系，具有非常重要的现实意义和历史意义。

一、少数民族口碑古籍的分类

少数民族口碑古籍是指少数民族历史上口耳相传下来的具有重要历史、文学、艺术、科研价值的史料，因其独有的民族性和地域性而成为少数民族传统文化中不可或缺的重要组成部分。大多反映本民族的风俗习惯、民族历史、民族性格等。有神话、故事、史诗、歌谣、口诀等诸多形式，具有重要的历史价值和文化价值。

（一）少数民族口碑古籍的分类原则

少数民族口碑古籍是非物质文化遗产的一部分。因其在产生、发展、流传过程中的差异性和复杂性，目前，还很少有人对这个问题进行系统专门的研究，也几乎找不到这方面的现成研究成果可以直接取用。笔者认为，要对少数民族口碑古籍做出科学合理的分类，至少应该坚持以下三个原则。

1. 民族平等性原则

民族平等是马克思列宁主义解决民族问题的根本原则之一。铜仁是一个民族大家庭，苗族、土家族、侗族、仡佬族四个主体少数民族的总人口占全市总人口的70%以上。千百年来，各族人民共同在这片土地上繁衍生息，演绎了可歌可泣的民族历史，创造了多姿多彩的民族文化。各民族的口碑古籍在历史、文学、艺术、民间信仰、科学价值等方面可能各有所侧重，但是他们中的每项口碑古籍都是在本民族中世代传承，被本民族人民所认同和喜爱，成为本民族文化的一个重要组成部分，在本民族群众中有很重要的地位。因

[①] 本文系2016年4月贵州省少数民族口碑古籍分类与定级学术研讨会交流论文。

此，不仅民族之间是平等的，各民族的传统文献之间也应该是平等的，唯有坚持民族平等性原则才能对少数民族口碑古籍采取客观科学的研究态度。

2. 学科平等性原则

铜仁各民族的口碑古籍极其丰富，学科的门类纷繁复杂，异彩纷呈，有山歌、史诗、祭词、故事传说、曲艺唱词、技艺口诀等。由于经济社会环境等诸多因素的影响，虽然可能存在有的学科门类的文献要厚重一些，有的门类单薄一些，有的门类发育成熟一些，有的门类拙稚一些，但那只是学科内部的发展成熟程度问题，而不是学科门类本身的高低优劣问题，因此，从学科的角度来说，各学科之间应该是平等的。

3. 历史传承性原则

各民族的口碑古籍是非物质文化遗产的一个组成部分，因此，其首先必须具有非物质文化遗产的基本属性。也就是说，凡纳入口碑古籍分类范畴的文献条目，必须具备相应的历史传承条件。第一，必须世代相传，并在长期的传承中得到不断的充实和完善；第二，必须在一定的社区范围或群体中形成某种程度的认同和影响，并被认为是其传统文化的一部分；第三，必须具有一定的历史、文学、艺术、民间信仰、科学价值。

（二）少数民族口碑古籍的分类方法

分类方法与分类原则一脉相承，是对分类原则的具体化和功能化。没有具体的分类方法，对少数民族口碑古籍的分类工作便无法付诸实施。要对少数民族的口碑古籍进行科学合理的分类，首先必须确定分类层级，然后在同一个层级中不断递进分类，按树状结构逐级向广度和深度延展。

1. 第一个分类层级是按民族分类

比如为铜仁的少数民族口碑古籍分类，首先必须把苗族、土家族、侗族、仡佬族四个主体少数民族以民族为单位作为铜仁少数民族口碑古籍的第一个分类层级。在这个层级，可以先不必考虑其口碑古籍的内容和数量，也不必考虑其质量的优劣和等级的高低。这个层级的关键是，一定要把哪些口碑古籍应当属于哪个民族、哪些口碑古籍不应当属于哪个民族等问题弄清楚，不要张冠李戴，引发民族之间的不和谐。

2. 第二个分类层级在各民族内进行

以苗族为例，第二个层级便是对苗族的口碑古籍做总体上的门类划分，如古歌、山歌、巫师祭词、曲艺、故事传说等。从第二个分类层级开始，可能出现有的民族的学科门类多一些、有的民族的学科门类少一些，有的民族有这个门类、有的民族无这个门类等情况，这是很正常的现象，不必拘泥硬比。这个层级以及之后各个层级的关键有两个：一是在内容、体裁、范畴、属性等方面要弄准确，大类和小类要分清楚，比如有的内容条目到底应该是甲包含乙，还是乙包含甲，条目之间应该是并列关系还是从属关系等，都要认真推敲，不要造成颠倒和混乱。二是各民族都有的内容门类，应该使用相同的归类方式和分类标准，不要各搞一套，造成整个分类体系的混乱，影响后期的应用。

3. 门类交叉实行优靠

有的口碑古籍，从内容上看可以属于这个门类，从表现形式上看可以属于那个门类，这种情况在少数民族的口碑古籍中较为普遍。这就要认真分析其属性和核心价值，看哪一方面更突出、更强劲，归属哪个门类更有利、更合理。比如苗族巫师的祭词，从内容上可以单独成为一个门类，从表现形式上也可以归入古歌类。但是，铜仁苗族巫师祭词的体系比较完整，体量相当庞大，其内容和唱诵的时间、地点、方式等均较为独特，宗教特色较浓，有明显的经咒色彩和独特的历史研究价值。在这里，其唱诵方式已经演化为一种方法和形式上的需要，而不是其核心价值的主体。因此，将其单独列为一个门类较为妥当。

4. 剥离文献要依附主干

有的口碑古籍并不是以完全的文化独立体出现的，而是伴随在某种知识或技艺之中，与之交融在一起。比如苗医苗药的口诀、安山狩猎的咒语、传统工艺的秘诀等，口碑文献部分与相关的步骤、程序、方法交织在一起，单纯的唱词咒语或单纯的方法步骤都不足以全面反映某种知识或技艺的全貌。为了不影响口碑文献的价值，文献剥离的时候必须同时考虑该项目的完整性。条目归类的时候，口传文献最好依附项目的主干，避免把有附着体的口碑古籍弄成无本之木，影响该文献的实际价值。

二、少数民族口碑古籍的定级

顾名思义，就是为少数民族的口碑古籍确定等级。2006年，文化部出台了《古籍定级标准》，当时考虑到少数民族文字古籍与汉文古籍，以及各少数民族文字古籍之间在产生、发展、流传过程中的差异性和复杂性，未将少数民族文字古籍列为定级对象，少数民族的各种口碑古籍自然也未在设计考虑的范畴。对少数民族口碑古籍的定级，迄今为止，国内尚未有明确的观点和结论。本文在广泛听取吸纳不同民族专家学者意见及建议的基础上，参照文化部2001年发布实施的《文物藏品定级标准》和2006年发布实施的《古籍定级标准》以及贵州省人民政府2012年出台的《贵州省非物质文化遗产保护条例》，纵向层面侧重看年代，横向层面侧重看价值，提出如下定级原则和定级标准。

（一）少数民族口碑古籍的定级原则

1. 历史传承性原则

侧重以口碑古籍产生的时代为衡量尺度。主要有两层含义：一是指产生、流传的时代较早，承袭代系较多，时代背景比较明朗，可以作为历史事件、历史人物、历史变迁的文献证据，具有历史研究价值。二是注重其真实性、整体性和传承性，对其产生的历史时代的推演和历史价值的评估，应该组织专业队伍在相应的区域内或群体中进行调研走访，并最终由专家评审委员会做出界定。

2. 学术资料性原则

侧重以口碑古籍反映的学科内容为衡量尺度。主要体现在：一是史料内涵丰富、思想深邃、见解独到，有宗派特点，或在反映某一时期、某一领域、某一人物、某一事件方面，资料比较集中完善或罕见。二是容量博大、体系完整、逻辑清晰、构思缜密，所涉时间、地点、人物、事件较为准确，讹误和错乱较少，没有自相矛盾。

3. 艺术代表性原则

侧重以口碑古籍的艺术价值为衡量尺度。主要体现在：一是结构和谐、匀称饱满、详略得当、首尾圆合、富于变化；二是表达准确，可理解性和感染力强，并且得体适度、行止自如，适合对象和场合；三是字词搭配讲究、音调和谐、音乐感强、韵律优美；四是修辞手法丰富，比喻、夸张、对偶、排比、借代、比拟、拈连、双关、映衬等运用恰当，张弛有度。

4. 民族平等原则

其含义有三点：一是各少数民族口碑古籍在定级时享有平等对待的权利。在级别划分上，不同的民族口碑古籍之间不应刻意做横向比较，各民族口碑古籍应着力在本民族口碑古籍中进行纵向对比。二是在情况相近或相同的民族口碑古籍定级划分时应尽量趋向统一，照顾到各民族口碑古籍级别划分的平衡性。但是，也要以客观态度正视各少数民族口碑古籍在产生、流传等方面的差异性和复杂性，结合实际情况做出合理恰当的评定。比如，在某学科领域，苗族有三个一级，而土家族、侗族、仡佬族在这个领域并没有同类型的口碑古籍流传，或者所流传的口碑古籍在本民族的口碑古籍中还达不到上品，就没有必要硬性明确三个一级。三是用汉语表述的少数民族口碑古籍可以由评委会直接评估和判定，用苗语或其他少数民族语言表述的口碑古籍必须由懂苗语或懂该古籍语言的评估专家来评估和判定。这一点非常重要。对某个民族口碑古籍进行评估，评估委员会的人员不必一定是某个民族的专家，但是必须有这个民族的代表参加。

5. 据实弛张原则

一是流传范围较窄、传承人较少、濒危程度较为严峻的某种少数民族口碑古籍，用上述一、二、三条原则来衡量，可能等次要略为偏低，但是濒危本身也是一种价值，因此，凡是濒危的少数民族口碑古籍，等次可以根据其所具有的特殊价值适当上调。反之，流传范围较广、传承人较多、蕴藏量比较丰富、濒危程度不深的少数民族口碑古籍，等次也可以根据实际情况适当下调。二是同一项少数民族口碑古籍在不同地区、不同人群中存在很多大同小异的流传版本，择其最优者为上一个等级，对最优版本或多或少有一定补充意义而品质略次的相同项目，可以根据实际情况定为其他等级。比如，《傩堂戏》的流传版本在铜仁市各区县中有数百个版本，不可能将每个区县或每个师父的版本都定为一级，也不可定了一个一级版本之后，忽略其他有补充意义和个性特点的版本。

（二）少数民族口碑古籍的定级标准

根据上述定级原则，本文将少数民族口碑古籍划分为一、二、三三个等级，每个等级之中又划分为上、中、下三品，简称三级九品。方法和标准如下：

1. 一级少数民族口碑古籍标准

历史特别久远或具有特别重要的历史、文学、艺术、科学价值的代表性口碑古籍。如苗族《椎牛》《祀雷》《颇果》《然绒》等巫师祭词，对研究苗族的历史、经济、文化、民俗、宗教具有极高的学术价值，是独一无二的文化珍品，并且传承人较少，濒危程度极高，可定为一级上品；《苗族婚姻礼词》是苗族婚姻史上具有里程碑意义的作品，濒危程度也较高，可定为一级中品；《土家族哭嫁歌》《思南乌江号子》《石阡说春》等，可定为一级中品；《傩堂戏》被称为中国戏剧的"活化石"，是研究少数民族音乐舞蹈的极好素材，但许多唱词都有文字唱本，传承人较多，可定为一级下品。由于语言障碍和挖掘整理力度等方面的原因，许多作品可能尚未列入任何级别的非物质文化遗产名录，但经典就是经典，经典的价值永远不可估量。

2. 二级少数民族口碑古籍标准

传承历史较为久远或具有重要历史、文学、艺术、科学价值的口碑古籍。如苗族《阿方的故事》中的主人公是中国四大少数民族智慧人物之一，可定为二级上品；各民族药师的方剂口诀，由传统中医中嫁接较少者，具有较为重要的科研价值，可定为二级上品，嫁接较多者可以相应下调一个至三个等次，甚至可以不给予定级；各民族的优秀山歌、情歌、哭嫁歌、打闹歌、花灯调可定为二级中品，难度较高、特色突出、风格特殊者，可相应上调一个至三个等次；各民族木匠、铁匠、银匠、染匠、猎户、渔夫等与各种知识、技艺和历史相关的口诀、祝词和谱系，可定为二级下品，体系完整、特色突出、有重要历史价值或知识价值者，可以适当上调一个至三个等次；各民族民间法师唱诵的丧葬祭词以及风水口诀，可定为二级下品。

3. 三级少数民族口碑古籍标准

传承历史较长或具有比较重要的历史、文学、艺术、科学价值的口碑古籍。如各民族的婚嫁祝词、寿酒祝词、建房贺词、开财门、神话故事、地名物名故事，可定为三级上品，体系完整、特色突出、风格特殊、流传较为久远者，可相应上调一个至三个等次，反之，也可以下调一两个等次，或不予定级；各民族的儿歌、丧歌、谚语、歇后语、笑话、谜语、巫术咒语、集市暗语，可定为三级中品，体系完整、特色突出、风格特殊者，可相应上调一个至三个等次，反之，也可以下调等次，或不予定级；各民族的一般山歌、情歌、生产生活歌、景区景点故事等，可定为三级下品。

难以断代的少数民族口碑古籍，应尽量根据其透出的信息进行鉴别，推定其大致年份，划入相应等级。所谓透出的信息，指该口碑古籍的内容构成、文法结构、字词组合、传承谱系和其他相关佐证文献资料等。这些信息对考证该项古籍的形成年代具有一定的说服力。但是，对这类古籍定级应采取相当谨慎的科学态度，依据要充足、确凿可信。同时，应区别对待民国期间（1912—1949）产生的民族口碑古籍。凡能被视为古籍的应具备解放以前这一基本特征。即以传统方式记述和反映有关本民族历史、宗教、传统文化、医学、天文历法、祭祀、占卜、生产生活、民风习俗等方面内容的古籍。

三、结语

我国各族人民在漫长的历史进程中创造的各种口碑古籍，绚丽多姿，异彩纷呈。它们深深植根于民间，世代传承于各族人民的生产生活之中，与各族人民的生产生活息息相关，和各族人民心中的文化记忆紧密相连。许多口碑古籍是人类创造力的经典之作，是中华文化的瑰宝，也是发展国家文化软实力的重要资源。对其进行积极而科学的保护与有效而合理的利用，深入挖掘和充分展示各民族口碑古籍的深刻内涵和重要价值，对于增强中华民族的自信心和凝聚力，弘扬爱国主义精神，促进社会主义精神文明建设，推动文化大发展大繁荣，也必将产生重大而深远的影响。

参考文献：

[1] 石启贵. 湘西苗族实地调查报告 [M]. 长沙：湖南人民出版社，1986.

[2] 铜仁地区方志编纂委员会. 铜仁地区志民族志 [M]. 贵阳：贵州民族出版社，2008.

[3] 龙正学. 苗族创世纪 [M]. 北京：中国言实出版社，2011.

少数民族口碑古籍分类与定级探讨[①]

谭晓燕

在中华民族源远流长的历史长河中,各民族以自己的勤劳和智慧缔造了丰富灿烂的民族传统文化,少数民族古籍是中华民族传统文化不可分割的重要组成部分。中国少数民族古籍指中国 55 个少数民族在历史上形成的古代书籍(包括手抄本)、金石铭刻和口碑古籍。其中,口碑古籍与古代书籍、金石铭刻这些有形的物质文化一道,在历史发展的进程中,发挥着同等重要的历史文化价值,同样是我们不可忽视的重要文化遗产。

一、民族口碑古籍的概念

人类在没有发明文字以前,一切的生活活动,都要靠口耳相传。这种口耳相传的材料,在古代就是史料,也就是研究历史和记载历史的依据。在我国 55 个少数民族中,只有 21 个少数民族有文字(包括通用汉文的回族和畲族),其他 34 个少数民族没有文字。没有文字的民族,他们对自己民族文化的发展和继承,只有靠口耳相传,代代承袭。正如侗族歌谣中所唱的:"古人讲,老人谈,一代一代往下传;树有根,水有源,好听的话儿有歌篇;汉家有文好记载,侗家无文靠口传。"随着历史的演进,这些口传史料就成为少数民族丰厚的口碑文献,即口碑古籍。和书面古籍、金石古籍比较来说,口碑古籍的数量是相当丰富的,同样具有多功能性。少数民族口碑古籍是各少数民族在历史上口耳相传留下来的具有文学和历史价值的各种史料,因其独有而厚重的民族性、群众性、文学性、口头性、匿时性和匿名性、变异性和交叉性,成为少数民族传统文化中不可或缺的重要组成部分,大多反映本民族的风土人情、生活习俗、民族性格,在表达形式上既有神话、史诗、传说、故事,又有歌谣、叙事诗、戏曲、谚语、谜语等诸多文体。其数量之多、内容之丰富、涵义之广博,在世界上是非常罕见的,具有重要的历史价值和文化价值。

[①] 本文系 2016 年 4 月贵州省少数民族口碑古籍分类与定级学术研讨会交流论文。

二、民族古籍实践工作中存在的问题

笔者于2006年从事民族古籍工作以来，参加三都水族自治县第一次民族古籍普查工作，参与贵州省民委古籍办承担的国家项目《中国少数民族总目提要·布依族卷》《中国少数民族总目提要·水族卷》卡片登录工作，独立完成《中国少数民族总目提要·布依族卷》讲唱类448条、书籍类30条，共约12万字，已出版；《中国少数民族总目提要·水族卷》讲唱类374条、书籍类110条、铭刻类26条，共约15万字，稿件已于2013年12月通过第三次审稿，待出版。由于原负责《中国少数民族总目提要·水族卷》编纂的同志退休，又迫于交稿时间紧，本人独立完成贵州省民委古籍办承担的国家项目《中国少数民族总目提要·水族卷》（上、下卷70多万字）第一稿修订工作，但因时间紧迫，再加上本人水平有限，未能保质保量完成。通过第二次审稿后，为加强《中国少数民族古籍总目提要·水族卷》的编稿、统稿、审稿力度，严把质量关，真正体现出《水族卷》的规范性、学术性和权威性，也为加强对工作的领导，圆满完成编纂任务，结合《水族卷》的实际，特制定方案，成立工作机构《中国少数民族古籍总目提要·水族卷》修改编纂领导小组，本人为工作室成员之一，负责完成《中国少数民族总目提要·水族卷》讲唱类（下卷30多万字）第二、三稿件修订工作。笔者在稿件修订工作中遇到很多困难。但是，经过与上级部门领导及专家多次请教沟通，在石尚彬老师的指导下，稿件于2014年4月交总纂处。第三稿已于2015年送交国家民委和出版社审稿，国家民委和出版社的审稿意见于2016年3月初反馈给负责修订工作的同志。本人又于同年3月底将修订好的稿件交给出版社。

《中国少数民族总目提要》编写纲要并未明确给出口碑古籍的界定标准、分类依据等，所以，笔者在此期间的实践工作中遇到了很多的难题与困惑。现就《中国少数民族总目提要·布依族卷》《中国少数民族总目提要·水族卷》讲唱类为例，谈谈民族口碑古籍登录方面存在的几个问题。

1. 口碑古籍没有明确的界定标准，难免漏登，以致留下遗憾。如《中国少数民族古籍总目提要·水族卷》第一稿件有350多条水书条目，由于撰稿者混淆了口碑载体古籍的口头文献与书面载体古籍的书籍的概念，把这些水书条目归到书籍类，导致在第二次审稿会上被专家组提议删掉。

2. 口碑古籍没有具体的分类，所以内容不够完整，也容易造成漏登。如水族、布依族缺少宗教方面的祭祀经典和生活习俗方面的吉辞，故《中国少数民族古籍总目提要·水族卷》《中国少数民族古籍总目提要·布依族卷》并未罗列相关条目，很可能遗漏这方面的内容。

3. 口碑古籍具有群众性，反映了各民族真实的历史、社会生活、思想感情、理想愿望、审美标准、宗教信仰等内容，且这种内容所反映的并非只是某个民族中的部分情况，往往是该民族的整体情况，这便是其全民族性。此外，民族口碑载体从其产生时，或由一个人先创作出来，或由集体共同创作，然后在流传过程中，经过不断的修改、加工、充实等，在内容和情节上变得更加生动、精彩、丰富、翔实，甚至有些歌谣还出现了现代词汇。所以，在登录时难以判断其是否属收录范围。

4. 由于口碑古籍具有匿时性和匿名性，民族口碑载体往往具有完整的故事情节、翔实的事件内容、具体的人物，有时也有事件发生的具体时间等，但几乎所有的口碑载体都没有具体的时间。此外，口碑载体几乎没有具体的作者。所以，在时间上很难划分收录范围。

5. 口碑古籍没有定级，所以，在浩如烟海的少数民族讲唱文化中无法做到有的放矢。

由此，我们面临这样的问题：以什么为标准界定口碑古籍？从内容方面应该分解为哪几类？从重要性方面应该怎样定级？等等。目前我国没有统一的民族口碑古籍分类法，分散收藏的各民族口碑古籍的分类各行其是，传统的与专家的分类法并存。它们在现代民族研究和文献服务中的适用性如何？能否有效地揭示民族口碑古籍的实际？对此，笔者提出一些粗略的认识，敬请各位领导和专家指正。

三、粗略设想

民族口碑古籍是少数民族在历史上以口耳相传留下来的具有文学和历史价值的各种史料，反映了本民族的风土人情、生活习俗、民族性格、宗教信仰等，内容涉及本民族政治、军事、宗教、文学、哲学、历史、自然科学等。它的内容具有强烈的民族性，也有很大的随意性，是一种简单、粗糙的记录语言信息载体。这些拥有特殊载体的民族古籍对于研究少数民族的历史与发展有着重要的意义和作用，是我们收集口碑古籍的重要对象。少数民族口碑古籍蕴含着各民族在长期历史发展中积累下来的整个精神文化的理论概括和全部物质文化的经验总结成果，是各民族无文字历史时代的文化渊源，是少数民族生活中不可或缺的精神和文化的源泉，包含了更为古老的文化观念和更为深远的精神根源，沉积着民族特有思维方式、心理活动的最深层结构，保留着民族文化的最原初状态。

当然，要形成一套既完善又适用民族口碑古籍的分类体系，完整地揭示民族口碑古籍的复杂内容和品类，不是一朝一夕的事情，需要长时间地摸索与改进。在此，笔者仅提出一点粗略的想法：

（一）明确民族口碑古籍的收录范围

1. 1949年以前口耳相传留下来的具有文学和历史价值的各种史料，反映了本民族的风土人情、生活习俗、民族性格、宗教信仰等，内容涉及本民族政治、军事、宗教、文学、哲学、历史、自然科学等。

2. 口头文献的收录仅限于已整理出版或整理存档在有关单位的口头资料，但口头资料所反映的内容不能出现现代词汇，否则不予收录。

3. 口碑古籍歌谣类的歌词内容长短不一，有的歌词很短，歌词少于8句的不予收录。

（二）具体实践

我们要携带着敏锐的思维、开阔的眼界、科学的观念，去寻求一些新的揭示民族古籍的途径和方法，以更好地掌控民族口碑古籍的载体形式、内容、重要性等，服务于自己的研究工作。比如：其一，沿用传统大类类目，但扩展类目的深层划分，进一步明确类目的内涵和范围，增加类目的层次性和可操作性；其二，重组类目的横向列举，增加类目的系统性和完整性。

1. 按体裁形式分类，可划分为散文体和韵文体两大类，然后在大类下复分。

散文体包括神话、史诗、传说、故事等。韵文体包括歌谣、叙事诗、戏曲、祭祀经、吉辞、谚语、谜语等。

2. 按内容分类，可在大类下复分，然后再次下分子目。

（1）散文体包括的神话可划分为天地形成的神话、人类起源的神话、与神斗争的神话、畜牧与农耕神话等；史诗可划分为天地形成史诗、人类起源史诗、民族迁徙史诗、民族战争史诗、民族创世史诗、民族英雄史诗等；传说可划分为历史传说、人物传说、风物传说、风俗传说、土特产传说、工艺传说、植物传说等；故事可划分为生活故事、幻想故事、教育故事、语言文字故事、爱情故事、善恶故事、人物故事、动植物故事等。

（2）韵文体包括的歌谣可划分为历史传说歌、劳动歌、仪式歌、情歌、生活歌、时政歌、童歌等。

①历史传说歌是反映历史事件、历史人物和历史故事的歌，也包括那些历史上虽无此真人真事，但却在人民中广泛流传的传说故事，或这些传说故事中的人物，可划分为神话传说歌、历史人物歌、历史故事歌等。

②劳动歌是直接反映劳动生活或协调劳动节奏的歌谣，可划分为农歌、林歌、牧歌、猎歌、工匠歌等。

③仪式歌是伴随着民间礼俗和祀奠等仪式而唱的歌，可划分为诀术歌、节令歌、礼俗歌、酒宴歌、祭典歌等。

④情歌是广大人民爱情生活的反映，主要抒发男女间由于相爱而激发出来的悲欢离合的思想感情，可划分为初会歌、赞慕歌、相爱歌、诘问歌、誓约歌、相思歌等。

⑤生活歌的范围很广，凡是民歌皆来源于生活，都反映一定的生活内容，因此都可以叫生活歌。生活歌可划分为写景状物歌、动植物歌、风物风俗歌、社会生活歌、家庭生活歌、劝世处世歌等。

⑥时政歌是人民有感于切身的政治状况而创作的歌谣，反映了各族人民对某些政治事变、政治措施、政治人物以及与此有关的政治形势的基本认识和态度，表现了人民的政治理想和为此理想而斗争的精神。时政歌可划分为时事世歌、阶级不平歌、阶级斗争歌等。

⑦童歌中有的是成年人唱给儿童或教儿童唱的，有的是儿童自己唱的。童歌可划分为游戏歌、谜语歌、绕口令等。

（3）祭祀经反映了各民族人民的宗教世界观念，一般按经书内容和实际用途划分为4类，即祭神、镇鬼禳灾、祭奠亡灵魂、占卜经书等。

①祭神可下分为祭天、祭村寨神、祭家神、祭祖、求寿、祭谷神、祭畜神、求子嗣、求雨等。

②镇鬼禳灾可下分为禳煞星、禳反常鬼、除秽、送瘟神君、招魂、抵灾、祭土皇退口舌是非、除绝后鬼、禳祸鬼、禳倒霉鬼等。

③祭奠亡灵魂可下分为开丧、超度等仪式及经典等。

④占卜经书可下分为事占、梦占、图占、物占、动物占、植物占、天象占等。

（4）戏曲（布依族）可划分为花灯戏、傩戏等。

（三）区分口碑载体古籍的"口头文献"与书面载体古籍的"书籍"概念

"口头文献"是指记录本民族起源、迁徙等的传说和民族史诗、叙事诗等有文献价值的中、长篇文献。书面载体古籍的"书籍"是各民族在历史上遗留下来的以竹简、布帛、纸张等为载体的文献。如水族的水书、布依族的傩书等。两者载体不同，"口头文献"的载体是所唱述的口头资料，而"书籍"的载体是具体的实物——书本。两者的划分年代不同，"口头文献"的出版时间不受限，可以是1949年以前的文献，也可以是1949年以后的文献；而书面载体古籍只能是1949年以前出版的书籍。只有弄清楚两者的概念，才能归类收录，避免错录。

（四）关于民族口碑古籍如何定级的问题

因口碑古籍涉及面广、内容繁杂，笔者目前还没有依据和论证可对口碑古籍进行定级，不敢在此妄下定义。但本人在古籍实践工作中受到一些启发，又参考其他古籍定级的指导原则和标准,再根据口碑古籍的主要特征,建议可参考以下几种指导原则:①历史史料性原则,侧重以文献口头资料反映的时代为衡量尺度。②文献价值性原则,侧重以文献口头资料反映的文献价值的重要性为衡量尺度。③载体内容的数量性原则,侧重以口头资料的多少为衡量尺度。

总体来说,口碑古籍分类体系架构宏大、层次细密,只有做好口碑古籍分类工作,才能让该分类体系既揭示古籍应用的场合与用途,又准确地揭示口碑古籍内容与实质。

在坎坷、曲折的人类历史进程中,面对天灾人祸的无情冲击,有形的物质文化大量被毁损。少数民族口碑古籍因其独有的传承方式而得以世代相传,"发挥了它的巨大的历史功能,维系、存护和传承着中华文明的精神血脉"。挖掘、抢救、传承少数民族口碑古籍是历史赋予我们的不可推卸的职责。所以,我们要尽快解决好目前所面临的各种问题,这样才能借分类、定级之法揭示民族口碑古籍的内涵,提升民族口碑古籍的价值和意义,在理论上切实服务于民族古籍学科建设,实践上为我省第二次民族古籍普查夯实基础。

少数民族口碑古籍的分类与定级[①]

印金成

在我国 55 个少数民族中，只有 21 个少数民族有文字，其他 34 个少数民族没有文字。没有文字的民族，他们对自己民族文化的继承和发展，只有靠口耳相传，代代承袭。随着历史的演进，这些口传史料就成为少数民族丰厚的口碑文献，即口碑古籍。少数民族口碑古籍是各少数民族在历史上口耳相传留下来的具有文学和历史价值的各种史料，大多反映了本民族的风土人情、生活习俗、民族性格。少数民族口碑古籍的表达形式有神话、史诗、传说、故事、歌谣、谚语、谜语等，种类繁多，内容丰富。

就目前来说，许多专家学者对少数民族口碑古籍做过深入的研究，但在民族口碑古籍的界定上，还未形成一个统一的认识，只有把这个界定弄清楚了，才有利于为开展民族口碑古籍的普查工作奠定坚实的基础，避免走弯路。由于我国是一个民族成分复杂的国家，各个民族的口碑古籍数量非常多，这就决定了民族口碑古籍普查是一项长期性的工作，要花大量的人力、物力、财力、技术。加大力度对口碑古籍进行收集整理，抢救和保护快要消失的口碑古籍，弘扬中华民族的传统文化。

少数民族口碑古籍是通过少数民族民间艺人口耳相传得以传承的，本着"救书、救人、救学科"的抢救少数民族古籍的原则，抢救少数民族口碑古籍就是要抢救传承口碑古籍的民间艺人。一方面，这些口碑古籍具有悠久的传承历史和相对稳定的、传统的传承方式；另一方面，这些口碑古籍是依附于民间艺人的生存而传承的，民间艺人离世就意味着口碑古籍的流失和消亡。特别是对于无文字的民族而言，口碑古籍流失和消亡的速度更快。抢救和保护民族口碑古籍的任务迫在眉睫，我们应该把它看作抢救民族古籍工作的重中之重来抓。

一、少数民族口碑古籍的分类

我国是一个由 56 个民族构成的多民族国家，55 个少数民族在漫长的历史

[①] 本文系 2016 年 4 月贵州省少数民族口碑古籍分类与定级学术研讨会交流论文。

发展过程中产生了大量的民族古文献。这些民族古文献分为有文字记载和无文字记载两种，有文字记载的又分为用少数民族文字记载和用汉文记载两种，无文字记载的则通过口耳相传的方式来传承。在55个少数民族中，只有21个民族有文字，其他34个民族没有文字，从中可以看出大多数的民族古籍没有文字记录。我们都知道，没有文字记录的民族古籍靠口耳相传的方式来传承，这部分古籍就是后来我们所称的口碑古籍。与书面古籍相比，少数民族口碑古籍的分布范围十分广泛，种类繁多，数量庞大，至今没有形成一个比较合理的分类，所以，我们在收集、整理的时候往往无从下手，基本上是眉毛胡子一把抓，没有针对性。因此，对少数民族口碑古籍进行界定很有必要，这样有利于对民族口碑古籍进行普查，摸清全国民族口碑古籍的底细，从而对其进行合理的分类，发挥口碑古籍的巨大价值。

我们对少数民族口碑古籍是这样定义的："各少数民族在漫长的历史发展过程中，通过生产生活及社会实践活动创造出来并口头传承保留至今的具有历史和文学价值，反映特定时代和特定民族的内容，具有相对稳定的、传统的传承方式的各种精神产品。"少数民族口碑古籍形成的历史久远，都是由各民族民间艺人通过口传心授一代代传承下来的，大多反映着各民族先民的物质和精神生活为内容的民族起源、历史变迁、风土人情、生活习俗、民族性格等。按照这些内容，其大体可以分为神话、传说、史诗、故事、歌谣、谚语、谜语、寓言等。当然，这只是从宏观和广义上进行的分类，并不能反映少数民族口碑古籍的全貌。由于我国是56个民族构成的多民族国家，民族成分较多，而且每个民族都有自己的口碑古籍，各个民族的口碑古籍的种类不尽相同，所以把55个少数民族的口碑古籍放在一起进行分类就比较困难，工程量也比较大，很多宝贵的口碑古籍都散落于民间，需要花很多的人力、物力、资金、技术去把少数民族口碑古籍的底摸清，才好对其进行分类。

根据以上对少数民族口碑古籍的定义，笔者认为，鉴于我国的民族成分复杂，口碑古籍的数量之大，我们应该按照对少数民族口碑古籍的定义，分民族、分地区对民族口碑古籍进行收集整理，利用《中国少数民族古籍总目提要》基本摸清少数民族口碑古籍的家底，在这一基础之上，深入各个民族地区开展调查，查漏补缺，最后把各个民族口碑古籍的实际情况进行汇总，知道每个民族口碑古籍的分类，把各个民族口碑古籍的分类放在一起进行对比，求同存异，这样就可以形成中国少数民族口碑古籍的分类。利用这一分类，也就可以知道每个民族口碑古籍的具体情况。普查的过程是很艰辛的，这就需要工作人员具备吃苦耐劳、勇担责任的精神，切实把普查的工作做好，更好地为这个学科服务。

各个少数民族口碑古籍的研究也都出了一定的成果，很多专家、学者对不同民族的口碑古籍进行过分类，只是由于不同民族的口碑古籍内容不尽相同，所以分出来的类别也不太一样。我国的民族成分比较特殊，所以要区别对待。有的民族口碑古籍种类比较多，有的则比较少，这就需要建立一个能反映各个民族的口碑古籍情况的系统，以便于我们从宏观上去把握。

二、少数民族口碑古籍的定级

少数民族口碑古籍是通过少数民族民间艺人口耳相传来传承的。少数民族民间艺人总体上年过半百，民间艺人离世就意味着民族口碑古籍的流失和消亡，所以，现阶段抢救民族口碑古籍的工作迫在眉睫，应该加紧对民族口碑古籍进行收集整理，把口碑古籍看作民族古籍工作的重中之重来抓。

由于少数民族口碑古籍是通过口耳相传来传承的，在没有文字的少数民族中，民间文学与民族口碑古籍的关系非常密切，大部分民间文学即是民族口碑古籍，民族口碑古籍主要通过民间文学表现出来。这主要有两个原因，一是有些少数民族没有本民族文字，不可能产生文字古籍，即使有文字古籍或文字资料，也都散见于汉族典籍中；二是少数民族并未因为没有文字而忘记本民族的历史，他们在繁衍和发展的同时，通过口耳相传的形式，把本民族光辉的历史和灿烂的文化传承下来——劳动人民利用口头创作记录自己的历史，然后通过民间艺人的不断说唱世代相传下去。

当然，民间文学并不都是口碑古籍，只有具备口碑古籍特点的民间文学作品才是口碑古籍。民间文学作品成为口碑古籍必须具备以下三个条件：第一，民族民间文学作品同时又是民族口碑古籍的，必须是古代的民间文学作品，而不是现代或当代的民间文学作品。第二，属于民族口碑古籍的民间文学作品，主要是古代比较大型的民间文学作品，如叙事古歌、长诗、组歌和古人记录整理的民间传说故事，并非是一首短歌或现代人记录的民间故事。第三，成为口碑古籍的民间文学作品的内容和形式必须带有比较明显的时代特点，即包含一个时代或一个时期的特定社会内容和固定的写作形式，而不是跨越几个时代的不同内容和表现形式。民族口碑古籍和民间文学是有一定界限的，在做民族口碑古籍普查工作时必须区分清楚。

现在很多少数民族口碑古籍依附于民间艺人而得以传承，民间艺人的年龄普遍较大，这一代人的离去将会使民族口碑古籍走向消亡。我们必须本着"救书、救人、救学科"的抢救少数民族古籍的原则，把中华民族宝贵的口碑古籍传扬下去。这就需要把民族口碑古籍记录整理下来。现阶段我们要做的工作很多，主要包括以下内容：一是加大宣传力度，得到政府的支持，利用多种渠道来宣传民族古籍保护的知识，在社会上营造良好的氛围，让人们主动加入保护民族口碑古籍的队伍。二是建立专门的机构，加强古籍人才队伍的建设。民族口碑古籍收集工作是一项长期性、专业性、社会性较强的工作，民族口碑古籍的内容丰富、分布广泛，这就需要培养大批的古籍专业人才。三是树立"救人就是救古籍"的观念，对少数民族口碑古籍传承人进行保护，一些民间艺人年事过高，相继去世，抢救他们就相当于抢救古籍。四是加大资金的投入力度。少数民族口碑古籍的普查工作是一项耗时、耗力的工作，只有投入足够的经费，才能更好地开展民族口碑古籍的收集整理工作。五是充分利用现代化手段保护和收集整理口碑古籍。少数民族口碑古籍基本是口传的，在普查时要改变以往的载体形式，利用录音、照相和摄影等技术对其进行保存，利用高新技术手段对口碑古籍进行抢救和保护，并对口碑古籍进行开发利用，发挥其应有的价值。

三、结语

我国少数民族口碑古籍种类多、内容丰富、分布广泛，是一笔十分宝贵的财富。确定少数民族口碑古籍的分类体系，可以为民族口碑古籍的普查工作提供便利，从而摸清我国少数民族口碑古籍的具体情况，对快要消亡的民族口碑古籍进行抢救和保护，推进社会主义精神文明建设和文化大繁荣。

参考文献：

[1] 马小琴. 少数民族口碑古籍与非物质文化 [J]. 青海民族研究，2006（2）：26－28.

[2] 刘云. 彝族口碑古籍保护刍议——以黔西北毕节市为例 [J]. 民族论坛，2014（5）：63－65.

[3] 王喜梅. 青海民族口碑古籍开发与非物质文化遗产保护 [J]. 求实，2014（S1）：298－300.

[4] 吴鳃. 贵州彝族口碑古籍抢救、保护和开发研究 [J]. 兰台世界，2015（8）：95－96.

[5] 余永泉. 羌族口碑古籍略述 [J]. 阿坝师范高等专科学校学报，2005（1）：20－22.

[6] 梁学凡，龙小金. 贵州少数民族口碑古籍抢救与保护现状及对策 [N]. 贵州民族报，2014－02－24（B04）.

[7] 谭晓燕. 口碑古籍保护整理之我见 [N]. 贵州民族报，2014－11－03（B03）.

[8] 马小琴. 少数民族口碑古籍的传承 [N]. 青海日报，2013－05－17（011）.

[9] 马小琴. 口碑古籍的传承 [N]. 青海日报，2013－06－13（008）.

[10] 彭继宽. 关于民族古籍与民间文学的关系问题 [J]. 民族论坛，1991（1）：37－40.

[11] 何丽. 少数民族古籍保护现状及对策 [J]. 图书情报工作，2004（6）：64－66.

试论贵州民族口碑古籍的分类和定级[①]

龙小金

我省是民族大省，省内各世居少数民族保存有种类繁多、浩如烟海的民族古籍。因此，研究贵州少数民族古籍的分类，大胆探索并拟定贵州少数民族古籍定级标准，是加强民族古籍保护工作的迫切需要。贵州计划"十三五"期间积极启动少数民族古籍定级标准建设工作，尤其是立足贵州基本省情，把握许多世居民族历史上没有本民族文字而口碑古籍资源丰富的特点，在全国率先探索口碑古籍的定级标准，具有重要的理论价值和实践指导价值。

一、民族口碑古籍的定义、分类

乌谷《民族古籍学》中称口碑古籍为"口碑载体古籍"。其定义为："口碑载体古籍是指各民族在历史上流传下来的各种口碑载体。所谓口碑载体是指各少数民族在没有发明自己记载思想语言的工具以前，用文学化了的口头语言去记录一切生活活动的事实。并通过口耳相传，使文化得以代代承袭；这种用于记载各民族一切生活活动的事实的文学化了的语言称为口碑载体。口碑载体古籍也叫口传文学、民间文学。种类主要有神话、史诗、传说、故事、歌谣、民间叙事诗、民谚、谜语等。"

神话又分为天地形成的神话、人类起源的神话（如布依族的《洪水潮天》、水族的《人类的起源》）、与神斗争的神话、畜牧与农耕神话（如布依族的《阿三挖井种庄稼》、苗族的《狗取粮种》）。

史诗又分为创世史诗（如苗族的《苗族古歌》、彝族的《宇宙源流》）、英雄史诗（如藏族的《格萨尔王传》、苗族的《亚鲁王》）。

民间传说又分为历史传说（如水族的《简大王的故事》）、人物传说（如仡佬族的《山满》）、风物传说（如苗族的《香炉山》《芦笙是怎样吹起来的》）。

民间故事又分为动植物故事（如彝族的《狗和猫为什么不团结》）、幻想故事（如布依族的《梭米孔》）、生活故事（如布依族的《甲金的故事》）。

[①] 本文系 2016 年 4 月贵州省少数民族口碑古籍分类与定级学术研讨会交流论文。

民间叙事长诗如彝族的《阿诗玛》、苗族的《张秀眉之歌》。

歌谣民谚中，歌谣又分为劳动歌、习俗歌、情歌、生活歌、时政歌、童谣。

《民族古籍学》把与国民党斗争的故事、红军的故事也作为"口碑载体古籍"，而这些内容在《中国少数民族古籍总目提要》主编张公瑾看来，与传统文化无关，不予收录。

国家民委民办（文宣）字〔1997〕114号文件《关于印发〈中国少数民族古籍总目提要〉编写纲要的通知》提出，本书目录参考《中图法》分类顺序排列。根据少数民族古籍实际情况，分为宗教、哲学、伦理学、文学等19类。并指出以上分类是对整体而言，某一民族的古籍若无某些类项，可从略，学科之下可设二级分类或三级分类，其分类原则不做统一规定。

该文件第五部分"收录范围"（三）中规定：原无本民族文字的民族的口头文献，属《中国少数民族古籍总目提要》收录范围，但侧重收录民族起源、民族迁徙、文明起源等传说和民族史诗、叙事诗等有文献价值的中、长篇文献。口头文献的收录仅限于已整理出版或整理存档在有关单位的口头资料。

《中国少数民族古籍总目提要·苗族卷·丁编：讲唱类（口传传统文化史料）》分类如下：

1. 神话。
2. 传说。其中又分为人物传说、史事传说、地方风物传说、习俗传说、龙神话传说、姓氏来历传说、其他神话传说。
3. 故事。其中又分为伦理道德故事、幻想故事、生活故事、智人故事、动植物故事、笑话、寓言·童话。
4. 史诗歌谣。其中又分为创世史诗、古歌、叙事诗、民歌民谣。民歌民谣又分为劳动歌、礼俗歌、生活歌、情歌、苦歌·起义斗争歌、诵词、杂歌。诵词又分为理词、埋岩词、婚姻诵词、丧事诵词、建房架桥诵词、芦笙词、原始崇拜理词、其他诵词。
5. 民间戏剧·嘎百福歌。

《中国少数民族古籍总目提要·侗族卷·丁编：讲唱类（口传传统文化史料）》分为：

1. 神话。
2. 传说。其中又分为史事传说、习俗传说、地方风物传说。
3. 故事。其中又分为历史人物故事、机智人物故事、爱情故事、伦理道德故事、生活故事、动植物故事。
4. 歌谣。其中又分为古歌古词、叙事歌、琵琶歌、耶歌、礼（习）俗歌、生活歌、情歌。

5. 款词。
6. 宗教经词。其中又分为傩愿经词、巫符经词、祭祀经词。
7. 侗戏（曲）。

从以上例子可以看出，口碑古籍大体等于民间文学，只是外延更宽。其类别大而言之，可分为散文体和韵文体。再往下则分为神话、史诗、传说、故事、歌谣、民间叙事诗、民谚、谜语等。具体还可以根据各民族口碑古籍的实际再做细分，因族制宜。

口头文献的数量繁多，因此，我们将口碑古籍的时间下限一般定在1911年辛亥革命前，有些可放在1949年中华人民共和国成立之前。在普查时侧重收录民族起源、民族迁徙、文明起源等传说和民族史诗、叙事诗等有文献价值的中、长篇文献，且要剔除以前已普查登录过的古籍。当然，在制作民族古籍数据库时，可一并录入。

二、民族口碑古籍的定级

2006年，文化部公布了《古籍定级标准》。当时考虑到少数民族文字古籍与汉文古籍相比在产生、发展、流传过程中客观存在的差异性和复杂性，未将少数民族文字古籍列入定级对象。2007年3月，文化部与国家民委口头委托民族文化宫主持编制《中国少数民族文字古籍定级标准》。2008年11月，国家民委正式下发文件，通知启动这项工作，由民族文化宫主持承担，目前标准文本起草工作已完成。《新疆维吾尔自治区少数民族文字古籍定级标准》也已于2013年1月23日颁布。遗憾的是，这几个标准都回避了口碑古籍的定级。

云南省少数民族古籍整理出版规划办公室在全国率先推出《云南省珍贵少数民族古籍名录》评选标准，要求遵循：各民族古籍平等原则；历史文物性原则；学术资料性原则；艺术代表性原则；有时限又不唯时限原则。

应该说，这是各种古籍标准共同遵守的五项原则。值得注意的是，其评选范围共三条，第一条把民族古籍统一定在1949年以前，无论是文献还是口碑古籍；第二条强调是已翻译、整理、出版，并被学术界研究证明具有重要历史文化价值的口传古籍（民间文学）；第三条说明凡已入选《国家珍贵古籍名录》或国家和省级非物质文化遗产保护名录的少数民族古籍，均被视为"云南省珍贵少数民族古籍"，不再评选。

应该说，云南省把口传古籍（民间文学）列入珍贵少数民族古籍名录进行评选，这在全国也属首创。云南省的做法体现出层级少、标准易掌握的特点。但第二条"被学术界研究证明具有重要历史文化价值的口传古籍（民间文学）"则不好把握。

因与该省文化部门的协调存在问题,《云南省珍贵少数民族古籍名录》的评选尚未进入实施阶段。

2015年,贵州省民族古籍整理办公室委托毕节市彝文翻译研究中心主任王继超起草《贵州省少数民族珍贵古籍级别标准》。在修改的基础上,2015年6月16日,贵州省民族古籍整理办公室、省古籍保护中心联合组织召开了《贵州少数民族古籍定级标准》初审会。与会专家围绕《贵州少数民族古籍定级标准》(初稿)的框架结构、古籍分类、内涵价值、形成年代、传承应用、标准设定等各方面进行了交流讨论,提出了意见、建议。大家认为,贵州省是民族大省,省内各世居少数民族保存有种类繁多、浩如烟海的民族古籍。因此,大胆探索并拟定贵州少数民族古籍定级标准,是加强民族古籍保护工作的迫切需要。同时强调,要"以古籍论古籍"统一标准,不宜按民族归属做过细的标准划分,要有利于引导古籍工作规范化,有利于实践操作。会议指出,贵州积极启动少数民族古籍定级标准建设工作,要重在创新,大胆探索,在口碑古籍的定级标准研究和实践方面形成贵州经验;要立足贵州基本省情,把握许多世居民族历史上没有本民族文字但口碑古籍资源丰富的特点,在全国率先探索口述口碑古籍的定级标准。

由我办集众专家的意见形成的《贵州少数民族古籍定级标准》(征求意见稿)对口碑载体古籍的定级做了如下规定:

口碑载体古籍是贵州民族文化传承的一大特色,为其进行价值划分在贵州尚属首次尝试,其中不免存在一定的不足和局限性。考虑到其传承方式的特殊性,根据其传承的历史时间和文化价值,划分为一、二、三级。

……

凡已确定为省级以上(含省级)非物质文化遗产保护的贵州少数民族口碑古籍,均划定为一级口碑古籍。

——1980年以前各民族庆典、祭祀等大型活动中口头传唱并完整保留下来,为国内著名民族古籍专家认定具有非常重要的历史、学术、艺术研究价值的神话、史诗、传说、故事类型的口碑古籍。

——1980年以前留下录音载体,用新老民族文字、汉字记音或国际音标形成记录文本,并整理翻译为作品发表、出版的,为国内著名民族古籍专家认定具有非常重要的历史、学术、艺术研究价值的神话、史诗、传说、故事类型的口碑古籍。

——1980年以后有录音录像载体,用新老民族文字、汉字记音或国际音标形成记录文本,并整理翻译为作品发表、出版的,为国内著名民族古籍专家认定具有非常重要的历史、学术、艺术价值的神话、史诗、传说、故事类型的口碑古籍。

……

凡确定为市州级非物质文化遗产保护的贵州少数民族口碑古籍，均划定为二级口碑载体古籍。

——1980年以前各民族庆典、祭祀等大型节庆活动中口头传唱并完整保留下来，为国内著名民族古籍专家认定具有重要的历史、学术、艺术研究价值的神话、史诗、传说、故事、歌谣、叙事诗类型的口碑古籍。

——1980年以后有录音录像载体，用新老民族文字、汉字记音或国际音标形成记录文本，并整理翻译为作品发表、出版的，为国内知名民族古籍专家认定具有重要的历史、学术、艺术价值的神话、史诗、传说、故事、歌谣、叙事诗类型的口碑古籍。

——没有录音录像载体，尚未用新老民族文字、汉字记音或国际音标形成记录文本，由原传承人传承，为国内知名民族古籍专家认定具有重要的历史、学术、艺术价值的神话、史诗、传说、故事、歌谣、叙事诗类型的口碑古籍。

……

确定为县级非物质文化遗产保护的贵州少数民族口碑古籍，均划定为三级口碑古籍。

——1980年以前各民族庆典、祭祀等大型节庆活动中口头传唱并完整保留下来，为省内著名民族古籍专家认定具有较为重要的历史、学术、艺术研究价值的故事、寓言、歌谣、叙事诗类型的口碑古籍。

——1980年以后有录音录像载体，用新老民族文字、汉字记音或国际音标形成记录文本，为省内著名民族古籍专家认定具有较为重要的历史、学术、艺术价值的故事、寓言、歌谣、叙事诗类型的口碑古籍。

——没有录音录像载体，尚未用新老民族文字、汉字记音或国际音标形成记录文本，由原传承人传承，为省内著名民族古籍专家认定具有比较重要的历史、学术、艺术价值的故事、寓言、歌谣、叙事诗类型的口碑古籍。

谚语类型的口碑古籍，不纳入本定级范围之内。

笔者认为，这些标准需要在试点基础上征求专家意见进一步完善，要经得起历史的和实践的检验。

口碑古籍的界定及分类定级试探

王秀旺

贵州是一个多民族、多语种的民族省，17个世居少数民族至今还保存着种类繁多、浩如烟海的民族古籍，是"多彩贵州"乃至国家文化大繁荣、大发展不可或缺的文化资源。民族古籍可分为文献古籍和口碑古籍两类。在浩繁如烟、雅俗共赏的少数民族口传文化中，以什么作为标准界定口碑古籍呢？对于口碑古籍，从内容方面应该分解为哪几类？从重要性方面应该怎样定级？凡此种种问题，不仅在我省，就是在全国，不仅于理论，包括实践层面，都需要深入探讨。下面结合我省的民族古籍工作实际做一粗浅的探讨。

一、民族语言文化的基本省情

贵州是一个多民族、多语种的民族省，17个世居少数民族人口呈"大杂居、小聚居"分布，主要是苗族、布依族、土家族、侗族、彝族等。其中：苗族397万人；布依族251万人；土家族144万人；侗族143万人；彝族83万人。在全省1254.8万少数民族中，通晓本民族语言的约占70%，通晓汉语的约占64%，民汉双语皆通的约占50%，还存在汉语言障碍的约占16%。苗族、布依族、侗族、彝族、水族、瑶族、壮族、仡佬族、毛南族、畲族共10个民族还保留着自己的民族母语。苗族、布依族、侗族、彝族、壮族5个民族兼用8种本民族文字（苗族基于方言差异有4种文字），其中，彝文为本民族传统表意文字，其他4个民族为中华人民共和国成立后国家组织新创的表音文字。另外，水族有传统的水书，也在一定范围内使用。在我省17个世居少数民族中，由于许多民族没有本民族文字，故而民族文化的传承和发展只能靠世世代代的口耳相传，从而形成了大量的讲唱文化。

二、口碑古籍的重要性

（一）口碑古籍是重要的民族文化宝库和资源

"民族古籍"是民族文化在漫长的历史长河中，经过大浪淘沙似的洗涤、

---

① 本文系2016年4月贵州省少数民族口碑古籍分类与定级学术研讨会交流论文。

沉淀后遗留下来的民族文化精华，是民族文化赖以延续和发展的根脉，也是一个民族区别于其他民族的根本文化特征。与此同时，我国是一个多民族共同缔造而成的国家，56个民族中，有传统文字的民族是少数，大多数少数民族都没有文字记载的文献古籍，他们的民族渊源和历史文化主要靠口耳相传的口碑文化承载。贵州同样如此，在这片热土上生存繁衍至今的世居少数民族，无论是有文字的民族，还是没有文字的民族，从文化视角上看，其区别只在于文化传承方式。本质上，每个民族的文化都有其独到之处和独有的魅力，每个民族的文化都是站在不同视角对宇宙世界、人生、生活的正解，是中华文化不可分割的一部分，更是不可多得的文化宝库和资源。

（二）口碑古籍是社会和谐发展的需要

一方面，民族古籍中蕴含着丰富的历史知识和文化资源，它见证了中华民族自古以来多元一体的格局。因此，做好民族古籍工作，对增强中华民族多元一体的认识和"五个认同"有着不可估量的作用和意义。

另一方面，语言是一个民族的象征之一，是民族文化的基础要件，每个民族对自己的语言文化都有着极其深厚的感情。特别是承载了重要历史和文化价值的民族口碑古籍，即使在某一阶段，人们为了生存或者其他身不由己的原因忽略了、流失了自己的口碑古籍这一语言文化，但当解决了温饱、克服了物质方面困难的时候，他们自然而然地又会重新追寻自己的民族历史和文化。这是因人的民族自尊与文化自觉使然，不以人的意志为转移。我国是一个由56个民族组成的统一的多民族国家，只有让每一个成员都学会自尊、自信，才能让他们自强，国家也才能相应地更加强大。一个连自己的民族、家庭都不认可的人，你怎么能相信他会爱国呢！狭隘的民族主义者毕竟只是极少数，"56个兄弟民族都是中国的一员"应该是绝大多数国民的共同认识。特别是在贵州，各少数民族同胞对党和国家的认可度是很高的。因此，若各少数民族的讲唱文化能够得以有效地传承和发展，特别是让具有重要历史和文化价值的民族口碑古籍得以有效地传承和发展，各少数民族同胞就能够更有尊严、更自信地加入社会发展和国家建设行列，各民族间将更加团结，社会将更加和谐稳定。

三、口碑古籍的界定

每个民族繁衍至今，基本上都经历了几千年的发展历史，也形成了浩如烟海的讲唱文化。如何在这些雅俗共赏的讲唱文化中甄别出具有历史和文化价值的口碑古籍呢？笔者以为应从以下五个方面入手：

1. 传唱范围比较广、知晓率较高的。即该民族大部分地区都有流传，绝大多数民族群众都知晓的讲唱文化。

2. 内容涉及民族历史变迁的。

3. 内容涉及宇宙世界的产生和发展的。包括"开天辟地""人类起源""事物起源""自然灾害"等的传说和原始解释。如彝族的《天地人的产生》《荞麦的来历》《洪水纪》，侗族的《开天辟地》《龟婆孵蛋》《洪水滔天》《兄妹结亲衍人类》等。

4. 内容涉及民族英雄传记的。如彝族的《支嘎阿鲁》，苗族的《亚鲁王》等。

5. 文学艺术价值较高的。如彝族的《咐启嘎》《初初喉》，布依族的《八音坐唱》，侗族的《大歌》等。

四、口碑古籍的分类

浩瀚如烟的口碑古籍，在历代的口耳相传中都比较散乱，对其进行科学、系统的分类整理，更有利于这一文化类型的传承和发展。笔者以为应做如下分类：

1. 宇宙自然类。即内容涉及宇宙世界的产生、自然灾害的发生（如《洪水纪》）、自然环境的变化等的口碑古籍。

2. 民族历史类。即内容涉及民族的产生、发展、迁徙等文化信息的口碑古籍。

3. 民族英雄史诗类。如彝族的《支嘎阿鲁》，苗族的《亚鲁王》等。

4. 宗教文化类。如占卜词、祭祀词等。

5. 民族医学类。

6. 民族风俗习惯类。

五、口碑古籍的定级

口碑古籍的定级，应该结合非物质文化遗产保护方面的先例。

1. 一级口碑古籍：凡已确定为省级以上（含省级）非物质文化遗产保护的贵州少数民族口碑古籍，应划定为一级口碑古籍。

2. 二级口碑古籍：凡确定为市州级非物质文化遗产保护的贵州少数民族口碑古籍，均划定为二级口碑古籍。

3. 三级口碑古籍：凡确定为县级非物质文化遗产保护的贵州少数民族口碑古籍，均划定为三级口碑古籍。

谚语类型的口碑古籍，不纳入本定级范围之内。

浅谈少数民族口碑古籍分类与定级[①]
——以贵州民族口碑古籍的分类定级为例

梁 亮

960万平方公里国土面积的华夏大地，孕育出中华56个民族。无论是汉族，还是其他55个少数民族，我们的祖先用辛劳和汗水、勇敢与智慧书写了中华民族灿烂辉煌的历史文化。他们为中华文明留下了浩如烟海的文字古籍和口头古籍，在时间和历史的沉淀与发酵后，成为当今多元文化背景下，中华民族让世界惊叹的文化财富。这些为历史沉淀和积累下来的文化，是每个民族的精神和灵魂，是每个少数民族同胞最后的归宿，无论他们离家多远、身在何方，这仍然是维系他们的纽带。

中国五千多年的历史上，经过几次大的民族迁徙和融合，受汉文化影响，少数民族文化也得到了发展和进步，有的民族甚至创造了自己的语言和文字。就如同汉民族一样，少数民族也保留下属于自身的独一无二的古籍文化。在经济的快速发展中，在经济快速发展的大环境下，在全球文化呈现多元化的态势下，这些以文字保留或借传承人之口传承至今的民族文化逐渐变成了大众眼中的"非主流"，失去了生存和发展的土壤。随着世界各国对意识形态方面的重视，国家的文化软实力和经济发展一样，成为决定国家竞争实力的重要因素，而中国要想在这样的大环境下争得一席之地，实现中华民族的大繁荣、大发展，民族文化的保护是其中不可或缺的重要组成部分。近几年，国内学者和专家提出的众多保护措施中，"分类定级"是较为行之有效的方法之一。

分类定级，顾名思义，就是将古籍资料进行分类，在分类的基础上进行等级划分，进而达到分类、分级保护的目的。相对于口碑类古籍而言，民族文献类古籍是具象的、实体性的资料，从国家层面来看，也有相类似的办法可参考借鉴，对它的分类定级难度较小。而纵观国内学术界，口碑古籍的这类研究还基本处于空白状态，相关的学术论文也仅限于从宏观的角度讨论如何抢救和保护，关于分类定级方面的研究则完全没有。口碑类古籍是抽象的，仅以语言为载体，在对其进行分类定级上存在较大的难度。笔者从以下两个

[①] 本文系2016年4月贵州省少数民族口碑古籍分类与定级学术研讨会交流论文。

方面对口碑古籍的分类和定级做了些不太成熟的思考。

一、口碑古籍包含的内容宽泛，分类与取舍成为首要问题

在没有文字以前，人类的一切活动信息，都要靠口耳相传。这种口耳相传的材料，是用于研究历史和记载历史的凭证和依据。在我国55个少数民族中，只有21个少数民族有文字（包括通用汉文的回族和畲族），其他34个少数民族没有文字。那么，这些没有文字的民族只能靠一代代人的口耳相传来发展和继承自己民族的文化，使其生生不息，流传至今。正如侗族歌谣中所唱的："古人讲，老人谈，一代一代往下传；树有根，水有源，好听的话儿有歌篇；汉家有文好记载，侗家无文靠口传。"随着历史的演进，这些口传史料就成为少数民族丰厚的口碑文献，即口碑古籍。它主要靠各民族中的民间艺人口耳相传，是具有文学和历史价值的记载了各少数民族生产、生活及迁徙发展情况的文史资料，不仅反映了本民族的心理特征、信念、信仰和民族风俗，还因其独有而厚重的民族性、宗教性、地域性和群众性，成为少数民族传统文化中不可或缺的重要组成部分。

口碑古籍，在其表达形式上涵盖了神话、史诗、传说、故事、歌谣、谚语、谜语等，既有民间文学，又有民间音乐等，具有较强的民族性和地域性。以贵州为例，侗族的《侗族大歌》《珠娘郎美》《吉金列美》，苗族的《亚鲁王》《苗族古歌》，彝族的《知嘎阿鲁王》《阿买垦》，土家族的《哭嫁歌》，布依族的《古谢经》等，都是为人熟知的口碑古籍。除此之外，还有其他内容丰富、形式多样的山歌、情歌、谚语等构成其重要组成部分。

因此，对于少数民族口碑古籍的分类，是按照文体分类，还是按照内容的表现形式分类？每个民族都按照统一标准，还是根据实际情况区别对待？哪种分类更便于定级工作的展开？在定级时，是否有必要将所有类别都纳入其中？这些则成为首先应该思考和解决的问题。不解决好这些问题，口碑古籍的定级则无从谈起。

二、从定级上看，少数民族口碑古籍在时间限定、内容价值的判定等方面存在难度

从时间来说，按照《中国少数民族古籍总目提要》编写纲要的要求，民族古籍的时限一般定在1911年辛亥革命前，有些口碑古籍可放宽至1949年中华人民共和国成立以前。对于文献古籍来说，它是以文字做载体的书面文史资料，其成书的时间和年限具有可考性，无论在收集、整理及分类定级等方面都易于操作。口碑古籍是无实体性的口头资料，在结合贵州民族古籍实际情况后，建议将时间限定延后至1980年左右。而口碑古籍的定级，既要遵

循一定的时限标准，有时也应该不被时间所局限。有的口碑古籍虽然是近几十年才得以发现的，但是从其传唱的内容来判断，却有着重要的民族文化历史价值，如苗族史诗《亚鲁王》。有的虽然从传唱形式来说属于口碑类，也是用少数民族语言传唱，但其内容主要涉及当代发生的事件或者与本民族传统文化无关，这些都不符合民族古籍的要求，则需要剔除。如在进行《中国少数民族古籍总目提要》条目收集整理的过程中，一些收集者会将不属于口碑古籍的讲述汉族故事的山歌收录其中。因此，时间限定只能作为其中一个衡量因素，另一个需要重点考虑的因素则是古籍内容的价值。

从内容价值来说，口碑古籍有其特殊的承载方式。在传承过程中，传承者素质不一，理解有差异，因此，口碑古籍传承的内容及真实性不可避免地受到个人主观意识的影响，而且对其内容的考证也存在很大的难度。对口碑古籍的价值判断，我们通常从"有重要的研究价值、有较重要的研究价值、有研究价值"等宏观层面来看，而微观层面上，可操作性的、具体的划分标准却迟迟不能跟上。究其原因，个人觉得这不仅仅是因为口碑古籍承载方式的特殊性，分类的零散化、参考标准的不统一也在一定程度上制约了对其价值的判定。因此，在对口碑古籍进行价值判定时，更多时候往往要依靠民族古籍研究专家的学术素养或者该口碑古籍的知名度，而专家水平、古籍知名度这些评判依据在一定程度上缺乏科学性和严谨性，很难确保做到客观公正。

鉴于以上两个方面的问题，笔者也就贵州少数民族口碑古籍的分类定级提出几点看法：

（一）对现有口碑古籍的分类建立统一、规范性的标准

笔者在参考了贵州参与编撰的《中国少数民族古籍总目提要》几个主体民族卷本后发现，不同民族卷本对纳入其中的口碑类古籍的分类都不尽相同，主要是结合本民族的实际情况和需要自行划分。如布依族口碑古籍的类别较多且繁杂，包括古歌·摩经、礼俗·风物、生产·生活、情歌、戏曲、神话、传说、故事等，故而总体将其归纳为"韵文体和散文体"两类；苗族的口碑古籍分为神话、传说、故事、诗史歌谣四类；侗族的口碑古籍分为神话、传说、故事、歌谣、款词、宗教经词、侗戏七类；土家族的则分为神话、传说、故事、歌谣四个类别。而在这一基础上，每一类中又涵盖了一些更细小的类别，这里就不再细谈。但由此可以看出，对于口碑古籍的分类，每个民族按照自己的分类标准进行，没有统一的界定和规范。这对开展口碑古籍的定级工作来说，必然是很大的一个阻碍。因此，在开展口碑古籍定级之前，必须先完成对其的分类。

从贵州的少数民族实际情况出发，以表现形式来划分口碑古籍的类别，相较于其他方式而言，更具有普遍性，也更便于开展后期的定级划分工作。

对所有民族的口碑古籍，建议分为以下五个类别：神话史诗、传说故事、戏曲经词、谚语歌谣、其他。其中，神话史诗类包含了各民族的创世起源和迁徙历史、著名英雄长篇叙事诗等内容；传说故事类囊括了民间传说故事、各种地名或活动节庆的来历等内容；戏曲经词类则将民间戏曲唱词、婚丧嫁娶、宗教祭祀等内容纳入其中；谚语歌谣类的唱词相对较简短，内容涉及日常生活、生产的方方面面，通常是以一个小故事或生活中的一个小片段来阐述一个道理或叙述一个事件；其他类即未能界定为以上几类的口碑古籍均归入其中。

据此，各民族口碑古籍不仅有了一个明确统一的分类标准，同时，通过这样的分类方式，也对口碑古籍价值进行了一定的区分，给定级工作提供了较为清晰的参考依据。

（二）结合非物质文化遗产保护，开展民族口碑古籍的定级工作

通过对《贵州省非物质文化遗产保护条例》的研究发现，少数民族口碑古籍所涵盖的内容与"非物质文化遗产的分类标准"中民间文学的内容趋于一致，而上述分类方式也与之相类似。那么，将少数民族口碑古籍的定级工作与非物质文化遗产保护相结合，无论从科学性上，还是从实际操作性上，都是具有可行性的。

口碑古籍的定级划分，主要以口碑资料的历史价值为衡量依据，时间限定将作为其中的一个辅助性因素进行考虑。分类上，虽然已进行了五大类别的区分，但是部分类别中又涵盖了很多细小的类别，如果都加以考虑，面面俱到的话，其中的复杂程度可想而知。这不仅增加了整个分类定级工作的难度，也会使当前工作裹足不前。与其如此，且不妨删繁就简，参照《中国少数民族古籍总目提要》的收录标准，将口碑古籍的定级标准限定为三个级别，以神话史诗、传说故事、戏曲经词三个类别为定级对象，侧重其中有文献价值的中、长篇文献，并且仅对已整理出版或整理存档的口碑古籍进行，暂时舍弃剩余类别，待日后再商议。

少数民族口碑古籍蕴含着各民族在长期历史发展中积累下来的整个精神文化的理论概括和全部物质文化的经验总结成果，是各民族无文字历史时代的文化渊源，是少数民族生活中不可或缺的精神和文化的源泉。但是，当今多元文化的发展不断挤压着这类文化的生存和发展空间，如何积极有效地开展保护和传承，如何为昔日古老而神秘的口碑古籍在当今多变的世界文化领域谋求一片发展的空间，这是从事民族古籍工作者不得不思索的问题。对此，本人结合自身的业务工作经验，大胆地提出了以上不太成熟的思考和想法。本人因接触民族古籍工作的时间有限，对口碑古籍的认识也不够深入，只能就了解到的贵州口碑古籍的一些现状做些讨论，仅仅只能做到就问题而谈问题，其中的思考可能不太成熟，问题的谈论也比较肤浅，文章的方方面面都存在很多不足，因此要作为一篇学术研讨文章展示出来，内心尤为忐忑惶恐。但是，不论文章质量高低，本人希望借这篇拙文起到抛砖引玉的效果，引起社会上热衷、关心民族古籍的专家学者们的关注，也借此为推动贵州少数民族口碑古籍分类与定级保护工作略尽绵薄之力。

少数民族口碑古籍猴鼓舞传说比较研究

杨 斌

摘 要: 民间传说是各民族结合历史经历、生产生活经验,采用夸张等手法创造出来的精神生活财富,是民间文学的一种重要形式,是民族文化的重要载体。流传在贵州、广西、湖南、湖北等省少数民族地区的猴鼓舞民间传说是重要的中国少数民族口碑古籍,具有重要的历史研究价值和文学价值。通过对流传于苗、瑶、毛南等少数民族民间的猴鼓舞传说进行对比研究,可将其分为"猴子救助""丛林迷路""猴子撒泼"等几个类型。深入分析发现,其具有故事情节相似性和特定人物差异性、传承变迁性等特点,这些民间传说中所展现出来的相似性是其共性文化因子的集中体现,是促进民族团结和各民族交往交流交融的有利因素。

关键词: 猴鼓舞;民族口碑古籍;比较研究

民间传说是民间文学的一种重要形式,是民族文化的重要载体。在历史长河中,分布在中国大地上的各民族及其文化一衣带水,有着千丝万缕的联系。猴鼓舞传说广泛流传于苗族、瑶族、毛南族等少数民族民间,是其共有的历史文化记忆。

一、研究目的及意义

(一)研究目的

对比毛南族、瑶族、苗族等民间流传的猴鼓舞传说,分析其中的文化内涵,探寻猴鼓舞传说中各民族文化的共性因子和共同历史文化记忆,加强各民族文化认同,促进各民族团结和睦。

(二)研究意义

民间传说包含着各民族对社会现实生活的认知、从事生产生活的经验教训、传统风俗习惯等。在没有文字记载历史的少数民族中,民间传说在一定程度上充当了本民族的历史资料,在特殊情况下还具有民间习惯法的作用。民间传说体现了各个时期各民族同胞的想法和希望,蕴含着丰富的文化内涵。

通过对各民族猴鼓舞的对比分析研究,帮助各民族同胞相互了解猴鼓蕴含的文化差异和共性因素，促进各民族的交往交流交融。深入挖掘其文化内涵，促进各民族更好地保护、传承、发扬优秀传统文化，增进各民族对共同历史文化的认同，从而铸牢中华民族共同体意识。

二、相关先行研究

猴鼓舞被列为国家非物质文化遗产之后，国内很多专家学者对猴鼓舞进行了大量的调查研究。雷远方实地采访了当地有名的火龙地师石佩科先生，展现了毛南族鲜为人知的民族文化知识。[1]陈国余、郑一凡在《贵州毛南族佯僙人打猴鼓舞口述史研究刍论》中提出："猴鼓舞的传承实践出现了一种越来越过度表演化、逐渐偏离传统本体内涵的趋向，正在面临着日益严重的传承断链危机。并运用口述史研究方法，把打猴鼓舞置于其赖以存活的纵深历史背景和具体文化语境之中去'重新发现'、抢救、记录正在消逝或剧变中的民间舞蹈本体内涵和深层文化意义。"[2]为猴鼓舞的保护与发展提供了新路径。姚馨逸、李朝福在《基于口述史方法的贵州毛南族佯僙人"打猴鼓舞"转型发展研究》中运用口述史方法对"打猴鼓舞"进行抢救性搜集、研究，提出要用审视的目光重新看待"打猴鼓舞"文化。[3]蒋培在《浅谈毛南族猴鼓舞的艺术特色》中提出："打猴鼓舞保留了最原始的气息，不仅蕴含着毛南族丰厚的文化底蕴，更体现了毛南族别具一格的艺术特色与艺术精神。"并对猴鼓的起源、艺术特色进行分析，帮助人们更加深入地了解贵州毛南族的风俗文化。[4]陆喆在《广西布努瑶族猴鼓舞的表演特色与文化意蕴探析》中对广西布努瑶族猴鼓舞及其分类进行分析，阐述了猴鼓舞的表演特色，通过对猴鼓舞的深入挖掘，发现其文化内涵。[5]胡微微等在《广西上林猴鼓舞所蕴含布努瑶传统体育文化的研究》中提出："猴鼓舞有利于民族传统体育文化的繁荣，具有深刻的教化育人之功效，是历史文化艺术的传承，是原生态布努瑶民间体育艺术文化的活化石，表达了布努瑶先民勇往直前的民族精神与积极向上的乐观态度，以及他们对美好生活的向往和追求。"[6]此外，尚未查询到关于猴鼓舞传

---

[1] 雷远方：《神秘的贵州毛南族民俗文化》，《中国民族》2009年第9期，第54—56页。
[2] 陈国余、郑一凡：《贵州毛南族佯僙人打猴鼓舞口述史研究刍论》，《体育世界》（学术版）2018年第11期，第189—190页。
[3] 姚馨逸、李朝福：《基于口述史方法的贵州毛南族佯僙人"打猴鼓舞"转型发展研究》，《第三十届全国高校田径科研论文报告会论文专辑》，2020年，第351—354页。
[4] 蒋蓓：《浅谈毛南族猴鼓舞的艺术特色》，《休闲》2019年第6期，第16—17页。
[5] 陆喆：《广西布努瑶族猴鼓舞的表演特色与文化意蕴探析》，《大观》（论坛）2021年第3期，第109—110页。
[6] 胡微微、伍广津、黄冰霜等：《广西上林猴鼓舞所蕴含布努瑶传统体育文化的研究》，《才智》2016第12期，第35—36页。

说对比研究的相关文献资料。

猴鼓舞传说普遍流传在苗族、瑶族、毛南族等少数民族民间，具有极大的相似性和一定的差异性。本文试图从贵州、广西、湖南、湖北民间流传的猴鼓舞传说入手，将各地各民族的猴鼓舞传说进行对比分析，深入了解其文化差异和寻找各地传说的共同性，以便更好地保护、传承少数民族优秀传统文化，促进各民族文化的交往交流交融。

三、猴鼓舞传说对比

因文化底蕴、文化变迁、传承方式、地理环境等差异，各地、各民族所流传的猴鼓舞民间传说有所差别，贵州平塘毛南族称为"打猴鼓舞由来"，贵州荔波瑶族称为"猴鼓舞由来"，贵州罗甸苗族称为"铜鼓舞的由来"，广西河池布努瑶称为"猴鼓舞由来"，湖南湘西苗族称为"跳猴儿花鼓的由来"，湖北恩施苗族称为"猴儿鼓由来"等。虽然各地关于猴鼓舞传说的内容、形式不一，但大体上可以分为以下几个类型：

（一）猴子救助型

1. 贵州省荔波县瑶族民间传说"猴鼓舞由来。"① 《方圆》杂志于2019年刊载《瑶山猴鼓舞守望者》一文。文中，被调查对象猴鼓舞传承人何吉坐说，很久以前，他们的祖先从南向北迁徙，走到瑶山深处，遇到了危难。关键时刻，一群山猴出来解危救难并一路护送族人，使族人转危为安。为了感谢这群神猴，后世人模仿着祖先跋山涉水的情景及猴子们攀爬取食的神态，历经数百年的编创传承，形成了现在的猴鼓舞。② 何吉坐老人的口述与贵州省荔波县瑶山乡瑶篱村旅游景点内的解说词大相径庭。

2. 广西壮族自治区东兰县布努瑶民间传说"猴鼓舞由来"。③ 相传，早在宋朝时期，部分瑶族已迁徙到桂西南一带定居，即为后世所称的布努瑶支系。为了抗击入侵家园的金兵，瑶族英雄卜努号召各寨奋起反抗，但因不敌金兵，许多瑶民被杀。受伤的瑶王带着伤残和妇幼逃进深山石洞，可还是躲不过金兵的穷追猛杀。在这危难时刻，山里的猴王密集击鼓，猴群听到鼓声，便吱吱嘎嘎呐喊，气势庞大，犹如千军万马，使金兵不敢轻易追击。于是，瑶民趁其不备，勇猛出击，加上猴群的助力，终于以寡敌众，大获全胜，避免了一场灭族的大灾难。瑶王为世代铭记猴子的救族之恩，决定将猴子助战退敌

---

① 讲述人：何吉坐，80岁，瑶族，荔波县瑶山乡懂蒙村人。收集人：宁坚。故事收集时间：2019年。故事流传于贵州省黔南布依族苗族自治州荔波县瑶山乡瑶族民间。

② 宁坚：《瑶山猴鼓舞守望者》，《方圆》2019第22期，第46—49页。

③ 讲述人不详，收集人不详。故事流传于广西壮族自治区南宁市上林县、河池市东兰县三弄乡等地布努瑶族民间。

之日，即农历五月二十九日定为"瑶年"。布努瑶同胞杀猪宰羊、舂糍粑、包粽子，载歌载舞庆祝胜利。人们戴着猴子的面具，学着猴子的动作，敲起皮鼓，逐渐形成猴鼓舞的雏形，传承至今。①

3. 该类型民间传说的异同。荔波县瑶族民间与东南县布努瑶民间流传的猴鼓舞传说，均以猴子相助得以转危为安、免于灾难作为故事框架。瑶族同胞创作猴鼓舞并世代传承以示感谢，突出瑶族同胞与自然和谐相处的优良传统美德，也反映出瑶族同胞当时生产生存条件落后，在应对外来威胁时，往往寄希望于外力的帮助。不同点主要表现在传说情节上，荔波县瑶族民间流传的猴鼓舞传说情节比较简单，而东南县布努瑶民间传说的内容更加丰富。在人物上，荔波县瑶族民间将传说中的人物称为祖先，是一个泛指的概念；东南布努瑶民间传说中出现了英雄人物"卜奴"。在威胁上，荔波瑶族民间称为"遇到了危难"，具体事件不清楚；东南布努瑶民间传说的威胁来源直指"金兵"，更加具体，更具史料价值。

（二）丛林迷路型

1. 贵州省平塘县毛南族民间传说"打猴鼓舞由来"。② 相传有一个寡妇带着三个儿子，四人相依为命。因无力农耕，粮食收入少，他们多以野果充饥。有一天，她叫三个儿子上山采摘野果，发给每人一个竹筒，并说摘满才能回家。三兄弟高高兴兴地上山，向不同的方向去。老三因年龄小，蹦蹦跳跳地不小心跌倒，竹筒撞在石头上，把筒底砸穿。但他全然不知，摘一个装进去便漏一个，老是装不满，又找不到回家的路，就在深山里转来转去，饿了在野果充饥，困了在岩洞歇息。时间长了，他已不会说人话，全身长满了毛。后来遇上一群猴子，他就与它们为伍，过着猴子的生活，学猴子的动作和声音。也不知过了多少年，他游窜到自己家对面的山林里，听到寨子传来皮鼓声，才慢慢地回忆起是小时候听过的给老人办丧事的皮鼓声。他顺着声音找去，依稀记得做丧事的好像是自己家，又不见母亲。他不会说人话，只是干叫，流眼泪。因他全身已长满了毛，人们都认不出他，故随他自便。他要了两根鼓棒，流着泪水，上下左右跳动，敲打皮鼓，寄托他的哀思。原来他出去采果失踪后，母亲过于思儿，哭瞎了双眼，最后离开人世。后来，当地有老人去世，都学那个小儿子的各种动作，敲打皮鼓，学猴子叫，寄托晚辈对长辈离世的哀思。最终演变成了办丧事专门用来增加热闹气氛的打猴鼓。

---

① 郭莹莹、韩亚军：《文化人类学视角下布怒瑶猴鼓舞文化的形式演变研究》，《武术研究》2016第1卷第9期，第104—105、115页。

② 讲述人：石其邦，瑶族，平塘县卡蒲毛南族乡人，已故。收集整理人：石光尤，瑶族，平塘县卡蒲毛南族乡人，已故。故事收集时间：2005年。故事流传于贵州省黔南布依族苗族自治州平塘县卡蒲毛南族乡毛南族民间。

2. 贵州省荔波县瑶族民间传说"猴鼓舞由来"。① 很早以前，瑶寨山有个少年上山去放牛。由于贪玩，让牛钻进瑶山林海深处去了，少年怕回家挨打，就壮着胆子进山去找牛。他在林海里迷失了方向，转了三天三夜，也找不到牛，好不容易才找到一条小路走出山林。他已经很饿，实在走不动了，倒在寨外的山路旁睡着了。深夜，一阵凉风把他吹醒。少年鼓起勇气，一步一步地往家走。他一走进寨门，见全寨冷冷清清的，像是发生了什么事，心里感到很奇怪。他忘记了三天来的饥饿，心急火燎地跨进家门一看，眼前的惨景把他惊呆了。叫爹爹不答，喊妈妈不应，弟弟、妹妹也躺在地板上。他跑到大伯家，大伯家也是这样。跑到叔叔家，叔叔家也是这样。他跑遍全寨，寨上家家都是这样。他在惊恐中含着泪水，告别死去的父老兄弟姐妹，转回森林中过起如野人一般的生活。有一天，他在一棵树下捡野果吃，突然听见"唰"的一声，从树上落下一只奄奄一息的小猴儿。他同情地把它抱在怀里，细心地喂它。小猴慢慢地恢复神态，睁开了双眼，挣扎着要逃走。少年紧紧地将小猴抱在怀里。从此，他们白天双双在山里觅食，夜晚依偎在一起睡觉。时光一天天地过去，他们相依为命，生活过得倒很有趣。转眼间，少年长成了一个英俊的小伙子，小猴子也长成一个漂亮的猴姑娘。他们一个是捕猎的能手，一个是采野果的能手，彼此钦敬和爱慕。参天大树做月老，日月做证人，少年和猴子姑娘结成了终身伴侣。于是，深山老林里飘起了青烟，杂草丛中建起了草屋。这对人猴夫妻恩爱和睦，儿孙满堂，日子过得一天比一天快乐。但是，这种好光景没过多久，猴母患上疾病，不幸命归西天。儿孙们十分哀伤。她的丈夫也深感悲痛。丈夫想起他们同甘共苦的岁月，实在不忍心把妻子抬上山去埋葬，便学着妻子生前的动作，在妻子尸体周围跳了一圈又一圈。儿孙们也学着老人的姿势，跟着跳。从那以后，这一带的瑶族同胞，每逢过年过节或长辈去世，都要跳这种猴舞，以之祭奠自己的祖先。猴舞也就世代相传，直到今天。

3. 该类型民间传说的异同。相同之处在于两地流传的民间传说均以小孩在原始森林迷路为发端。人与猴长期生活在一起之后，人学会了猴的动作。亲人去世后，人以猴姿跳舞，表示对逝者的怀念。不同点在于，入森林的原因不同，平塘毛南族民间流传的是进入森林采摘野果；荔波瑶族民间流传是进入深林找牛。情节发展不同，平塘毛南族民间流传的是老三一直在森林与猴生活，由于听到鼓声，才寻回家祭奠老人；荔波瑶族民间流传的是少年回到家，村里发生了变故，遂又转回深林与猴一起生活。祭奠的对象不同，平

---

① 讲述人不详，收集整理：韦都波、屠家智。故事流传于贵州省黔南布依族苗族自治州荔波县瑶族民间。

塘毛南族民间流传的是主人公祭奠长辈，其他人跟随；荔波瑶族民间流传的是主人公祭奠伴侣，子孙跟随。平塘毛南族民间流传的传说中，主人公仅仅是与猴生活在一起，搭伙过日子；荔波瑶族民间流传的传说中，主人公与猴产生了情愫，结婚生子，繁殖后代，产生了超越现实的虚构情节。

（三）猴子撒泼型

1. 贵州省罗甸县苗族民间传说"铜鼓舞的由来"。① 从前有个名叫阿旺的苗族老人，打鱼时睡着了，一群猴子来喝水，看见老人躺在沙滩上，以为是它们的祖先死了，就把他抬回洞里，然后搬出大皮鼓和铜鼓来敲打，其余猴子随着鼓声绕着阿旺跳起来。之后，猴子把阿旺抬回沙滩，往他身上盖沙子。阿旺忍不住跳起来，把猴子吓走了。后来，他回到寨子，把这件事告诉了别人。当地村民听说后，就去把那些鼓拿回来。从那之后，凡寨子有人过世，村民就学猴子的样子绕棺跳舞打鼓，一直流传到现在。②

2. 湖北省宣恩县苗族民间传说"猴儿鼓由来"。③ 在很久以前，苗族人住在深山之中，这里森林密布，虎豹豺狼成群，山中的猴子特别多。山里种的苞谷，还没挂须，就被猴群偷吃了。苗民只好在山中树林里扎起茅草棚，把锣鼓搬到茅草棚中，燃起篝火，鸣锣击鼓，防止群猴吃苞谷。一到白天，苗民上山做工时，猴子便趁人不在之际，挤进茅草棚中，击鼓欢跳。苗民听到鼓声，觉得奇怪，回茅草棚一看，只见一群猴子围着大鼓，上蹿下跳，你逗我耍，好不热闹！它们纵、跳、腾、挪，身法极为灵巧敏捷，把苗民看得眼花缭乱。其中一个青年拍手叫道："妙极了，妙极了"！经他一声吼叫，群猴一惊而散。青年走进茅草棚，也学着猴子的动作，击鼓跳跃起来。伙伴们觉得新奇好看，也跟青年的样子击鼓跳跃起来。④

3. 湖南湘西苗族民间传说"跳猴儿花鼓的由来"。⑤ 很久以前，苗山森林

---

① 讲述人：马成，贵州罗甸人，苗族，年龄不详。收集整理：李锦平、龙志光。故事流传于贵州省罗甸县末阳镇苗族民间。收入《中国文艺集成志书·贵州省黔南布依族苗族自治州民间故事卷》，黔南布依族苗族自治州文艺集成志书编委会，1994年编印；收入《中国少数民族古籍总目提要·苗族卷》，中国大百科全书出版社，2010年12月，第一版。

② 祖岱年：《中国文艺集成志书·贵州省黔南布依族苗族自治州民间故事卷》，黔新出（94）内图资准字第4—008号。

③ 讲述人：石岐山。收集人：龙顺成。故事收集时间：1981年。故事流传于湖北省恩施州宣恩县高罗镇苗族民间。收入《宣恩民间故事集成》，宣恩县文化局，1987年编印，今存于湖北省宣恩县文化局；收入《中国少数民族古籍总目提要·苗族卷》，中国大百科全书出版社，2010年12月，第一版。

④ 搜狐网：https://www.sohu.com/a/237779923_784603。

⑤ 讲述人：吴求清，向农于1983年收集整理。流传于湖南省凤凰县叭固、腊尔山等地苗族民间。收入《凤凰县民间文学集成》，凤凰县民间文学集成办公室，1987年编印；收入《中国少数民族古籍总目提要·苗族卷》，中国大百科全书出版社，2010年12月，第一版。

密布，猴儿成群，庄稼未成熟就被猴儿破坏了。守庄稼的苗家人便想到用击鼓的方式驱赶猴群。有一天，猴群也来击鼓，动作奇特有趣，场面甚是壮观。于是，苗家人就发明了四十九套猴儿花鼓动作并流传至今。

4. 该类型民间传说的异同。其相同点为撒泼型的传说都流传于苗族民间，宣恩县苗族民间与湘西苗族民间流传的都是人以击鼓之法驱赶猴，反被泼猴戏耍；罗甸苗族民间流传猴误以为人是自己的祖先，将其抬入洞中，看似合情合理，实则采用了拟人化手法并结合猴子撒泼的特点进行创作加工。该传说中，当地村民听说了老人的经历后，干脆跑去把猴的鼓给偷了回来，更是比猴还撒泼。不同之处在于，罗甸县苗族民间在祭祀活动时跳该舞蹈，宣恩县、湘西州苗族民间则在日常生活中表演舞蹈。

四、猴鼓舞传承情况

（一）猴鼓舞传承所面临的困境

猴鼓舞是一种比较原始的民间艺术，其发展大体可以分为原始形态阶段、转型发展阶段和非物质文化遗产保护阶段。近年来，党和国家重视民族文化的保护，猴鼓舞得到了一定的保护，但由于猴鼓舞大多分布在比较偏远落后的少数民族地区，且大多掌握在六七十岁的老人手中，年轻人外出务工多，对民族民俗文化的保护意识淡薄，不愿意学习传承，猴鼓舞面临后继无人的传承危机；随着民族地区社会经济的不断发展，民族文化旅游重新登上表演舞台，为迎合游客的喜好，猴鼓舞所蕴含的文化内涵正在发生变味。

（二）猴鼓舞申遗情况

一是国家级非物质文化遗产。2008年，贵州省平塘县申报的"毛南族打猴鼓舞"和贵州省荔波县申报的"瑶族猴鼓舞"入选第二批国家级非物质文化遗产名录，编入"传统舞蹈（民间舞蹈）"。[1] 二是省级非物质文化遗产。2008年，广西壮族自治区人民政府公布第二批自治区级非物质文化遗产和第一批自治区级非物质文化遗产扩展项目名录，东兰县申报的"瑶族猴鼓舞"入选其中。[2] 三是州级非物质文化遗产。2009年，湖北省恩施州公布第二批州级非物质文化遗产名录，由宣恩县申报的"猴儿鼓"入选其中。[3]

---

[1]《国务院关于公布第二批国家级非物质文化遗产名录和第一批国家级非物质文化遗产扩展项目名录的通知》（国发〔2008〕19号）。

[2]《广西壮族自治区人民政府关于公布第二批自治区级非物质文化遗产名录和第一批自治区级非物质文化遗产扩展项目名录的通知》（桂政发〔2008〕46号）。

[3] 恩施州土家族苗族自治州人民政府网：http://www.enshi.gov.cn/data/sjj/201912/t20191226_424715.shtml。

此外，尚未查询到流传于湖南湘西的苗族猴儿花鼓舞、贵州黔东南苗族民间的猴鼓舞、贵州罗甸苗族民间的猴鼓舞入选非物质文化遗产名录。

五、结语

民间传说是民间文学的一种重要形式，是民族文化的重要组成部分。流传于贵州、广西、湖南、湖北等省少数民族地区的猴鼓舞民间传说是中国少数民族口碑古籍，具有重要的历史研究价值和文学价值。猴鼓舞传说可分为"猴子救助""丛林迷路""猴子撒泼"等几个类型。通过对比研究发现，流传在各地的猴鼓舞传说具有故事情节相似性和特定人物差异性、传承变迁性等特征，各民族的文化存在你中有我、我中有你并相互借鉴的特点。其流传突破了地域和民族的限制，是各民族深入交往、交流、交融的集中体现。

苗族古经辞的分类

吴正彪

摘 要：苗族古经辞是苗族传统社会生活的"百科全书"，在各种民俗仪式中使用极为广泛。苗族的古经辞分为神灵祭祀的巫觋类古经、祭祖仪典活动古经、祛魅驱邪仪式古经、婚俗礼仪祝颂古经、丧葬祭奠仪式古经、招魂赎灵古经、生计技艺古经、神判理辞古经、埋岩法规古经、器乐言辞古经，等等。这些分类为我们开展苗族古经辞研究，探讨民族古籍文化在人类命运共同体意识建构中的作用，了解各民族群众在交往、交流、交融的历史进程中建立起来的良好互动关系提供了鉴证和参考。

关键词：苗族；古经辞；分类

"古经"一词，顾名思义，指的是古代文化经典。汉代许慎《说文解字》："古：故也。从十、口。识前言者也。凡古之属皆从古。"至于"经"，清朝段玉裁《说文解字注》道："织从丝也。织之从丝谓之经。必先有经而后有纬。是故三纲五常六艺谓之天地之常经。"这里的"经"，指思想、行为、伦理道德、基本信念等规范所建构起来的语言文化体系。"古经"作为一种文化载体，对于有文字的民族和有语言而无文字的民族来说，虽然基本精神文化内核一致，但彼此之间在文化表述上的范畴却有宽窄之分。在汉族文化学者的研究中，"古经"即为"经学"，而所谓"经学"，"即传授与研究儒家经典之学"。他们认为，这里的"儒"，就是"在上古之时本是巫、史、祝、卜的通称"。[2] 与汉族从文字作为重要载体传承古经的文化现象不同，苗族过去只有语言，没有文字，许多重要的古经都是通过口耳代代相传建构起来的。

在苗语三大方言中，苗族古经的类型基本一致。这些古经主要是以念诵为主，只有少数使用音乐曲调以"唱"的形式来表现，比如《芦笙辞》《祝颂歌》等。这些苗族古经多是由祭司或德高望重的老人在相关仪式场合以苗语念诵。因此，对于古经辞的分类，我们认为，应该从各种仪式入手，分为神

---

[1] 基金项目：国家社科基金项目《苗瑶语族母语诗歌格律研究》（20BZW202）系列研究成果。
[2] 马宗霍、马巨：《经学通论》，北京：中华书局，2011年，第3页。

灵祭祀的巫觋类古经、祭祖仪典活动古经、祛魅驱邪仪式古经、婚俗礼仪祝颂古经、丧葬祭奠仪式古经、招魂赎灵古经、生计技艺古经、神判理辞古经、埋岩法规古经、器乐言辞古经等。

一、神灵祭祀的巫觋类古经

神灵祭祀的巫觋类古经的范围比较广泛，苗语三大方言中各有特色。中部方言区苗族的《wuk yis（娘娘神）》《zaob ghab deif（敬天神）》《bud eb mend（敬水井神）》《bud det vangl（敬寨神树）》《敬桥神（bud jox）》《敬石神（bud vib）》《敬山神（bud ved）》《敬水神（bud eb）》等；东部方言苗族的《xid sob（祀雷神）》《reax（xid）rongx（接［敬］龙神）》等；西部方言中川黔滇次方言的《zit naf drongx（敬门神）》《zit ndox dlangb（祭天神）》《zit nenb dongx shet（祭药神）》等，都属于这一类型。对于这种类型的苗族古经辞，有的内容所包含的范围并非单个方面的主题，有时会蕴含几个方面的主题和内容。

（一）以女性及不同时期少年儿童为对象的神灵祭祀礼仪古经辞——《娘娘神（wuk yis）》

在苗族传统村寨，每个人从出生到去世，都要参加由家人为自己举办的各种礼仪习俗活动，同时也伴随有一系列的苗族古经辞呈现在人们的生活中。针对女性和不同时期的少年儿童，流传在黔桂一带都柳江沿线的苗族古经《娘娘神（wuk yis）》自成体系。"娘娘神"在苗语中称为 wuk yis，wuk 即指"妇女"，或达到婚育年龄以上的"女性"；yis 则是对"娘娘神"这一护佑婴幼儿成长的女性神的美称。苗族"娘娘神"是女性信仰神的总称，从苗语古经构成上又可分为五大支系，即"神龙娘娘""神农娘娘""火光娘娘""水源娘娘""金土娘娘"。同时，在每个支系中又有若干个"娘娘神"信仰。而且在古经的叙事中，每个"娘娘神"都有自己的名称、职责和任务。这些大大小小的"娘娘神"共有 120 多个，20000 多行、近 300 万字。我们从篇幅浩瀚的内容中可以看到，这五大支系的女神信仰古经主要体现为：

1."神龙娘娘"：苗语称为"wuk yis gab lix deit"，是开天辟地的"娘娘神"，是权威性最高、历史也最久远的古远"娘娘神"，是人类起源时期唯一的女性人物。天和地孕育了 8 万年之久，才生下她。有了她，人类才繁衍生息。在歌谣的描述里，她性格刚柔相间、美丽无双，也是人类的英雄"娘娘"。苗家人不仅崇拜她，而且以各种祭祀方式来怀念她。

2."神农娘娘"：又称"五谷娘娘"，是她孕育了人类的食物种子，有了种子，人类才有吃有穿，人类才得以生存和发展。

3."水源娘娘"：又称"旱雾娘娘"，是她开辟了水源，有了水，庄稼才能苗壮成长。

4."火光娘娘"：又称"莹火娘娘"，是她孕育了光火，人间才有光明和温暖。但她有时也给人类带来灾难，人们常常不敢也不愿提到她的名字，生怕她听到了，会给人类带来灾难。

5."金土娘娘"：是她孕育了土地，有了土地，庄稼才能生长。

这五大娘娘神，为人类做出了伟大的贡献。苗家人认为她们都是人类历史上最伟大的"娘娘神"，是至高无上的敬仰"神"，常常以她们的英雄事迹，来激励苗家子女艰苦奋斗，开创人类的幸福生活。此外，古经中各个小支系的娘娘神也有很多，如"门边娘娘""床头娘娘""井边娘娘""桥头娘娘""水边娘娘""三晚娘娘""路口娘娘""耕种娘娘""采花娘娘""簸箕娘娘""针线娘娘""生命娘娘""富贵娘娘""买卖娘娘"等。这些娘娘神的敬祭以小家庭祭祀为主。不同的娘娘神，所用的祭品不同，仪式举行的地点不同，时间也不一样，祭司所念诵的苗语古经及唱腔亦不同。

（二）接龙

湘西方言苗族的神灵祭祀古经辞种类多、内容丰富，有的与其他类型的古经辞相互交错存在。苗族学者石启贵先生在《湘西苗族实地调查报告》一书中谈道："苗乡鬼神类多，有谓三十六神，七十二鬼。此系约束，实尚不止矣，殊非编者所能尽述。"[①]"接龙"和"祭雷神"就属于神灵祭祀的巫觋类古经。在此，我们仅就"接龙"（有的也称为"迎龙"）古经辞做简要的介绍。

"龙"在苗族的社会生活中经常是美好的、善良的、吉祥的象征，也是给人们带来好运气的一种精神符号，是正义和增加力量的重要化身，在人们的居住环境中或丧葬墓地，"龙神"作为一种自然崇拜，常被用作图腾或装饰图案。此外，为了获取"龙神"的各种好的信息，大家把村寨里认为有"神性"的古树称为"龙树"，把认为有"神性"的水井称为"龙井"，把认为具有"神性"的石头称为"龙石"，等等。因此，"接龙"是湘西方言区苗族民间长期以来较为常见的一种神灵祭祀活动。"接龙"在苗语中称为"ran rongx"，也有的称为"xid rongx"，翻译成汉语，有"挽留龙神"之意，在当地的汉语表述中，统称为"接龙"。"接龙"通常会"根据规模的大小可分为 ran rongx ghel（'然绒勾'，即以全寨人的名义举行的接龙仪式）和 ran rongx bloud（'然绒掊'，即以家庭为单位举行的接龙仪式）两种，此外，在特殊情况下还

[①] 石启贵：《湘西苗族实地调查报告》，长沙：湖南人民出版社，1986 年，第 462 页。

有以一个家庭的名义举行的接龙仪式"。① 湘西方言苗族的"接龙"古经辞，收集整理并公开出版的有三个版本。

  1.《接龙辞》。第一个版本是苗族学者石启贵先生在民国时期用汉字记音的《接龙辞》，原件收存在（台湾）中央研究院历史语言研究所，后经该院研究员王明珂先生将复印件带到大陆，交由中央民族大学的麻树兰和石建中（石启贵的儿媳和儿子）整理译注，并作为《民国时期湘西苗族调查实录（1～8卷）》中的《接龙卷》于2009年在民族出版社出版，250千字。石启贵先生的这部古经辞由"堂中接龙辞""水边接龙辞"和"安龙辞"以及附录（接龙仪式活动场景的介绍）所组成。在这部古经辞中，"'堂中接龙辞'含开场、铺坛、驱鬼、藏身、请龙神、开锁解绳、打答问神、敬酒、交牲、上熟、请神下凡、嘱咐神等科；'水边接龙辞'含开场、打答定阴阳、献酒献肉、献贡品等科；'安龙辞'仅此一科，便可独立成章。这一底本，全系古辞'都'体记录，经整理译注后，清晰地看出苗族接龙的内涵和价值取向、程序安排和特殊习俗，对于研究中华民族的龙崇拜意识有着特殊的参考价值"。② 该书的正文古经辞以"五段式"的注音意译方式构成，即第一句为汉语记录苗语古经辞，第二句是对应汉语记音注苗语读音的国际音标，第三句为国际音标相对应的苗文记音，第四句为苗语对应的汉语直译词，第五句为这句古经辞的意译。这部书没有做另外的注释。

  2.《迎龙》。《迎龙》是贵州人民出版社2016年出版的"苗族口传活态文化元典"系列丛书中的第四卷本。这套《迎龙》古经辞的"功能是为举办迎龙仪式的事主同龙神达成和解，请求龙神返回事主的家，并带来更多的吉祥，庇佑事主富贵发达"。而本书的独特之处，按照整理译注者之一的麻勇斌先生介绍："第一，它所反映的龙神，不是某条具体的龙，而是几乎都没有具体名字的群龙。这些龙居住在不同区域，不同空间。有高天云团之上的龙，祖先故地宽阔湖泊的龙。事主家四面山岭和洞穴泉眼里面的龙，五方湖泊和平地的龙，皇帝都城里的龙，等等。第二，迎接和礼待龙神的仪式，是帝王登基坐殿的礼仪。这些礼数，体现具体的形式主要是：有美妙的音乐和快乐的舞蹈相迎；有众多俊美的男子、女子簇拥；有众多的兵马护送；有华贵的车撵轿子和颜色鲜艳的骏马；有经久不息的炮声和迎风飞扬的彩旗；有精美的殿堂和座椅，美丽的服饰；有白净的米糕、醇厚的烧酒、味美的鲜肉；有朱砂

---

① 腾继承：《"然绒"，苗族盛大的祭祀活动——关于苗族非物质文化遗产"接龙"的调研报告》，铜仁地区苗学会编：《梵净山苗族纪事》（第1卷），贵阳：贵州民族出版社，2011年，第173页。
② 石启贵编著：《民国时期湘西苗族调查实录（1—8卷）·接龙卷》，北京：民族出版社，2009年，第3页。

和白银；等等。"① 全书的主体部分由3章30节组成：第一章为"备祀"（内有9节），第二章为"请龙"（内有12节），第三章为"迎龙安龙"（内有9节）。正文为两段式：苗文记录的古经辞苗语原语对应汉语意译，无直译和注释。

3.《接龙》（有的称为《迎龙》）。作为"湘西苗族民间传统文化丛书"之一种的古经辞《接龙》，尽管内容结构范式在本方言各个土语区都有很多共性，但由于念诵的口述者的师承传统、居住地域、语言使用习惯及语境要求等有所差异，不同地区的文本各有所异。"湘西苗族民间传统文化丛书"中的《接龙》古经辞分为两册。《接龙》第一册以苗汉文对照的形式记录了六堂仪式中念诵的古经辞：第一堂 jiangs ghunb kongt（原书稿记音为 jiagb ghunt kongt，有误，在此引用时一并订正）"请师出坛"，第二堂 xiud zub fengs laob zongb "收祚、封牢井"，第三堂 nanb rongx "小请龙神"，第四堂 gangb hut gangb nongx "敬吃供喝"，第五堂 and rongx "安龙"，第六堂 bad gaod rongx "中请龙神"。《接龙》第二册则记录的是第七堂到第十六堂"接龙"仪式中念诵的古经辞内容，具体为：第七堂 paob jiud baob "喝入堂酒"，第八堂 zout mieb zhas "交吃剩的酒"，第九堂 songx bax "交牲"，第十堂 liub wud jongb rongx "大请龙神"，第十一堂 jidpain rongx "接龙对答"，第十二堂 ped hud ped nongx "送喝送吃"，第十三堂 zout jiud xiand "送熟酒肉"，第十四堂 mang jiaob nganl rongb "大安龙神"，第十五堂 kail laob zongb "开牢井放邪师"，第十六堂 changb zongb "回坛"。这个文本所念诵古经辞的"接龙"仪式，多是以家庭为单位来举办，户主的接龙仪式通常"要每三年举行一次，在九年之内举行三次之后才算圆满"。② 该文本所记录的苗语古经辞采用湖南省花垣县排碧乡的苗语，属于湘西方言第二土语区的苗族语言。

二、祭祖仪典活动古经

祖先崇拜是苗族最为原始的宗教信仰，而在祭祖仪典中一般都要通过篇幅浩瀚的古经辞将人们对祖先神的崇敬以韵律体的口头叙事方式表达出来。民国时期，湘西方言区的苗族学者石启贵先生于1940年在他所著的《湘西土著民族考察报告书》中对湖南省花垣、凤凰、吉首等地苗族的"椎牛"祭祖大典做过相应的调查记录，这些活动"包括二十三堂法事，其中每堂所含的小法事共有一百余节"。而"苗族'椎牛'所祭之祖神，苗名称'岭斗岭茄'

---

① 麻勇斌、龙秀海、吴琳整理译注：《苗族口传活态文化元典④·迎龙》，贵阳：贵州人民出版社，2016年，第10页。
② 石寿贵编：《湘西苗族民间传统文化丛书·接龙》（第一册），长沙：中南大学出版社，2019年，第2页。

(lioub doub lioub nqet)。据历代巴代祭司们相传：岭斗岭茄不是历史上的某人或某地名，而是苗族的一种理念神，即苗民心目中至高无上的大祖神"。①"椎牛"祭祖在湘西方言区的苗族中极为普遍，只是不同的地域、家族和生活环境所形成的版本会有一定的差异。目前在湘西方言中已经整理出版的《椎牛》古经辞除了石启贵记录的文本外，还有张应和的《苗族椎牛巫辞全译》（1994），张子伟、张子元的《湘西苗族椎牛祭》（2012），龙秀海收集整理译注的《椎牛》（2015），等等。

在苗语中部方言区，这种祭祖仪典活动最有代表性的就是十三年一次的苗族"鼓藏节"。"鼓藏节"的祭祖仪式从筹备、砍牛敬祭祖先神到亲友辞行，需七天到十五天不等，而各个阶段都有相应的《鼓藏辞》始终贯穿其间。"鼓藏节"祭祖活动的高潮从杀牛祭祖当天"踩牛塘"中的"转塘"仪式开始，是夜，在杀牛结束后，将牛的躯体割成几大块，搬运回牛圈拼合成牛生前的状态，再由祭司念诵《祭牛经》，念毕，祭司分别取走牛身各部位的一块肉并穿成串，然后头也不回地离开主人。祭司通常都是由本家族中熟知宗族历史的老人来担任。每次开展仪式活动时，这些祭司都是义务帮忙，不需要任何报酬。苗族的《鼓藏经》一般只有在过"鼓藏节"时才能念诵，平时不可随意乱念。笔者在2012年请三都县都江镇小脑村的苗族祭司平忠礼到三都县城旅馆里记录《鼓藏经》时，祭司还要求在旅馆里的桌子上供些鱼、肉（猪肉或牛肉均可）、祭酒，摆上相应的碗筷等，然后上才同意我们采录。笔者也按照这个要求，在三都县史志办的平立豪先生和祭司的儿子平立写的协助下，通过录音录像，使用国际音标，记录了《鼓藏经》的全部内容。现将当时记录的《鼓藏经》如实录入如下：

例一：《tɕou³³ ni⁵⁵ to³¹ qa³³ sa³³ po³¹ ⁿoŋ³¹（交牛古经）》②
　　　交　水牛 给　祖先神灵
　tɕu³¹ ao³³ tɕu³¹ nə²² niu²² ③（有水才有鱼）
只有 水 只有 鱼 种
　tɕu⁵³ ʁu⁴⁴ tɕu⁵³ nəu³¹ tɕu³³（有山坡才有画眉鸟）
有　山坡　才有　画　眉
　ta²⁴ nyə³¹ ʁa³³ ta⁵³ ⁶⁸ nyo³¹ lao⁵⁵（有身强力壮的男人才来养家）

---

① 石启贵编著，麻树兰、石建中整理译注，王明珂协编：《民国时期湘西苗族调查实录·椎牛卷（上）》，北京：民族出版社，2009年，第3页。
② 念诵这部分古经辞是为"跳月"（苗语称为"zuk niel"）做准备。主人家买来水牛后，需要交代给祖先神灵，大家才好"跳月"（zuk niel）。在约请的客人到来之前，要念诵这部分古经，目的是交代祖先。这部分古经在苗语中的称为"tɕou³³ ni⁵⁵ to³¹ qa³³ sa³³ po³¹ ⁿoŋ³¹"。伴随着相关仪式和这部分古经的念诵，正式迎接客人到来，并开始"跳月"（zuk niel）。
③ ⁿə²² niu²²是一种最大只有三指宽的鱼。

（男性）男 年青（力气）男人老

ɣa³³ ʈa²⁴ ɣa³³ ʐa⁴⁴ so⁴⁴（有"髯丹髯雅"来制造劳动工具）

（人名）长大（人名）铸造撬扛锄头

lo⁵⁵ ʈa²⁴ lo⁵⁵ ʐa³¹ ɟiu⁵³（"咯丹咯雅"来铸造铁锄）

（人名）长大（人名）铸造（打制）铁锄

ɣa³³ ʈa²⁴ ɣa³³ pɛ⁴⁴ ɕi⁴⁴（有"髯丹髯呗"来开垦农田）

（人名）长大（人名）砌起田埂

lo⁵⁵ ʈa²⁴ lo⁵⁵ so²² paŋ³¹（有"咯丹咯梭"来开挖田丘）

（人名）长大 女（人名）做田丘

pɛ⁴⁴ ɕi⁴⁴ tɕou⁵⁵ no²²（开垦的农田有九丘）

种 田 九 丘

sao³¹ paŋ³¹ ʑi⁴⁴ və⁵⁵（开挖的梯田有八丘）

做 梯田 八 丘

ʐa³³ moŋ²² pɛ⁴⁴（男人去耕耘）

男 去 做

Lo⁵⁵ moŋ²² so³¹（女人去播种）

女 去 生产

ʐa⁵³ ɕi⁴⁴ so³¹ pa⁵³ və⁵⁵（亚喜开垦了百丘田）

男 人名 百 丘

saŋ³³ tɕhi³³ pa⁵³ və⁵⁵（田土遍布大山间）

千 丘 百 丘

ʐa³³ qaŋ⁵³ mo⁴⁴ tə³³（"亚"挑粪来做肥）

男名 抬（挑）粪土地

lo⁵⁵ qaŋ⁵³ mo⁴⁴ ʔoŋ⁴⁴（"萝"运粪种庄稼）

女名 抬 粪 烂水塘

qaŋ³³ moŋ²² ʐu²²（挑粪汇聚庄稼地）

抬 去 扔

ta⁴⁴ moŋ²² tɕɛ³¹（ʐal）（运粪堆在田土边）

来 去 撒

lyo⁴⁴ li³¹ moŋ²² ʐou²²（牵公牛去犁土）

黄公牛 去 犁

lyo⁴⁴ liu⁵⁵ moŋ²² khi⁵⁵（牵母牛去耙田）

黄母牛 去 耙

ʐou²² moŋ²² qa³³ ɕa³³（犁田两边走）

犁 去 靠边（外）

khi⁵⁵ moŋ²² qa³³ n̻a³¹（耙田往里行）
爬　去　里　面（内）

n̻aŋ⁵³ ta³³ nə²⁴ tɯə⁵⁵（媳妇播撒糯谷种）
媳妇携带糯谷穗提

mai²⁴ ta³³ nə²⁴ pan³³（婆婆带种随后跟）
母辈女携带糯谷穗把

ta⁴⁴ moŋ²² ʑu²²（糯种均匀田中播）
拿　去　扔

ta⁴⁴ moŋ²² hɨi⁵⁵（糯谷种子撒匀称）
拿　去　撒

ʑu²² saŋ³³ tɕhi⁴⁴（播千行）
扔　千　丘

tɕɛ³¹ pa³¹ və⁵⁵（撒遍田）
撒　八　丘

tɕoŋ⁴⁴ nao⁴⁴ tɯə³³（种子扎根进泥土）
根　吃　泥土

kɯə³³ xau⁴⁴ tə⁵³（秧苗嫩叶露水伴）
叶　茎　喝　露水

sao³¹ no³³ sao³¹ sa⁴⁴（早晨随着阳光长势旺）
早晨　天　做　长旺

sao³¹ ma⁵³ sao³¹ soŋ⁴⁴（夜晚伴随星光在生长）
晚上　　做　长旺

pha³³ tɕa³³ tɕaŋ⁴⁴ ɕi⁴⁴（秧苗分蘖成长快）
破开　杉树　成　插隙

to³¹ ɬu³¹ tɕaŋ⁴⁴ qə³³（稻秆天天在长高）
分破兜成根变空心

ma³¹ ɬu³¹ ta⁵⁵ ɬu³¹（长势喜人分蘖快）
分开　兜　鱼　兜

ma³¹ ɬu³³ ta⁵⁵ ɬu³³（像棵树，树苗渐长成）
分长　棵　像树

ɣa³³ tao⁵⁵ kɯə³³（"雅"除杂草不停步）
男名　扯　茎叶

lo⁵⁵ ɖo⁵³ sei³¹（"萝"拔野菜不辞劳）
女名　扯　菜（与水和拌生的菜）

ɣa³³ moŋ²² lo⁴⁴ vo³³（"雅"割杂草不留根）

民族口碑古籍研究　213

男名　去　割杂草
lo⁵⁵ moŋ²² mɛ⁴⁴ nia³³（"萝"扯野菜不让生）
女名去（清除）割里面
ɬei⁵³ tɕou⁴⁴ moŋ²² ɬei⁵³ ʑi⁴⁴（八月才过到九月）
九　月　去　八月
tɕaŋ⁴⁴ qa³³ haŋ³³ tɕyə³¹ qa⁴⁴ li⁴⁴（金黄稻穗长满田）
成　和　稻穗　变　谷须
mao⁴⁴ ɬu³³ moŋ²² tao⁴⁴（折刀收割不停步）
折　刀　汉　去　割断
mao⁴⁴ ɬao⁵³ moŋ²² ni⁴⁴（铁口折刀忙不赢）
折刀　铁刀口　去　割
qaŋ⁴⁴ fa³³ moŋ²² nian⁴⁴（扁担挑在肩膀上）
扁　担　去　搁（肩膀）
kɯə⁴⁴ tɕie³³ moŋ²² ma³¹（稻穗忙往家中运）
肩　膀　去　承搁
qaŋ³³ moŋ²² ɬy³¹ loŋ⁴⁴ koŋ³⁵（抬着稻穗禾晾①旁）
抬　去　放　禾　凉
ta³³ moŋ²² ɬy³¹ loŋ⁴⁴ lo⁵⁵⁻⁴⁴（拿着稻穗挂禾晾）
拿　去　放　禾　晾
h o³³ naŋ²² khie⁴⁴（太阳底下去曝晒）
太阳　下方　晒
tɕi⁵³ naŋ²² sɯə⁵³（风吹湿气散四方）
风　南方　吹晒
nə⁴⁴ kja⁵³ ʑaŋ³³ pu³³（谷穗晒干满柱黄）
谷穗干燥干得像一样
nao⁴⁴ kja⁵³ ʑaŋ⁴⁴ tɕyə⁵⁵（稻穗晒干才收藏）
稻穗干燥干得犹如一样
qaŋ³³ moŋ²² noŋ²² tɕa³³（杉树粮仓早备好）
抬　去　粮仓　杉树
ta³³ moŋ²² noŋ²² ʑi⁴⁴（有仓储粮心不慌）
拿　去　粮仓　杂木
nə⁴⁴ pu⁴⁴ la⁵³ kjɯe³³（稻穗堆满粮仓内）
稻穗　满　到　屋顶

---

①禾晾，这是架立在房前屋后阳光能够照射到的地方的一种挂晒稻穗的木架）

nao⁴⁴ pu⁴⁴ la⁵³ ɤaŋ³¹（稻谷挤满小粮仓）
稻谷满到上面顶上

ȵaŋ³³ taŋ⁵⁵ khia³³（媳妇安心过日子）
媳妇　放心

mɛ³¹ taŋ⁵⁵ h≠i⁴⁴（婆婆放心把家当）
母辈　放心落意

ȶa²⁴ tɛ⁴⁴ ȵaŋ³³（粮食充足身体壮）
长胖 哥 嫂

ta⁵³ mɛ²² pu⁵⁵（老人个个得健康）
胖　母　父

ȵaŋ³³ nao⁴⁴ ȵaŋ³³ ȶa²⁴ tɕi⁴⁴（媳妇吃饱能做事）
媳妇 吃　媳妇 胖 身体

mɛ³¹ nao⁴⁴ mɛ³¹ ta³³ ȶe³¹（婆婆吃饱身体壮）
母　吃　母　胖 腹部

ȵaŋ³³ qaŋ³³ niu³³ tɕa³³（媳妇要去播种杉树种子）
媳妇带 （搬） 种子 杉树

mɛ³¹ ta³³ niu³³ tɕi⁴⁴①（婆婆带着好树种子随后跟）
母　带拿　种子

qaŋ³³ tɕi⁴⁴ naŋ²² ɤa²²（来到南方的远处山坡）
带来 以前 南方远处（地点）

tɛ³¹ tɕi⁴⁴ vaŋ³¹ tɕhi⁵³（播种在靠近江河的沿岸）
带 以前　　地点（指大海）

qaŋ³³ lo²² pjə²²（种在土坡的荒山上）
抬　来 上面

ta⁴⁴ lo³³ tau³¹（种在土山的空地里）
拿　来 上方

qaŋ³³ la⁵³ tei²² ɤoŋ²²（种在陡峭的山崖边）
带　到（堂）河边 悬崖

tɛ³¹ la⁵³ tɕu³¹ tɕhu⁵⁵②（栽在"鞠曲"）
带 到　地 名

---

①niu³³ tɕi⁴⁴，一种不易腐烂的树木。
②tɕu³¹ tɕhu⁵⁵，苗语地名，汉语音译为"鞠曲"，位于贵州省三都县都江镇小脑村、空抗村与榕江县新华乡摆贝村之间的山坡上。

qaŋ³³ tɕi²² pəɯ²² ko⁴⁴①（栽在"北菓"）
带　栽　　地点

qaŋ³³ tɕa³¹ ɬoŋ³¹ qaŋ⁵³②（栽在"松港"）
带　栽　　地点

qaŋ³³ tɕa³¹ tsa⁴⁴ na³³③（栽在"紫呐"）
带　杉树　地点名

ta³³ ɬyo⁴⁴④ ɬu²⁴ tɕu⁵³⑤（栽在"铥桔"）
带　鸟圈套　地点名

tɕu³³ ɬaŋ²⁴ ɬye⁵³ ɬoŋ²²（杉树在山湾湾里慢慢地生长）
杉树　长大　在　山湾湾

tɕi⁴⁴ ta⁵³ ɬye⁵³ ɬyo⁴⁴（杉树在山冲冲里渐渐地长大）
（树木名）长在山冲冲（湾湾）

qaŋ³³ ɬo⁵³ ta³¹ la³³（树苗移栽在"哒菝"）
带　到　地名

tɕi³³ ɬo⁵³ ʔao³³ ɬao⁴⁴（树秧移栽在"坳埽"）
栽　在　地名

n̠aŋ³³ kɯə⁵⁵ n̠aŋ⁴⁴ lə²²（媳妇选个好年份）
媳妇　选择　年　好

mɛ³¹ ta³¹ n̠ou⁵³ ɣou⁵³（婆婆选个好年景）
母　挑选　年　好

ɬa²⁴ tɛ²⁴ n̠aŋ³³（让家里人身体健壮）
胖　哥　嫂

ta⁵³ mɛ²² pu⁵⁵（让老人们身体健康）
肥胖　母　父

mɛ³¹ kha³³ su⁴⁴（老人教年轻人生活知识）
母　教　会

n̠aŋ³³ tsɛ³¹ n̠ie³¹（年轻人勤学好问学技能）
嫂　勤　快

khɯə⁵⁵ n̠aŋ⁴⁴ la²² n̠iu⁵⁵ ɬao³¹（选择吉祥好年份）

---

①pəɯ²² ko⁴⁴，苗语地名，汉语音译为"北菓"，位于贵州省三都县都江镇小脑村、空抗村与榕江县新华乡摆贝村之间的山坡上。
②ɬoŋ³¹ qaŋ⁵³，苗语地名，汉语音译为"松港"，地点与鞠曲、北菓连接在一起。
③tsa⁴⁴ na³³，苗语地名，汉语音译为"紫呐"，地点与鞠曲、北菓、松港连接在一起。
④ta³³ ɬyo⁴⁴，一种捕鸟工具。
⑤ɬu²⁴ tɕu⁵³，苗语地名，汉语音译为"铥桔"，地点与鞠曲、北菓、松港、紫呐连接在一起。

选择　　年　好　年　富贵

khɯə⁵⁵ ȵaŋ⁴⁴ fei³³ ȵiu⁴⁴ ɬao³¹（选定吉祥好年景）

选择　　年　好　年　足

qei⁵³ hao³³ tɕ ɛ²²（邀约兄长来祭祖）

喊　　哥

kɯə²² hao³³ tɕi³³（邀约兄弟祭祖先）

喊　　　弟

pei³³ nao²² ɕu³³（邀约亲友相聚集）

喊　吃　饱

kɯə²² kje⁴⁴ kha⁵³（邀约客人同欢庆）

喊　路　客人

ȵaŋ³³ tɕyo⁴⁴ ko³³（媳妇嫂嫂蒸糯饭）

嫂　蒸　饭

mɛ³¹ xə⁵³ ȵa⁵³（婆婆老人煮饭忙）

母　煮　饭

kɯə³¹ poŋ⁵³ kie⁴⁴ no³³ ta⁵³（晨曦初露就忙碌）

偏歪汽路（方向）太阳来

khɛ³³ kie³³ ɬɛ⁵³ ta⁵³（月亮西沉忙不停）

砍到（树）方向 月亮 来

ʐo³¹ kɯə³³ xao³³ tɛ⁴⁴（邀约族兄来聚庆）

喊　说（邀）哥

ʐo³¹ kɯə³³ xao³³ tɕi⁴⁴（邀约族弟同聚欢）

又　喊　　弟

to²² ɕoŋ⁴⁴① ma²² kha³³（同是族宗共家园）

根 绳索　　捆

to²² no³¹ mao³³ ɬei⁵³（用麻秆去驱邪）

根 麻　去 打扫（仪式驱鬼）

to³³ you⁵⁵ lo³¹ to³³（用楠竹来接魂）

根 楠竹 来 比（长短）

to²² na³¹ lo³³ nɛ³¹（用麻秆的灵性祭扫家屋）

根 麻 来 量

to³³ qo³¹ so⁴⁴ tɕan⁴⁴（清空房屋的污秽）

画　线　会　成

---

① ɕoŋ⁴⁴，一种民俗植物，大叶子，建新房砍树时用来量长度。

民族口碑古籍研究　217

nɛ³¹ qo³¹ so⁴⁴ maŋ³¹（让房屋干净）
量　会　准确
tɕaŋ⁴⁴ tsɛ⁴⁴ tsɛ³³ kie³³（让家人安宁）
成　　家　　五　　排
maŋ³¹ tsɛ⁴⁴ ɕoŋ³¹ toŋ³¹（让家族团结和睦）
合并 房屋 七　柱
ȵaŋ³³ mao²² kha³³ ɬoŋ³³（媳妇为备物品忙）
媳妇 去　捆碓木桥
mɛ³¹ mao³³ to⁵³ ʋie³¹（婆婆布置场所忙不休）
母　去　置　处所
kha³³ ɬoŋ³³ to⁴⁴ nzoŋ²²（修建神所择地基）
捆碓 地基 粮仓
tsɛ³³ tɕu²⁴ mu²² pu⁴⁴ ʐu²²（要到"布尤"询族人）
讨　论　去　高尧（地名）
tsɛ³³ tɕie⁴⁴ moŋ²² ɬo³¹ ɬe⁵³（要去"嗦叠"听意见）
讨　论　去　高尧（地名）
qo³¹ ʋie⁴⁴ nia⁵³ to⁵³ la²² ma²²（缺少聪慧的智者）
也没有（妹）得 美丽 脸面目
qo³¹ ʋie⁴⁴ ʐa⁴⁴ tɕi³³ ʋyu³¹ mu³¹（没有聪明的族人）
也没有　弟　好 形象
pu³³ to⁴⁴ niu²² to⁵³ va³¹ lo⁵⁵（从跳月坪走到"洼咯"）
走下 跳月坪 到　地名（专门提供男女青年跳月的场地）
lɯə³³ ɬo⁴⁴ na²²（留步在"所那"）
脚　地点名
tɯə⁵³ ki⁴⁴ ʋie³¹（走到"姬耶"）
到　勇恩（榕江县境内）
tɯə⁵³ va³¹ lo⁵⁵（落脚"洼咯"）
脚　地名

xo⁴⁴ to⁵³ la²² ma²²（探寻美好生活）
看　得 漂亮
qo³¹　ie⁴⁴ nia⁵³ to⁵³ la²² ma²²（寻找理想的家园）
也　没有 得　漂亮的
qo³¹ ʋie⁴⁴ ʐa⁴⁴ tɕi³³ ʋyu³¹ mu³¹（也没有找到理想的家园）
也　没有　异性 好 形象
ȵaŋ³³ ɬa³³ lo²² ɬoŋ³³（媳妇们失望地返回家屋）

嫂　返回　来（宅子）里面
mɛ³¹ ɬa³³ lo²² nia³¹ （婆婆回到自己的家里）
母　回　来　里（本地）
ȵaŋ³³ tsɛ⁴⁴ və⁴⁴ （大家来讨论）
媳妇　讨论
mɛ³¹ ɬaŋ⁴⁴ lo³³ tsɛ⁴⁴ ɕaŋ³¹ （共同来商量）
母　回　来　讨论
lɯə⁵³ ɬa⁴⁴ tei³³ lɯə³³ （来到"德乐"河边）
脚　回　河名（位于党车的河）
tɯə⁵³ tɕo²² tɕha⁵³ （走到"觉茶"的地方）
脚走　党车（地点，位于榕江）
lɯə³³ pu³³ to⁴⁴ niu²² （从跳月场的地方走过）
脚　走到　跳月场
tɯə⁵³ pu³³ va³¹ lo⁵⁵ （走到"洼萝"那个跳月场）
走　到　（地名）跳月场所地
ʁie⁴⁴ ȵa³³ to³³ la²² ma²² （找不到适合的对象）
没有　得　漂亮
ʁie⁴⁴ ʑia⁴⁴ tɕi³³ ʁou⁵³ mu³¹ （没有理想的佳丽）
没有　形　好　眼神
to³³ la²² ma²² qo³¹ ʁie⁴⁴ za⁴⁴ （得不到理想的佳偶）
得　漂亮　也　没有
ȵaŋ³³ ɬa³³ lo²² ɬoŋ³³ （大家只有回家）
嫂　回来　来　里面（本宅）
mɛ³¹ ɬa³³ lo²² nia³¹ （回到家里来商议）
母　回　来　里面
ȵaŋ³³ tsɛ⁴⁴ tɕu⁴⁴ maŋ³¹ khia³³ （共同讨论来确定）
嫂　讨论　合心　心
mɛ³¹ tsɛ⁴⁴ tɕi⁴⁴ maŋ³¹ hni⁴⁴ （共同商量才合意）
母　讨论　合　意
lɯə³³ ɬa⁴⁴ nə³³ lo³³ （起步来到"呐咯"）
脚　转回　地名
tɯə⁵³ ɬa⁴⁴ mu³¹ ɕu³¹ （行走"慕旭"）
走　转　地名
ɬa⁴⁴ pu³³ to⁴⁴ noŋ²² （转从粮仓经过）
转（到）下　地基　粮仓

民族口碑古籍研究　　219

ʨɯe⁵³ va³¹ lo⁴⁴（走到"洼萝"才歇脚）
走　　地名

ʨa⁴⁴ ʁie⁴⁴ nia⁵³ to⁵³ la²² ma²²（转来没有遇佳偶）
转　没有　得　　漂亮

ʨa⁴⁴ ʁie⁴⁴ ʑa⁴⁴ ʨi³³ ʁyu³¹ mu³¹（转来没有遇佳丽）
转　没有　获　好形象人

lɯə⁵³ ʨa⁴⁴ ʨyu⁴⁴ vaŋ³³（重新来到"丹铩"寨）
脚　　回　　地名

ʨɯə⁵³ ʨa⁴⁴ ʔao³³ fao⁴⁴（再次转到"坳埲"坡）
走　　转　地名

lɯə³³ ʨa³³ tao⁴⁴ niu²²（重新来到跳月坪）
脚　　回　跳月坪

ʨɯə⁵³ ʨa³³ va³¹ lo⁵⁵（移步走到"洼萝"地）
走　　到　地名

ʨa³³ ʁie⁴⁴ ʨi⁴⁴ ʁyu³¹ mu³¹（依然没遇好佳偶）
没　有　好　形象

ʨa³³ ʁie⁴⁴ ʑa⁴⁴ to³³ la²² ma²²（仍然没遇好佳丽）
却　没有　得　漂亮

ȵaŋ³³ ʨa⁴⁴ lo³¹ ʨoŋ³³（大家只好转回）
媳妇　转来　里

mɛ³¹ ʨa⁴⁴ lo³¹ nia³¹（老少转到家屋里）
母　转　来　本宅

lɯə⁵³ ʨa³³ ʁia²² ɕie⁴⁴（回到旧宅屋基处）
脚　　转　宅子（地名）

ʨɯə⁵³ ʨa³³ ʁia²² nia³¹（回到"瀚吶"旧地方）
（走）脚　转　宅子（地名）

lɯə⁵³ pu⁵³ tao⁴⁴ niu²²（重新走到跳月坪）
走　　到　　跳月坪

ʨɯə⁵³ pu⁵³ vaŋ³¹ lo⁵⁵（来到"洼洛"老地方）
走　　到　　地名

ʨa⁴⁴ ʁie⁴⁴ ȵa³³ to³³ la²² ma²²（还是没遇好佳偶）
也　没有　个　　漂亮

ʨa⁴⁴ ʁie⁴⁴ ʑa⁴⁴ ʨi³³ ʁyu³¹ mu³¹（还是没遇好佳丽）
也　没有　个　好形象

ȵaŋ³³ ʨa³³ lo³¹ ʨoŋ³³（大家又转回）

媳妇　转　来　里

mɛ³¹ ta³³ lo³¹ nia³¹（转回家屋里）

母　转　来　内宅

lɯə⁵³ ta³³ ɣa²² ɕi⁵³（转来"洼夕"地）

脚　转　地名

tɯə⁵³ ta³³ ɣa²² nia³¹（转到"洼呐"来）

走　转　地名

sə⁴⁴ to³³ la²² ma²²（遇到好佳偶）

遇到　年轻　好　脸

tɯə⁵³ tɕi⁴⁴ ɣyu³¹ mu³¹（碰到好佳丽）

走　年轻人　好　形象

ȵaŋ³³ kha⁵³ ɬyu⁴⁴（见年轻的乖巧）

媳妇　乖　巧

mɛ³¹ tsɛ³¹ nye³¹（遇年长的勤快）

母　勤快

tɯə⁴⁴ ȵia³³ ɭao³³ pu⁴⁴ tɯə³³（江河涨大水）

又　有　水　涨满出来

tɯə³³ za⁴⁴ ɭao³³ maŋ⁵⁵ ta⁵³（大水汹涌来）

又　有　水　满出来

ɭao³³ pu⁴⁴ lao³³ tsa⁴⁴ ta³³（涨水好去洗饭甑）

水　浮漂来　洗　饭桶

ɭao³³ maŋ⁵⁵ lao³³ tsɯə³¹ lo⁵⁵（水涨方便洗箩筐）

水　涨　来　洗　箩筐（篮子式）

ȵa³³ to²² qa³³ lu²²（家里养有只老鸡）①

有　个　鸡　老

za⁴⁴ to³³ lu³¹ qo⁵³（有只很老的鸡在家养）

有　只　老　鸡

qa³³ zou⁵³ mao²² ʔao⁵³ ɕoŋ⁴⁴（需要养殖小鸡去做种）

小鸡　　去　做　种

ȵaŋ³³ qə³¹ lu²² za⁴⁴ lu³¹ qo⁵³（老鸡要有小鸡伴）

有　鸡老　有　老鸡

to²² ta²² mao³³ ʔao⁵³ hiu³³（要有嫩鸡来传宗）

---

① 苗族家庭普遍都饲养鸡，每当有客人来临，杀只鸡招待客人是最常见的待客礼节。在传统的婚丧习俗中，鸡也是举办相关仪式时不可缺少的祭祀物品。

民族口碑古籍研究　221

个嫩鸡 去　要　种子
ni⁴⁴ ʑao²² lo³³ ɬe³³ ɕu³³（婚嫁仪式要用到）
它　用　来　接亲
ni⁴⁴ ʑao²² lo³³ so²² kha⁵³（远亲近客都不少）
它　用　来　做　客
ȵaŋ³³ ʑou³¹ taŋ⁴⁴ khia³³（大家最终才放心）
媳妇　也（放）落　心
mɛ³¹ ʑou³¹ taŋ⁴⁴ ni⁵⁵（老人从此得安心）
母　也　放　心
ȵaŋ³³ ɬa³³ mao²² lo⁵³ qao³³（媳妇回去种庄稼）
媳妇 转　去　做　活路
mɛ³¹ ɬa³³ mao²² lo⁵³ kie⁴⁴（老人安心做生产）
母　转　去　做　生产
ȵaŋ³³ ɬa³³ moŋ²² la⁴⁴ vo³³（媳妇薅除杂草丛）
媳妇 转　去　割田埂杂草杂菜
mɛ³¹ ta³³ moŋ²² mɛ⁴⁴ nia³¹（婆婆去把野草割）
母　转　去　割田野杂植物
tao⁴⁴ tɯɛ³³ sə⁴⁴ sɯə³³（砍柴路遇刀斧具）
砍　柴　捡（遇到）锄头
sa⁵³ lo³¹ sə⁴⁴ ɖyu⁵³（下地干活遇工具）
砍　土　遇到　锄头
pɛ³³⁻⁴⁴ tsɛ³³① mao²² pɛ³³（用木锄去挖）
挖彻（田埂）去　挖
mɛ³¹ pu⁵⁵ lo³³ so³¹（父母去耕）
母　父　来　做
ɬa³³ lo²² pɛ⁴⁴ tɕi²²（一起来栽种）
转回 来 做 栽
ɬa³³ lo²² so³¹ qao³³（共同来耕耘）
转 来　做 活路
pɛ⁴⁴ tɕi²² qo³¹ la³³ ɬa³³（把杂草除尽）
做 栽　也 好 完整无杂草
so³¹ qao³³ qo³¹ ʁyu⁵³ qo⁵⁵（把庄稼活做好）
做 活路也　好　完美

---

①pɛ³³ tsɛ³³，木制锄头的苗语称谓，最初是拿来挖烂田的工具。

ȵaŋ³³ ʈa³³ mao²² qaŋ⁵³ mo⁴⁴ tə³³（年轻人抬粪去施肥）
媳妇　转　去　　抬　粪　土地

mɛ³¹ ʈa³³ mao²² qaŋ⁵³ mo⁴⁴ ʔoŋ³³（老人们抬粪水做准备）
母　转　去　抬　粪　水塘

qaŋ³³ mao²² ʑou²²（施肥到水田里）
抬　　去　　扔摔

ʈa⁴⁴ mao²² tsɛ³¹（撒粪在稻田）
拿　去　撒

lo⁴⁴ li²² mao²² ʑou²²（先用牛犁田）
公黄牛　去　犁

lo⁴⁴ lu⁵⁵ mao²² khi⁵⁵（再拿牛耙田）
黄母牛　去　爬

ʑou²² mao²² qa³³ ɕie³³（犁田从外走向内）
犁　去　田外　埂

khi⁵⁵ mao²² qa³³ ŋia³¹（耙田里外均走遍）
爬　去　田内　埂

ȵaŋ³³ qaŋ³³ nɛ⁴⁴ te³³（媳妇带谷种去播）
媳妇（抬）带　稻谷穗

mɛ³¹ qaŋ³³ nɛ⁴⁴ pa³³（母亲拿稻种去撒）
母　带（扛）稻谷　须根

ʈa³³ mao²² hni⁵³（播的播）
拿　去　扔

ʑou²² saŋ³³ tɕhie³³（撒的撒）
抬　去　撒

hni⁵³ pa⁵³ vɯə⁴⁴（播千丘田）
扔　千　丘

tɕoŋ⁴⁴ nao⁴⁴ tə³³（撒百丘土）
撒　百　丘

kɯŋ³³ xao⁴⁴ te⁵³（稻种汲取泥土里的养分）
根　喝　泥土

kɯə³³ xao⁴⁴ te⁵³（嫩叶接受露水珠）
茎叶　喝　露水珠

ȵaŋ³³ pha²³ tɕie³³ tɕan⁴⁴ ɕi⁴⁴（秧苗生长分蘖快）
媳妇　假　杉树　成　块状

mɛ³¹ tɯɛ³¹ ʈu³¹ tɕaŋ⁴⁴ qɯə³³（稻秧分苑长势旺）

ma³¹ to³³ ta⁵⁵ to³³（一根长比一根好）
母　分　兜　成　兜兜

ma³¹ ɬu³¹ ta⁵⁵ ɬu³¹（一兜长比一兜旺）
像　根　形象　根

ȵaŋ³³ tao⁴⁴ kɯə³³（媳妇扯除野生菜）
形象兜　像　兜

mɛ³¹ ɬu⁵³ sei³¹（婆婆扯除半生菜）
媳妇　扯　菜（一种拌生植物）

ʐo³³ ɬa²² fu⁵³ ɕaŋ³³（稻秧长势过田埂）
母　扯　菜名（拌生）

nə⁴⁴ ɬa³³ fu⁵³ ma⁵⁵（秧苗长出很旺盛）
秧　长出来　超过　田埂

ȵaŋ³³ ɬa³³ lo⁴⁴ vo²²（媳妇勤去除杂草）
秧　长出来　超过　田埂间隔水的内层泥土

mɛ³¹ ɬa³³ mɛ⁵⁵ nia³¹（婆婆除草忙不停）
媳妇　转　来清除　杂草

va⁴⁴ ȵaŋ⁴⁴ tɕou⁴⁴（到九月）
母　转　割除　里面杂植物

la⁵³ ɬɛ⁵³ ʐi⁴⁴（过八月）
到　月　九

tɕaŋ⁴⁴ qa³³ h aŋ³³（谷穗长成一串串）
到　月　八

tɕyə³¹ qa³³ li⁴⁴（谷穗成熟在田间）
成　谷穗　串

qaŋ⁴⁴ mao⁴⁴ ɬu²² mao²² ta⁴⁴（带折刀去割）
变化为　谷穗　须

qaŋ⁴⁴ mao⁴⁴ ɬao⁵³ mao²² ni⁵⁵（用折刀去扯）
带　折刀　汉　去　割断

qaŋ³³ fa³³ mao²² ȵaŋ⁵⁵（用扁担去抬）
带　折刀　铁刀口　去　割

kju⁴⁴ tɕie³³ mao²² ma³¹（用肩膀去挑）
扁　担　去　搁肩膀

qaŋ³³ ɬo⁵³ loŋ⁴⁴ koŋ³³（抬到禾晾旁）
肩　膀　去　承搁

抬　放　禾　晾

ta³³ moŋ²² loŋ⁴⁴ lo⁴⁴（晾到禾架上）
拿　去　禾　晾

hɔ³³ naŋ²² khie⁴⁴（太阳下曝晒）
太阳 下方 晒

tɕi⁵⁵ naŋ²² sɯə⁵³（任南风吹）
风　南方 吹晒

nə⁴⁴ kja⁵³ ʐaŋ⁴⁴ pu³³（让糯谷穗晒干）
糯谷穗 干燥 干完 一样

nao⁴⁴ kja⁵³ ʐaŋ⁴⁴ tɕyə⁵⁵（让糯谷禾干透）
稻穗 干燥 干得 完全一样

qaŋ³³ moŋ²² noŋ²² tɕa³³（抬去粮仓存放）
抬　去　粮仓 杉树

ta³³ moŋ²² noŋ²² ʑi⁴⁴（拿去粮仓储存）
拿　去　粮仓 杂木

nə⁴⁴ pu⁴⁴ la⁵³ kjɯe³³（稻穗塞满粮仓）
稻穗 满 到 屋顶

nao⁴⁴ pu⁴⁴ la⁵³ ɣaŋ³¹（糯谷装满粮库）
稻谷 满 到 上面顶上

ȵaŋ³³ lo²² tao⁴⁴ niu²²（媳妇邀约大家过鼓藏节）
媳妇　来　讨论 鼓藏节

mɛ³¹ lo²² saŋ³¹ xao⁵⁵（婆婆约客来欢庆）
母　来　想　喝

mu³³ ni⁴⁴ ku³³ ɬo³³（要买水牯牛来祭祀）
买　水牯牛 角 展开

li³¹ niu²² tao⁵⁵ faŋ⁵³（要制铜鼓来热闹）
换　鼓（特制）铜　黄

qa³³ qə³³ nia³³ ɕie⁴⁴（鼓藏头家要先备好银子）
主人家　有 银子

tɕaŋ⁴⁴ tao⁵³ ʐɛ⁴⁴ qɛ⁵³（鼓藏头家要备足钱财）
主人家　有 钱财

ɕa⁴⁴ ɬo³³ mao²² mo²²（要用白银去买鼓藏牛）
银　白　去　买

qɛ⁵³ pɯə³¹ mao³¹ li³¹（要用钱财换鼓藏牛回来）
钱（带绿色）去　换

mu³³ ni⁴⁴ ku³³ ɬo³³（要买好的鼓藏牛来祭祀）

买　水牯牛　角　展开
li^{31} niʊ^{22} tao^{55} faŋ^{53}（要用铜鼓来呼唤神灵）
换　鼓　铜　黄
nyo^{44} lo^{22} tao^{44} niu^{22}（妇女们商量要过鼓藏节）
妇女　来　讨论　鼓藏节
mɛ^{31} lo^{22} saŋ^{31} xao^{55}（老人们个个支持把节过）
母　来　想　喝
tao^{33} niu^{22} ʁie^{44} nye^{33} qa^{33} sa^{33}（吃鼓藏就是不要忘记祖先的恩情）
吃　鼓藏　不要　丢　菩萨
sa^{31} xao^{55} ʁie^{44} ta^{44} po^{33} nioŋ^{31}（吃鼓藏就是不要忘记神灵的庇护）
吃　鼓藏　不要　忘记　菩萨
kɯə^{33} maŋ^{44} qa^{33} sa^{33}（要把祖先"请"来和大家一起过节）
喊　你的　菩萨（来吃赶前）
ɬaŋ^{22} kɯə^{33} po^{33} nioŋ^{31}（要请神灵来一起庆贺）
还　喊　菩　萨
kɯə^{33} maŋ^{44} lo^{22} nou^{55}（祖先啊你们要来一起过节）
喊　你们来　吃
kɯə^{33} maŋ^{44} lo^{22} xou^{55}（神灵啊你们要和我们共同庆贺）
喊　你们　来　喝
nao^{44} kje^{33} ɬu^{33} nou^{55}（要和大家一起吃新鲜的糯饭）
吃　糯米　白饭　绿
ȵa^{33} ȵa^{53} to^{31} ɕi^{31}（要和家人一起品尝美味食品）
吞　饭　嚼　香味
qaŋ^{33} ȵaŋ^{33} ŋu^{44} ʁi^{33}（锅巴的香味像水果一样又甜又脆）
香锅巴像水果名称
toŋ^{31} moŋ^{31} qa^{55} li^{31}（美食就如橘子一样味香）
香　味　像　橘子
nou^{44} ʑa^{22} ko^{31} qaŋ^{33} h！ə^{33}（酒的美味甜又甜）
吃　酒　也　甜像油
xao^{55} pɛ^{31} ko^{31} toŋ^{31} moŋ^{31}（酒的美味香又香）
喝　甜酒　也　香味
nao^{44} naŋ^{22} ko^{31} qaŋ^{33} h！ə^{33}（鼠肉的味道甜又甜）
吃　鼠　也　甜　油
xao^{55} nao^{31} ko^{31} toŋ^{31} moŋ^{31}（鸟肉的味道香又香）
喝　鸟　也　香味

maŋ⁴⁴ lo²² ta⁴⁴ ɕi⁴⁴（你们拿绳索来）
你们　来　拿　索

maŋ⁴⁴ lo²² kja⁴⁴ ɬao⁵³（要拿绳索来牵鼓藏牛）
你们　来　拿　索

pɯə³³ tao⁴⁴ niu²² ɬo³¹ faŋ³³（吃鼓藏给地方留个好名声）
我们　吃　鼓藏　给　地方

sa³¹ xao⁵⁵ ɬo³¹ khoŋ⁴⁴（吃鼓藏为地方得个好评价）
吃　鼓藏　给　苍穹（天空）

faŋ³³ ȵioŋ⁴⁴ liaŋ⁴⁴（吃鼓藏热闹地方）
地方　热闹

ɣaŋ³³ tɕhaŋ⁵⁵ fu²²（吃鼓藏让寨子兴旺）
寨子　热闹

xə³³ nə³³ khie³³ naŋ²² xa³³（即使欠账也要过节）
假如　欠　账　欠账

xə³³ ʑe⁵⁵ qei⁴⁴ ŋu⁵⁵ ɬao³³（即使欠款也要吃鼓藏）
假如　欠　账　欠账

xə³³ ɣie⁴⁴ nia³³ khie³³ naŋ²² xa³³（家境没有负债要过节）
假如　没有　欠　账　欠账

xə³³ ʑe⁵⁵ qei⁴⁴ ŋu⁵⁵ ʔao³³（即使负债也要把节过）
假如　欠　账　欠账

fu⁵⁵ ɕie⁴⁴ mu²² la⁴⁴ ɬju³³（过完节余下银钱再买田）
剩　白银　买　大　田

li³³ lo³¹ faŋ⁴⁴（余下银钱再买地）
换　土　宽

ɬa⁴⁴ mu³³ tɛ⁴⁴ to³³ te³³（不要错过此时节）
转　卖　土　深　泥

ɬa⁴⁴ mu²² la⁴⁴ to³³ ʔoŋ⁴⁴（过完此节买水田）
转　买　田　深　水塘

mu²² tɕou⁴⁴ to³³ phə⁵⁵（要养九女来旺家）
买　九　个　女儿

li³¹ tɕou⁴⁴ to³³ tɕan³¹（要育十男来旺宅）
换　十　个　男孩

ɣie⁴⁴ mɛ⁵³ mɛ⁴⁴ to³³ ɬa²⁴ koŋ³³（不用抱养别人的儿子）
没　要　别　人　半路

ɣie⁴⁴ ʔao⁴⁴ mɛ⁴⁴ tɕu³³ ɬa²⁴ ȵaŋ³¹（不需抱养别人的女儿）

没　要　别　人　半　路

mɛ⁵³ to⁵³ ȵaŋ³³ ʑie³³（要世代传承家族宗谱）

要 子女（大海深入）

ʔao³³ tɕy³³ vja³¹ tɕhi⁵⁵（要子孙兴旺用不断）

子　女　大海（最南方）

mɛ⁵³ tɕou⁴⁴ to³³ phə⁵⁵（要养九女来旺家）

要　九　个　女儿

ʔao³³ tɕou⁴⁴ tɛ³³ tɕaŋ²²（要育十男来旺族）

要　十　个　男孩

ʑa⁴⁴ ɕa³¹ ɬu³³（积钱财）

有　白　银

fu⁵³ qɛ⁵³ pɯə³¹（累财物）

剩　钱（绿色）

ʈa³³ qaŋ²² lo²² tɕou³³ tɕy³³（积余财给子女）

转　拿　来　子　女

ʈa³³ lo²² to³³ ʐou⁵³（剩财物给子女分享）

拿剩　来给　子　女　做富千年

ʔo⁵³ fɛ³³ saŋ³³ ȵaŋ²⁴（要富贵千年）

做　富　千　年

ʔo⁵³ lo³¹ vaŋ⁵³ nyo⁵³（要富裕万代）

做　富贵　万　年

kha³³ na³¹ khyu³³（留经典给子孙）

交代　给　话

tɕu³¹ nə³¹ sə⁴⁴（留佳话给后人）

结束　给　话

nie⁴⁴ kju³³ ʔao³³（船在水上行走）

船（水上面）水

ta³¹ kjou³³ va⁵⁵（官员在磨炼中成长）

办及　纠纷 官人

fɛ³³ na³¹ maŋ⁴⁴ qa³³ sa³³（富裕靠祖先的恩典）

富拿　你们　菩　萨

ɬo³¹ ɬa³¹ maŋ⁴⁴ pɯə³¹ noŋ³¹（昌盛全靠祖灵的护佑）

富　在　你们 菩　萨

ʔo³¹ fɛ³³ ɕaŋ³¹（富裕生活传九代）

做　富　九代

ʔo³¹ ɬo³¹ ɕoŋ³¹ sa³¹（家族兴旺传七代）
做　富　七　代

例二：《tɕou³³ ʔo⁵⁵（交代鸭子）》①
　　　交代　鸭子

kha³³ ʈye²⁴ ni⁵⁵ ku³³ ʈho³³（要给鼓藏牛做交代）
交代　给　牛　角　展开

ɕaŋ³¹ ʈye³¹ niu⁵⁵ ta⁵⁵ saŋ⁵⁵（要给铜鼓做说明）
交代　给　鼓　铜　黄

ta⁵⁵ ɕaŋ³¹ vaŋ²⁴ nə²²（生在水乡）
生　在　塘　鱼

ɕou⁵³ ȵaŋ³¹ vaŋ⁵⁵ ɤo³³（吃在菜园）
菜名　在　园　菜

ʈou²² qaŋ³³ mu⁵⁵ lo²² mu²²（汉族拿你来卖）
汉族　带　你　来　卖

mu⁵⁵ nou⁴⁴ qo³¹ tɕou³³ toŋ³³（你吃遍各个山冲）
你　吃　吞　完　湾

mu⁵⁵ xao⁵⁵ qo³¹ tɕu³³ toŋ³³（你喝遍整个山洼）
你　喝　吞　完　湾

qaŋ³³ fɛ³³ lo²² toŋ³³（你把好运气带到家里来）
带　好福气　来　里面（家）

ta⁵⁵ ɬo³¹ lo²² nia³¹（你把富裕兴旺带到家里）
拿　富裕　来（家）中

qaŋ³³ fei³³ ʈye⁵³ tɕu²² ȵaŋ⁵⁵（你带来的福气旺九代）
带　好福气　得到　九　代

ta⁵⁵ ɬo³¹ lo²² ɕoŋ³¹ saŋ³¹（你带来的富裕代代传）
带（拿）富裕　来　七　代

tɕa²² ɬiu³³ ɕie³³ mu⁵⁵ po⁴⁴ qə²²（杉木树太大，担心树心长疙瘩）
杉树　大　怕　你　疙瘩

ni⁴⁴ lɯ⁵³ ɕie³³ mu⁵⁵ ɤie⁴⁴ sui³¹（鼓藏牛的年龄太老，担心身上藏有不吉祥的旋线）
牛　老　怕　你　隐　藏　旋线（看不到）

n̥a³³ ʔo⁵⁵ toŋ³³ ʔao³³（鸭的身上背有水）

---

① 在准备杀牛祭祖之前，要先给牛进行"交代"，这样做是让牛在被宰杀时不乱叫。仪式活动中，要用一只鸭子来祭祀。这个祭仪，就是交代牛不要乱叫。

有　鸭　里面　水

n̠a³³ kɯə²⁴ kɯə²⁴ ʔoŋ⁴⁴ （鹅在水中生活过）

有　鹅　里面　水

ʔo⁵⁵ hniu³³ lo²² ʈy³³ sui³¹ fo⁴⁴ （鸭子可以消除不吉祥的旋毛）

鸭　种子　来　打　旋线（不好线）

kɯə²² ʨoy³³ ʔao³³ lo²² ʈy³³ mu⁵⁵ sui³¹ fo⁵³ （鹅可以除掉不吉祥的旋线）

鹅　里石　水　来　打　你　坏旋线

ɤie⁴⁴ pu⁴⁴ mu⁵⁵ khui³³ qa³³ qə³³ （不让你做亏欠主人家的事）

没　送　你　亏欠　主人家

ɤie⁴⁴ pu⁴⁴ mu⁵⁵ ɕi⁵³ tɕin²² tao⁵³ （不让你有亏欠主人家的行为）

没　送　你　亏欠（围绕）主人家

tɕin²² tao⁵³ ʔo⁵³ ɬo²² vaŋ²² saŋ²² （要让主人家富裕千年万代）

主人家　　做　富裕　万代

tɕou⁴⁴ to³³ pha⁵⁵ （要护佑家中的女儿）

九　崽　女儿

tɕou⁴⁴ to³³ tɕaŋ²² （要保护好屋里的儿子）

九　男　儿

tɕou⁴⁴ fɛ³³ （代代有福气）

九　福气

tɕou⁴⁴ ɬo²² （个个都富裕）

九　富裕

ni⁴⁴ te³³ tɕou³³ （鼓藏牛的灵魂）

水牛　祖　公名

pu⁴⁴ te³³ ɕaŋ⁵⁵ （长寿公的祖灵）

父辈　祖　公名

ɤie⁵⁵ pu³³ qaŋ³³ ki⁴⁴ （你们不要让各种虫乱鸣）

没　给　虫　叫

ɤie⁵⁵ pu³³ ni⁴⁴ qo⁵³ （你们不要让鼓藏牛有叫声）

没　送　牛　喊叫

ɤie⁵⁵ pu³³ qaŋ³³ qo⁵³ （不要有各种杂乱的声音）

没　送　虫　叫喊

n̠i⁵⁵ tɕou⁴⁴ fɛ³³ （主家才接到福气）

主家九福

n̠i⁵⁵ tɕou⁴⁴ ɬo²² （主家才会得到富裕）

主家九福

tɕou⁵⁵ ȵaŋ⁵⁵ ɬaŋ²² ʔao³¹ fɛ³³ （要代代都有福气）
九　代　转　做　福
ɕoŋ³¹ saŋ³¹ ɬaŋ²² ʔo⁵³ ɬo⁵³⁻³¹ （要辈辈都得富裕）
七　辈　转　做　富裕
tɕou⁵⁵ ȵaŋ⁵⁵ qo³¹ ne³¹ tɕu³³ （要人丁兴旺用不断）
九　代（年）才　生　繁衍（发展）
ɕoŋ³¹ saŋ³¹ qo³¹ ɬaŋ²² ʔo⁵³ ɬo³¹ （要世代富裕到永远）
七　辈　才　转　做　富裕

例三：《tɕou³³ qə³³① （交代鼓藏牛）》②
　　　交代　水牛

qo⁵⁵ ʔa³³ （鼓藏牛啊）
水牛　啊

ȵia⁵³ ti²² faŋ²² ʑou²² （你远在"方尤"）
在 远处　交（犁）地名

ɕou⁵³ ti²² faŋ²² qɛ³³ （你原本住在"方溉"）
做　远处　荒坡（地名）

pi⁵³ va⁴⁴ ʁə³³ qə³³ （你生活在"洼尔"）
睡　地名　水牛

tou²² qaŋ²² mu⁵⁵ lo²² mo²² （是汉族牵你来卖）
汉族 带　你　来　卖

tsə²² qaŋ²² mu⁵⁵ lo²² li³¹ （是汉人拿你来做交换）
汉族 带　你　来 交换

qa³³ qə³³ qo³¹ ȵaŋ³³ ɕa²² kɯə⁴⁴（qə³³）（主人家储备有银钱）
主人家　也 有　银 水牛

tɕin²² tao⁵³ qo³¹ ȵaŋ³³ qɛ³¹ qɯə⁴⁴ （主人家储备有银两）
主人家　也 有　钱 水牛

qaŋ³³ mu⁵⁵ lo²² li³¹ qə³³ （用银钱去买你来做鼓藏牛）
带　你 来 换 水牛

ȵa³³ ɕa⁴⁴ ʑo³¹ mɛ³³ mu⁵⁵ qə³³⁻⁴⁴ （用银两去卖你来祭祀祖先）

---

①苗语中通常称水牛为"ni⁵⁵"，但这里却使用的是"qə³³"，这是在祭祀中特有的专用名词，里面还出现了变韵现象，也是为适应念诵时韵律口述的需要。

②在鼓藏节仪式中将牛杀死之后，又将牛的躯体分解成几大块抬回牛圈，按照活着的样子摆好，然后请祭司左手拿一把芭茅草，右手拿由牛身上每处割四五斤、穿成一串的肉，面朝牛圈门口念诵这段古经辞。祭司念完后，就直接走出圈门，一直朝前走，不准回头看，而且是边走边继续念，并把手上拿的那一串牛肉带走。这部分内容就是那一段念诵的古经。

有　银　才　买　你　水牛

ȵa³³ qɛ³¹ ʐo³¹ li³¹ mu⁵⁵ qə⁴⁴（要花费银钱才能把你买到）

有　钱　才　换　你　水牛

xao⁵⁵ qo³¹ tɕou³³ ɬoŋ³³ qə⁴⁴（你已喝完山洼里的水）

喝　吞　完　湾　牛

nou⁴⁴ qo³¹ tɕou³³ ɬoŋ³³ qo⁴⁴（你已吃尽山湾里的草）

吃　吞　完　湾　牛

nou⁴⁴ na⁴⁴ qo³¹ tɕou²² ɬyu⁵⁵（山湾深处的绿草你已尝遍）

吃　草　吞　完（地名，位于山湾处）

qaŋ³³ fei³³ lo²² ɬoŋ³³ qo-ə⁴⁴（要用你来做鼓藏牛）

带　福　来　家里　水牛

qaŋ³³ ɬo³¹ lo²² nia⁴⁴ qə⁴⁴（要用你来祭祀祖先灵魂）

带　家福　来　屋里　水牛

mu⁵⁵ mou²² faŋ⁵³ ʐou²² mu²² qo⁴⁴（让你的灵魂回到"方尤"）

你　去　地名（交犁）去　水牛

mu⁵⁵ mou²² faŋ⁵³ qɛ³³ mu²² qo⁴⁴（让你的魂魄回到"方溉"）

你　去　荒坡（地名）去　水牛

va⁴⁴ ȵaŋ⁴⁴ mu⁵⁵ kie³¹ ta³³ lo²² qo⁴⁴（若干年后你再投胎转世）

到（那）年　你　慢　转来　水牛

vaŋ³¹ ȵyu⁵³ mu⁵⁵ kie³¹ ta³³ lo²² qo⁴⁴（若干年后你再返回肉身）

到　年　你　慢　转　来　水牛

例四：《khɯə³³ niu²²（鼓藏经）》①

　　　声音　鼓

ɣan³³ mao²² ɣan³³ lɯə⁴⁴ xao⁵⁵（"姜央"②祖先已经远离我们很久）

央　去　央　没　在（淹没不在）

nɯə⁴⁴ niu²² tye⁵³ naŋ³³ lo⁵⁵（"姜央"离去把跳月坪遗落在南方）

丢　鼓（跳月用）搁　南方　地基（跳月坪）

ȵa³³ lo³³ niu²² tao⁵³ qou⁵⁵（有个鼓桶也丢失了）

有个　鼓　带　伞笠（鼓桶）

ɣan³³ mao²² ɣan³³ mao²² mu³¹（"姜央"老人难以找回）

央　去　央　去　无力（没气力）

ɣaŋ³³ mao²² ɣan³³ ɣie³³ mao²² mu³¹（"姜央"老人难以找到）

---

①杀牛祭祖后，大家聚拢在一起喝酒、吃饭时就开始唱诵的一段古经。
②"姜央"，即苗族的远祖祖先神，传说是开创苗族之人。

232

央　　去　　央　没　去　无力

nɯə⁴⁴ niu²² ʨye⁵³ naŋ³³ niu³¹ （丢失鼓在"曩纽"）

丢　　鼓　　搁在（地名）

khɯə³³ ɬaŋ⁴⁴　　ʑou³³ lɯə²² ɕi²² （那鼓乐的声音就像流水一样悦耳）

（话）声音 筒（莽筒）像　流淌 水

khɯə³³ niu²² ʑou³³ lɯə³¹ xao⁵⁵ maŋ²² naŋ²² （鼓乐声时常在人们心中荡漾）

声音　鼓　像　流淌 流动 去　下方

khɯə³³ ɬaŋ⁴⁴ ɬa⁵³ li²² ɕi²² （鼓乐声时常在人们心中回旋）

（话）声音 筒（莽筒）转淌水

khɯə³³ niu²² ɬa³³ lɯə³¹ xao⁵⁵ lo²² pjə²² （鼓乐声总是在时空里荡漾不停）

声音　鼓　转 流动 漂动 来上面

xao⁵⁵ ɬaŋ²² ɣoŋ⁴⁴ ʔao³³ tao⁴⁴ ɕye²² （鼓乐祭祀声时常惊扰着我们大家的心扉）

喝　（地点名）　龙　水　堵塞 流水

pu⁵⁵ ɬaŋ²² ɣyu⁴⁴ faŋ³³ tao⁴⁴　niu²² （父辈们为此才来商议吃鼓藏）

父辈 考虑 看 讨论（商议）鼓藏

xao⁵⁵ to²² taŋ³³ tɛ²² ʑi²² （大家才来"埭怿"商量）

喝　来 到　地名

xao⁵⁵ to²² taŋ³³ naŋ²² ŋie²² （大家才到"曩涅"商议）

喝　来 到　地名

qə⁵³ va³¹ tɕi⁴⁴ taŋ³³ naŋ³³ （大家从"格哇"的下方开始）

地名　旗帜　头　下方

khɯə³³ ɬaŋ⁵⁵ ʑou⁴⁴ lɯə²² ɕi²² （莽筒芦笙的音乐像流水一样悦耳）

莽　筒　像　流水

khɯə³³ niu²² ʑou⁴⁴ lɯə²² xao⁵⁵ （鼓乐的美妙声流淌在大家的耳边）

声音　鼓　像　流　淌

khɯə³³ ɬaŋ⁵⁵ ɬa⁴⁴ li²² ɕi²² （音乐如流水般让人们内心荡漾）

声音　筒　转 淌 水

khɯə³³ niu²² ɬa³³ lɯə³¹ xao⁵⁵ lo²² pjə²² （鼓乐的美妙声音传遍四周）

声音　鼓　转 流动 漂浮　来上

xao⁵⁵ to⁴⁴ ɬa³³ naŋ²² so²² （鼓乐声传到"曩嗦"）

喝　来 到　地名

qə³³ ʔao⁵³ tsɛ⁴⁴ ɬaŋ²² naŋ²² （鼓乐声传遍"溉澳"的下方）

地　名 头 下　方

khɯə³³ ɬaŋ⁵⁵ ɬa⁴⁴ li²² ɕi²² （美妙的乐音像流水一样延伸）

声音　筒　转 流水

民族口碑古籍研究　233

khɯə³³ niu²² ta³³ lɯi³¹ xao⁵⁵ lo²² pjə (鼓乐声回荡在人们的心间)
声音 鼓 转 流动 浮动 来上面

xao⁵⁵ ɬaŋ²² ɣoŋ⁴⁴ ʔao³³ tao⁴⁴ ɕye²² (美妙的乐音让大家流连忘返)
喝 地点 龙 水 堵塞 流水

pu⁵⁵ ɬaŋ²² ɣyu⁴⁴ faŋ³³ tao⁴⁴ niu²² (大家为此才要聚拢来商议过鼓藏节)
父辈 考虑 看 讨论（商议）鼓藏

xao⁵⁵ to³¹ ta³³ tɛ²² ʑi²² (大家一起到"埭怿"来商量)
喝 来到 地名

xao⁵⁵ to³¹ ta⁴⁴ naŋ²² tsa²² (大家共同到"曩扎"来商议)
喝 来到 地名

qə³³ ʔao³³ tsɛ⁴⁴ tsao⁵⁵ ɬaŋ²² naŋ²² (大家在"嘎澳"的下方地)
地名 头 下方

to³³ ɬə⁴⁴ tɕoŋ³³ to²² naŋ⁵³ (看到有只猎狗在追赶动物)
只 狗 跟驱赶类（动物名）

qo³³ qjaŋ²² liaŋ²² moŋ²² moŋ⁵³ （"菓"急忙跑去看看是怎么回事）
人名 动作快状 去 看

to³¹ ɬə⁴⁴ mou²² tɕoŋ³³ to²² və³¹ (原来是猎狗在追一只穿山甲)
只 狗 去驱赶 （个）类 动物名（穿山甲）

qo³³ qjaŋ²² liaŋ²² moŋ²² no³¹ （"菓"赶紧跑去问）
人名 动作 快 去 问

qo³³ hnoŋ³³ khɯə³³ niu²² vaŋ³¹ （"菓"忘记了大家要商量吃鼓藏的事）
人名 忘记 声音鼓 了

no³¹ toŋ⁴⁴ lo³³ no³¹ niu²² (转身才想起有吃鼓藏的事需商议)
问 简 来 问 鼓

ta⁴⁴ ɬu⁵³ paŋ³¹ qa³³ ʑa⁴⁴ (于是又才去将大家汇聚起来)
又 想 朋友 全部 聚拢来

ta⁴⁴ ɬu⁵³ niu²² qa³³ tou⁴⁴ (约大家一起来商量吃鼓藏的事)
又 想 鼓 （吃）

ʔao³³ ɣoŋ⁵⁵ pɛ⁵⁵ （"澳嗡"的父亲）
水 龙 爸

ʔao³³ ɣoŋ⁵⁵ mei³¹ naŋ³³ xa⁴⁴ （"澳嗡"的母亲）
水 龙 母（下面）地名

qo³³ no⁴⁴ ta³³ ɣɯə²² niu²² (他们和"菓"来商议过节的事)
人名 转 扯 鼓

khɯə³³ niu²² ɕu³¹ xao⁵⁵ to⁴⁴ pə³³ (鼓乐声又慢慢响起来)

声音　鼓　流淌　　来　上
khɯə³³ toŋ⁴⁴ ʑou³³ lɯə³³ ɕi²²（鼓乐声又渐渐地流淌出来）
声音　筒　像　流淌
khɯə³³ niu²² ʑou³³ lɯə³¹ xao⁵⁵ maŋ²² naŋ²²（鼓乐声又在人们的生活中荡漾）
声音　鼓　像　流淌　浮动去　下方
khɯə³³ toŋ⁴⁴ ɬaŋ³³ lɯə²² ɕi²²（悦耳的声音又在继续流淌）
声音　筒　转　流　淌
khɯə³³ niu²² lɯə³¹ xao⁵⁵ to⁴⁴ te³³（鼓乐的声音又在回荡）
声音　鼓　流淌　浮动回荡
pu⁵⁵ ɬaŋ²² ʁoŋ⁴⁴ ʔao³³ tao⁵⁵ ɕye²²（鼓藏节的举办已势在必行）
父　考虑龙　水　堵塞流水
pu⁵⁵ ɬaŋ²² ʁyu⁴⁴ faŋ³³ tao⁴⁴ niu²²（父辈们聚拢来商议过鼓藏节）
父　考虑看　商　议　鼓藏
xao⁵⁵ to³¹ taŋ³³ tɛ²² ʑi²²（大家相聚到"埭怿"）
喝　来　到　地名（苗家）
xao⁵⁵ to³¹ taŋ³³ vu²² khɯə²²（大家相约在"乌坷"）
喝　来　到　地名（榕江县内城）
khɯə³³ toŋ⁴⁴ ta³³ lɯə²² ɕi²²（鼓乐的声音又再次响起）
声音　筒　又　流　淌
khɯə³³ niu²² ɕu³¹ xao⁵³ to⁴⁴ te²²（鼓乐的声音又再次回荡）
声音　鼓　流动浮动　回荡
xao⁵⁵ to³¹ taŋ³³ tə²² ʁoŋ²²（大家到"德嗡"的地方来相聚）
喝　来　到　地方
ta³³ tɕu³¹ tɕhu⁵⁵ taŋ³³ pje²²（大家到"达鸠"的地方去过节）
地　名　　处　上方
khɯə³³ toŋ⁴⁴ ʑu³³ lo²² ɕi²²（鼓乐的声音从此得到恢复）
声音　筒　像　流淌　水声
khɯə³³ niu²² ɕu³¹ xao⁵³ to⁴⁴ te²²（鼓乐的声音从此又响起）
声　鼓　流动浮动　回荡
qaŋ³³ lo²² ʁə³³ to²² lei³¹ nɛ³¹（客人们有的带来两条鱼）
带　来　两　条　鱼
qaŋ³³ lo²² ʁə³³ lɯə⁴⁴ nao³¹（有的带来两根笋子）
带　来　两　根　笋子
ʑaŋ²² ʁə³³ niu²² lo²² nia³¹（相约来到鼓藏头家）
引　我们　鼓　来　家

民族口碑古籍研究　235

qaŋ³³ niu²² ma³¹ pə²² ɬoŋ⁵³（看到乐鼓悬挂在墙柱上）
带　鼓　悬挂　墙　柱
ma³¹ loŋ⁴⁴ koŋ³³ naŋ⁵³ tɕou³¹（悬挂在房梁下方）
（搁）悬挂　横梁子　下方　东方
niu²² noŋ⁴⁴ niu²² ʔo⁵³ ɬao³¹（这是富裕的乐鼓）
鼓（好）鼓　做　富裕
ʔo⁵³ fɛ³³ ʈye⁵³ ʐia³³ nia³¹（这是有福气的乐鼓）
做　福　共同　宅子　家里
ʐiə⁴⁴ va²² faŋ³³ ɕie³³ ɬaŋ²²（此鼓不在"方西宕"）
没　到　地名
va²² faŋ³³ ʐou⁴⁴ tɕhi³³ pa³¹（要来"方尤"找歌手）
到　地方　游动　欲唱歌姑娘

此外，在川黔滇次方言苗族中的《hot bos yeuf（祭祖先）》等，都属于这一类古经辞。

三、祛魅驱邪仪式古经

"祛魅"是对一些神秘的邪恶力量的解除。在苗族的家庭生活中，经常会出现各种怪象，比如有蛇进到家里来、居住的房屋时常阴森森得让人有恐惧感、家里的人总是无端生病或乱发脾气、家人和外面的人经常"逗口嘴"（即发生争执）等。人们都认为有各种神灵鬼怪在作祟，于是要举行祛魅驱邪仪式，而整个活动的过程也伴随有相应的古经辞。这类古经辞，在苗语黔东方言中有《ɕin²² qa³³ tu³⁵ ɬhe³¹（撑门经）》（贵州三都县）、《fho³³ ɕhi³³（西雷神）》和《pa³³ po³³ ɬie³³（楼梯鬼）》（贵州黄平县）、《ɬa¹³ ɬiaŋ³³（驱鬼经）》（贵州雷山县）、《pie⁵³ qa³¹（犯丧襄解经）》和《tha³⁵ na⁵⁵ pei⁵³ ʑi³³（解钩辞）》（贵州丹寨县），等等。

四、婚俗礼仪祝颂古经

苗族家庭在接亲嫁女时，不仅有很多烦琐的民俗活动，还有一套与仪式对应的完整的婚俗礼仪祝颂古经。如湘西方言苗族的《ghob xongb dut qub dut lanl（婚姻礼辞）》；川黔滇次方言苗族的《lol chongb（接亲辞）》，这类长歌称为《ngoux chongb（婚礼歌）》，在婚姻仪式整个活动过程中使用的古经辞，苗语称为《ngoux chongb ged gos》，翻译成汉语有"姻缘之道、历史之然"等意思；黔东方言苗族的《khaib kheet dlak ghaib（定亲讨鸡辞）》《aod nrib liangb dab（娶媳妇祭辞）》《baok vongl（开柜子理词）》《baok dex deeb neel（开舅家门礼仪辞）》》①《niox dab（联姻辞）》，等等。

五、丧葬祭奠仪式古经

苗族在丧葬仪式中的古经辞十分丰富。苗语三大方言区都有相应的古经辞，只是在不同的方言、次方言和土语区，其称谓有一定的区别。在川黔滇次方言中，这类古经辞有《khat ged（指路经）》、《deuk nzout（点火经）》、《ngoux shok（祭文经）》、《lol bek draod（献祭辞）》（有的也称为《lol bek daos》、《zid shaid（接赠礼辞）》等；在苗语黔东方言中，这类古经辞有《hxak job gid（指路歌）》《job hob job hseit（祭祀经）》等。

六、招魂赎灵古经

在苗族社会，当有人经常萎靡不振或在受到惊吓后身体出现不良症状，或者出生后的婴儿总是啼哭不停等，人们通常认为是其魂魄丢失之故，需要举行相应的仪式进行招魂赎灵。举办招魂赎灵仪式活动时，都要有具体的古经辞。在苗语川黔滇次方言中，这类古经有《uat nenb（做巫）》、《sheud nenb（诞巫）》、《hot blis（喊魂）》、《nzend ghait（翻鸡蛋）》（有的地方苗语也称为《shaib ghait》）、《nzend ndeud（寻吉凶地魂经）》；在滇东北次方言中，这类古经有《lul nghul dlangb（招灵辞）》《lul bwl ad dlob（招魂辞）》等。

七、生计技艺古经

苗族从狩猎时代的经济到以刀耕火种为生计，再到旱地轮歇耕作向稳定的稻田农业发展，每一个发展阶段都有相应的生产劳作仪式和念诵的古经辞。这类古经辞，在苗语黔东方言区有《hxak des hniub nax hniub hsaid（寻找稻种歌）》《hxak niangx Jus hniut Xus（年历歌）》《hxak luf dongd luf ot（争夺季节歌）》《hxak diot hsenb ait dob paib ud（种棉织布缝衣歌）》《ghab niux lot lix（祭田神辞）》《des nius（种子经）》等；在川黔滇次方言区有《ngoux duat nghaix（狩猎歌）》《hlit hlit ngoux（月月歌）》《haibk kaik jis（犁铧歌）》《ngoux ndok zhox（丝绸歌）》《zhax cod ghongb longt yeus zhangd（物种的起源）》《ngoux zhangt zhed（立房歌）》《shuanf hnob nyongs（推算季节）》等；滇东北次方言苗族有《ngaox leud nghaix（狩猎歌）》《ngaox at ghaob（劳作歌）》等。

---

①贵州省民族事务委员会古籍办公室、贵州省丹寨县民族事务局编，李天云收集整理译注：《丹寨苗族习俗礼仪理词选编》，准印号：黔新出2013年一次性内资准字（黔东南）第19号。

八、神判理辞及埋岩法规古经

在远古时代的苗族传统社会，家庭与家庭之间、家族与家族之间、村寨与村寨之间以及不同村寨的联盟共同体之间，每当出现各种纠纷，如婚姻纠纷、土地纠纷、偷盗判案等，都要通过苗族民间传统的习惯法来进行判定。在说理判案的过程中，神判理辞及埋岩法规的相关古经辞就成了"贾理师"（主持判案的"执法师"）判定是否公正合理的重要依据。这类古经辞，苗语黔东方言区主要有《mik gux ghed hlangb（古榔辞）》《vof jol vux vangl（埋岩理辞）》《jax lil（贾理辞）》《jax lil pid taib（捞油锅理辞）》《maif gheib（决鸡辞）》《xais vib jil（埋岩经）》《yongb gux（谱贾）》《jax eb ngal lil bil jit（贾理溯源）》《gux nangl hniub（典故）》《jax khod lil diangs（纠纷理辞）》等；湘西方言区主要有《lanb sead dut lis（纠纷理辞）》《rangl gheul njol kuant（榔规寨款）》《sead pud lis（争讼歌）》《dut lis qub lis lanl（婚姻纠纷理辞）》《jid det nqend（血誓辞）》《hud nqend（喝血酒辞）》等。

九、器乐言辞古经

苗族民间最常见的器乐主要有芦笙、口弦琴、唢呐、古瓢琴、苗箫、花鼓等。这些器乐在演奏美妙动听的音乐时，都表达有一定内容的歌词或古经辞，其中最为丰富的主要有苗语黔东方言区和川黔滇次方言区的各类《芦笙辞》。这类言辞古经（歌），在川黔滇次方言区苗族中有《ghenx zhangt（立坛芦笙辞）》《ghenx zux loul（寨老芦笙辞）》《ghenx qeb blangs（扫堂芦笙辞）》《ghenx ghaik ghenx shot ghenx hmaot（早午晚饭芦笙辞）》《ghenx sangb ndox ghenx zhouk ndok（天亮天黑芦笙辞）》《ghenx souk（闭坛芦笙辞）》《ghenx zaik vangb（接魂芦笙辞）》《ghenx ndrual jangs（笙与鼓）》《ghenx lol（芦笙经）》《ghenx shuab（芦笙韵）》《ghenx chongb（婚姻芦笙辞）》《ghenx nzhil ndrual（绕鼓芦笙辞）》《ghenx ndouk ndrual（打鼓芦笙辞）》。此外，该次方言的《lol chod njangk（口琴辞）》也极为丰富。苗语黔东方言区有《gix denf wangl（踩塘芦笙辞）》《gix qend fangb qend vangl（开天辟地芦笙辞）》《gix kub lul（祭祖芦笙辞）》《gix niees dad（长寿芦笙辞）》《gix hent fangb ghot（怀念祖籍芦笙辞）》《gix ninx bus dangx（鼓藏牛踩塘芦笙辞）》《gix hmad Lil（说理芦笙辞）》《gix nongx mol（卯日吃新节芦笙辞）》《gix tiongb das（丧葬芦笙辞）》等。

总之，苗族古经辞的分类还有很多，很多古经辞之间也是相互交叉并行地在民间流存。研究这些古经辞，对探讨民族古籍文化在人类命运共同体意识中的建构作用，为了解各民族群众在交往、交流、交融的历史过程中建立起来的良好互动关系提供了鉴证和参考。

黔南布依族口碑古籍——歌谣收集整理研究

李 英 杨龙娇

口碑古籍指各民族先民们在历史长河中口耳相传留下来的具有文学和历史价值的民间口传文化资料。布依族是黔南境内的世居少数民族，目前人口约133万人，占全州常住人口的41%。[1] 在历史长河中，布依族先民创造了灿烂的民族文化，积累了丰富的布依族口碑古籍资料。本文主要探讨的是布依族歌谣的特征以及布依族歌谣文化的发掘、整理和保护。

一、收集整理现状

近年来，随着国家对民族文化重视程度的提高和收集、保护力度的加大，黔南布依族古籍工作也取得了很多成果，特别是在《献酒备用》《傩书》《做桥》《六十年吉凶日》等荔波县、三都县、黔南民族师范学院、黔南州图书馆的多部布依族、水族古籍文献成功入选《国家珍贵古籍名录》[2] 之后，布依族古籍文献越来越受到政府和学界的重视和关注，黔南州布依族古籍文献的普查、征集、整理、研究工作取得了很大进展，成绩也相当显著。但是，目前黔南州的古歌如《布依族古歌》《布依族酒歌》《布依族礼俗歌》等大多是在对民间现成纸质的手抄本进行收集和整理后出版的，大量有价值的口碑古籍仍散落在布依族村寨一些不识汉字甚至不会说汉话且年长的民族民间歌师或祖传艺人的脑海记忆里，没有得到系统的收集、规范的整理和出版。收集保存到档案馆、图书馆的布依族口碑古籍文献，编目和整理工作也很有限，有一些相关机构收集起来的第一手资料因人手紧缺、经费不足等原因被搁置一边，仍有许多布依族口碑古籍资料需要整理出版。

二、黔南布依族歌谣特征

布依族是个善歌能唱的民族，黔南布依族民歌长期以来流传于荔波、罗甸、平塘、都匀、福泉等黔南各地布依村寨中，传承历史久远。歌谣的思想

---

[1] 黔南布依族苗族自治州概况：http://www.gz.xinhuanet.com，2014年4月9日。
[2] 国家珍贵古籍名录：http://baike.baidu.com/view/2362437.htm，2014年12月21日。

内容丰富多彩，从神话传说、万物起源到婚丧嫁娶、节日庆典等日常生活、劳作的各方面都渗透着布依族同胞喜怒哀乐各种情感。布依族"无歌不成席"，歌谣成了布依族承载文明、表达情感、教育子女、再现生活等的重要表意工具。布依族丰富多样的口传文化不仅是成就中华民族文化多样性的重要基础，而且显示出其独特性，是人类文化的宝贵遗产。其丰富的内容具体包含以下几个方面特征。布依族的一些古歌、盘歌源于无文字时代布依族先民口耳相传的对万物起源的朴素、原始的理解和大胆的想象，以及对美好生活的追求和向往，是布依族先民生活中不可或缺的精神和文化源泉，如《太阳歌》。体现布依族生活习俗最典型的要数婚嫁歌。布依族婚嫁歌按婚事进程的先后，又分为男方到女方家要花、要鸡歌，女方家的哭嫁歌，男方家迎娶喜庆歌。体现出布依族古老而淳朴的教育、文明处事观的有劝世歌、四时歌以及起房造屋、小孩满月、节日庆典等场合吟唱的礼仪歌。或庄重严肃，或活泼诙谐，歌唱的形式富有层次感和节奏感，曲调婉转悠扬，内容上讲究对位应答，集中体现了布依族先民在历史长河中积淀的古老文明。

三、保护措施

随着民工潮经济的兴起及信息化时代的到来，为了生计而外出打工的年轻人更容易接受外面多元的新潮文化，布依族民间的娱乐方式、获取信息的渠道在日新月异地改变着，歌唱的程序和酒席的仪式及时间也发生了由复杂到简单、由多日缩短到单日的改变，整个布依族聚居村寨的人际交往、信息传递方式、思想意识等都发生了很大的变化。因此，对黔南布依族口碑古籍的及时发掘抢救、保护开发已经迫在眉睫，这是信息社会发展的客观要求，也是新时期民族口碑古籍生存和发展的必要选择。

（一）人员的选择

一是自身队伍的人员选择。通过短期培训，培养有一定文字整理功底、能吃苦、能融入民族生活氛围，最好能听懂、会说布依族语言的民族口碑古籍收集整理业务骨干，以提高黔南布依族口碑文献整理保护工作的专业水平，满足抢救、保护、整理、研究少数民族古籍工作的需求；二是布依族民间口碑古籍传承人的选择。民俗学家刘锡诚先生说过："传承人是非物质文化遗产的重要承载者和传递者，他们贮存着、承载着非物质文化遗产相关类别的文化传统和精湛技艺，他们是非物质文化遗产代代相传的'接力赛'中处在当代起跑点上的'执棒者'和代表人物。"[①] 黔南布依族民间歌师、摩师、说唱

---

① 刘锡诚：《传承与传承人论》，《河南教育学院学报》（哲学社会科学版）2006年第5期，第24—32页。

甚至喜欢"摆古"的民族文化艺人都是口碑古籍的传承人，他们对民族口碑古籍的保护和传承具有不可估量的作用。在现代文化不断冲击的今天，这一类传承人越来越少，年事越来越高，而且对外界人事的融入多少有些排斥。他们一般只将技艺传给"有缘"人或者家人，既愿意学且有此天赋能很快学好、传承的徒弟或者家族的下一代子孙，因此，找准民族口碑古籍的这些传承人是最关键的第一步。

（二）收集方式

通过走访布依山寨，我们不难发现，布依族各种口碑歌谣的内容主要记录在不识文字的年长歌师（多为女歌师）的脑海中。由于过去受传统观念的影响，布依族60岁以上的妇女几乎没有读过书，她们唯一的文化生活就是学歌、传歌、唱歌。这些自得其乐的老歌师，是难得的布依族古歌的储存和传播人。而摩师（民间叫摩公）大多生活在练习、传唱、诵经的圈子里，具有极强的自我保护心态，不轻易向族外人展露这些祖传的隐私文化，甚至对外人的询问有排斥心理。因此，针对这些传唱者的采访必须注重一些细节和策略。首先，要学会"接地气"，比如借助亲戚或朋友关系，深入民族民间的婚丧嫁娶的"帮忙"活动中，与他们打成一片设法取得他们的好感和认同；其次，肯定、赞美他们在村寨里的民族"文化人"身份、智慧和地位，最关键的是通过闲聊、拉家常等方式，将话题引到歌谣上来，一步一步地导入正题，赢得这些歌师或者摩公的好感、信任，才能水到渠成地让他们开口。

（三）田野调查的必要准备

布依族口碑古籍大多聚集在偏远、闭塞的布依村寨，口碑古籍的收集以黔南少数布依族聚居村寨为依托，通过深入偏远的少数民族聚居村寨，得到第一手宝贵资料。此项工作除了要求随行人员具有良好的身体素质和业务能力以外，设备也须配备齐全，如录音录像设备笔记本电脑、充电设备、必要的笔墨纸张等，力求全面收集、记录布依口碑文化；还要准备一些礼物，送给布依族同胞；再次是心理准备，对于一些常年处于闭塞山寨，保守、排外情绪较重的年老的歌师、摩师，若没有沟通好，不懂得尊重其民族习俗（如布依族民间有母猪生小猪仔当天不能闯进主人家里等禁忌），很容易被拒之门外。

（四）整理措施

布依族口碑古籍丰富多彩，要将这众多的资料细细收集整理出来，在内容上保留其原汁原味，在音、形、义上形成一个统一规范的标准，也是一项浩大的工程。其一是读音的标准。对于用布依族语言记录下来的口碑文献，统一用国际音标加以注音，针对整理、翻译、出版中涉及布依族语言的音、形、义，在翻译原则与方法上形成统一标准和规范，做好口碑古籍整理、翻译乃至出版成果的学术规范，从学科上保障布依族口碑古籍整理、翻译质量；其二是对口碑古籍文献内容进行分类整理，如古歌有丧葬类、婚嫁类、万物起源类、神话故事类等，对这些口碑古籍进行分类整理，形成规范的古籍资料文本，便于录入建库、存储和查找利用。通过标准化与规范化整理、收藏乃至出版，改变布依族口碑古籍口耳相传的方式，以现代信息存储技术和图书资料出版方式，使布依族珍贵的民族文化得到更好的保护和有效的利用、传承。总之，黔南布依族口碑古籍历史悠久、内容丰富，具很高的价值意义，而此项工作浩繁，复杂性和艰巨性高，需要相关政府部门及文化、科研等机构充分发挥自身优势，群策群力，在统一、规范的标准指导下去发掘、收集、整理布依族民族民间口碑古籍，共同完成此项载入史册的使命。

（原载于《东方藏品》2018年第2期）

民族古籍保护利用研究

浅谈民族文献的收集及整理
——从民族高校图书馆建设的角度

欧俊娇

文献是一个颇具文化意义的词汇，也是一个与书面文化关联极为密切的词汇。在人类的文化发展历史中，文献确实在某种程度上包容了文化的历史，或者说文化的历史被我们称为文献的文本所承载。你面对某一文献的时候，也在某种程度上面对着一种文化、一种历史。当这些文献被人们研究和应用的时候，也就产生了专门的学科——文献学。当今，文献学确实在现实中早被人们利用和发展，是一门在文化研究中地位比较特殊和重要的学科，因为它是一门具有比较基础性质的学科，与许多学科的关系密切。而且这门学科与图书和图书馆的关系密切，亦是建立在图书馆这样的文化机构基础形式之上的经典学科。或者说文献学是图书馆学的一个组成部分。

进而，我们深入文献学的学科内部时，会发现，这个文献学内部还可以有许多方面的分支，它与其他的一些学科联结的时候，还会产生自己的分支学科，比如版本学、基础文献学、应用文献学和以某一特定内容为标题的文献学，等等。我们这所说的民族文献学就是这样的文献学。我们在这里论述民族文献的收集和整理，就是基于这样文献学的学理而言的，也是基于民族院校大学图书馆和民族地区文化建设中古籍整理的学术建设而言的。在贵州这样的民族省份的民族院校图书馆工作中，在民族地区的文化建设中，进行民族文献学方面的研究和探讨，是非常重要和必要的。

一、民族文献的概念

说到民族文献的概念，不言而喻，这是一个组合性质的词汇，是民族这一概念与文献概念的组合。民族在我们国家是一个特定的概念，既有它的政治性，也有它的文化性。它的源头是苏联领袖人物斯大林关于民族的定义，但在各个不同的历史时期被政治家和民族学家不断地调整和利用。我们至今

---

[1] 基金项目：国家社科基金重大招标项目《黔湘桂边区汉字记录少数民族语言文献搜集整理研究》（项目编号：12&.181）阶段成果。2016年4月贵州省少数民族口碑古籍分类与定级学术研讨会交流论文。

对民族有许多方面的解释和应用，但基本没有脱离斯大林关于民族的定义的基本范畴。民族这一概念与西方国家文化人类学中关于"族群"的概念有许多相似之处，但实际上，这是两个处于不同文化背景和学理基础的概念。在国内，有的学者喜欢把二者混为一谈，它们在面对的研究和表述对象上也许是一样的，但在理论背景和文化背景上则是不一样的。本文在表述民族文献中的民族这一概念时，它的基本概念是前者。

文献是一种书面文本的形式认定，它有两个关键性要素，一是书面性质的文本形式，即文献一定要有一定程度上的文本存在；二是一定要与某一方面的文化历史关系密切并显示一定程度的重要性质，只有这样的东西才能成为我们所说的文献。

在把文献与民族这两者组合在一起的时候，从概念上，我们可以说关于民族文化历史的文本文献就可以称为"民族文献"。但是，当民族和文献成为一个词语时，它们就会发生许多方面的变化，生发出许多一般文献中所没有的性质和表现来。

在实际的研究和应用中，当民族文献被我们作为一种独立的概念对待时，民族文献就会表现出以下三个方面的特性：一是文献的多语言文本状态，二是文献文本的多形式状态，三是民族文献文本的非规范化状态。

民族文献的多语言文本状态是指民族文献存在肯定是建立在多种民族语言文本基础上的，即它不可能是一种语言的文本，因为许多民族都有自己的文字文化表现，关于他们文化历史的记载，不但有汉语文本的文献存在，也有自己民族语言文献文本的存在，而且这种本民族语言文本的存在对民族文献是有特别意义的。民族文献肯定不会只是某一民族的文献文本，尤其是在多民族存在的地区，民族文献的文本会呈现多种民族语言文字的状态。在这样的民族文献状态中，其文献的管理和研究是非常丰富和复杂的，也是非常重要的。

民族文献文本的多形式状态指的是由于民族文化表现形式的多样性，会给民族文献的形式表现带来多种可能性。比如说，我们一般理解的文本是文字性质的，但在民族文献中，就很可能出现图像性质的文献，或者说半图像半文字形式的文献。在我省彝族毕摩经书中，有的经书文献就是图像性质的民族文献，这在水族的水书中也有。还有受媒介形式的影响，一些意想不到的媒介形式也会进入民族文献文本形式中来。

民族文献文本的非规范化状态指的是许多民族在自己没有文字和历史文化记录形式的时候，其民族文献是在一种"借语"状态下出现的，即我们利用其他民族的语言记录和整理的民族文献。这样的民族文献实际上是非规范化的文献，因为这样的记录和整理本身就很不规范化，它们的文献性质也不强,但在没有更为确切的民族文献记载的时候,我们绕不开这样的所谓的民族文献。

这三个方面,肯定都使民族文献这个概念发生了复杂的变化,使它难以把握和呈现民族文献这一概念在文献学和图书馆学中的重要性质。

二、民族文献收集和整理

民族文献收集和整理是一个历时性的问题,应该说民族文献的收集整理在中国是一个早就存在的过程。比如说,贵州省的民族文献收集和整理早在解放前就已经出现,并取得了一定的成果。

在中华人民共和国成立初期,贵州省的民族文献收集和整理在20世纪50年代的民族问题调查中便出现了。在这次调查中,有许多文本也许并不能被称为民族文献,但也有少部分文本能够被称为民族文献,比如1957年全国人大常委会民族事务委员会组织调查的"台江苗族巫鬼文化调查",就是黔东南苗族文化民族文献的文本之一。这个文本应该属于上述民族文献性质表现中的第三种,但随着此地苗族巫鬼文化的变化或者说消失,它已经成为十分宝贵的民族文献了。

在改革开放后的数十年中,对民族文献收集和整理影响最大的国家行为应该是"三套集成"的收集整理。在这数十年中,三套集成中的文本大多数可以被视为我们今天所说的民族文献。在三套集成的收集整理中形成的民族文献,对贵州省的民族文献来说意义重大,由于地理和民族等原因,对于贵州省民族文献的收集和整理,从来没有像集成那样全面过。但是,三套集成所针对的主要是民族的艺术文化部分,民族的其他更为重要的部分并未涉及,但它所带来的民族文献已经很丰厚了。

最近出现的国家对非物质文化的调查和关注,也促成了许多方面的民族文献收集和整理,且有了一些初步的民族文献成果,也会促成民族文献收集和整理的进一步开展。

在这半个世纪里,除了受国家文化行为的影响所带来的民族文献收集和整理外,学者的个人研究中也有许多民族文献收集和整理成果,形成了许多民族文献性质的文本。这也是我省民族文献收集和整理的一个重要组成部分。

但是,不难看出,我们在一定程度上并不太理解这半个世纪以来所出现的种种文本的民族文献价值。个人研究行为中的民族文献在自然流失,已经形成的文本也没有得到应有的重视。在实际的境况中,这种对民族文献漠然视之的态度仍在继续,我们还没有觉悟。这种不觉悟在一般人中是可以理解的,但在图书馆学和文献学中是不能原谅的。

从以上情况可以看到,这半个世纪以来,我们在民族文献收集和整理中有意无意地做了许多方面的工作，出现了一批民族文献成果（尽管我们对它们的文献价值认识不清）。贵州省民族的许多文化和现成的民族文献文本需要我们做进一步的收集和整理，比如苗族的文献文本、水族的文献文本、彝族的文献文本，等等。

在民族文献收集和整理中，我们要注重民族文献文本的收集，也要注重以汉语为主的民族文献文本的收集和整理。

在民族文献收集和整理中，从行为方式而言，我们不但要注重国家文化行为对民族文献收集整理的影响，依靠集体行为方式为我们提供更多民族文献文本，也要注重个人研究者在个人性质的研究中所形成的民族文献文本。在贵州省，这个方面的民族文献的工作最为薄弱，许多进入个人研究者手中的民族文献资料和文本，在研究者的研究工作完成之后，就被自然遗弃了，或者说自然散失了，殊不知这也是民族文献的重要组成部分，它们在将来的民族文献中的价值也是不可估量的。

在民族文献收集和整理中，从方法论而言，我们应该拓宽民族文献的视野，不能完全以汉族文献学的标准来要求民族文献。从民族的文字中来的文本，我们可以视为民族文献文本；我们用非民族语言收集而来的民族文化文本，我们也不能视之为异类，也应该包括在民族文献之中。在贵州省的世居民族中，除了回族、蒙古族、水族、彝族、苗族等民族有文字，或者说曾经有过文字以外，其他民族基本没有，或者说没有使用自己的民族文字。在这样的情况下，用非民族语言收集而来的民族文化文本，在民族文献的表现上就具有很高的价值。在文本的记录方式上，严格的民族学和文化人类学的调查文本，其民族文献的价值是不言而喻的。但用另外的记录要求和方式所记录的文本，我们在民族文献上也不要轻视它们，这样的文本也有一定的民族文献性质。

在民族文献收集和整理中，从文献性质而言，我们应该立足于民族文献自身的性质表现，应该把民族文献作为一个特定的事物和概念来理解，并且在不同的民族文化中要有不同的民族文献性质的认定和标准。各个民族的文献的差异性是比较大的，我们要灵活对待。

在民族文献收集和整理中，从图书馆学、文献学的角度而言，我们要有一种超越一般研究者和国家文化行为的民族文献意识，关注在一系列文化行为中可能出现的民族文献，在具体的行动中有自己的民族文献意识，并把收集整理作为我们图书馆学和文献学的重要任务，建立我们自己的有民族和地区特色的民族文献学，和可以实实在在促进民族文化研究和发展的民族文献库藏。

三、民族文献收集和整理的意义

民族文献收集和整理的意义是非凡的，它在大的方面是对文化的一种积累。而且，在许多民族无文献文本积累，或极少文献文本积累的贵州，民族文献收集与整理具有更大程度上的意义。它是一个民族文献积累的开创，也是华夏民族文化积累的重要方面，而且是具有极大开拓性质的方面。

这是总的意义，对此，我们还可以分解成以下三个方面来理解：一是促进民族文化的进步和发展，二是促进贵州省图书馆学和民族文献学的发展，三是建立民族文献的库藏，对本地区文化产生积极的影响。

在促进民族文化的进步和发展上，口头文化在走向文本文化时会有一定程度的负面影响，但总体上一定是进步的。

在对贵州省图书馆学和民族文献学的发展上，其意义也是不言而喻的。我们在对民族文献投入更多的关注并对其进行收集整理时，会加深我们对民族文献的认识和理解，建立适合民族地区的民族文献学的学科理念，找到民族地区图书馆学应该关注的方面，发现这一地区图书馆学的特色，以及与众不同的地方。在这个层面上，就会促进贵州省图书馆学和民族文献学的发展。

我们注重和论述民族文献学中的收集整理问题，其最终的落脚点是建立一个有影响力的民族文献库藏，对本地区文化产生积极的影响。

论水族水书文献的保护与利用

文 毅

摘 要：水书文献是指用水族古文字记载水族相关知识的手抄珍稀文本及针对水族文化研究形成的图书资料。加强水书文献的保护与利用有利于传承和发展地方文化，为地方建设提供文献信息，为科学研究及地方史志工作提供文献服务，开展乡土教育和爱国主义教育。因此，要依照法律法规，通过构建水书文献保障体系等措施保护水书，通过开展借阅工作、参考咨询服务和编制水书文献书目索引等措施，利用水书文献，并充分发挥其价值。

关键词：水族；水书文献

水书是水族人民的宝贵文化遗产，具有极高的文物价值、文献价值和史料价值。水书先后被国家档案局、中央档案馆作为首批重要档案文献列入《中国档案文献遗产名录》，入选"中国第一批国家级非物质文化遗产名录"。2008年，7部水书古籍又被列入国务院首批《国家珍贵古籍名录》。[①] 目前，水书申报"世界非物质文化遗产""世界记忆工程名录"的工作正在进行。因此，水书文献的保护与利用成为当地地方文献工作的重要内容。

一、水书文献的现状

（一）水书文献的收藏与利用情况

水书是用水族文字记载水族古代天文、地理、宗教、民俗、伦理、哲学、美学等的手抄本，是刻印传承在民间的珍稀文本，是世界迄今仍然活着的古老象形文字典籍之一。从载体形态看，水书文献包括原始纸质水书、石碑水书、木刻水书、牛角水书、马尾绣水书、陶瓷水书、古钱币水书以及关于水书文化研究的大量文献。[②] 原版水书数量不多，主要分布在贵州省，也有少量流失国外。根据课题组2008年底最新调查统计，贵州黔南州已征集到水书原件21798余卷，其余部分收藏在贵州民族学院、清华大学等有关研究单位或

[①] 李昊、李屹：《省古籍保护中心成立》，《贵州都市报》2008年6月4日，第3版。
[②] 文毅、王观玉：《全球化视野下水书文献资源共享探析》，《现代情报》2008年第3期，第45页。

个人手中。例如，水书研究专家潘朝霖教授自费收藏水书近600卷，拍摄水族文化照片近2万张；①在海外，"日本东洋文库、美国夏威夷大学、英国大英博物馆等也收藏有少量《水书》"。②据水书专家估计，目前有近10000册水书文献散落在民间。近年来，"水学"成为"显学"，来自日本、韩国等十几个国家的专家不断从民间收购水书，加之不法商人倒卖水书，致使珍贵的水书正以每年约1000册的数量流失国外。此外，水书先生越来越少、经费紧张、职能机构间协调性差，造成了水书文献仍然采用传统典藏方式、数字化程度差、收藏机构各自为政的封闭、割据状态。

（二）水书文化研究现状

水书研究已有近150年的历史，其研究人才辈出、成果丰硕。不同时期的学者从不同角度、使用不同手段对水书进行研究，形成了论著、译著、词典、方志、教材、论文、课题研究报告等不同形式的成果。如：莫友芝的《吕亭诗钞·红崖古刻歌》，岑家梧的《水书与水家来源》，李方桂的《水话研究》，潘一志的《水族社会历史资料稿》，石尚昭等人的《水族文字研究》，韦忠林等的《水族文字与书法》，潘朝霖的《中国水族文化研究》丛书（共8卷）与《水族文化词典》，韦学纯等的《水—汉—泰—英词典》，曾晓渝的《汉水词典》，韦世方的《水书常用字典》，何积全的《水族民俗探幽》，陈稠彪的《走进神秘三都》，贵州省写作学会的《秀水三都》，王品魁等译注的《水书·壬辰卷》《水书·丧葬卷》，独山县翻译的《水书·正七卷》《金用卷》《九星八卦卷》《盈亏卷》《九官飞拳卷》《五官飞拳卷》《九神煞》《太平卷》，三都县破译的《水书·日历卷》《丧葬卷》《祭祖卷》等20余种水书译稿，③巴蜀书社的影印版巨著《中国水书》。另外，《贵州通志》《都匀县志稿》《三合县志略》《独山县志》《荔波县志稿》，日本西田龙雄的《水文字历的释译》，以及217篇中国知网"中国知识资源总库"的论文、贵州省水家学会7次学术交流会的论文、900余篇相关调查报告、8项国家社科基金课题等，均对水书文化进行了记载和研究。从上述研究成果看，水书研究涉及语言、造字、族源、地理、哲学、宗教、民俗、翻译、书法、历史、考古、伦理道德、文学艺术、天文历法等内容。目前，日本、法国等国外学者也有相关成果问世，而国内董芳教授主持的省长基金课题《水族水书语料库建设》解决了水文字录入、字库建立、键盘编码等技术问题，具备全文数据输出、检索等功能，

---

①水书的守望者——潘朝霖：. http://www.39sd.com，2007年5月10日。
②潘朝霖：《水书文化研究150年概述》，祖民：《采风论坛》，北京：中国文联出版社，2006年，第15页。
③潘光品：《独山县召开水书第二次审稿会》，2008年7月17日。

是国内外水书应用研究领域最具领先水平的重大科研成果,填补了水书—计算机学的空白。

二、水书文献的保护

(一) 健全法律法规,依法保护水书文献

水书既是国家级非物质文化遗产,又是国家档案文献遗产和国家珍贵古籍。对于水书倒卖、流失,水书先生越来越少,人才匮乏,经费紧张,数字化程度差,职能机构间协调性差等诸多困扰,只有通过对水书文献的依法保护来解决。虽然《出版管理条例》《著作权法》《印刷业管理条例》《档案法》《文物法》《贵州省民族民间文化保护条例》等法律法规均可适用,但都缺乏针对性,因而需要制定一部水书文化保护的地方性法规。为加强对水书文化的保护、管理和开发利用,贵州省第十一届人大常委会第二次会议批准了《三都水族自治县水书文化保护条例》(以下简称《条例》)。《条例》在水书文化专项保护资金,水书文化的普查、征集、整理,水书的翻译、论证、利用,水书传承人的认定、保护和培训,水书文物的流通以及违规处罚等方面进行了详尽的规定。[①] 各级部门和单位必须组织学习《条例》,大力宣传《条例》,使干部群众都关心水书、保护水书,尤其是公安、工商、文物等职能机构,要加强管理、搞好协作。只有这样,水书文献的保护才能做到严格执法、违法必究。随着法律法规的健全与完善,水书文化的传承和保护才能从根本上得到保证。

(二) 高校与地方共建水书文献保障体系

水书文献保障体系是本地高校图书馆与公共图书馆、档案馆、博物馆,在"统一规划、分散管理、分工协调、联合保障"的原则指导下,充分利用各收藏单位已有的水书文献,依靠各自的资源和条件,建成的一个具有单位、地区、系统分布特色的印刷型文献与各种载体文献相结合、实体馆藏与虚拟馆藏相交织、文献查询与原始文献提供相统一、网络传输与传统互借相协调的联合保障系统。[②] 民族地区高校图书馆应根据馆藏基础、地区或系统文献资源布局的统筹安排,加强地方文献资源建设,体现区域特色,并逐步形成特色馆藏体系。收集、整理地方文献是各级公共图书馆的任务之一。水书文献属地方文献的范畴,既有文物性,又有文献性。所以,高校图书馆、地方公

[①]《三都水族自治县水书文化保护条例》:http://www.chinacourt.org,2008年6月20日。

[②] 邬卫华:《西部地区地方文献保障系统建设初论》,《河北科技图苑》2005年第2期,第5页。

共图书馆、档案馆、博物馆、研究院（所）等部门都可根据各自的工作性质，按照分工协作的原则，有侧重地对其进行收藏。可以说，高校与地方共建水书文献保障体系对水书文献的传承和保护是非常重要的。可以采取下列方法加强对水书文献的保护：①成立省级水书文献收藏中心，建立水书文献网络。全面的水书文献保护工作不是某个图书馆能独立承担的，所以，省级水书文献收藏中心既要统领水书文献资源的建设工作、加大经费投入、广泛收集水书，又要加强与各级水书文献工作部门及个人收藏家的协作，确保水书文献完整、有特色、成体系，使文献收藏中心逐步发展成为水族文献信息研究中心。②利用现代化手段进行水书文献的收集、编目整理工作，建立水书文献数据库。只有建立标准化的水书文献数据库，才能实现水书文献数据联网、数据交流和共享。因此，数字化工作要分步实施，先建书目数据库，再建综合性、专题性篇目数据库，最后建全文检索数据库。同时，要确保水书文献管理的科学化、规范化。①

（三）采取形式多样的保护措施

纸质水书占95％左右，主要靠水书先生手抄、口传流传至今，且水书"传内不传外，传男不传女"，传承方式保守、单一，加上水书先生大多年事已高，制约了水书的传播和普及。② 随着水族古文字的不断发现，水书的破译和保护非常紧迫、严峻。应采取以下保护措施：①保护水书先生，加强人才培养。水书先生是水书传承的特殊载体，是"活水书"，必须加大保护力度，提高他们的待遇，确保破译水书和培养接班人工作的顺利开展。如：贵州水书文化研究院、黔南州水书研究专家组及荔波县、三都县、独山县等单位领导，审时度势，聘请水书先生，翻译、整理了大量水书，取得了可喜的业绩；贵州民族学院开办水族语言文化本科专业，招收水族语言文学方向的硕士研究生；③ 省内人事部门开展水书专业技术人员暨马尾绣民间艺人职称评审工作；④ 水乡将水书文化教材引进校园、引进课堂。这些举措充分说明，民族民间优秀文化遗产的抢救保护已被纳入政府的议事日程，进入良性发展轨道；水书文化的保护与传承后继有人，前景光明。②开展水书文献的出版、镌刻、复制工作。对经典书籍的出版、刊刻，从来都是中国图书事业史之大事，是保护典籍、传承文化的重要举措。例如，巴蜀书社出版了1353种大8开160

---

① 金沛霖：《图书馆地方文献工作》，北京：北京图书馆出版社，2000年，第142—144页。
② 《神秘水书 古老记忆》：http：//www.news.sohu.com，2006年6月12日。
③ 阿闹任唯：《水族语言文学硕士研究生实现0突破》，http：//www.zgszwhw.cn，2008年9月22日。
④ 阿启：《黔南州在三都县召开水书专业技术人员暨马尾绣民间艺人职称评审座谈会》，http：//www.zgszwhw.cn，2008年6月26日。

册影印版《中国水书》;① 潘国慎先生赞助建成的"天下第一水族古文字碑林"——勒睢碑,镌刻水族古文字 1500 余字。② ③倡导水书文化研究。要拓宽水学研究领域、构建水学学科体系、促进水书文献保护,必须倡导水书文化研究。如:清华大学、南开大学、中山大学、贵州民族学院、英国大英博物馆、日本京都大学、美国夏威夷大学等国内外知名学府、科研院所,或进行水书研究,或走进水乡开展田野调查,或举办国际学术研讨会、学术讲座,或收藏水书文献。一时之间,水书成为国内外学术界广泛关注的热点。总而言之,必须继续规范或推动上述工作,以达到传承水书文化、保护水书文献的目的。

三、水书文献的利用

(一) 专室专藏专职管理,开展借阅工作

各馆应将水书文献作为特藏。首先,要设立专室专藏专职管理,管理人员必须具有馆员以上职称,有条件的馆可配备副研究馆员、研究馆员;其次,要完善阅览环境,严格借阅规定,做好目录导引服务和新书通报工作;最后,对水书原始文献要实行闭架借阅,对新版的一般水书文献实行半开架、开架借阅,为读者提供复印服务,但具体管理方式可因馆而定。

(二) 编制水书文献书目索引

水书文献书目是为揭示水书文献而编制的。为更好地开发和利用水书,除编制水书文献书目外,还应编制水书文献索引、题录、文摘、综述、指南、手册等二、三次文献。水书文献目录能够为读者提供水书文献风貌总览,为研究者、决策者提供科研线索和决策信息。目前,《中国水书文献总目》《水书文献联合目录》《水书文献专题书目》《未译水书文献目录》《中国水书文化研究索引》《中国水书文化研究文献提要》《水书文献报刊索引》等书目、索引亟待编制。

(三) 开展水书文献的参考咨询服务

水书文献的参考咨询服务是指水书文献管理者以个别解答的方式,为读者提供水书文献、水书文献知识和水书文献查检方法(包括馆外的各种信息通道)等服务工作。参考咨询服务工作必须紧紧围绕社会、经济、文化、科学研究等领域中的重大课题、重要专题开展课题跟踪,并提供水书文化研究

---

① 周芙蓉:《〈中国水书〉即将出版》,http://www.zjol.com.cn,2007 年 1 月 9 日。
② 阿闹任睢:《"天下第一水族古文字碑林"建成》,http://www.zgszwhw.cn,2008 年 12 月 3 日。

的最新信息、最新发现、最新成果，从而最大效用、最深层次地利用水书。

四、水书文献保护与利用的意义

（一）积累和保存水书文献，传承和发展地方文化

水书记载了水族古代天文、地理、宗教、民俗、伦理、哲学、美学、法学、生产生活等方面的文化信息，属于独特的地方文献。收藏、保护和利用水书，就是传承和发展水族文化。如水书专家潘朝霖为大型动漫片《水族大型动漫神话》提供相关资料，为历史文化片《贵州水族》、风情片《悠悠水家情》撰写脚本等，弘扬了水族独特的优秀文化，突出了"凤羽"水乡的艳丽景色，展示了水家儿女浓郁的民族风情，[①]并以现代媒体为载体，传承和发展了地方文化。

（二）为地方建设提供文献信息，促进地方经济发展

水书文献中记载的自然资源、地理、历史、社会结构、文化风俗、人口等内容具有明显的资治作用。水书文献部门应有针对性地向地方政府及决策机构提供决策依据。例如，黔南州政府、荔波、三都、独山、都匀等水书文化遗存丰厚的地区，把水书文化的开发利用作为当地文化兴州、兴县的特色项目，充分利用荔波的"世界自然遗产地"——大、小七孔等品牌，结合水书文化和端节、马尾绣、剪纸、蜡染等民俗文化与民族风情，开展水族地区文化生态旅游。文献部门要利用水书文化参与旅游业的开发，使水书的保护与利用能够带来地方经济效益。正如贵州省民委徐飞副主任所说："要保护和发展民族文化，就必须结合民族地区的旅游开发，因为旅游业实质上就是自然风光、历史文化、民族风情和现代文明的结合。"[②] 只有这样，才能走出一条自然资源开发与文化资源开发相结合、旅游产业建设与民族文化产业建设相结合、民族文化建设与社会主义市场经济建设相结合的发展道路。

（三）为科学研究及地方史志工作提供文献服务

水书具有鲜明的地域性、丰富的史料性、内容的综合性，被誉为水族的"百科全书"。许多教学和科研人员参考利用水书文献进行科学研究，完成各种科学论文、课题、研究报告、学术论著的撰写与出版。例如，潘朝霖的论著《中国水书文化研究》和国家级课题《象形文字的最后领地——水书解读》、冯英的论著《水语复音词研究》、曾晓渝的论著《汉语水语关系论》、韦

[①]《水书的守望者——潘朝霖》：http://www.39sd.com，2007年5月10日。
[②] 王炳江：《从学术、政治、经济及科学发展观等方面看民族文化保护》，http://www.zgszwhw.cn，2008年11月16日。

章炳的论著《中国水书探析》、石国义的论著《水族村落家族文化》、三都县编撰的《三都县志》和《三都年鉴》、荔波县编撰的《荔波县志》和《荔波年鉴》等，都是在参考和充分利用水书文献资料的基础上完成的。同时，各级水书文献收藏单位为科学研究提供文献服务，为编撰地方史志做出了积极的贡献。

（四）利用水书文献进行乡土教育和爱国主义教育

水书文献是水族人民集体智慧的结晶，是中华民族优秀文化的重要组成部分。水书文献中收录的地方名人传记及其著述，是进行乡土教育和爱国主义教育的好教材。正如杜定友先生所说："良以地方文献，非特为掌故史料之宝藏，抑且读之发人深省，使祖述先贤，爱护乡邦之念，油然而生。其影响于一国之文化，至深且巨也。"[①] 水书文献记载的名人、轶事、典故很多，如"不惜唯我身先死"的共产主义先驱战士、水族人民的优秀儿子、中共一大代表邓恩铭，水族著名文化学者、方志学家、水家学研究奠基人、爱国民主人士潘一志，水族农民抗清起义领袖潘新简，身残志坚的教师陆永康，"水学"大师王品魁，等等。爱国主义教育应从我做起，从认识乡土做起，水书文献在进行乡土教育和爱国主义教育中将起到非常重要的作用。

（原载于《图书馆建设》2009年第6期）

[①] 金沛霖：《图书馆地方文献工作》，北京：北京图书馆出版社，2000年，第142－144页。

论布依文古籍文献资源保护与利用[①]

林伯珊　覃忠跃　曾纪钰

贵州省 15 部布依文古籍申报《国家珍贵古籍名录》成功，改变了人们长期以来认为"布依族没有文字"的观念，布依族被认定为中国具有自己民族文字的 18 个少数民族之一。2011 年 12 月，在北京召开的中国民族古文字研究会学术研讨会暨会员大会上，贵州布依文古文字入选"中华字库"，被列入国家文化工程"中华字库"进行研究、保护、开发、利用。因此，保护与利用好布依文古籍文献成为当地地方文献工作的重要内容。

一、布依族古文字

布依族古文字是古代布依先生（布摩）自创字，系表意的方块字，只能用布依语读音，只有布依先生能够识读，字义只有布依先生能够解读，字形在汉语字典中从未收录，在音、形、义上自成体系，在布依族地区流传使用上千年，且至今仍在流传使用，主要用作占卜文字，或记录《经书》（也称摩经）、《傩书》及创作民间文学作品等。从目前发现的古文字看，主要有 4 种类型：①安龙布依族古文字。是布依族宗教职业者用来占卜的一种文字。②威宁新发的古文字。是宗教祭司布摩用来写经书的一种文字。③方块土俗字。主要流行于宗教职业者中，部分民间歌手也用来记录和创作民间歌谣。④六盘水波拉母文字。流行于贵州省六盘水一带宗教祭司布摩中的文字。据不完全统计，布依族古文字至少在 300 个以上。[②] 布依古文字的使用结束了经书、傩书以口传身授方式传承的历史，使经书、傩书由口述形态变成了书面的文献典籍。

二、布依文古籍文献

布依文古籍大致分为经书、傩书和口传古籍古歌。经书是指用于婚丧嫁

[①] 本文系贵州省教育厅高校人文社会科学研究基地项目；黔南州布依学会研究基金资助项目《布依文古籍文献资源保护与利用研究》成果之一，项目编号：2012JD007。
[②] 韦建丽：《布依文古籍晋升"国宝"改变了"布依族没有文字"的观念》，《图书馆理论与实践》2012 年第 6 期，第 92—94 页。

娶、起房盖屋、测吉占卜、开路悼念的经文古籍，内容涉猎信仰、政治、历史、经济、伦理、文学、民族关系等方面，被称为布依族的"百科全书"。傩书是指用于还愿祈祷、祭祀神仙、表演傩戏、倡导孝道的经文古籍，内容涉及布依族的民俗、音乐、舞蹈、美术、服饰、戏曲等方方面面，史料记载距今已有两千多年，被称为"中国戏剧的活化石"。口传古籍古歌是指丧葬仪式上由布摩和歌师演唱的歌（布依语称"弯"）。古歌除了表达生者对死者哀悼的内容之外，还涉及万物起源、古代生产生活、哲学、伦理、宗教、习俗、爱情婚姻等内容，对研究布依族历史文化具有重要价值。

三、布依文古籍文献的保护与利用

（一）布依文古籍挖掘、整理

20世纪50年代前有关布依文古籍发掘、整理、研究等方面的工作可以说是一片空白。用汉字记录布依语音的现象直到50年代才引起学术界的广泛重视。王伟教授、布依族老一辈民族文化工作者黄义仁等深入贵州省罗甸县等布依族地区发掘、收集了大量的布依族古籍作品，开创了布依族书籍类古籍发掘的先河。但因诸多原因，所发现的摩经资料都以布依族民间文学作品的形式整理出来，古籍抄本未露出其神秘的面纱，如《造千种万物》《十二个太阳》《兴年月时辰》《辟地撑天》等。60年代中期以后，以摩经为代表的布依文古籍被视为"四旧"的产物，遭受了毁灭性的破坏，学术界对布依文古籍的发掘、整理处于停滞状态。"文革"结束后，作为布依族民间文学研究的一个部分，布依文古籍的收集、整理、翻译研究工作才得以恢复。80年代初开始，为了配合布依族新文字方案的试行推广，贵州省布依族聚居的各州、市、县有关机构开始对布依文古籍进行发掘、抢救，翻译整理了一批经书。如载于《民间文学资料》第65集的把火寨牛经书等。[①] 20世纪80年代中期至今，布依文古籍的调查、挖掘、整理、翻译成果丰硕。如入选《国家珍贵古籍名录》的《献酒备用》《接送大全》《解书神庙》等16部布依文古籍以及《布依摩经——母祝文》《古谢经》《布依嘱咐经》《接龙经》《敬官厅经》《布依族古歌》《造万物歌》《十二部问答歌》《布依族酒歌》《安王与祖王》《布依族摩经文学》等，为学术界研究布依族各方面提供了丰富的资料，也使一部分布依族口传古籍和摩经文化得以延续下来。

（二）布依文古籍文献研究

继1988年贵州省布依学会成立之后，黔南、黔西南、黔东南自治州、安

---

① 黔南州民族宗教事务委员会古籍办公室编：《黔南民族古籍》，2012年，第16—19页。

顺市、六盘水市、毕节地区、遵义市、铜仁地区等相继成立了布依学会、布依研究会。省、州、市、县民委、古籍办以及民族院校布依族古籍研究会（所）相继成立，布依文古籍研究工作全面展开。学者们从文化学、人类学、民族学、语言学等不同的角度对布依文古籍文献进行研究，形成论著、论文、译著、课题等不同形式的研究成果。如周国茂的《摩托教与摩文化》《论布依族古文字》《论布依族的人为宗教》《论布依族文献古籍的发掘整理与研究》，黎汝标等的《布依族古歌》，黄镇帮等的《布依摩经——母祝文》，黄镇帮的《布依嘱咐经》，王芳礼等的《古谢经》，侯绍庄的《布依族丧葬祭祀歌社会历史价值刍议》，吴启禄的《布依古籍整理"三结合"的尝试》，何积全等的《布依族文学史》，韦兴儒等的《布依族摩经文学》《赎钱魂粮魂经》，潘定衡的《古谢经》，刘稚等的《宗教与民俗》，索晓霞的《并非两难的选择》，郭堂亮的《布依族语言与文字》，谢彬如等的《文化艺术生态保护与民族地区社会发展》，以及各级布依学会学术论坛交流的论文，内部资料文集，相关报道，国家级、省部级甚至国外学术研究基金项目等均对布依文古籍文献进行了记载和研究，研究内容涉及语言、造字、族源、历史、经济、民俗、宗教、服饰、美术等。由此可以看出，随着布依文古籍文献收藏数量、研究文献的日益丰富、研究性机构的成立、研究成果的陆续问世，布依文将成为一门显学。

四、布依文古籍文献保护与利用的问题

（一）保护机制不健全

布依文古籍的抢救、整理、保护是一项浩大的工程。尽管地区图书馆、档案馆、民族研究机构、古籍办、史志办、地方高校等在布依文古籍的挖掘、整理、保护上做了一些工作，但因人力、财力等诸多因素，到目前为止，还没有哪一个机构或部门能对布依文古籍的分布、数量、种类等情况了如指掌。因此，需要明确一个主管机构来做好协调工作，通过主管机构的统一布置、统一指挥、统一领导，做好抽查、摸底、清点、编目、整理、翻译工作，全面了解和掌握布依族地区布依文古籍的存量、分布、流传及收藏等情况，形成区、乡、镇、县、市、州、省的逐级保护机制。

（二）立法不够健全

《中国民族民间文化保护工程计划纲要》《中国民族民间文化保护工程实施方案》《贵州省民族民间文化保护条例》《贵州省民族民间文化保护条例实施细则（草案）》等相关法律法规的出台和颁布实施，对布依文古籍的保护提供了法律保障。它们对于布依文古籍倒卖、流失，布依传承人的认定、死亡、减少，研究人才匮乏，古籍数字化程度差，职能部门间协调性差等诸多因素虽适用，但缺乏针对性。因此，有必要制定一部关于布依族摩、傩文化保护的地方性法规，以确保专项保护经费支出、责任制度健全、各项措施落实等方面有法可依。

（三）残损毁坏严重

目前收集到的布依文古籍都是纸质的手抄本和印刷本。布依文古籍大多散存于民间，由于受自然和人为因素的影响，加上保护条件有限、长期使用造成的破损，许多古籍都已受到损毁，很多古籍已经消失或正在消失。

（四）精通布依文古籍人才匮乏

由于布依文古籍大多由摩、傩先生所掌握，受布依文古籍的神异性和权威性（只有布摩拥有，只有布摩能解读和破识）、传承方式单一（世代口耳相传，布依古文字形成书面典籍）及现代多元文化等的冲击，精通布依文古文字的人越来越少，保护和研发后继无人。

五、布依文古籍文献的保护与利用对策

（一）以健全法律法规为依托保护布依文古籍文献

关于民族古籍保护立法方面的情况，前面已经进行了说明，在出台的法律文件中，都涉及民族古籍法律保护的内容，但对于布依文古籍倒卖、流失，布依传承人死亡、减少，研究人才匮乏，数字化程度差，职能部门间协调性差等诸多因素缺乏针对性，无法及时而有效地保护、利用布依文古籍文献。因此，需要制定一部关于布依族摩、傩文化保护的地方性法规，以确保专项保护经费支出、责任制度健全、各项措施落实等方面有法可依。《三都水族自治县水书文化保护条例》在水书文化专项保护资金，水书文化的普查、征集、整理，水书的翻译、论证、利用，水书传承人的认定、保护和培训，水书文物的流通以及违规处罚等方面进行了详尽的规定，可以借鉴。[①]

（二）建立布依文古籍及相关文献收藏信息一体化管理中心

布依文古籍及研究文献的民族性、地域性、原生性、研究性，发行、传播的局限性，载体形式的单一性，收藏单位所有权的分散性，影响了收藏文献的有效利用和开发。尽管地区图书馆、档案馆、民族研究机构、古籍办、史志办、地方高校等在布依文古籍文献的挖掘、整理、保护与利用上做了很多工作，但文献资源管理间部门分割、行政壁垒、责任分工不明确等诸多因素，阻碍了布依文古籍及研究文献收藏的连续性、系统性、完整性，抑制了

---

① 《三都水族自治县水书文化保护条例》：http://www.chinacourl.org，2008年6月20日。

布依文古籍及研究文献资源在公共文化建设、公共服务体系发展中的步伐。为此，笔者认为，有必要建立一个制度作为保障，联合高校与地方图书馆、档案馆、民族研究机构等为一体的布依族文献资源管理中心，共同肩负起布依族文献资源在整体收藏布局、建设规划、数字化研究以及制定和提交文献资源的共享方案等方面的保护与利用工作。

（三）开展形式多样的保护措施

布依文古籍文献主要有印刷本、手抄本的经书、傩书以及口耳传承的口传古籍古歌。由于年代久远，传承方式单一，布依先生死亡、减少，布依文的传播和普及受限。如：《天运乙未年冬月印》的印刷本已有150年的历史；《献酒备用》《解书神庙》成书于清道光二十一年（1841年）、十六年（1836年），《盘古前皇》《祭解全卷大小通用》《祈请婆王》《钜鹿氏》《做桥》全为清代手抄本。随着布依文古文字的不断发现，布依文古文字的识读、破译和保护迫在眉睫。具体措施如下：①加强保护布摩先生，建立及时有效的保护与传承机制。如通过政协提案、人大立法等方式，将布依先生作为摩文化的传承人并纳入财政预算体系，对布摩先生给予经费资助，实行终身保护，促进摩、傩文化的良性传承和发展。②开展布依文文献的出版、复制工作。做好布依文古籍的调查、摸底、抢救、清点、登记、编目、整理、翻译工作，全面了解和掌握各地布依族古籍的存量、分布和流传情况，进而实现古籍文献的分级保护。③倡导摩文化、傩文化研究。布依学研究是一门以单一民族为研究对象的新兴学科，而摩、傩文化研究是布依学文化研究中不可或缺的重要内容。因此，要拓宽布依学研究领域，构建布依族学科体系，促进布依文古籍文献保护与利用。[①] ④举办各种形式的研讨会、交流会，提高全民保护布依文古籍的意识。⑤加强布依文古籍的征集工作。

（四）拓展布依文古籍及其相关文献资源信息服务内容

各图书情报部门应将布依文古籍文献及相关文献资源作为收藏的重点，建立合理、有序、科学、动态、连续的收藏体系并展开相应的服务。如：①半开架、开架借阅、复印等。②依靠计算机技术，变个体馆藏为布依族地区的共享资源，开展互借和文献传递服务。③做好社会需求调研，利用地方文献资治功能，为政府及决策机构提供资政服务。④关注布依学学科发展及学术动态，为特定读者提供专题、定题服务等。

（五）加强布依文古籍的数字化建设

对布依文古籍的保护措施有延缓性保护和再生性保护两种。延缓性保护

---

① 文毅：《论水族水书文献的保护与利用》，《图书馆建设》2009年第6期，第19—20页。

是指在不改变原件载体的情况下,对布依古籍进行修复、加固以及控制保存环境等延长原件寿命的措施。这种保护方式只能减缓古籍的衰老速度,并不能从根本上解决古籍长期保存的问题。再生性保护是指通过现代化的技术手段,将纸质载体上的古籍内容复制或转移到其他载体上,达到对古籍长期保护和有效利用的目的。一是建立布依语音语料库。将布依文原件页面电子本、布摩先生释读讲解布依文的录音等,以语料库的形式系统保存下来,使布依文古籍音、形、义多种形式共存。二是缩微技术。缩微技术利用高反差胶片或超微粒缩微材料的特点,使缩微复制品恢复古籍的原貌。三是数字化技术。数字化技术的录入渠道有全文数据库和图像数据库两种。图像版数字化技术多用于古籍文献,这种方式可以保存文献的原貌,但无法检索到文献的字、词,对文献的提示不够深入,只起到保护文献的作用,限制文献的充分开发、利用。全文数据库能检索到文献的字、词,有效地支持学术研究及快速检索的需要,但有失古籍的原貌。四是整理复制出版。复制出版虽然没有改变载体的性质,但对古籍的内容进行了转移。以上保护方式各有利弊,但对布依文古籍来说同等重要。[1]

(六)建立一支高素质的布依文文献资源开发队伍

布依文古籍的保护与利用是一个长期、复杂而又专业性很强的工作。在对布依文古籍保护与利用的过程中,一方面离不开研究样本的布依文典籍,另一方面离不开布摩先生对典籍的释读解说。因此,要培养既懂布依(文)又懂语言学、民族学、宗教学、国际音标等知识并具有一定研究能力的民族专业人才,让他们加入保护、利用布依文古籍的队伍中。遵循"抢救是根本、整理是关键、出版是核心、研究是归宿"的原则,切实做好布依文古籍的识读,布依文字符的标音、释义;编辑出版布依文古文字字典、布依文古籍翻译整理文本,从语言学、文字学、历史学、宗教学、文献学、民族学等角度对布依文古籍开展研究等保护与利用工作。[2]

(原载于《图书馆学刊》2013年第11期)

---

[1] 包和平、何丽:《民族古籍保护及其策略研究》,《中国图书馆学报》2005年第6期,第84页。

[2] 韦建丽:《布依文古籍晋升"国宝"改变了"布依族没有文字"的观念》,《图书馆理论与实践》2012年第6期,第92—94页。

布依族古籍文献的分布研究[①]

樊 敏

一、引言

经济高潮必将带来一个文化高潮。在当今社会的新形势下，民族古籍将会迎来一个新的发展阶段。借着这个高潮，传承中华历史文明，加强民族古籍的抢救、保护、收集、整理、翻译、出版和研究工作，意义重大而深远。布依族古籍是中华民族文化遗产的重要组成部分，蕴含着布依族特有的精神价值、思维方式和想象力、创造力，在长期的传播交流过程中，发挥了经世致用的价值取向和社会功能。发展布依族古籍事业，对全面了解中华民族的发展历程、推动社会主义文化大发展大繁荣具有重要意义。近年来，我省对布依族古籍工作高度重视，特别是随着《献酒备用》《傩书》《做桥》等黔南布依族苗族自治州荔波县、三都水族自治县 16 部布依族古籍文献成功入选《国家珍贵古籍名录》，布依族古籍文献越来越受到政府和学界的重视和关注，并成立了布依族古文字典籍研究中心。布依族古籍文献的普查、征集、整理、研究必将促进布依族非物质文化遗产的抢救、保护和传承，也有利于布依族历史文化研究积累资料文献，最终推动布依学研究不断深入。

二、布依族古籍文献发展背景

布依族古籍文献指以文字（方块布依字）为载体，抄写或印刷成书的典籍文献。在漫长的历史进程中，布依族没有创造过与本族语言相适应并广泛使用的文字体系，因此，长期以来，人们所创造的各种文化事象主要以口耳相传的形式来传承，这种形式目前在布依族民间仍然是民族文化传承的主要途径。随着布依族地区汉语文教育的逐步发展，文字的文化传承功能开始为一些布依族有识之士所认识："据史料记载，汉文化很早便传入了布依族地区，大约从唐宋时代起，布依族宗教祭司开始借用部分汉字记音，并借用汉字偏旁部首，根据汉字'六书'创字法，创制了一种方块布依文字，用来记

[①] 基金项目：贵州省教育厅高等学校人文社会科学项目《布依文古籍文献资源保护与利用研究》（编号：2012JD007）。

录布依族宗教经典，也有民间故事传播者和歌手用来记录民间文学作品。"[①]"但由于方音有别，用字不一，因人而异，彼此不能相通，所以没有形成通用的布依族文字。"[②] 从文字形式和书写方法来看，方块布依字与汉字差别不大，但实际上，它的字音、字义与汉字有较大的差别，字音是布依族语音，字义只有布依族宗教祭司——摩师能解释。因此，布依单字在音、形、义三方面自成系统。如：方块布依字形"汏"，布依语读音为"大"，字意为"河水"。字形不同，读音不同，表现的意义更不一样。据荔波县傩书先生何凤阳、何星辉、姚意集、莫炳刚、莫仕均五人的不完全统计，方块布依字至少在 300 个以上。这 300 多个方块布依字写成了一本本经书、傩书，记录了一首首故事、歌谣，在布依族民间广泛流传至今。

20 世纪上半叶有关布依族古籍文献的发掘、整理和研究等各方面的工作可以说是一片空白。布依族民间流行的用汉字记录布依语语音的现象直到 20 世纪 50 年代才引起学术界的广泛重视，其重大成果可以概括为两个字——发现，即对布依族摩经民间抄本的发现。

20 世纪 60 年代，尤其是中期以后，以摩经为代表的布依族古籍文献遭受了毁灭性的破坏，学术界对摩经等布依族古籍文献的发掘、整理也基本停止。直到 70 年代末期，"文革"结束以后，作为布依族民间文学研究的一个部分，布依族摩经的收集、整理和翻译研究工作才逐渐得以恢复。20 世纪 80 年代中期以来，布依族古籍文献通过整理、翻译等，陆续以各种形式出版或在期刊集中登载，为学界对布依族的全方位深入研究提供了宝贵的文献资料，也是真正意义上的布依族古籍文献发展工作的起步之旅。21 世纪以来，为了申报《国家珍贵古籍名录》，荔波县对《献酒备用》、三都水族自治县对《傩书》等布依族古籍文献进行了整理和释读。在这种情况下，大量开展布依族古籍文献的调查研究，向社会和学界提供其分布现状和特征，就成了一种必然的要求。

三、布依族古籍文献的分布特征

（一）布依族古籍文献的分布现状

1. 区域分布

布依族古籍文献从地域上看，主要分布于北盘江流域、南盘江北岸、蒙江（涟江）流域、曹渡河流域、金沙江上游等，位于北纬 24°10′～26°和东经

[①] 龙志毅：《布依族古歌·序》，黎汝标、黄义仁编译：《布依族古歌》，贵阳：贵州民族出版社，1998 年。

[②] 黔南布依族苗族自治州史志编纂委员会编：《黔南布依族苗族自治州志·民族志》（第四卷），贵阳：贵州民族出版社，1993 年，第 41 页。

104°10′～108°10′。从地形上看，则多分布于云贵高原到广西盆地的过渡地带上。从地区上看，主要分布在贵州省黔南布依族苗族自治州；黔西南布依族苗族自治州；安顺市的镇宁、关岭布依族苗族自治县，紫云苗族布依族自治县，西秀区黄腊、鸡场、新场、杨武布依族苗族乡、岩腊苗族布依族乡，平坝县羊昌布依族苗族乡，普定县坪上苗族彝族布依族乡；贵阳市花溪区的小碧、黔陶、马玲布依族苗族乡、湖潮苗族布依族乡，乌当区的新堡、偏坡布依族乡，白云区的都拉、牛场布依族乡，开阳县的禾丰、南江布依族苗族乡、高寨苗族布依族乡，修文县的大石布依族乡，清镇市的王庄布依族苗族乡、麦格苗族布依族乡；毕节市威宁县的新发布依族乡；六盘水市六枝特区的陇脚布依族乡、落别布依族彝族乡，盘县的羊场布依族白族乡，水城县的发耳、都格、米箩、红岩布依族苗族彝族乡、鸡场布依族彝族苗族乡；黔东南苗族侗族自治州麻江县的贤昌、坝芒、景阳布依族乡；云南省曲靖地区罗平县的长底布依族乡、鲁布革布依族苗族乡；四川省凉山州的宁南县等地区。布依族古籍文献的分布区域涵盖西南 3 省，数量超过 2 个自治州、3 个自治县和 51 个民族乡。

2. 代表性区域藏量统计

布依族古籍文献藏量丰富，除了极少数信仰天主教的自然村寨外，几乎每一个布依族聚居的自然村寨都有蕴藏。有初步统计的是：黔南州荔波县现存 5000 多册，其中傩书约 3000 册，经书约 2000 册。① 罗甸县董当乡罗鸭村摩师罗锦贤个人收藏 40 余册各种版本的经书，八总乡交广村摩师王永华个人收藏 20 余册各种版本的经书。大河十三寨布依族是指居住在邢江河、蒙古河两岸的安顺市西秀区黄腊布依族苗族乡，平坝县原路塘布依族乡、蒙古布依族乡，是布依族聚居连片的地区，方圆 50 余公里，俗称大河十三寨，该地区散存经书 300 多册。② 贵阳市散存经书 168 册，主要分布在花溪区、小河区、南明区、乌当区、白云区、清镇市、开阳县。③ 安顺市镇宁布依族苗族自治县散存有各种版本的经书 10000 余册，而且在镇宁布依族苗族自治县马厂乡八河村八河寨子发现了一套《天运乙未年冬月印》的印刷本摩经，迄今已有 150 多年的历史。④ 黔西南布依族苗族自治州望谟县在县城周边及桑郎镇、石屯镇 4 个村寨抽样调查，发现摩书抄本 200 多本，其中桑郎镇摩师黄朝富个人收藏

---

① 王永书：《让民族文化瑰宝在普查工作中异彩纷呈——黔南州 2008—2010 年少数民族古籍普查工作总结》，荔波：贵州省民族古籍普查工作现场会，2010 年。
② 郭正雄：《大河十三寨布依族摩经概述》，望谟：贵州省布依古文字与摩文化典籍研讨会，2012 年。
③ 陈荣贵：《贵阳市布依族摩经文化基本情况及现状》，《贵州世居民族研究动态》2012 年第 2 期。
④ 杨芝斌：《论报尔佗》，望谟：贵州省布依古文字与摩文化典籍研讨会，2012 年。

60多本，已经过世的摩师黄维新也有40余本。以上对布依族古籍文献的藏量统计虽然只是沧海一粟，但也可见其数量的丰富性和分布的普遍性。

3. 馆藏分布

由政府主导，真正意义上的布依族古籍文献抢救、收集工作是于2008年从荔波县开始的。2008年，在黔南布依族苗族自治州荔波县十五届人大代表大会第二次会议上，县人民政府县长陈稠彪在《政府工作报告》中正式提出开展我县布依傩书古籍的征集工作，由此拉开了县人民政府正式征集抢救布依族古籍文献的序幕。2008年11月27日，县档案局、县民族宗教事务局、县布依族学会召开会议，集中人力、物力，开展布依族古籍文献征集进馆工作。目前布依族古籍文献的馆藏分布主要集中在黔南布依族苗族自治州的荔波县、三都水族自治县和贵州民族大学。荔波县民族宗教事务局布依文古籍研究馆馆藏485册，县档案馆馆藏304册，三都县档案馆馆藏28册，贵州民族大学图书馆馆藏30余册，贵州民族文化宫图书馆、贵州省博物馆等单位也有收藏。

4. 编目分布

布依族古籍文献的编目是指编入《中国少数民族古籍总目提要·布依族卷》的条目。《中国少数民族古籍总目提要》的编纂出版是现阶段少数民族古籍工作的重要内容，全套以民族分卷，共约66卷、110册，每册收书目约3000条，共收书目33万余种。它的编纂是对20年来民族古籍抢救、收集、整理、翻译、出版、研究工作取得成果的一次全面汇总。《布依族卷》是《中国少数民族古籍总目提要》的重要组成部分，它第一次系统介绍了布依族古籍的总体情况。整理编入《中国少数民族古籍总目提要·布依族卷》的布依族古籍文献条目有237册，集中分布在黔南州、黔西南州、安顺市、贵阳市和毕节市。其中，黔南州117册，包括荔波县71册、三都县29册、罗甸县8册、长顺县8册、贵定县1册；黔西南州49册，包括安龙县42册、贞丰县7册；安顺市44册，包括镇宁县25册、关岭县9册、紫云县7册、普定县3册；贵阳市15册，包括花溪区12册、南明区2册、小河区1册；毕节市12册，都分布在威宁县新发乡。

5. 出版分布

由于布依族古籍文献本身的特殊性和一些实际原因，整理出版工作步履艰难，目前的出版物凤毛麟角，原稿本集中分布在黔西南州、黔南州、安顺市和云南省罗平县等。如黔西南布依族苗族自治州的望谟县分布最多，有《安王和祖王》《造万物》《祭歌》《布依摩经——母祝文》《布依嘱咐经》《布依族摩经——"王母圣经"精华选编》和《论皇》。其他有少量分布的是黔南布依族苗族自治州的荔波、罗甸、都匀、贵定、惠水、三都和黔西南布依族苗族自治州望谟、册亨、贞丰的《布依族古歌》；安顺市镇宁县的《古谢经》；云南省罗平县的《云南布依族传统宗教经典〈摩经〉译注与研究》。

6. 入选《国家珍贵古籍名录》分布

为了有针对性地保护中华珍稀古籍，实现国家对古籍的分级管理和保护，自 2007 年 9 月底开始，国家文化部组织开展了《国家珍贵古籍名录》和《全国古籍重点保护单位》的申报工作。《国家珍贵古籍名录》的名单已公布了 4 批，布依族古籍文献入选 16 部，集中分布在黔南布依族苗族自治州的荔波县和三都水族自治县，其中荔波县 15 部，分别是《献酒备用》《接魂大全》《解书神庙》《关煞向书注解》《掌诀》《修桥补路》《架桥还愿》《罡筵倒坛》《祭祀请神》《傩愿问答》《盘古前皇》《祭解全卷大小通用》《祈请婆王》《钜鹿氏》和《做桥》，三都水族自治县 1 部《傩书》。荔波县档案馆被命名为首批全国古籍重点保护单位。

（二）布依族古籍文献的分布规律

根据以上布依族古籍文献的区域分布、馆藏分布、编目分布、出版分布、入选《国家珍贵古籍名录》分布和代表性区域藏量统计，可以分析出布依族古籍文献的分布具有四个基本规律：一是与布依族人口分布基本一致，二是与布依族语言使用和发展情况基本一致，三是与布依族民间信仰基本一致，四是与布依族传统文化保护和传承基本一致。

1. 与布依族人口分布基本一致

全国布依族人口总量为 287 万，主要聚居分布在贵州省。贵州省布依族人口有 251 万，其布依族人口分布受历史、自然和多种社会经济因素影响，各地区布依族人口分布极不平衡，南部多、北部少，沿江、沿河多，高山、高原少。其中，黔南州最多，有 100.9 万；其次是黔西南州 77.3 万；最后是安顺市 34.6 万、贵阳市 20 万、六盘水市 8.2 万、毕节市 5 万，其他为 5 万。因此，布依族古籍文献在黔南和黔西南分布最多，这与布依族人口分布的规律基本一致。

2. 与布依族语言使用和发展情况基本一致

布依语属汉藏语系、壮侗语族、壮傣语支，布依语没有方言的差别，只有土语的区分。根据各地语音的差异和部分词汇的不同，划分为三个土语区。布依语是布依族人民的主要交际语言。布依族古籍文献是用布依语及其方块布依字传承的，因此，使用布依语的区域就有布依族古籍文献分布。黔南布依族苗族自治州的荔波、罗甸、长顺；黔西南布依族苗族自治州的望谟、贞丰、安龙、册亨；安顺市的镇宁、关岭、紫云、普定；贵阳市的花溪区；毕节市的威宁新发乡，至今仍在使用和发展布依语，在其布依族聚居乡村的小学开展了布依语"双语"教学。望谟县被贵州省布依学会命名为"中国布依族语言与文字培训基地"及"中国布依古歌之都"。荔波县还针对布依族山乡的实际,译制布依语"双语"课件,促进边远乡村远程教育工作,深受少数民族群众的欢迎。布依族古籍文献在这些区域的馆藏分布、编目分布、出版分布、入选《国家珍贵古籍名录》分布和藏量都占有很大的比例。

3. 与布依族民间信仰基本一致

布依族古籍文献大部分是因为其实用性而延续至今。布依族民间对布依族古籍文献的现实需求,确定了其分布和保存的必要性和必然性。布依族有自己的传统宗教信仰,即"摩教",无论是在丧葬仪式上,还是在祭祀、祈福、禳灾、驱邪仪式中,都应用"摩经"。"摩经"是"摩教"的经典,即我们今天所说的布依族古籍文献,而且"摩经"在布依族古籍文献中占主要部分和重要部分。在布依族民间,除极少数信仰天主教的布依族外,布依族古籍文献的分布与布依族民间信仰基本一致。

4. 与布依族传统文化保护和传承基本一致

布依族古籍文献是布依族在长期的历史发展进程中积淀下来的,蕴含着布依族丰富的历史文化资料,记录了布依族的发展历程,是布依族传统文化的重要组成部分。黔南州、黔西南州及安顺市、贵阳市在布依族传统文化的保护和传承方面取得了丰硕的成果。其中入选《国家级非物质文化遗产名录》的项目,黔西南州有6项,黔南州有5项,安顺市有2项;入选《贵州省级非物质文化遗产名录》的项目,黔西南州有43项,黔南州有24项,安顺市有15项,贵阳市有12项。绝大多数布依族古籍文献能够保留至今,都和布依族传统文化的保护和传承密切相关。布依族传统文化保护和传承得好的区域,布依族古籍文献保留得就比较多和完整。

四、结语

布依族古籍文献的分布很均衡,也很不均衡,均衡是指在区域分布上:几乎每一个布依族村寨都有分布。不均衡是指在馆藏分布、编目分布、出版分布和入选《国家珍贵古籍名录》分布上,黔南布依族苗族自治州的荔波县和三都水族自治县针对四种类别的情况都有分布,数量也明显偏高,而且在入选《国家珍贵古籍名录》的分布上具有唯一性;黔西南州和安顺市针对条目整理分布和整理出版分布两种类别的情况有分布;黔西南的安龙县主要是编目分布多;望谟县是出版分布多,数量上独领风骚;而贵阳市和毕节市威宁县新发乡主要是编目的分布。布依族人口的分布、语言的使用和发展、民间信仰及传统文化保护和传承的差异直接影响着布依族古籍文献的分布规律,布依族人口分布越多,布依语使用和发展越好,民间信仰越传统,文化保护和传承越持续,布依族古籍文献的民间藏量、馆藏就越多,编目、出版、入选《国家珍贵古籍名录》也就越多，也越珍贵、越有价值。随着国家对文化典籍整理工作的重视，民族古籍分布研究意义也愈来愈重要。根据少数民族古籍抢救推进计划已列入"十二五"民族事业发展十大推进计划之一的要求，布依族古籍文献的各类分布现状是远远不够的。目前，绝大多数布依族古籍文献还散落在民间，很多手抄本由于管理不善，多有损毁，古籍文献的传承人大多为古稀老人，古籍文献面临随时消失的危险。收集保存到研究馆、档案馆、图书馆的布依族古籍文献，编目和整理工作还很有限，翻译、出版和研究更是寥寥无几。因此，在加强对布依族古籍文献的抢救、保护、收集、整理、翻译、出版和研究工作时，不但要结合布依族古籍文献的发展实际，还要充分考虑其分布特征，各地区仔细衡量多少、长短，均衡发展布依族古籍文献，使之与当代社会相适应、与现代文明相协调，保持民族性，体现时代性，为建设布依族古籍文献数字资源资料库提供坚实保障，为社会主义文化的大繁荣、大发展做出应有的贡献。

（原载于《贵州民族大学学报》（哲学社会科学版）2014年第1期）

贵州民族古籍发掘利用研究综述

欧阳伟华

一、引言

青蒿素是诺贝尔生理医学奖获得者屠呦呦在1971年从《肘后备急方·治寒热诸疟方》"青蒿一握,以水二升渍,绞取汁,尽服之"的记载中受到启发后发现的。这一事例让我们重新审视中医逐渐被边缘化的发展趋势,也让我们意识到中医古籍里蕴藏着无穷的奥妙,必须充分地发掘利用它们的价值。少数民族古籍是我国古籍的重要组成部分,是各少数民族在历史长河中积聚的智慧,是中华民族文化的重要组成部分。

伴随着民族文化研究的兴起,民族文化的载体——民族古籍也逐渐受到了学术界的关注。20世纪80年代开始的民族古籍工作取得了巨大的成就,民族古籍已经收集整理了10多万种,出版了5000多种。从这组数据对比中可以发现,今后除了继续加强民族古籍的抢救、整理和保护工作,更要把重心放在民族古籍的发掘利用工作上,不能再让民族古籍束之高阁,要充分发掘它们的价值,让民族古籍的社会效益和经济效益最大化。

贵州省民族古籍发掘利用工作取得了一定的成就,学者从不同方面对民族古籍的发掘利用展开了研究。尽管研究者的出发点各不相同,有的从民族古籍发掘利用意义的角度进行分析,有的从民族古籍科学管理的角度进行探索,有的从民族古籍数字化的角度进行论证,还有的从民族古籍出版发行的角度加以透视,但这些不同视角的研究,都有助于我省民族古籍事业的发展,同时对我省民族古籍的发掘利用工作提供了理论指导。通过这类综述的研究,不仅可以观察该主题当今的研究进展和学术动态,还可以发现研究中的不足,为今后进一步的研究提供参考。

本文研究的文献主要来自中国知网、贵州数字图书馆、万方数据库,以"贵州民族古籍发掘利用"为主题进行检索,剔除研究贵州省单一民族古籍的和重复的,剔除1985年以前的,共17篇论文,论文的来源有大学学报、民

---

[1] 基金项目:贵州省2014年度哲学社会科学规划课题一般项目《贵州民族古籍发掘利用研究》(编号:14GZYB55)。

族学、图书情报、社会科学等四大类。

二、贵州省民族古籍发掘利用研究主要内容分析

(一) 贵州省民族古籍发掘利用的意义研究分析

民族古籍的发掘利用与保护紧密联系,把民族古籍征集起来,经过修复整理并加以保护是民族古籍工作的基础和开始,而发掘利用这些少数民族古籍才是我们民族古籍工作的真正目的,通过发掘利用,才能使民族古籍的社会效益和经济效益最大化。为此,张陶在发掘利用贵州民族古籍并为地方经济建设服务方面提出了自己的看法。他认为,通过发掘地方民族文献,促进旅游业的发展、带动餐饮业的发展、提高医疗卫生保健业的水平、繁荣精神文明建设。[1] 范波也认识到挖掘民族古籍的深层内涵对于少数民族及民族地区经济发展的作用。她认为,民族文献能在很多方面为经济的发展提供历史资料,如为地质勘查、路桥建设、旅游等各行业发展提供重要的历史资料,我们能从这些民族文献中寻找到文字记载的依据。除此之外,她还认为,民族文献具有传承价值和学术价值,因此必须对尘封已久的民族古文献进行积极的开发利用,才能更好地服务于贵州地方的发展。[2] 但现实情况令人担忧,收藏民族古籍的机构大都重视收藏保护,却忽视了利用和开发,多数收藏机构的民族古籍依然被尘封于展柜中。这一现状急需我们民族古籍工作者转变观念,把工作的重心转移到民族古籍的开发和利用方面。

(二) 贵州省民族古籍的科学管理研究分析

目前来看,我省民族古籍的发掘利用存在以自我为主、不统一、不协调的局面。因此,要做到对民族古籍的科学发掘利用,必须把理顺民族古籍的管理机制摆在首位。要加强各地区民族古籍工作部门的沟通和协调,避免在整理、出版民族古籍的过程中出现重复和浪费的现象,齐心协力做好民族古籍的发掘利用工作。民族古籍的科学管理主要包括两个核心问题,一是民族古籍的分类,二是民族古籍的编目。关于民族古籍的分类,历史上这个问题较为复杂,有的采用自编的民族古籍分类法,有的仍然沿用 1949 年以前的分类法,有的则使用最近几年才制定的分类法,等等。总之,各少数民族、各民族地区之间使用的分类法五花八门,给民族古籍的管理工作带来了很大的麻烦。关于民族古籍的科学管理研究,我省的研究成果较少,范波和任瑞羾

---

[1] 张陶:《开发贵州古籍文献资源为地方经济建设服务》,《贵州省委党校学报》2010 年第 6 期,第 119 页。
[2] 范波:《试述贵州民族文献》,《贵州民族研究》2005 年第 5 期,第 118—119 页。

在这个问题上做过探索。范波认为，贵州省民族古籍的分类应该结合自身的特点，借用《中国图书馆图书分类法》进行分类为宜。[①]任瑞羟在民族古籍分类上的主张与范波类似，但是更为具体。他指出，我省民族古籍的分类可以采用国家图书馆出版社于2010年9月出版的《中国图书馆分类法》（第五版）。[②]关于民族古籍的编目，任瑞羟做过较为深入的思考。他认为，民族古籍书名晦涩难懂、主题丰富、内容庞杂，这些特征给读者查阅书目带来了很大的困难，因此建议增加对书名的分析和解释条目，甚至是内容提要。由于贵州省具有编制《贵州省古籍联合目录》的经验，建议编制《贵州省少数民族古籍联合目录》。在条件允许的情况下，还可以组织编制一些有关于建制沿革、名胜风光等专题的书目、索引、文摘。这些目录的编制给我省少数民族古籍的发掘利用提供了极大的便利。[③]

（三）贵州省民族古籍数字化建设研究分析

民族古籍数字化，就是利用计算机科学技术，把语音、文字和图像等信息转换成数字编码，并以电子数据的方式进行存储，供人们使用。民族古籍是少数民族文化的重要载体，对于文献收藏部门来说，是一种特殊的文献，应给予重点收藏保护。以笔者所在民族地区高校为例，所有的民族古籍都收藏在文献特藏室，特藏室的文献不能流通，只能到特藏室借阅，这种管理模式确实给文献的保护提供了保障，但却给读者的阅读和研究带来极大的不便。因此，图书管理机构应该转变观念，改变之前只重保护而轻视开发利用的管理模式。

1. 贵州省民族古籍数字化建设意义研究分析

每一个中国少数民族的文化都是中华文化的一个重要分子，而少数民族文化又要依托民族古籍表现出来。要让民族古籍长久流传下去，数字化是最好的出路。贵州省民族古籍数字化建设目前仍在起步阶段，这方面的研究成果也较少。就民族古籍数字化的意义来说，王幼红认为主要在于两个方面：一是对少数民族文化的传播起了重要的作用。贵州省民族古籍数字化之后，依托互联网这个媒介，能让更多的民族和国家了解贵州的少数民族文化，能加快贵州少数民族文化迎头赶上世界先进民族文化的步伐；二是为"全国文化信息资源共享工程"的早日实现贡献了力量。"全国文化信息资源共享工程"实现的最大障碍在于少数民族边远地区，尤其是中西部少数民族边远山

---

① 范波：《试述贵州民族文献》，《贵州民族研究》2005年5月，第119页。
② 任瑞羟：《对贵州少数民族古籍进行科学管理和开发利用的一点思考》，《黑龙江史志》2014年3月，第63页。
③ 任瑞羟：《贵州少数民族古籍的科学管理和开发利用》，《黑龙江社会主义学院学报》2014年2月，第44页。

区。这些地区经济薄弱、信息闭塞，记录着少数民族地区文化的古籍如能实现数字化，将大大加快"全国文化信息资源共享工程"的推进速度。① 范波归纳认为，数字化后的民族古文献主要有两大意义：一是检索高效准确，二是实现资源全球即时共享。② 陈世莉除了肯定民族古籍数字化具有宣传民族文化的作用之外，还指出了它的另外两大作用：一是保护民族古籍，通过数字化，让纸质古籍免遭损害；二是打破了地域和机构之间的壁垒，整合民族文化资源，提高民族古籍的利用效率。③

2. 贵州省民族古籍数字化建设现状研究分析

少数民族古籍数字化建设是民族古籍保护、开发和利用工作中极其重要的一个环节，它既能解决民族古籍永久性保护的问题，更为民族古籍的开发和利用提供了极大的便利。关于贵州省民族古籍数字化的现状，刘鹏认为还处于起步阶段，依据主要有两个方面：一是民族古籍管理部门的参与意识不强，"重藏轻用"的传统观念根深蒂固；二是贵州省民族古籍数量多，收藏分散，各地区各收藏机构之间壁垒森严，在数字化过程中各自为政，缺乏统一的协调和指导，导致资源重复建设，各地区各收藏机构的数字化成果很难实现共享。④ 王幼红则指出，虽然我省民族古籍的数字化建设困难重重，并刚刚起步，但也已经具备了一些有利条件：一是民族古籍的整理已经具备相当规模。《馆藏民族文献目录》《馆藏民族文献目录索引》相继编写完成，大型的西南地区民族院校联合编制的《民族和民族文献联合目录》也汇总编辑完成，这些目录的编制为数字化提供了重要保障；二是民族文字信息处理初见成效。这是民族古籍数字化建设中最难攻克的难题，目前已经建立了具有国际统一标准的民族文字平台 ISO/IEC10646（GB13000，Unicode）。通过这个平台，能把目前为止尚存的语言，按照其文字统一编码，产生全球通用的编码字符集；三是民族古籍的信息网络建设大致完成。截至 2000 年年底，在我国已经建成民族类顶级域名网站 90 多家，二级域名网站超过 100 家。⑤

3. 贵州省民族古籍数字化建设策略研究分析

民族古籍数字化是一项庞大的、系统的工程，面临很大的挑战。大陆地区古籍数字化最早可以追溯到 20 世纪 80 年代，《红楼梦》检索系统的编制开了大陆地区古籍数字化的先河。这一创举出自王昆仑之手。但截至目前，我

---

① 王幼红：《贵州少数民族文献数字化建设探讨》，《贵州民族研究》2006 年 2 月，第 82 页。
② 范波：《试述贵州民族文献》，《贵州民族研究》2005 年 5 月，第 120 页。
③ 陈世莉：《论贵州省少数民族古籍数字化建设》，《贵图学刊》2014 年 4 月，第 69 页。
④ 刘鹏：《贵州少数民族地区古籍数字化研究》，《科学导报》2015 年 2 月，第 156 页。
⑤ 王幼红：《贵州少数民族文献数字化建设探讨》，《贵州民族研究》2006 年 2 月，第 82—83 页。

国古籍的数字化侧重在汉文古籍。由于民族文字多种多样,要建立一个兼容所有民族文字的信息处理系统显然难度相当大。这就直接导致了民族古籍的数字化进程迟缓。

贵州省民族古籍数字化策略研究成果较少。关于数字化的策略,王幼红认为可以从以下六方面入手:一是成立贵州省民族古籍数字化建设委员会,委员会成员主要来自省民委、自治州图书馆及民族类高校、信息技术界;二是委员会的各界机构制定分工明确、协作互助的发展战略;三是按照最新的著录格式标准,进一步规范现有民族古籍书目数据;四是选择正确的数字转换技术;五是加快民族古籍的专题数据库建设,按学科标准,建立专题数据库,比如哲学、宗教、医学、文学、艺术等专题数据库;六是培养高素质的复合型民族古籍数字化人才,民族古籍数字化人才具有特殊性,既要懂民族语言,又要精通信息技术,还要知晓目录版本学的知识。[①] 陈世莉针对贵州省民族古籍的数字化也提出了一些建议,她在《论贵州省少数民族古籍数字化建设》一文中主要强调建立民族古籍数据库要严格控制的几项核心工作:整理编目、数据的加工和转换、数据的存储与发布等。[②] 除以上所述之外,笔者认为,民族古籍收藏管理部门要克服民族古籍就是部门所有的旧观念,要秉持民族古籍属于全社会的新理念,让全民在互联网上共享民族古籍资源,使民族古籍的价值最大化。政府要加大对民族古籍数字化建设的资金投入。但是,民族古籍主要分布在一些经济欠发达的地区,地方政府资金带来的效用是有限的,因此,政府还可以制定一些优惠政策和保护知识产权方面的法规,激励企业进入民族古籍数字化的研发行列,让数字化后的民族古籍借助 App 等进入网络和新传媒市场。

(四)贵州省民族古籍出版发行研究分析

贵州省在 1986 年就召开了第一次少数民族古籍整理出版机构工作会议,到目前为止,虽然已经整理了 4000 多种民族古籍,但出版的才 100 多种,而全国已经出版的少数民族古籍达 5000 多种。2010 年第六次人口普查的结果显示,贵州省常住人口中,少数民族人口为 1254.80 万,同时全国的少数民族人口为 13379.22 万,贵州省的少数民族人口占全国少数民族人口的 9.38%,贵州已经出版的民族古籍数量却远远低于这个比例,这说明贵州省注重抢救、整理民族古籍的同时,对民族古籍的出版工作却不够重视。贵州省文化界的学者对苗族第一部长篇史诗《亚鲁王》应该记忆犹新,该书被列为 2009 年中

---

① 王幼红:《贵州少数民族文献数字化建设探讨》,《贵州民族研究》2006 年 2 月,第 83—84 页。
② 陈世莉:《论贵州省少数民族古籍数字化建设》,《贵图学刊》2014 年 4 月,第 70 页。

国文化重大发现之一，也是2009年民间文化遗产抢救重点工程项目，2011年被纳入国家级非物质文化遗产名录。该书经过3年的整理，于2012年2月由中华书局出版。此书的出版在文化界引起了很大的反响，很多专家学者甚至认为，与《诗经》的创作处于同一时代的《亚鲁王》，其文献价值不亚于《江格尔》《玛纳斯》《格萨尔王传》等长篇英雄史诗。然而这么一部经济效益和社会效益俱佳的民族古籍，贵州省的出版社却没抓住机会出版，实在是令人扼腕叹息。

关于贵州省民族古籍出版发行研究的学术论文很少，目前为止仅有孟豫筑的《贵州民族古籍出版的传承与发展》这1篇学术论文。该文主要从贵州民族古籍出版的重大意义、现状和建议等方面展开论述。就贵州民族古籍出版意义方面，该文认为有以下四个方面：一是通过出版，能深化对历史的认识，能增强民族认同感和自信心；二是能改变外部对贵州"文化无力"的传统看法；三是能丰富贵州出版图书的种类，力争形成自身的出版特色；四是通过特色图书的出版，给"多彩贵州"的宣传锦上添花，从而带动旅游等产业的发展。就贵州民族古籍出版的现状，该文指出，贵州的民族古籍从20世纪80年代以来取得了较大的成就，出版的民族古籍接近100种，其中不乏获得国家奖项的《西南彝志》《彝族源流》《水书》等，但还是存在一些问题亟待解决：一是面对一些具有重要价值的民族古籍，我省出版单位不时错失良机；二是受多方面原因的影响，我省民族古籍流失速度在加快，但出版的节奏并未加快；三是我省民族古籍的市场价值缺乏评估，市场定位不明确，导致出版难，出版周期过长。至于贵州民族古籍出版的建议和对策，该文指出，要加快民族古籍的出版，可以从以下六个方面入手：一是民族古籍的整理要向纵深发展；二是加强民族古籍尤其是少数民族文字古籍的翻译工作；三是各级行政部门对民族古籍的出版要给予倾斜政策；四是推陈出新，加快民族古籍的产业化发展步伐；五是利用网络、公益活动等手段宣传贵州民族文化品牌，形成品牌效应；六是建立民族古籍专业人才培养机制，可以采用内部培养和外来引进相结合的方式，培养高素质、具有国际视野的民族古籍出版人才。[①]

三、结语

通过对相关文献的梳理，我们发现，贵州省民族古籍发掘利用研究在21世纪以前处于空白状态，这说明从20世纪80年代开始的民族古籍研究，直到20世纪末一直是重民族古籍的抢救、整理和保护研究，轻发掘利用研究。

---

① 孟豫筑：《贵州民族古籍出版的传承与发展》，《贵州民族大学学报》2012年5月，第39—41页。

与云南、四川等相邻的兄弟省份相比，我省的民族古籍在发掘利用方面还处在一个较低的水平。但令人欣慰的是，随着 2011 年民族古籍抢救推进计划被省政府列入"十二五"民族事业发展十大推进计划，民族古籍工作也迎来了跨越式发展。2011 年以来，关于民族古籍的研究成果数量远远超过了之前 20 多年研究成果数量的总和。面对即将到来的"十三五"规划，我省的民族古籍工作要总结经验教训，再接再厉：一方面，民族古籍的整理工作要向纵深发展；另一方面，要狠抓民族古籍的发掘利用工作，通过多出民族古籍精品，让多彩的贵州民族文化展现在世人面前。

在贵州省民族古籍发掘利用研究中，民族古籍的管理、数字化方面的研究比较多，提出的一些观点、想法比较成熟，这是值得肯定的。但是，民族古籍出版方面的思考还不够，民族古籍出版发行的行政化色彩依然浓重，一般都是各民族区域内的民族古籍主管部门上报选题，省民委考察其价值再定夺，甚至由省民委直接提出选题并落实，这些都是与市场脱节的。大家知道，民族古籍的专业性强，读者群体小，出版量少，成本高，很难获取经济效益。因此，民族古籍的出版不仅要产生社会效益，更要产生经济效益，必须走产业化经营模式，使民族古籍的出版变成一种企业行为。那么，民族古籍出版走什么样的产业化经营模式是一个值得去做的大课题。另外，少数民族文字古籍的出版还涉及翻译问题，那么翻译应遵循的原则、翻译的体例、底本的选择、翻译人员应具备的素质等问题都值得去研究。这方面的研究还是一片空白。

（原载于《凯里学院学报》2017 年 10 月第 5 期）

浅谈水族古籍水书文献的传承保护与利用

陆 春

摘 要：水书文献是用水族古文字记载水族相关知识的手抄文本和关于水族文化研究的图书资料。加强对水书文献的保护和利用，有利于传承和发展地方文化，为地方建设提供文献信息。通过构建有关措施来保护水书古籍，便于今后充分发挥和利用水书古籍。

关键词：水族；水书；保护；利用

水族是个具有悠久历史的民族，全国总人口约52万，是全国拥有文字的17个少数民族之一，主要集中分布在贵州省黔南布依族苗族自治州的三都水族自治县，其余散居在黔南的荔波、独山、都匀，黔东南的榕江、丹寨、从江、雷山，以及广西的南丹、环江、河池和云南富源等地。水族古籍水书文献是水族人民的宝贵遗产，是水族历史文化的重要组成部分，是水族人民群众在长期的生产实践和社会生活中创造出来的，具有较高的文物价值、文献价值和史料价值。其内容广泛，涉及水族民间文学、艺术、历史、地理、宗教、历法、民俗、生产等方方面面，记录了水族人民的历史发展进程。水书先后被国家档案局、中央档案馆作为首批重要档案文献列入《中国档案文献遗产名录》，2006年入选"中国首批国家级非物质文化遗产名录"，目前正在申报"世界记忆工程名录"。因此，水书文献的保护和利用成为水族地区文献工作的重要内容。

一、水族古籍水书文献的分布及传承现状

（一）水书文献的种类及其分布

水书文献是水族古文字和水书卷本的总称，是一种古老的原始宗教典籍，记录了水族婚嫁、丧葬、起造、出行、生产、祭祀等多方面的禁忌活动，反映了水族人民追求进步、崇拜大自然、以人为本、以和为贵、惩恶扬善的精神。它的存在与运用主要表现在民间的占卜、祭祀、择吉等活动中。目前发现的水族文字单字共500多个，加上异体字，总计2000多个，数量不足以使其发展成通行的文字，但在历史上曾经起到一定的作用，在水族文化生活中

有不可忽视的地位。水书文献包括原始纸质水书、口碑水书、木刻水书、石碑水书、牛角水书、马尾绣水书、陶瓷水书、古钱币水书以及关于水书文化研究的文献资料。

水书文献主要分布在贵州省黔南布依族苗族自治州的三都、荔波、独山、都匀和黔东南苗族侗族自治州的榕江、从江、雷山、丹寨等县市。目前在三都、荔波县档案馆和贵州省档案馆以及全国各高校图书馆收藏的水书文献古籍近2万余册；还有约1万册散藏在民间的水书先生家中。全国共藏有约3万册水书卷本。

（二）入选国家珍贵古籍的水书文献

第一批入选国家珍贵古籍的水书有《九星诵读卷》《庚甲》《万年经镜》《六十龙备要》《吉星》《泐金·纪日卷》《金银》，共7卷。第二批入选国家珍贵古籍的水书有《挡》《大旺》《贪巨》《瓜》《八贪》《鹅益》《大吉把贪》《九星》《六十甲子》《秘籍》《纳音五行》《贪巨甲子》《献酒备用》《接魂大全》《解书神庙》《关煞向书注解》，共16卷。第三批入选国家珍贵古籍的水书有《万事明指》《通书八贪》《丑辰》《挡朵》《安葬吉日通用井》《八宫取用》《逮昔》《通用大吉》《看日阴阳》《探祝龙》《纳牲》《大吉》《吉书》《开新吉凶》《壬辰》《寅丑》《申子》《亥子》《子午》《胜益》《所项》《阴阳》《正七》《百事大吉出富贵》《六十甲子流年》《八十银》《八贪学文书》《掌决》《修桥补路》《架桥还愿》《罢筵倒坛》《祭祀请神》《摊愿问答》《滩书》，共34卷。第四批入选国家珍贵古籍的水书有《题解书旨》《子午卯酉探》《大柱》《子午卯酉》《子午年正七》《立碑择吉》《正辰甲》《六十年吉凶日》《子午卯酉辰》《九星配日》《档华》，共11卷。

（三）水书的传承和翻译现状

水族过去一直秉持水书"传内不传外，传男不传女"的保守思想，现在虽然解放了思想，但懂水书的人也较少，在全国仅800人左右。这些水书先生中，大多数年龄都在60岁以上。我们在三都水族自治县县域内普查到的水书先生有400多人，40岁至60岁的有200余人，其余的都在60岁以上，年轻人都不愿学习水书。水书面临失传危机，主要表现在以下三方面：一是社会经济迅速发展，对水书的传承带来消极影响；二是社会历史的变迁造成对水书传承的偏见；三是现代文化对民族心理的冲击，使人们对民族文化价值的认同日趋淡化。

随着市场经济的发展和变化，从事民族古籍翻译工作的人才越来越少。在贵州乃至全国能够翻译水书（指能够识读、注音、了解、应用）的人员不到10人，而且大部分研究翻译人员都是半路出家，没有经过专业的知识培训，都是一边工作，一边摸索和请教，才有了如今的成果。几年来翻译出的水书文献有《日历卷》《贪巨卷》《扫丧卷》《秘籍卷》《寿寅卷》《姑底卷》《正七卷·三》《甲己卷》《金堂卷》《祭祖卷》《祁福卷》《申子辰卷》《金水卷》《起造卷》《婚嫁卷》《六十择吉》《时辰卷》等。至今已经出版的翻译卷有《正七·壬辰卷》《丧葬卷》《秘籍卷》《泐金卷》《麒麟·正七卷》《婚嫁卷》《金用卷》《正五卷》《水书常用字典》《水书常用词注解》《降善卷》《贪巨卷》《九星卷》《九喷卷》《起造卷》《贪巨卷》《吉星卷》《六十龙备要》《金堂卷》《正七备要》《正七分割》。因为没有资金，无法出版所有翻译好的水书文献。

二、水族文献的翻译与研究成果及存在的问题

（一）中华人民共和国成立前的水书研究

一是1860年晚清西南大儒莫友芝先生写的《红崖古刻歌》，对水书进行了研究。二是20世纪30年代，《贵州通志》《都匀县志》《三合县志》等对水书进行了介绍。三是20世纪40年代，李方桂、岑家梧、张为纲、吴泽霖、陈国均等专家学者深入水族地区进行水书调查与研究。

（二）中华人民共和国成立后的水书研究

一是1980年成立"三都水族自治县民族文史研究组"，对水书进行全面的研究。二是1985年石尚昭、吴支贤编著《水族文字研究》；1986年三都县把水书作为民族特色档案，在小范围进行收集。三是1990年贵州省水家学会成立，把水书研究列为主要工作项目。四是1994年王品魁译注的《水书·正七·壬辰》由贵州民族出版社出版。五是2001年韦宗林、潘朝霖主编的《水族古文字与书法》由中国大百科全书出版。六是2002年水书入选《中国档案文献遗产名录》。七是2003年荔波县人代会提出通过抢救保护水书的决议，三都、荔波分别成立水书抢救领导小组。八是2004年韦宗林、潘朝霖主编的《水族古文字与水书》《中国水族文化研究》出版；黔南州成立水书抢救领导小组，由贵州省副省长吴嘉甫同志到会揭牌并讲话。九是2005年王品魁、潘朝霖译注的《水书·丧葬卷》由贵州民族出版社出版；三都县召开《水书译注》第一次审稿会，并成立"贵州三都·中国水族文化研究所"。十是2006年国务院批准"水书习俗"列为"国家级首批非物质文化遗产保护名录"，贵州民族学院成立"贵州水书文化研究院"，在三都县召开首届"中国三都·水书国际研讨会"，国家文物局批准贵州省水书抢救收集方案，黔南民族师范学院修建"水书文化馆"，四川出版集团出版《中国水书》160册，中国水书文献系列编委会编的《探巨卷》《正七卷》《寅申卷》《分割卷》《八探卷》由贵

州民族出版社出版。十一是 2007 年荔波县政府和贵州省档案局译著的《泐金纪日卷》和韦章炳编著的《中国水书探析》出版。十二是 2008 年韦世方编的《水书常用字典》，贵州民族大学潘朝霖等编的《水书文化研究》，贵州省文史委、档案馆编的《水书先生访谈录》出版；经贵州省人大常委会批准，三都水族自治县人民政府制定了《三都水族自治县水书文化保护条例》。十三是 2011 年蒙景村、梁光华、蒙耀远译注的《婚嫁卷》，陆春译注的《秘籍卷》，杨介钦、韦光荣译注的《麒麟·正七卷》《金用卷》，蒙帮敏、蒙君昌、韦佩君、蒙耀远译注的《正五卷》由贵州民族出版社出版。十四是 2012 年韦宗林编著的《释读旁落的文明——水书古文字》，韦章炳编著的《水书文化与中华断层文明》，陆春编著的《水书常用词注解》由贵州民族出版社出版；2016 年后，陆春译注的《降善卷》《贪巨卷》《九星卷》《九喷卷》《起造卷》《贪巨卷》《正七备要》已经出版。

这些水书文献的研究出版，从根本上解决了之前中外学者很难看到水书原件的问题，可帮助他们对水书文化有个基本了解，但上万册的水书典籍尚待破译。如果水书仅作为一种档案封存于档案馆，不进行研究、翻译，那就失去它的价值和意义。水书作为水族文献古籍，特别是针对已经出版的原稿，其翻译、整理工作是今后水书研究中的重中之重，任重而道远。

（三）水书文献研究与翻译存在的问题

一是对古籍工作重视不够。有些地方领导对水书文献古籍的概念不清，缺乏了解和认识，没有把水书作为民族文化来挖掘、整理并弘扬，更没有把民族传统文化融入民族旅游经济中来思考。二是缺乏人才。随着市场经济的发展和变化，从事民族古籍工作研究的人才越来越少，有些虽在民族部门工作，但不够了解本地区的文献资料情况。从事研究翻译的大部分人员都是半路出家，没有受过专业知识培训。并且，从事水书翻译的人员实在太少，在贵州乃至全国能够翻译水书（指能够识读、注音、了解、应用）的人员不到 10 人。因此，各级政府要重视这些人才，使水书翻译后继有人。三是无专项经费。在水族地区没有水书文献专项出版经费，对于许多散藏在民间的水族文献资料，无法采取措施进行抢救和整理，已经翻译出来的成果没有经费出版。许多珍贵的水族文献资料濒临失传，特别是水书先生的口头资料，这些水书先生大多年事已高，再不着手记录，损失无可挽回。

三、水书文献的宣传及保护与利用

（一）水书文献的宣传

千百年来，水族人民在生产生活实践中，创造了自己的精神文明，以独特的民族形象屹立在中华民族之林。通过研究水族文化的发展历史，我们可以看到，随着市场经济的发展，有些个性特色在逐渐变化。因此，应该从以下五个方面入手，以促进水族文化的发展。

一是必须对水族传统文化有一个正确的认识，取其精华，弃其糟粕。二是加大对水书文献古籍保护的宣传，利用多种渠道，如民族节日、赶集、宣传栏、宣传车等，使人人加入保护水族文献的队伍。三是强化抢救与保护意识。政府或民间多方筹集资金，对散藏于民间的水书文献资料以"普查为基础，保护为重点"尽快实施抢救和保护。四是党和政府要高度重视和加强对水书文献队伍的建设，给予政策保证，统筹管理，注意培养民族传统文化的优秀后继人才。五是认真开展水书文化进校园活动，让所有在校生一起学习水书文化。

（二）水书文献的保护

一是健全法律法规，依法保护水书文献。水书既是国家非物质文化遗产，又是国家档案文献和珍贵古籍。只有通过依法保护，才能阻止水书流失和被倒卖的命运。所以，需要制定一系列的水书文化保护法规，加强对水书文化的保护和开发利用。只有法律法规健全与完善，水书文化的传承和保护才能从根本上得到保证。二是高校与地方共建水书文献保护体系。高校与地方应一起成立水书文献收藏中心，建立水书文献网络，科学化、规范化管理好水书文献。三是采取形式多样的保护措施。在水书文献中，纸质水书占95%以上，主要是靠水书先生手抄、口传流传下来的。而且，在过去，水书有"传内不传外，传男不传女"的规矩，加上目前水书先生年事已高，制约了水书的传播与普及。因此，要保护好水书先生，提高他们的待遇，聘请水书先生来一起做好翻译工作。加强人才队伍的培养建设，让水书的保护和传承后继有人；整理出版翻译得好的卷本，让更多的专家学者受益。倡导与高校做好水书文化的研究，让水书文献得到更好的传承。

（三）水书文献的利用

一是专室专藏专职管理，开展借阅工作。二是编制水书文献书目索引。为了更好地开发和利用水书，为读者提供各种信息，应积极编制水书索引、题录、文摘等，同时也为研究者提供科研线索和决策信息。三是开展水书文献的参考咨询服务。水书文献管理者要为读者提供水书文字知识和水书文献各种信息服务工作，从而最大效用、最深层次地利用水书。

四、结语

抢救、翻译、出版、保护和利用水书文献工作迫在眉睫，如果我们不能把祖先传承下来的这些珍贵不可多得的、不能再生的文化遗产留存于世，发扬光大，而任由它毁灭，那么我们将愧对于祖先，愧对于子孙后代。因此，我们必须积极进取，不断探索，更加努力地做好水族古籍工作，推动民族团结进步和社会主义精神文明的健康和谐发展。

论布依族文献在文化产业发展中的作用

何可燕

摘　要：布依族是我国少数民族之一，其文献、古籍资料承载了中华民族多元文化的一部分。文章通过综述布依族文献特点及其历史文化内容，探析民族文献、文化对当今社会经济发展的作用。其中，主要运用民族学关于场域、进化论、功能主义、象征符号等理论，结合当前文化快速变迁的时代背景下的布依族文化现状，阐述民族古籍文献史料对文化产业、社会经济发展的重要作用。

关键词：布依族；文献价值；文化产业

马林诺夫斯基说："文化是需要的产物。"可以理解为任何一份布依族文献都是随需要而产生的。现今，中国许多类似于"特色古村落"文化产业旅游开发、"特色民族传统村寨"、"四在农家·美丽乡村"的乡村、旅游建设，内容上更多与当地民族传统文化特色和文献资源捆绑。依我国现代化与改革开放建设事业包括少数民族地区在内的快速发展之势，少数民族古籍记载的内容，作为一种特有的资源，在资源协调上已呈现出新的景状。[①]从民族古籍能否经济化的角度来说，开发和利用这一板块是人们正在思虑的问题，少数民族古籍文献是记载我国多元文化典籍的一部分，布依族文献亦如此，所载内容类型各有特色，各有内涵。布依族史籍在产业经济中的应用，要考虑到它如何更大限度地为经济、教育、科研的发展等提供文化资源。下面将浅析布依族文献古籍在文化产业、旅游发展中的作用。

一、布依族文献概要

在中国共产党的带领下，布依族社会生活、文化和经济发展现状相比1949年前，已经发生了巨大变化。无论是社会文化、精神文化还是物质文化，都取得了巨大进步。自身社会、经济（各类产业）、文化也取得了跳跃式的发展。布依族在古籍文献收集整理方面的成就也是纷呈可喜，如《中国少数民

[①] 包和平、何丽、王学艳主编：《中国少数民族古籍管理学概论》，北京：民族出版社，2007年，第31页。

族古籍总目提要·布依族卷》的条目中,"布依族古籍文献条目有237册,第一次系统介绍了布依族古籍的总体情况"。① 布依族古籍文献,经书类的:《安王和祖王》内容为汉字记载本族古代氏族斗争的神话史诗,文本式的民歌古籍《造万物》——起初人们以口传方式存载,主要叙述传说、历史和神话事件;祭祀时摩师用于唱诵祭奠逝世者的歌诀《祭歌》;专门用在给去世的母亲超度的《布依摩经——母祝文》;同属摩经以古歌形式存在的《布依嘱咐经》和新归纳的《布依族摩经——"王母圣经"精华选编》(翻译本);《论皇》等布摩祭司的诵文文献,② 记载了黔南州、黔西南州、安顺市和云南省罗平县等相应地区的布依族诗歌、传说、摩经等,一定程度上体现了布依族相应社会历史的传统、风俗、教育文化状况。经书类内容呈现的也有史诗、古歌经文:体现造物的《盘古前皇》,爱情造物都体现的《布依族古歌》,或反映民俗的《做桥》《架桥还愿》,仪式经典祭文《祭祀请神》《傩愿问答》《古谢经》,③ 唱诵的《傩书》,在以牛祭祖祭祀中用的《云南布依族传统宗教经典〈摩经〉译注与研究》,经书《祭解全卷大小通用》,与神灵接通的摩书《钜鹿氏》《接魂大全》《祈请婆王》,供神敬献酒肉的《罢筵倒坛》《献酒备用》,解除魔神鬼禁的《关煞向书注解》《解书神庙》《掌诀》,还愿求福的《修桥补路》,都一定程度上反映了当时人民生产生活中形成的诵摩古歌的情况,流行布摩文化的风俗特征。④

还有很多简史简志文献、工具书,如历史论著有《布依语简志》《布依族简史》《布依族教育史》《布依族史》《布依族文学史》《布依族文化史》《布依族文化志》《布依族民俗志》,文化论著有《布依族》《布依语调查报告》《布依语语法概要》《布依语语法研究》《贵阳布依语》《布依族文化研究》《布依族语言使用现状及其演变》《布依戏剧研究文集》《布依族民间音乐研究文集》《摩教与摩文化》,工具书有《布依汉简明词典》《汉布依简明词典》《布依-汉-英-泰词典》《布依汉词典》《布依族医药》《布依族百科全书》《布依族文化辞典》《布依族古籍中的方块布依字》等。⑤ 关于方块字或汉文记载的布依文献还有很多,随社会发展以及各方对本族文化史料和书籍整理工作的投入,其文献逐步丰富(在此仅举例部分)。

---

① 陈晓静:《论布依族文献古籍的抢救与保护》,《贵州文史丛刊》2011第1期。
② 周国炎:《中华民族全书·中国布依族》,银川:宁夏人民出版社,2012年。
③ 黄建明、邵古主编:《中国少数民族古籍保护与发展报告1982—2012》,北京:民族出版社,2013年,第244页。
④ 樊敏:《布依族古籍文献漫谈》,《贵州民族报》(数字报)2014年3月24日,第B3版。
⑤ 周国炎:《中华民族全书·中国布依族》,银川:宁夏人民出版社,2012年,第251—299页。

二、对布依族文献的分析及文化特点解读

布依族古籍文献的内容有详有略,在体现方式上具有自身的特点:表现"体裁"多样,内容广泛,载体不一。古籍方面,更多是记载布依民族对先祖魂灵崇拜的传统摩信仰,侧面映现摩经文化流行的生活境况——人们在丧葬、祭祀、祈福、禳灾、驱邪上,普遍做布摩做仪式的文化传统。① 内容包含了布依族深厚的历史文化知识、传说神话和浓郁的风俗习惯等,有对本民族的人口分布、语言、生活地域气候、资源、作物生产、牲畜畜养、建筑、节日、道路、组织、经济等状况的陈述和体现。而载体形式的呈现,从目前看,言传身教的还有待整理成文本,书籍类古籍文献还远不够丰富,系统化还不完善。上述书目种类繁多,或是记载民间信仰、布摩经、祭祀仪式过程,或陈述了布依族人口分布、族源、语言使用和发展情况,或是对传统技艺保护、生产方式、经验教授状况记述,体现了布依族人口分布的历史原因、自然条件和多种社会经济因素,可以说记录了布依族的全部发展历程。②

(一)布依族文献分析

从布依族历史论著、文化论著、工具书和古籍文献记载的内容,文化特点与价值,看民族古籍文献以及民族现存传统风俗对我国民族文化发展的作用,如对现今如火如荼的文化产业开发事业发展的贡献。

1. 历史文献内容分析

布依族历史论著、古籍文献、资料等,记载了布依族丰富多样的文化信息,体现出该民族深厚的文化底蕴,对族源历史和族称、精神信仰、人口文化、生产生活、饮食、服饰、建筑、自然环境、教育方式、风俗习惯、语言、技艺等内容都有记载和相关阐述。其他民族可以在参与布依族社会生活的过程中去体会,也可以从相关史籍中找到印证。族称方面,史志类等文献有记叙:唐朝时史称"西南蛮",到了宋元两代以后,汉族史籍中称"蕃"或"仲家蛮",随着社会文化发展、历史变迁,至明清时改称"仲蛮"。解放前,布依人有许多他称,如"仲家""绕家""水户""夷族"等。布依族大部分自称为"布依"或"布越"。关于布依族各支系渊源及其彼此关系的研究,现今存在"公说公有理,婆说婆有理"的诸多观点,难断"孰是孰非"。大部分学者是依据汉古籍资料记载去分析,笔者认为还应参考少数民族古籍史料。

---

① 石开忠:《试论贵州民族文化与旅游资源开发》,《贵州民族学院学报》(哲学社会科学版)2001年第2期。
② 陈晓静:《论布依族文献古籍的抢救与保护》,《贵州文史丛刊》2011第1期。

2. 文献古籍运动特点分析

从分布上看，布依族分布在贵州安顺地区的关岭、镇宁布依族苗族自治县，南部、西南部两个布依族苗族自治州，[①] 紫云苗族布依族自治县，贵阳市，六盘水市，黔东南苗族侗族自治州，以及毕节、遵义、铜仁地区，[②] 云南曲靖、红河和四川凉山彝族自治州等地州。[③] 从19世纪中期起，一部分布依族为了逃荒、避灾、谋生，陆续从贵州、云南迁徙到越南河宣黄连山一带，以及从莱州至保乐到高谅的邻近地区，成为跨国境而居的民族。[④] 现今很多布依族人因为经商、贸易发展迁徙定居，与汉族和其他少数民族杂处，分布在全国各地。若要明辨布依族与其他民族的区别，或许只有"刨根问底"式地翻查民族文化及其历史渊源才得以知晓。

有言"哪里有人的改造，哪里就有文化"，相应地，哪里有文化，哪里就有文化"印迹"，如书籍、生产工具、碑刻等。从布依族分布的地域来看，其历史书籍也相应地运动于黔南、贵阳、黔西、黔西南和遵义、铜仁地区。[⑤] 贵州和云南、四川等地的布依族有一定的历史渊源关系，在文化上也有共同之处。人口的分布给文化、史籍的运动带来更多的扩散路径。从传播学角度看，布依族人口的分布区域不断扩大，聚居区内外，同一民族支系或不同民族之间有一定的联系，呈现出文化调适后"多元杂陈"的特征。调适前后，文化有区域性的内向传播、人际间的扩散与传播，以及现代媒体的公众散布和传播、大众传播和组织内外往来传播形式。根据少数民族史籍对其社会形态具有重要的学术价值的特点和运动特征，挖掘历史文化要素，开发文化产业。在产业文化过程中，用书籍记载的内容去印证产品文化来源，从中提升产品档次与格调。

（二）对布依族文化特点的解读

布依族民族文化的特点，在文献中提及面广，有的上溯历史渊源，有的始于当下。"史"与"籍"在某种程度上来说是一体的。无论是文人墨客借古讽今以警醒世人，还是军事家以史为鉴使国富兵强，都体现出一种史籍与现今社会发展之间的密切联系，不容小觑。前文阐述了布依族史料书籍相关特

[①] 贵州省编辑组编：《中国少数民族社会历史调查资料丛刊·布依族社会历史调查》，贵阳：贵州民族出版社，1986年，第18—100页。

[②] 李远祥：《论布依族传统价值观》，《黔南民族师范学院学报》2013年第4期。

[③] 陈晓静：《论布依族文献古籍的抢救与保护》，《贵州文史丛刊》2011年第1期。

[④] 杨圣敏、丁宏副：《中国民族志》（修订本），北京：中央民族大学出版社，2008年，第325页。

[⑤] 包和平、何丽、王学艳主编：《中国少数民族古籍管理学概论》，北京：民族出版社，2007年。

性（特点），由此解读布依族文化特点。文化本身就是丰富多彩的，具有多重特征，如不可选择性，即每个人都是在前人创造的文化中生活，等等。随着时代发展和机遇的到来，布依族城乡人口在迁移变化，杂居全国各地，但其文化是共有的系统化的概念、思想结晶或劳动成果。

1. 历史文化底蕴深厚

从《布依族简史》关于布依族族源和族称的章节可知，布依族经历了漫长的民族融合与迁徙的过程，与其他民族有过众多的文化交流与碰撞，从而在很大程度上使自身文化更加丰富多元。"布依族祖先自古以来就生息、繁衍于南北盘江、红水河流域及其以北地带，是贵州的土著民族之一"，[1] 最早可以上溯到古代的越人。

2. 风俗文化多样性特点

同一个民族在不同社会的文化存在不一致性，甚至存在异样。例如，黔西南布依族苗族自治州的布依族服饰与黔南布依族苗族自治州差别甚大，即使同在黔南，不同县城的服饰也有不同。这是因为布依族先祖随环境安居，文化产生于相应的环境之中，形成了不同的特点。布依族人信仰万物有魂灵，并衍生出图腾崇拜，但各支系聚居区的图腾有所不同，有的膜拜竹，有的崇拜牛，有的信仰鱼。信仰内容即体现了布依族社会文化生活的多元特征。

3. 传统文化习得性特点

没有谁天生就有文化，天生就会某种特有的生活方式，这些都需要通过言传身教等方式传承习得。若不向上习得、向下传授，文化就会消失，最多成为史册上的某种符号，失去了"活着"的意义。如布依族乐器"勒尤"的吹奏方式及其伴舞，是一代代承袭下来的。随着现代经济和技术的发展，勒尤面临着新文化的冲击。人们都忙于各种生活事务，年轻人已经不再用心学习勒尤的制作与演奏，往往热衷现代流行音乐，勒尤调式有着自然消亡的危险。[2]

4. 民族文化周期性特点

布依文献记载的布依族文化具有周期性特征。如《布依族文化史》《布依族文化志》《布依族民俗志》里面记载的许多特殊节日大都是"一年一度"性的活动。《布依族简史》中记叙了清代中叶南笼（贵州安龙）布依族三月三节日传统状况："每岁三月初三宰猪、牛祭山，各寨分肉，男妇饮酒，食黄糯米饭……三、四两日，各寨不通往来，误者罚之。社神是一村或邻近几个小村共建社祠供奉，有的还有基金，用基金或临时集资购买猪、牛宰杀供祭。"还

---

[1]《布依族简史》编写组编：《布依族简史》，贵阳：贵州人民出版社，1984年，第100—160页。

[2] 信息访问自镇宁县非遗所陈所长信息。

有《古谢经》《祭歌》《接魂大全》记录的词，大都由摩师用在以牛祭祖祭祀、供神敬献酒肉、解除魔神鬼禁、祈福、禳灾、驱邪事项上，而这些事项并不是随意举行的，是根据人们生命周期各个阶段相应的需求来实施的。若有布依族儿童经常患病，家长会认为这是因为"娘母"之神在某段时间疏于关心孩子，或是因为小孩犯了什么小禁忌，使得"娘母"之神无法尽职尽责保护和调教孩子。此时，就需要"搭桥"和敬供"娘母"之神。此后，孩子便又能得到她的保佑，健康成长。现今，黔南布依族苗族自治州平塘县、独山县等地布依族仍普遍有类似风俗和信仰，这与人的生长周期是密切关联的。

三、布依族文献价值及文化与文化产业发展

关于少数民族古籍文献价值的看法，有人认为它"是民族文化、民族精神、民族性格、民族习惯的综合反映，是中华民族宝贵的文化遗产和重要组成部分、智慧的结晶，是各民族成长和发展的历史记载"，[1]布依族史籍资料亦是如此。当然，它的多彩文化包括历史、艺术、知识、风俗等，是我国多元文化的一部分，有着相应的价值与作用。

（一）布依族文献的价值

少数民族古籍，内容集广泛性、准确性、多主体性、有序性为一体，形式和语言文字、载体多样性特点一并表现，兼具散布性、老化慢、生命力强等特点，发挥着多方面的价值。

布依族古籍同样具备少数民族古籍的特点，在内容上，主要表现为三个方面：一是大部分古籍是经过保护收藏部门理顺后确立的有机联系，体现了相应的有序性。二是记叙的东西并非十分紧密集中，把能写的都写进去，常体现为片段式的内容，各文化点是零散叙写的，多主题性特点不言而喻。三是它所记述的文化风俗事物宽泛广阔，既有历时性的，也有共时性的，可以说广泛性是它的一个重要特征。民族古籍的内容多为文化发出者"即兴发挥"的东西，这些内容表现为一种"实事求是"的很少掺杂主观因素的文化民俗，具有准确性特征。[2]

据调查分析，少数民族古籍文献对我国文化经济社会发展的贡献十分突出，抑或是有形作用，抑或是无形影响，对民族文化产业开发的共享，产生着越来越重要的现实意义。黔南布依族苗族自治州独山县基长镇阳地村的旅

---

[1] 包和平、何丽、王学艳主编：《中国少数民族古籍管理学概论》，北京：民族出版社，2007年，第9页。
[2] 包和平、何丽、王学艳主编：《中国少数民族古籍管理学概论》，北京：民族出版社，2007年，第11—13页。

游发展亦从中得益；镇宁布依族苗族自治县高荡村高荡组特色民族村寨及其旅游开发也拥有文献价值共享上的收益。布依族古籍文献的载体呈现多样性，有口碑古籍、金石古籍、原生古籍。其参考价值其实无处不在，只要开发视角相衔接，就有可能带来意想不到的"丰收"。生活中，通过口耳相传、亲身传教文化技艺的载体，以石幢、钱币、印章、钟鼎等记录文化的载体，传递男女爱情信息、部落信息的原生载体——刻木、树叶、结绳等，至今还有许多未曾被发现、撰记在册。这些文献文化，能够为社会各行各业的创意创新提供多角度、多层面的参考价值。

（二）布依族文献及文化价值与文化产业发展

从上述布依族文化特点的解读来看，汉族、布依族等民族的文化产业发展既可以文献为试金石，也可直接在民族风俗和生活技艺中找到源泉。但需要注意视角选择问题，找到好的视角，才能从文化、文献中得到更多的启发。下面从场域、进化论、功能主义、象征符号理论来看布依族古籍在经济、文化产业中的作用。

1. 场域视角下的文献与文化产业发展

法国民族学人类学家皮埃尔·布迪厄对"场域"的解释是通过客观因素限定的位置间存在着的某种关系的形构或网络。[①] 布依族节日文化、教育道德、礼仪等都是在相应的社会场域中完成的，"社会成员按照特定的逻辑、要求来共同建设、享受社会生活。在共同的场域中，社会个体参与社会活动，以生产有价值的符号商品为目标的符号竞争和个人策略较集中"。[②] 布迪厄表示，资本既是特定位置间活动竞争的目标，又是一种手段。他把资本分为经济、社会、文化、象征四种类型资本。布依族三月三集体供祭的社神由多个寨子共同建筑，又如《布依族简史》载"三、四两日"的供祭活动虽"各寨不通"，但在神性文化空间有着某种共同的信仰崇拜，人们对祭祀活动的重视及其活动的集体参与性意识是深刻的。这象征着南笼（贵州安龙）布依族紧密的民族凝聚力，即文化资本的体现。节日在场域内大家公认的时间进行，有固定的周期性。由此，在开发文化产业时，应遵循周期性特征来利用节日文化，这样既可以传承节日本来的文化意蕴，又能使文化产业散发出的传统文化韵味更深入、贴切。

布依族（特定）场域中的社会文化，是由不同个体人员的需求文化和文

[①] 皮埃尔·布迪厄、华康德：《实践与反思：反思社会学导引》，李猛、李康译，北京：中央编译出版社，1998年，第20—265页。

[②] 皮埃尔·布迪厄、华康德：《实践与反思：反思社会学导引》，李猛、李康译，北京：中央编译出版社，1998年，第20—265页。

化需求建构起来的整体。人们谨遵文明礼仪，和谐互助，最明显地表现在对人的称呼上，尤其是对长辈的称呼，一般情况下总是先说敬称，再叫名字，或者只叫敬称；当村寨有酒席等时，主人家不用邀约，其他人只要知晓，便积极加入协助工作。这种风情，祖祖辈辈耳濡目染，形成一种互帮互助的良好风气和凝聚力强的社会氛围。[1]拥有"万物同尊""万物有灵"的文化和谐意识，与寨子内和周围的树木山林和谐共存，对"后山（寨子后的山坡）"，对井水，对树木有约定俗成的保护方式——对它们抱以敬畏感，拜树神——不乱砍伐；也拜井神，过大年期间在固定的日期不准倾水外倒，以节约用水；拜山神，任何时候都不能到后山砍柴，只能到固定地方取用柴火；等等。这是与环境事物"和平相处"的具体体现，换言之，是布依族生态文明价值观"知行合一"的优秀传统。世代承袭的文化已经深深印刻在他们的骨子里，不知不觉地提升了他们对自己生存场域（环境）的保护意识，这是一种可持续发展观。

在具有"万物有灵"的信仰文化、"万物同尊"的生态观，风情淳朴、互相帮助的布依族社会文化场域中，拥有的绿水青山、淳朴风情和民族凝聚力，难道不是文化产业发展路上的一种财富吗？

2. 进化论视角下的文献与文化产业发展

进化论认为，人类是不断进步发展的。同样地，人类各种事业的进步也是人类进步的体现。事物的发展遵循着由简到繁、由低级到高级的发展规律。比如文化产业化，理论上说是从纯精神产品到准精神产品再到泛精神产品的过程，这是个循序渐进，由简到繁，由零乱到复制性、规模性、高标准型发展的过程。布依族文化产业化可以借鉴其他发展较早的地区和民族发展路径，还可以从自己的史料文献中"引经据典"，发挥民族文献资料的价值作用。

从进化、传播理论角度看，布依族历史文化的传承和演变是扩散型丰富发展，即由于自身发展需要或战争迁移才形成的主动扩散和被动扩散交杂进行的文化传播。关于"布依"的称呼，他称由原来的"西南蛮"改为"仲家蛮""八蕃""仲蛮"，又变为"水户""仲家"（也叫"本地""夷族""土边"或"绕家"等），说明布依族人口分布地域的变动，以及随着历史变迁，文化散播的速度在不断加快，范围在不断扩大，史籍的运动也应运而生。运用史籍运动特点，加强点面之间的联系，使文化产业之间得到合作"共盈"。[2]

贵州镇宁布依族苗族自治县特色村寨高荡村的民族文化产业开发尚未走

---

[1] 王云芳、黎橙橙：《公共文化空间下民族文化传承场域功能变迁的思考——以广西武鸣壮族歌圩为例》，《贵州民族研究》2017第2期。

[2] 《布依族简史》编写组编：《布依族简史》，贵阳：贵州人民出版社，1984年，第181—182页。

上规模化道路,在起步阶段除了保持自有文化特色外,可以学习借鉴其他地方的发展方式。如借鉴上海"徐汇"文化创意产业,从"文化产业化"到"产业有文化",即是说,民族文化创意可以从文献资源中找灵感。那么,我国许多民族村寨如镇宁高荡村的文化开发,可以从现代科技引导入手,也可以从农家乐和特色产品开发入手,抓住当地"人才辈出"的优势,[①]挽留高级人才开发当地传统文化,把经济资本伸入文化民俗中,使民俗文化走上规模化产业开发大道。以此为一个发展因素,带动外出务工人口回乡,以历史文化发家致富,从史册中记载的历史性的"东西"发掘出新"产品",形成活态文化,进而既保护又传承文化传统。政府应专门为文化产业领域的新企业和小企业提供支持资金、渠道等便利,稳扎稳打开发、壮大民族文化产业。还可以联系民族学者参与研究文化特色,开展民俗文化相关的研讨会,以促进特色文化专业性深入发展。

试着"敲醒"沉睡在史书文献资料中的优秀传统文化,尤其是寻找少数民族丰富多彩的文化,加速打通无法开发文化资源的"壁垒",在产业形成过程中加强产业链效应。如布依族民族体育文化、技艺文化、舞蹈文化、服饰文化、饮食文化、传统医药文化等,形成强大的民族文化产业网络联系,互相促进形成产业规模和"产业+"的文化生态圈。就是要一心一意地把文化搞成产业化,同时让产业具备浓厚的民族文化。用徐汇区委宣传部副部长金建红的话说,除了"一门心思要让文化尽快产业化"外,还要"沉下心来让产业变得有文化",即从史籍中去寻找民族文化元素。另外,考虑到后期文化旅游可能延伸的发展方向,可以把周边工业空间转变为联合文化空间,有计划、有针对性地进行规划,也就是"文化+"等模式。[②]引入媒体宣传,广泛传播当地独特的多元文化,对应性地招商引资,发展民族产业。从无到有,从文化产业为零的场域中推出秀丽新颖的民族文化。从布依族史籍记载的文化或人们口耳相传的传统文化中去挖掘文化资源。同时,提升已经产出的"小特产"的品位、档次,形成规模化产业,使文化活力在产品中得到展现。

3. 功能主义视角下的文献与文化产业开发

从价值与作用上讲,文献除了有助于学术研究外,还能"赚钱",即助推经济发展,成为文化产业产品灵感迸发的一种源泉。功能论学者强烈主张理解文化要从整体出发,做到有机地把握它们各个要素的功能,"任何一种文化现象都有满足人类实际生活需要的作用,即都有一定的功能。每一个文化子系统都与其他文化子系统之间有着关联和作用关系,都是整体文化中不可分

[①] 参考环翠街道对高荡村人才统计数据。据村民说,高荡村人才济济。
[②] 舒抒:《文创产业占全区GDP比重近17%,徐汇为上海文化产业发展探新路——从"文化产业"到"产业有文化"》,《解放日报》2017年1月9日,第1版。

的一部分"。① 布依族文化功能的例子如：人们认为山有山神，树有树神，体现了一种万物有灵的信仰。这种信仰在生活中对行为具有规范性作用，还有联结民族关系的纽带作用等。无论是物质性的文化现象，或是意识形态的抽象的社会现象，② 马林诺夫斯基认为这些文化"都有它们相应的特定的功能"。③ 如布依族各个历史阶段的风俗习惯等社会文化现象，或他们的交通建筑、食品饮料、房屋宫殿等物质文化现象，都实实在在作用于整个社会发展。现今发展特色村寨旅游、民族文化产业，都可从中得益。如贵州省独山县基长镇阳地村的旅游发展就参考了《布依族简史》等文献资料、布依族文化现状，并取得了初步成效。

4. 象征符号理论视角下的文献与文化产业发展

布依族聚居在云贵高原。贵州省的布依族人口占了全国布依族总人口的 97% 以上，是布依族最主要的聚居地，风光旖旎、山清水秀，族人热情好客，歌唱和舞蹈是他们所善之事。各个聚居区有的膜拜竹，有的崇拜牛，有的信仰鱼。信仰竹的支系，崇拜大楠竹，既体现了节节高升、不断攀升的意义，也是布依族积极进取精神和对美好生活向往的一种象征。从人类认识发展的角度来看，布依族的图腾崇拜是在原始宗教形式之后的一种崇拜，与原始生产有着这十分密切的联系。

布依族社会生活中的艺术和风俗等"处处有象征"。文献记载和考古证实，布依族祖先即"百越"，是较早种植水稻的民族，为世界稻作文明做出重要贡献，被誉为"水稻民族"。现今许多布依族人家门前还挂着稻穗，这是一种喜迎谷神、期盼稻谷丰收的习俗、信仰象征文化。旅游等民族特色文化产业可以生产以"稻"为主题的玩具、纪念品、食品，在种类和数量以及质量、品位等方面提高附加值，促进文化产业化。

四、结语

通过以上对布依文献特点的介绍，对其文化内容特征的叙述，和对文献价值及文化与"文产"的作用的阐述，并结合民族学理论观点，分析了当今文化经济信息时代下，社会、经济相关领域发展越来越依托优良民族传统文化的状况，以及民族产业发展、旅游开发更是有赖于此的情形。不难看出，布依族史籍对社会发展繁荣的作用和重要的现实意义，已经体现在民族经济、

---

① 李保峰：《诗意的功能主义——德国格瓦斯·昆·昆建筑师事务所专辑》，北京：中国建筑工业出版社，2007年。

② 高建平、丁国旗主编：《西方文论经典（第4卷）：从唯美主义到意识流》，合肥：安徽文艺出版社，2014年，第502页。

③ 马林诺夫斯基著：《文化论》，费孝通译，北京：华夏出版社，2002年。

文化等方面的运行上。民族产业文化要素开发、文化产业化的挖掘，需要利用史籍所载内容去拓宽产品文化来源，提高信誉，打造品牌产业。此外，现在许多民族艺术不断涌现，国家级省县级非物质文化遗产申报成功，吸引了许许多多的远方游客，促进了文化交流互动和经济文化发展。某种程度上，这得益于民族文献资源建立后，人们对优秀文化追始溯源的应用。

民族古籍文献作为一种资源贡献于社会发展，为文化创意产业等事业源源不断地提供能量。当下，各民族各领域随着我国经济发展机遇的到来，都在寻求"共同富裕的机会"，以便能够搭上"一带一路"这辆豪车"出远门"，从而获得更高的效益。不管是金石文献、纸质文献，还是电子载体文献，其所发挥和拥有的功能，不仅仅在于民族文化保护、传承和发展。随着社会的不断发展，民族古籍不断得到合理开发利用。在经济上，它将发挥更重要的作用。

仡佬族古籍文化创新与助力乡村振兴实践

张严艳

摘 要：习近平总书记指出，我国农耕文明源远流长、博大精深，是中华优秀传统文化的根。而在经济高速发展的当今社会，农耕已不再是人们的第一选择。但农耕文明是我们的根，传统村落是中华传统文化的载体，是乡土文明的地标。因此，乡村振兴迫在眉睫。而实施乡村振兴战略要创造性转化、创新性发展农耕文明，为乡村振兴培根造魂。同时，民族文化是一座可以深入挖掘的文化宝库，从中能够找到促进乡村振兴的文化力量。所以，本文以深入挖掘仡佬族古籍中的传统文化为手段，达到助推乡村振兴的目的。

关键词：仡佬族古籍文化；创新利用；乡村振兴

仡佬族是我国西南、中南地区的一个古老民族，历史源远流长。早在商周时期，仡佬族的先民就活动于西南地域一带。从汉文史籍记载中可以看出，仡佬族的形成大致经历了濮人、僚人、仡佬族三个历史时期。而在漫长的历史长河中，仡佬族人民通过自己艰辛的劳动，垦荒辟草，开拓了祖国的西南疆土，创造了本民族赖以生存的环境，积淀了大量的物质财富。至今，在贵州各地还流传着"仡佬仡佬，开荒辟草""蛮夷仡佬，开荒辟草"的歌谣。同时，仡佬族人民又以自己的聪明才智创造了斑斓灿烂、丰富多彩的民族文化，发展了社会经济，与其他各族人民一起共同缔造了我们伟大的祖国。

随着时代的快速发展，仡佬族古籍文化中的某些内容已不适应当今社会的发展，但也有许多丰富的文化内容只需稍加创新就可适应现在的社会发展潮流并推动"乡村振兴"热潮。俗话说，乡风是乡村的灵魂，乡风文明是乡村振兴的保障。所以，开发利用好古籍文化中的资源不仅可以振兴乡风、促进乡风文明，还能推动该地区经济转型以助力乡村振兴，同时在国家层面具有一定的示范意义。

乡村振兴，文化先行。党的十九大把乡村振兴提升到国家战略高度并写入了章程。因文化振兴在乡村振兴中发挥着巨大作用，没有繁荣发展、高度自信的民族文化和乡村文化，民族地区的乡村振兴就难以实现。① 同时，优秀的传统文化是现代文化的基础，是民族的灵魂以及精神的源泉，具有较强的历史性、民族性和继承性。国家主席习近平指出："没有高度的文化自信，没有文化的繁荣兴盛，就没有中华民族的伟大复兴。"所以，想要实现乡村振兴，就需要继承并发扬壮大我国的古籍文化并对它进行创新。只有不断地坚定广大农民群众的文化自信，始终坚持以中国特色社会主义先进文化为引领，坚守中华优秀传统文化精华，才能汇聚起一股强大的精神力量，实现乡村振兴。②

一、仡佬族古籍文化

首先，仡佬族是一个历史悠久的民族，它的语言文学十分丰富。濮人和僚人在历史上的不同阶段曾是今天大多数仡佬族的先民，虽然没有文字，但他们有自己独立的民族语言。不过，因仡佬族内部各支系语言的差异较大，同时在漫长的历史发展过程中受到其他民族语言的影响、渗透，至今仡佬族的语言系属尚没有断定。仡佬族的方言因地域差异，也有不同的分法：若按自称来分类的话，可分为"稿""多罗""哈给"和"阿欧"四种方言；若按分布地域来分类，可分为黔中方言、黔中北方言、黔西南方言。仡佬族的语言独特，复音比较多，有双塞边音、舌尖塞边音和擦边音等。

仡佬族语言的丰富之处不仅体现在它的方言上，仡佬族的故事传说、民歌更是把仡佬族人民的语言推到了巅峰。在漫漫的社会生活中，仡佬族先民同其他民族先民一样，对人类赖以生存的大自然——天、地、日……以及人类究竟怎样生存等问题进行过不断的思考和探索。而在仡佬族的传说中，天、地是由布什喀和布比密按照人的基本特征制造的，泥土是大地的肉，山坡是大地的头颅，树木杂草是大地的毛发，大小水坑是大地的眼睛，弯曲的山脉是大地的手脚，江河是大地的肚肠，石头是大地的骨骼……③而关于日、月的来历，仡佬族传说《公鸡叫太阳》中写道，很久以前，天上有七个太阳和七个月亮。当它们一起出现在天空时，人间被晒得成了灾。后来有个聪明能干的汉子阿膺找了一根很长很长的通天竹，爬上一座很高的山，成功把六个太阳和六个月亮打落到了海里，只剩下一个太阳和一个月亮不敢出来。顿时，

---

① 郭丹：《节庆文化助力民族地区乡村振兴——以普格县洛乌乡火把节调查为例》，《文化学刊》2019 年第 10 期，第 45—47 页。
② 刘远海、罗远东、高宏扬：《弘扬民间传统节庆体育文化助推乡村振兴战略研究——以鄂南龙舟文化为例》，《教育现代化》2020 年第 7 卷第 14 期，第 170—172 页。
③ 贵州省地方志编纂委员会编：《贵州省志·民族志下册》，贵阳：贵州民族出版社，2001 年。

天空被一片漆黑包围。这样的环境又使人们的生产、生活很不方便。所以，当时的仡佬族先民先后牵了牛、羊、猪去请，但太阳和月亮还是不肯出来，又带了一只大红公鸡去请，太阳和月亮躲不住了，只好出现在天空中。这样，人间又重见了光明。仡佬族的这个传说同人们耳熟能详的"羿射九日"有异曲同工之妙，但仡佬族的这个传说更富有民间生活气息，具有更浓郁的民族色彩。这个传说从侧面也阐明了人和自然界的密切关系，形象地描绘了人们同大自然作斗争的情节，同时表达出了仡佬族不畏艰险、不惧困难、吃苦耐劳的精神。

虽然仡佬族没有本民族的文字，只有口头文学的形式，但仡佬族人民将许多优秀的民间创作代代相传了下来。其中最具代表性的是仡佬族的歌谣，仡佬族的歌谣中记载了仡佬族人民世代在社会活动中各个方面的生存生活状况。仡佬族的歌谣不仅数量大，而且内容十分丰富。就内容而言，仡佬族的歌谣可分为苦歌、劳动歌、情歌、礼仪歌、新民歌等几大类。这一首首歌瑶都充分形象地体现了仡佬族人民的生活场景。

其次，在漫长的岁月中，仡佬族的节庆习俗也十分丰富。仡佬族在长期的发展历史进程中形成了很多自己的传统节日，像极为隆重的年节、拜树节、吃新节和牛王节等。这些节日至今都保持着明显的民族特点，也反映了古老文化的遗俗。如仡佬族的年节一般以腊月三十为"打哲司"（小年），正月十四为"哲魁"（大年）。过年的时候，人们会打糍粑祭祖，在除夕的贡品中必须有一个大糍粑和一个大红薯。仡佬族人民一般从腊月三十日起开始为祭祖做准备。过年节时，仡佬族人民的堂屋"神台"上不能乱摆杂物，初一初二两天不能下地干活。初三的这天，仡佬族人还要拿糍粑、酒和锄头到田头去祭祀。此外，从正月初一到十五，各地的仡佬族还要举行娱乐活动，像打"花龙"、打"篾鸡蛋"、打"磨秋"、对歌和唱地戏，等等。

仡佬族的年节特别隆重，也很有趣，仡佬族的拜树节、吃新节和毛龙节也十分有趣好玩。仡佬族的拜树节在农历的三月三，这天既是"祭树"的节日，也是仡佬族祭祀祖先的节日。一般在祭树节的前半月，全寨要选出六户主持筹办祭祀事物。从农历二月底起，在每晚午夜前，领头人会点灯于寨前的路口，用仡佬语喊叫："老祖公，三月三快到了，快回来吧……"而三月三这天，全寨女性不能出门，成年男子则要到山上的神树下祭祀，祭品是一头猪、两只鸡。祭祀后，大家就地而食，仪式十分隆重。[①] 仡佬族的吃新节仪式也十分有趣且隆重。每年农历七八月间，当田里的新谷要成熟之际，各地仡佬族要精心挑选一个日子"吃新"。在这天，仡佬族人民要以稻谷或新米饭等

---

① 《仡佬族简史》，北京：民族出版社，2008年。

祭祀祖先。仡佬族人民过"吃新节"的意义主要是为了纪念开荒辟草的祖先，以及庆祝丰收、共享劳动的果实。

仡佬族历来崇拜祖先，所以，崇拜禁忌在仡佬族十分盛行。仡佬族认为万物有灵，他们在生活中常供奉"牛王""神树""山神""灶王""秧苗土地"等。他们崇拜大树、巨石等自然物，除了每年逢节要祭祀外，在天灾、病痛时还要烧香、烧纸钱敬供以祈求消灾除病、丰收平安。

最后，仡佬族的艺术体育文化也十分丰富。仡佬族在工艺美术上的技艺十分高超。仡佬族古代绘画遗存主要以壁画为主，散见于寺庙和宗祠。又因仡佬族世世代代从事农耕、取丹炼汞，为了适应农耕和采矿生产的需要，仡佬族的冶铁、铸造工艺得到了长足的发展。在元明时期，务川仡佬族中就出现了以打制铁器为生的专业劳动者，当时这样的劳动者还被称为"打铁仡佬"。

木雕、石刻、砖刻等是仡佬族传统的雕刻艺术。仡佬族的木雕常见于梁柱、门、栏杆、戏剧面具等，图形一般有狮虎蝙蝠、花鸟鱼虫和龙凤麒麟等，技法有浮雕与镂花。而仡佬族的石刻常见于石墓、石碑、石栏杆等，其中以务川桃符石牌坊、安顺文庙龙柱等最具代表性。

仡佬族的乐舞戏剧文化特别引人注目。早在唐、宋时期，仡佬族人民就已使用竹簧乐器，并有"踏歌"、毛龙、踩堂舞和芦笙舞等舞蹈。仡佬族的芦笙舞一般是在节日对跳，踩堂舞则是仡佬族的一种丧葬仪式。仡佬族的歌舞淳朴、优美，具有明显的民族特色。该族的乐器主要有二胡、横箫、唢呐、锣、鼓等。①

仡佬族的体育娱乐活动也令人兴趣盎然。其中最令该族人民喜爱的是打"篾鸡蛋"、打"花龙"和打"秋千"等。仡佬族的打"篾鸡蛋"也称玩"竹球"，一般在农历正月初一至十五期间进行。篾鸡蛋主要是用竹篾条编成，拳头般大小，有空心、实心两种。而打"篾鸡蛋"有两种玩法，第一种是选择宽敞的院坝，在其中间画一条分界线。人分两队，每队三至五人，各一方，或用手送，或用脚踢。凡打不过线，球接触了身体，便输了。第二种玩法是选择一个荒山旷野的地方进行，不限制人数，也不分组。比赛时，先由一人将"篾鸡蛋"随意向空中抛出，其余人随之奔向"篾鸡蛋"跌落的地方，先抢到"篾鸡蛋"者继续扔出，以扔出次数最多者为优胜。打"花龙"中龙的制作分板凳龙、草龙、水龙、火龙、彩龙等，"花龙"亦是用细篾编成的小球，比乒乓球稍大，里面会装一些碎碗片和一两枚小铜钱或小颗粒砂石，使其相撞成声。打玩时，男女数十人聚集在固定的花龙坡上，两人一组，不论

---

① 《仡佬族简史》编写组：《仡佬族简史》，北京：民族出版社，2008年，第191页。

男女老幼都可以参加……①

此外，在仡佬族各节日中最离不开的要数高台舞狮。高台舞狮主要流行于道真、务川、正安等地，是集民间杂技、民间舞蹈和民间体育于一体的综合艺术。高台舞狮风趣惊险，在每次的节庆中都深受仡佬族人民的喜爱，已成为深受群众欢迎的民间表演艺术。

仡佬族在长期的发展中已经拥有了本民族特有的璀璨文化。在仡佬族古籍中，我们可以看到仡佬族的文明发展史。仡佬族的语言、故事传说、节庆、习俗、工艺和乐舞等是中华文化乐园里一颗颗耀眼的明珠。而随着社会经济的快速发展，这一颗颗明珠大多沉睡着。现今，振兴乡村的大环境召唤着这一颗颗耀眼的明珠，所以，我们要去唤醒它们，拭去掩盖它们的灰尘，让它们凝聚在一起，共同照亮"振兴乡村"这条大道。

二、仡佬族古籍文化创新之乡村振兴路径

最近几年，乡村振兴已然成为社会发展的主要潮流之一。各界人士都竭尽全力地运用各种各样的方式，去尝试实现这个宏伟的目标。现今用各民族古籍文化去振兴乡村发展的方式也正悄然兴起，因为乡村振兴的首要和关键是产业振兴，而文化产业已经成为当今世界的朝阳产业，发展文化产业是促进经济发展的重要途径。②

首先，仡佬族古籍文化要与乡村旅游相结合。随着社会经济的高速发展，今天的民众更多在于追求精神上的愉悦。文化就是精神之钙片，所以把古籍文化融进相关旅游产业中是一种双赢的选择。如在务川县，仡佬族人民把自己本民族"九天母石"的相关传说结合社会的发展潮流进行创新，发展出了令人们喜爱的旅游景点。每当周末或是闲暇时间，你都会看到当地人带着家人来此观光，欣赏美景。当然，也有来自全国各地的旅游团到此观光。

除了对仡佬族古籍文化中的故事传说进行创新以外，当地在继承传统体育项目的基础上，对传统的打"篾鸡蛋"、打"秋千"、高台舞狮等活动也进行了创新。在沿用传统玩法的基础上，对这些项目进行适当的改变，以达到满足游者共同娱乐的目的。在此基础上打造本地的旅游品牌，并期待在乡村的旅游业中加入体育项目和民俗文化元素能极大地推动旅游业的发展，以达到振兴乡村的目的。

其次，仡佬族古籍文化要与村寨民族节庆相融合。民族文化和民族风情都得以在节庆活动中体现。在古老的仡佬族古籍文化中，仡佬族有着令人眼

---

①《仡佬族简史》编写组:《仡佬族简史》，北京：民族出版社，2008年，第195页。
②郭丹:《节庆文化助力民族地区乡村振兴——以普格县洛乌乡火把节调查为例》，《文化学刊》2019年第10期，第45—47页。

花缭乱的各类传统节庆节日。如仡佬族一年一度必举行的"吃新节"。各地仡佬族吃新节这天清晨，全寨男女身着盛装，在族长或寨老的率领下，到田间地头去采新，不论何族、何姓、何家的，都可任意采摘。遵义县平正乡等地的仡佬族，从家中出发，边走边唱《仡佬着装歌》，集于寨中古树下，听寨老作节日安排。而采摘新谷时，要先采摘最先成熟的谷物（俗称望哨谷）。他们到本民族以外的田地采摘，尤其受到欢迎。邻族的人们说：经仡佬先人尝过新谷的田地，来年庄稼必丰收。有的邻族甚至约定成俗：早在下田栽秧时，头三窝就许愿给了仡佬先人。开山鼻祖的烙印，不仅深镌于古夜郎的山川平畴，也铭刻于不昧先贤的各兄弟民族之中。在采新的同时，一些青年男女集于寨门口，用土炮和歌声迎接前来参加吃新节活动的宾客，敬拦门酒，唱《哈仡敬酒歌》……这样有趣的活动可以引入旅游开发中，当地的民众可以带引着游客一起体验这节日的乐趣，从而在留住游客的同时，不断地吸引其他潜在的游客。而节庆文化在助力乡村振兴上也能发挥巨大的旅游品牌效应。

最后，仡佬族古籍文化要嵌入民众的生活中去。振兴乡村经济发展最具特色的是依靠本民族独特的文化去创新发展并吸引游客的到来。所以，规划民族文化村寨、打造乡村文化景观就显得尤为重要。古村落是民族的"DNA博物馆"，是根性文化。① 所以，保护好民族村寨、打造民族特色村寨离不开当地民众的大力支持。当民族村寨的外观被打理得十分引人入胜并吸引游客到来时，民族村寨的"内涵"就显得尤为重要了，这决定着能否留下已到来的游客以及能否吸引更多的潜在游客。

村民是乡村文化的承载者和创造者，而只有嵌入生产和生活的民俗节日、旅游活动、民族村寨等才能够源远流长。因此，村民需要自主学习本民族的优秀文化，了解本民族的民俗节日，参与特色民族村寨建设，争做家乡的合格向导，热情好客地接待远道而来的朋友，并坚信族群凝聚力一定能对乡村经济文化的繁荣发展产生重要的影响。

三、仡佬族古籍文化创新之乡村振兴意义

《乡村振兴战略规划（2018－2022年）》明确将"保护利用乡村传统文化"列为乡村文化振兴的重要一环：支持农村地区优秀戏曲曲艺、少数民族文化、民间文化等传承发展；完善非物质文化遗产保护制度，实施非物质文化遗产传承发展工程；鼓励开展群众性节日民俗活动，支持文化志愿者深入农村开展丰富多彩的文化志愿服务活动。所以，继承仡佬族古籍文化并进行创新利用有利于仡佬族地区的经济发展，有益于仡佬族人民对美好物质生活

---

① 李沛新、侯代忠：《乡村振兴战略背景下广西优秀民族文化资源保护和开发研究》，《南宁师范大学学报》（哲学社会科学版）2021第42卷第1期，第25—31页。

及精神生活的追求。

首先，习近平总书记在乡村振兴讲话中提出了"五个振兴"的科学论断，即乡村产业、人才、文化、生态和组织振兴。而乡村文化建设是乡村振兴的重要基础和保障，乡村振兴的实现离不开文化支撑。[1] 而且，在当今世界，文化软实力正逐渐成为国家核心竞争力的重要因素，以文化的理念助力乡村振兴具有很强的必要性和可行性。

其次，对仡佬族古籍文化中传统节庆的旅游开发可以增加该地区的旅游收益，推动该地区的经济发展。仡佬族拥有丰富的民族节庆资源，可以将乡村地区独有的地域优势、特色农业资源优势以及传统的民族文化优势转化为创意元素，构建以农产品和服务推广、农业文化遗产旅游、农耕文化体验以及民族传统节庆体验为核心的"传统节庆秀"模式。通过吸引游客到此观光并切身体验这些项目以留住客源，从而推动当地经济的发展。

梁漱溟认为："社会没有了礼俗、教化、自力等社会秩序及政治、经济等组织构造就无法治理。"所以，对仡佬族古籍文化的继承、再创新发展利用有益于构建更美好的社会，亦有利于促进乡村社会的振兴。同时，在乡村振兴中，仡佬族古籍文化将以本民族文化引领新农村建设，更新村容村貌；以本民族文化资源促进三产融合，推进农村经济结构转型升级；发挥民族文化的教化涵育功能，重塑文明乡风。

四、结语

中华民族的伟大复兴离不开乡村振兴，而乡村振兴需要靠文化引领。[2] 因此，充分发挥古籍文化的作用是实现民族地区乡村振兴的重要途径。而学习优秀的古籍文化也将成为时代发展的潮流，璀璨的各族古老文化在丰富人民群众的精神文化生活的同时，也将是助推乡村振兴的精神力量源泉。

---

[1] 刘远海、罗远东、高宏扬：《弘扬民间传统节庆体育文化助推乡村振兴战略研究——以鄂南龙舟文化为例》，《教育现代化》2020年第7卷第14期，第170—172页。

[2] 郭丹：《节庆文化助力民族地区乡村振兴——以普格县洛乌乡火把节调查为例》，《文化学刊》2019年第10期，第45—47页。

碑刻及其他研究

论碑刻文化与民族交往交流交融
——以黔南布依族苗族自治州为例

梁 广

摘 要: 碑刻文化是汉族独有的文化样式之一,是以石头或石崖为载体的文献(亦称古籍),是镌刻在石头上的文化宝库。透过碑刻文化在地域间的萌芽与发展状况,能找出区域各民族间交往交流交融演进的过程与规律。黔南州发现的碑刻最早立于明代正统年间,碑刻文字有汉字和水族文字两种。通过分析黔南州发掘的中华人民共和国成立以前的碑刻数量、所属年代及分布情况,寻找碑刻文化在早期民族交流中的印记,发现这些"刻在石头上的历史"记录着早期民族交往交流的线索。石头与文字的结合,赋予了碑刻文化在古代文明宣传中的使命,对研究区域民族交往交流交融具有重要的史料价值。

关键词: 黔南州;碑刻文化;民族交流

黔南州是历史悠久之地、千年文明之域。纵观黔南州的历史可发现,黔南殷周时属牂牁,秦汉时归夜郎,后为牂牁郡,晋设万寿县,唐置南宁州,元建都匀、程番二府,是西南少数民族文化与中原文化的交流交融之地。汉武帝时期,夜郎王多同与唐蒙在此签订《同蒙之盟》;宋太宗时期,南宁州派使团入朝敬献方物、歌舞;明洪武时期,奢香夫人与汉族土司刘淑珍共同演绎了一曲维护国家统一、推进民族团结的绚丽华章。

黔南州作为贵州省西南门户,凭借区位和资源禀赋两大优势,在历史上属于较早开发的地域。本文以黔南碑刻文化视角为切入点,透过"刻在石头上的历史",寻找碑刻文化中记录的早期民族交往交流印记,提出碑刻文化作为汉文化中一种独特的文化样式,在逐步传入民族地区以后,与民族地区文化相互交流融合,逐渐形成了中华文化独具特色、各美其美、美美与共的"多元一体"格局。碑刻文化是研究早期文明传播的珍贵史料,也是研究早期民族交流演进的活化载体,是开展铸牢中华民族共同体意识为主线,阐释区域民族共同团结奋斗、共同繁荣发展的重要依据。

一、黔南州 1949 年前的碑刻情况

(一) 碑刻数量及分布情况

经查阅相关资料和实地调查发现,黔南州在 1949 年以前的碑刻数量不是很多,分布在全州各县(市),碑文和摩崖共计约 26 万字 339 方(处)。其中,都匀市有碑刻 62 方(处),获省级和县级文物保护的有 4 方(处),获县级文物保护的有 2 方(处);福泉市有碑刻 41 方(处),获省级和县级文物保护的有 4 方(处),获县级文物保护的有 7 方(处);独山县有碑刻 16 方(处),无省级文物保护,获县级文物保护的有 4 方(处);三都水族自治县有碑刻、摩崖 28 方(处),无省级文物保护,获县级文物保护的有 4 方(处);荔波县有碑刻 48 方(处),获省级文物保护的有 3 方(处),获县级文物保护的有 4 方(处);平塘县有碑刻 22 方(处),无省级文物保护,获县级文物保护的有 8 方(处);罗甸县有碑刻 8 方(处),无省级文物保护,获县级文物保护的有 4 方(处);惠水县有碑刻 30 方(处),无省级文物保护,获县级文物保护的有 1 方(处);长顺县有碑刻 15 方(处),获省级和县级文物保护的有 3 方(处),获县级文物保护的有 1 方(处);贵定县有碑刻文化 30 方(处),获省级和县级文物保护的有 1 方(处),获县级文物保护的有 6 方(处);瓮安县有碑刻 30 方(处),获省级和县级文物保护的有 1 方(处),获县级文物保护的有 2 方(处);龙里县有碑刻 9 方(处),无省级文物保护,获县级文物保护的有 2 方(处)。①

(二) 碑刻所属年代情况

黔南州碑刻从刻立年代看,在 339 方(处)的碑刻中,明代有 36 方(处),清代有 207 方(处),民国时期的有 63 方(处),年代无法考证的有 33 方(处)。纵观黔南州碑刻在所属年代上不是特别久远,深入调查考证,会发现在一些碑刻或摩崖内容中,特别是部分早期碑刻内容反映了中央政权对西南加强管理的重要历史记载。这些刻在石头上的内容,是见证民族交流的重要线索之一。

从已收集的资料和实地探寻看,黔南州碑刻最早的是明代正统年间立于福泉的《旧儒学碑记》,受历史和自然的原因,今碑已不存,碑文存《贵州通志》(乾隆本)卷四十一,刻立时间以碑文考据而得。福泉《旧儒学碑记》是福泉建立儒学的见证,对照碑文可知,福泉儒学建于明宣德癸丑(1432 年),

---

① 刘世彬:《刻在石头上的历史——黔南碑刻研究》,《黔南民族师专学报》(哲社版)1995 年第 1 期。

贵州按察司副使、佥事屈伸选中隆平侯张信的屋基，命令指挥王俊、刘璇，按府学规划建立平越府学。明正统己巳年（1449年），少数民族起义，平越被围，福泉城中没有柴烧，拆府学房子当柴烧，只剩下学宫。明成化丙戌年（1466年）重修，至次年丁亥年（1467年）四月完工。福泉《旧儒学碑记》由黄绂所题。黄绂（1422—1493），字有章，号精一道人、蟾阳子，明朝平越卫（今贵州福泉）人，明英宗正统十二年（1447年）举人，次年进士（平越首名进士）。历官南京刑部员外郎郎中，四川左参议、左参政，四川、湖广左右布政使，右副都御史巡抚延绥，南京户部尚书兼左都御史。在平越题有《旧儒学碑记》。黄绂远祖为封丘人，曾祖父时迁到平越（今福泉市），遂定居于此。黄绂为人刚正廉洁，人们送他一个雅号——"硬黄"。[1]

黔南州尚存且较完好的最早碑刻是瓮安县玉山镇龙蟠村的《偏岩摩崖》，高1.45米，宽1米，刻在天然崖壁——"偏岩"上，坐东朝西，原离地2米，现已与地平。竖向、魏体字、阴刻，15行，满行29字，共计347个字。《偏岩摩崖》内容：

大明景泰四年，皇上命督察院右都佥御使蒋林、总兵管左都督方英统领，亲诣四川播州宣慰司所辖安抚司中泽、深溪、地平等寨，攻剿反寇黄隆、韦保等巢穴，皆被官军克破，乃献俘于朝，明正其罪，枭首分尸，家下大小贼与贼党先行凌迟，□群□□尽为鬼魅，家财房屋荡然一空。呜呼！贼首黄隆、韦保同叔弟等，不思各身如蝼蚁之物，专敢悖逆不道，纠集党类，风侵边境。皇上一视同仁，恩敷四海，普天率土，咸乐雍熙，不忍加兵杀戮，已经六年。遣命大臣招抚，期各贼心怀奸诈，冥顽负固，随降随反，遂命本职等统军抵巢剿杀，致有今日粉骨碎身之祸，悔不及矣。今已剪除，而地方安妥，本职等班师回还特镌之于石，以戒将来，毋为前非。

景泰四年十二月二十五日
督察院右都佥御使蒋总兵官左都督方[2]

该摩崖反映了封建统治者残酷镇压农民的史实，也是明朝时期加强对西南民族地区的统治和管理的历史证据，具有研究民族交流交往的重要历史价值。

（三）碑刻与民族文化

通过对黔南州碑刻的调查情况来看，黔南州最早用少数民族语言文字镌刻的是辖区内三都水族自治县塘州拉下村《拉下村水族文字碑刻》。经相关人员推测，该碑刻立于明朝孝宗弘治十三年（1500年），是黔南已知最古老的用

---

[1] 刘世彬：《黔南碑刻研究》，黔南州机关印刷厂印刷（内资），2004年，第147—148页。
[2] 刘世彬：《黔南碑刻研究》，黔南州机关印刷厂印刷（内资），2004年，第301页。

少数民族语言文字镌刻的碑刻之一。该碑刻高 0.64 米，宽 0.34 米，两侧有石柱，碑顶有屋檐形碑帽。碑的上部刻有一个太极图，图案下的碑身四周刻有一个方框，框内正中竖刻水族文字碑文 3 行共 23 字。碑下部方框之外刻有一个头西尾东的鱼形图案。碑文记载了亡者生、卒、葬的时间。据推算，该碑刻年代不晚于清道光年间。另外，在三都水族自治县的周覃镇水东也发现有一块用水族文字镌刻的墓碑，叫"水东碑"，其内容也是记载墓主生、卒、葬的时间。这些用水族文字记载的碑刻虽然不多，但是能从中发现早期民族交流的线索，特别是碑刻文化的萌芽时间。这是汉文化传入民族地区，与当地民族文化交流汇聚的体现，除了具有地域民族交流的特色外，还具有研究区域民族文化交流的重要史料价值。

此外，黔南州碑刻文化中还蕴藏着丰富的民族特色内涵，有布依族、苗族、毛南族的各种议榔碑或乡规碑。如，早在道光九年（1829 年）立于平塘县者密六硐乡熊桥的峭壁上的《毛南族乡规摩崖》、道光三十年（1850 年）立于贵定县新巴甘塘寨的《布依族乡规碑》等，是民族地区在开展基层自治中遗留的实物证据，也是研究民族地区民族交往和基层社会治理的丰富史料。

二、碑刻特点及分析

黔南州碑刻数量、分布、所属年代等情况，呈现出与其他地方不一样的特点：一是地域分布不均。地域分布不均主要体现在各县（市）碑刻数量分布不均衡。例如，都匀市碑刻数量多达 62 方（处），最少的罗甸县只有 8 方（处），其余县（市）的碑刻数量上也不同程度地存在差异。二是年代分布不均。从黔南州碑刻在各历史朝代的分布来看，其存在"中间多、两头少"的情况。在明代以前，黔南州没有保留下相关碑刻；明代有 36 方（处）；清代有 207 方（处）；民国时期 63 方（处）；还有 33 方（处）所属年代暂无法考据，对研究民族交往的影响不是很大。三是数量不是很多。纵观黔南州碑刻，总量上不是很多，与文化发达地区相比，存在数量上相对偏少的情况。例如，黔南州发掘的碑刻大约有 26 万字 339 方（处），而中原地区的河南省一个商丘市现存石刻资源总量约 4406 方（处），[1] 与黔南州现存碑刻数量相比，可说是数量多到惊人。

黔南州碑刻的独有特点反映出：早期民族交流在各县（市）的情况不一样，受自然区位条件、沿革建制历史、教育办学发展等因素影响，各县（市）碑刻分布并不均衡；在明清以前，黔南州早期民族交流并不广泛，而明清时期的碑刻数量较多，这一时期黔南州各民族间交流日益频繁；黔南州早期民

---

[1] 贾光：《商丘时刻资源综述》，《商丘师范学院学报》2014 年第 5 期。

族交流并不是很显著，虽有一定影响，但还能保留各民族的独有文化与习俗，黔南州现存大部分民族特色村寨仍保留着完好的风貌和本民族文化习俗就是最好的例证。

三、碑刻文化发展在民族交流演进中的考证

考虑到历史沿革建制、文化教育发展史、民族迁徙史是早期民族交往交流交融的重要因素，下面主要从这三个方面分析碑刻文化与民族交往交流交融的发展历程。

（一）碑刻文化与历史沿革建制的考证

据考证，约在殷、周之际，许多少数民族部落便在黔南境内劳动、生息、繁衍。秦、汉以后，中央政权在黔南地区推行郡县制，由于少数民族深厚的民族传统和社会发展特点，中央政权不得不承认少数民族对地方的实际统治，对黔南地区实行羁縻政策和土司制度，缓和与少数民族的矛盾。这一历史时期，沿革建制对黔南地区少数民族的影响不大，在漫长的时间里，黔南地处大西南，地势多为高山深谷，交通不便，"夷多汉少"，因此能推断出这期间民族间的交流并不多。碑刻文化作为汉族文化，当时在黔南还难以充分发展，所以，这一历史时期的黔南碑刻文化还处于酝酿期。到了宋、元时期，中央对黔南地区实行羁縻州和土司并存制度，汉族和少数民族的交流开始增加，汉文化开始传入并影响黔南少数民族地区。黔南碑刻文化由此进入萌芽期。到了明、清时期，中央政权在少数民族地区推行"土流并治"和"改土归流"，加强对少数民族地区的统治，大批汉族人民迁入黔南，带来了汉民族文化和习俗。[①] 这是黔南碑刻文化发展最兴盛的时期，也反映了这一历史时期民族交流较为频繁的状况，如瓮安县玉山镇龙蟠村的《偏岩摩崖》。清宣统年间爆发辛亥革命，黔南州由军阀控制，沿袭清末建制，直到民国三年（1914年）始改府、州、县、厅为县建制。国民党统治时期，黔南州各县分属第一、第七、第八、第十一等行政督察专员管辖。[②] 这一历史时期是黔南碑刻文化发展的瓶颈期，民族交流较为广泛，促使民族地区的经济社会进一步发展，布匹、纸张逐渐普及，加之战争的影响，留下来的碑刻并不多。从黔南碑刻在年代分布上存在"两头少、中间多"的特点去看黔南州历史沿革建制史，可以发现，黔南碑刻酝酿—萌芽—兴盛的发展历程正好与明清时期中央政权逐渐加

---

① 黔南布依族苗族自治州概况编写组编：《历史沿革和社会变革》（修订本），北京：民族出版社，2007年，第65页。

② 黔南布依族苗族自治州概况编写组编：《历史沿革和社会变革》（修订本），北京：民族出版社，2007年，第69—71页。

强对西南民族地区的统治相契合。随着中央政权不断加强对黔南少数民族地区的管理,历史沿革建制组建就越是完善,黔南少数民族地区群众交流就越是广泛深入,碑刻文化发展就越兴盛,保留下来的就越多。

(二) 碑刻文化与文化教育发展史的考证

据《贵州古代史》记载,东汉时牂牁郡毋敛县(今都匀、独山、荔波一带)尹珍,贵州著名学者、书法家,自感本地文化落后,没有学校,曾千里赴中原从师求学,返黔后为贵州文化教育做出过重要贡献。但尹珍返黔后主要活动在黔北(遵义一带),对黔南文化教育的影响不大。[①] 汉以后直至宋元时期,《贵州古代史》对黔南文化教育并未作相关记载,虽然宋嘉熙四年(1240年)在瓮安出了个犹道明被录取为进士,但经考证,其先祖犹崇义是山西太原府寿阳县人,于唐乾符元年(1874年),以都总管职奉旨平蜀黔蛮夷,既平,敕封播州宣慰使司,留镇黔中瓮水(今瓮安县),世袭罔替。道明少时,随父朝京师,入学国子监,后登进士。[②] 严格意义上来说,犹道明不是瓮安本地人,属于山西人,且读书学习也不在黔南,而在京师。所以,这一历史时期,黔南文化教育发展并不明显。据《都匀县志稿》记载:"明太祖洪武二十三年改都匀安抚司为都匀卫诏诸土司皆立儒学。"[③] 明、清时期,黔南官学产生,并有了一定的发展,先后建立起14所儒学、书院,培养了一批熟悉汉文化的学子、儒生,推动了汉文化在黔南少数民族地区的传播。透过黔南州明、清以前的文化教育发展历程,可以看出,黔南州的文化教育发展与碑刻文化发展有一定的关系。从文化教育发展视角看碑刻文化的价值,会发现区域碑刻文化从酝酿到萌芽再到兴盛的过程与区域文化教育发展的过程处于同样的时间轴线。

(三) 碑刻文化与民族迁徙史的考证

在历史长河中,各民族间不断迁徙,并互相交往、互相学习、互相进步,形成了今天"你中有我,我中有你"的互嵌格局。这是历史发展的必然趋势。据《布依族简史》记载,这种民族间互相交往的历史现象,在贵州最早可追溯到战国时期。当时,楚顷襄王派其将领庄蹻伐夜郎,灭且兰,封其子为且兰君,本人则继续西征,最后王滇。[④] 庄蹻遂带着其他民族迁入夜郎境内,因

[①] 周春元、王燕玉、张祥光、胡克敏:《贵州古代史》,贵阳:贵州人民出版社,1982年,第68页。

[②] 周春元、王燕玉、张祥光、胡克敏:《贵州古代史》,贵阳:贵州人民出版社,1982年,第192页。

[③]《都匀县志稿》,中华民国十四年,第180页。

[④]《布依族简史》编写组编:《布依族简史》,贵阳:贵州人民出版社,1984年,第13页。

迁入人数不多，所以对当时黔南的文化和习俗影响不大。公元221年，秦统一中国。与此同时，从四川宜宾经云南昭通到达六盘水一带"略通五尺道"，发展了贵州北部区域经济。以此看来，秦朝时期黔南当时的人文交往、人口迁移也并不明显。汉武帝建元中，以唐蒙为中郎将出使夜郎，加强了夜郎地区与中央王朝的联系，从此往来频繁。西汉末年，一批"罪人"到交趾，和当地人交错杂居。汉时交趾所辖范围在今贵州的西南地区，经查阅史料可知，今黔南州长顺县、罗甸县部分区域在其范围内。在唐、宋、元、明各代的中央政权，出于统治需要，与贵州其他地方一样，在黔南推行"即其所在，各授以官""土著酋首充任刺史、将军等官职，并以故俗治之"的羁縻政策和土司制度。这期间，中央王朝与黔南地方土司之间矛盾时明时暗、忽烈忽缓。唐代的"西原蛮"中有大批人移居贵州，特别是宋、元时期实施的"土流并治"让汉族和少数民族的交流开始增加，汉民族的文化开始较多地影响到黔南少数民族地区。明洪武至永乐年间（1368—1398），"调北征南"或"调北填南"，大批江西籍农民迁徙于云南、湖广。当时贵州分属于湖广、云南、四川三省，至明永乐十一年（1413年）才成为省级行政单位。所以，黔南州很多布依族居民都说自己祖上原籍是江西。这客观反映了当时黔南州民族迁徙非常频繁，且各民族间和睦相处、相互往来的民族关系是当时民族交往频繁的最好见证。从民族人口迁徙史来看，黔南州民族迁徙比较活跃的时段也是在明清时期，这与黔南碑刻文化的兴盛时间轴线是一致的。

从以上考证可以发现，黔南碑刻文化从萌芽到兴盛再到繁荣发展与黔南的历史建制沿革、文化教育发展以及民族人口迁徙等在历史上的实际情况的表现是一致的。这足以证明，在一定区域内，碑刻文化的发展与民族交往交流是有对应关系的，用碑刻文化诠释区域民族交往交流演进过程是科学合理的。

四、碑刻文化与民族交往交流交融演进的关系阐释

（一）碑刻文化本身是一部民族交往交流交融史

镌刻在石头或摩崖上的内容是最古老的文明记载，在中国众多的名山大川和重要殿堂庙宇旁往往都树立有碑刻或摩崖，很多都记载了民族交往交流交融的生动事迹。如拉萨大昭寺前树立的唐蕃会盟碑是吐蕃时期汉、藏人民友好相处的历史见证，虽历经1000多年风雨剥蚀，文字仍能辨认。它说明和盟适应了唐蕃社会的发展需要，符合当时汉藏两大民族人民的愿望，体现了汉藏两大民族友好关系的进一步加强，顺应了历史的潮流。在北京金融街的都城隍庙中有一块雍正十二年（1734年）的碑刻，记载了每年按月轮值、义务在城隍庙前挂灯照明的香会组织活动。碑阴载有人名600余个，不仅有以

汉军旗人为代表的汉族群体,还有大量的满族人名,如阿尔太、萨哈立、德山、五十八、七十一等。此碑刻是各民族相互接触、不断融合的历史见证。在中华大地上树立并记载着民族交往交流交融事迹的碑刻或摩崖数不胜数,它们都生动记忆着中华民族大家庭成员在几千年历史长河中相互接触、相互学习、相互进步、相互依存的美好故事。因此,碑刻文化本身就是一部中华民族交往交流交融史,是诠释中华民族交流演进的最原始印记。

(二)民族交往交流促进碑刻文化发展兴盛

民族交往交流交融离不开文化的交流、互鉴、共享。人类文明多样性是世界的基本特征,也是人类进步的源泉。民族交往交流孕育文化的融合,文化的融合碰撞新的文化,新的文化推动人类文明的进步。碑刻文化作为汉文化的典型样式,在漫长的民族交往交流过程中,被逐渐传入民族地区,经民族地区群众学习借鉴后,与民族地区文化、风俗、习惯融合,产生了新的文化样式,推动碑刻文化逐渐在民族地区发展兴盛。例如,黔南州地处云贵高原,山高谷深,古时候交通十分不便,经济发展相对滞后,居住的布依族、苗族、毛南族、水族等民族均有自己的语言和习俗,在很大程度上也制约了黔南州当时的文化发展,为各民族间交流带来诸多困难。自宋以来,特别是明、清时期,随着中央集权加强对西南的管理,汉族人民逐渐迁入黔南地区,书院、义学的设立,加速了黔南州的民族交往交流,这为黔南碑刻文化的发展提供了条件。所以,汉文碑刻文化传入黔南后,被黔南少数民族群众学习和借鉴,先后产生了三都水族的水东碑,毛南族、布依族、苗族的议榔碑等。这些都是反映民族间交流学习推动碑刻文化发展的最好例证。

(三)碑刻文化发展促进民族交往交流演进

历来碑刻就集铭文、书法、雕刻、纹饰等文化精髓于一身,本就是多种艺术的结晶。碑刻文化是一种文化的提炼,碑刻内容一般形式严谨,构思精巧,语言优美,典雅不俗,本身具有丰富的内涵。许多文人学者都撰有大量的碑文,传颂当时并流传后世,供人们学习借鉴。碑刻文化中不仅记载了大量社会日常的历史文化信息,更重要的是它歌颂和记载了伟大历史人物的功德,一旦刻立于石上,就被赋予了极大的内涵。首先,树立的碑刻是传播文明思想的载体,供人们欣赏的同时,也向人们传播先进的文化和思想,加快区域人民群众对先进文化的学习与仰慕,是一种先进文化的象征,无形之中加速了区域内各民族间的文化交流与互鉴,推动了民族交往交流进程。其次,具有丰富历史记忆的碑刻文化是铸就中华民族之魂的重要源泉和基因。如,人民英雄纪念碑已经融入了中华民族艰苦卓绝的奋斗历史记忆之中,成为铸牢中华民族共同体意识的伟大历史丰碑。历史记忆是人类文化的重要元素,碑刻文化是历史文化中不可或缺的重要部分，因此，碑刻文化的发展能促进民族间的交往交流交融，为各民族间文化交流互鉴、共同学习与发展提供不可多得的平台，是古代早期民族交流学习的原始记载和民族交流的时代象征。

总之，碑刻古籍是中华文明的特有符号，也是重现历史文化的重要载体，透过区域碑刻文化，可以发现早期民族交往交流交融的线索，是民族间交流演进过程的历史记忆。碑刻文化本身就是一部民族交流演进史，是研究民族交往交流交融最可靠的参考史料，也是诠释区域民族共同团结进步、共同繁荣发展的活化载体，理应得到妥善保护与利用。

明清移民视角下的王氏谱簿志铭研究

——以九龙朝阳王氏宗支寻根为中心

王孟懿

摘　要：元末明初以来，受到战乱和政策移民的影响，又因代远年湮，从江西迁移到西南的"九龙朝阳王氏"宗支迁移及世系记载，仅保留在家谱抄件、经丹簿、碑志铭和口头传承上。通过对两支现存谱簿志铭的综合研究发现，按照昭穆制理解，贵州绥阳九龙与正安朝阳两王氏宗支应属同宗，其始迁祖王益华、王荣父子两代同名，迁移路线和活动轨迹叠合、王荣之长子，三子和六子先后入黔，且即大章、三章亲疏关系记载合理，六章居地记载在双方丹簿上印证吻合；该宗支略早于明初大移民，始迁祖应为元末随明玉珍入蜀及明夏属官。该支个案结合大历史研究可以鉴观，元末湖广政局变乱是江西先民随迁川渝的直接原因，而四川归于明朝一统又是该支移民迁移贵州的复杂动因。

关键词：明清移民；王氏；谱簿志铭；九龙朝阳

一、关于"经丹簿"和"祠牌志铭"的定义界定

"经丹簿"是民间所说超度逝者的"经单簿"，是"经单与丹簿"的综合文本体式。它记录了超度亡人中的经卷表文与科仪物什器件、孝家已故列祖列宗与已故重要外戚名录、在生家族成员"预襄"名录以及"开坛和来坛寄袱"包数。因此，"经丹簿"内容有：道家道场中要向三界诸神仙、圣贤和冥界头目，西天众佛、菩萨、罗汉奏请的经卷表文，以及超度科仪中的物什器件等；逝者家族历代昭穆世表、已故重要外戚名录［孝家之母族三代和妻族两代］；孝家在生亲族成员的"预襄"名录；"开坛寄袱"袱包数额和"来坛寄袱"［亲戚送来赙仪纸钱等］袱包数额。民间也有用"经箪簿""金丹簿"名称的，是家谱的底本。理解其名，需要对中国"丹青文化"有一个系统的理解，才能定义清楚："丹青"原指因矿石颜料，因丹色泽耐久的特点，被史家借喻人物业绩昭著，又因中国古代官方用丹册纪勋、青册纪事而故名"丹青"，意同史籍之故。如汉王充《论衡·书虚》："俗语不实，成为丹青；丹青之文，贤圣惑焉。"又如宋文天祥《正气歌》："时穷节乃见，一一垂丹青。"

历史上，明清皇室有金册玉碟之惯例，民间自然也有类似功能的丹簿文

体。但经丹簿属于宗族与佛道文化的综合文体。它不但记录道士主持超度科仪或法师的法事（开坛呈奏、诵经礼忏、扬幡施令时所用表文、经卷、法忏、幡符等，超度所用灵屋灵轿等物什，呈供香烛灯器件等），还记录孝家为超度追资的"就坛寄袱"和内外亲戚吊唁的"来坛寄袱"的纸钱抬包数额，以及逝者五世"昭穆"名录和孝家在生家族的"预襈"名录。撰写经丹簿属于文化实践活动，而对赙仪记录的礼单则属于财会行为。赙仪有祭幛、香蜡纸钱、礼品、礼金（20世纪80年制衣穿戴商品化前，赙仪一匹白布作祭幛，丧家可染色裁缝为衣服，此后以送礼金为主）。当然，经簿里的法忏还包含了哭丧和哭灵套语。不同点是，法忏属"述超度事"客观描述叙事性质，而哭歌及祭文则属"作哀祭情"尽孝抒怀性质。

"祠牌志铭"是指"祠堂、牌坊与碑碣、墓志铭"的文物总称。"祠牌"在此不是"祠堂牌位"或"宗祠牌匾"的缩写或简称，而是指"祠堂与牌坊的题字、堂联、对联和撰文"等文体的合称。在宗族文化中，祠堂与牌坊都是重要标志性的金石建筑，是祭祀祖先、教育后生的重要场所，也是为各房子孙办理婚、丧、寿、喜等的场所，还是族亲们商议族内重要事务和申张族人意愿的机构。它里面也是收藏展览家族的"谱乘丹簿"，"记录和见证一个宗族授姓迁分、世系名录、功德勋名、生卒居葬等甚至生老病死重大事件于一身"的宗族公共文化空间。祠堂因此有列祖牌位、宗祠牌匾、题词对联等，能充分展示一个宗族的历史和文化。

牌坊也与宗族文化紧密相连着。牌坊是中华历史文化和建筑艺术的又一独特文物，最初是唐代城市采用里坊制到宋代衰变后的产物，是历代为表彰功勋、科甲、德政、忠孝节义所立的鉴观性建筑及宫观寺庙集山门功能和鉴观性一体的建筑，因名反响较远后还用来标明地名的。而称牌楼者多为门洞式纪念性建筑物，宣化礼教、标榜功德、清风良俗。而当祠堂建成后，牌坊也是祠堂的衍生派属的建筑物，其题词、典事、对联可昭示先人的高尚美德和丰功伟绩，兼有告慰和祭祖等功能。

"志铭"是"墓志铭"的简称，实际指的是"碑碣志铭"。古代称墓前长方形的刻石为碑，称圆首形或非方异形的刻石为碣，而其内容均为"志和铭"，全称为"墓志铭"，是一种悼念性或兼有纪实性的文体，因这由志和铭两部分组成。志多叙述逝者的姓名、籍贯、生平事略，用散文呈现；铭则对逝者一生进行评价，用韵文概括。"志或铭"也有独写一类的，内容可以是逝者生前名言或成名事略，也可以是友人写的称颂哀悼之文辞。省略"墓碑"二字，更能体现祛魅就实的意味，故此简称"志铭"。

二、王氏谱簿志铭的收集概况与寻根及研究基础

2016年4月2日清明，九龙王氏百年来有千余人首次祭祖。笔者及弟王

杰此次参祭，获得了最直接的祖茔和祖碑信息。当时，益江族弟提供了王守臣戊戌志铭照片。2016年8月，返绥拍摄经丹簿，得到了第一谱主编王义，编委王章文、王益光，家人李丹、王元昊、王雨鑫、王模和的支持，取得了一些寻根消息发布上的基础信息源；自2017年12月凤岗琊川王正升后裔王兴全、王润民父子寻回始迁太白祖王之奇祖裔地及九龙王氏大本营，王六章（正安格林）后裔王承龙宗亲自于2018年1月找到九龙宗支以来，并向王承龙、王兴全、王益远、王益强等尊长请教及向王意状、王润民族弟侄们多次切磋，2018年6月中旬，王义与王承龙等族亲前往南川寻根，提供了一些新信息和线索。目前基本确认：九龙王氏与朝阳王氏是一家。九龙王氏是居遵义绥阳县北部九龙村的王氏分支，朝阳王氏是居遵义正安县格林镇朝阳乡的王氏分支。

目前在本宗支内已有信度较高的谱簿史料篇章。2017年9月末以来，笔者通过一谱主编王义（族侄）收集的王氏谱簿，最早的有《1590 [万历｜庚寅] 年九月.王氏谱.正安流渡》《1794 [乾隆甲寅] 年六月.王登典仙度经丹簿.绥阳九龙》，绥阳九龙龙台印王氏丹簿志铭如《1832 [道光｜壬辰] 年十月.王世椿仙度经丹簿.绥阳九龙》《1874 [同治｜甲戌] 年四月.王正端仙度经丹簿.绥阳金子》等20多本经丹簿。多数丹簿要么叙事方法简单粗略，要么追溯到五代内。其中，《1916 [民国｜丙辰] 年10月.王朝玉仙度经丹簿.绥阳金子》（有九龙朝阳支始迁及世系等，后简称"丙辰丹簿"）叙谱详细，其关键篇目如下：

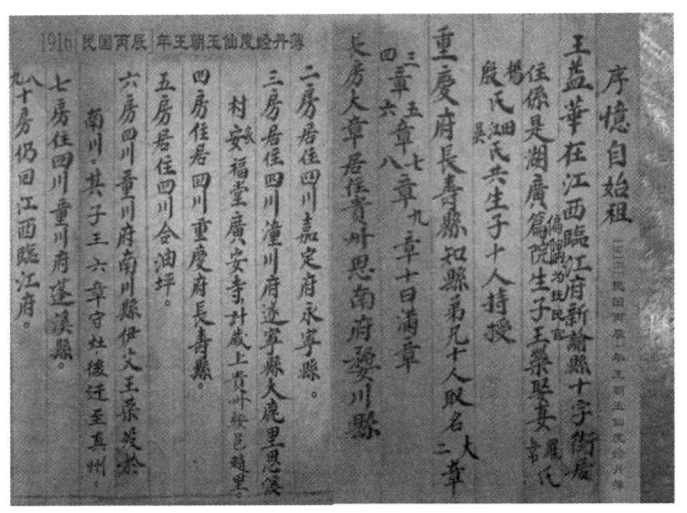

《1916 [民国｜丙辰] 年10月.王朝玉仙度经丹簿.绥阳金子》
序忆自始祖

王益華 [李氏]，在江西臨江府新喻縣十字街居住，係是湖廣偏隅為撫民，後生子王雲（校正讀音後應為"榮"），［榮］娶妻羅、章、楊、殷、田、江、吳氏，共生十子，［榮］持［敕］授重慶府長壽縣知縣，其子弟兄十人取名曰"大章、二章、三章、四章、五章、六章、七章、八章、九章"，十曰"滿章"。王大章居住貴州思南［實為重慶］府務川縣；二房居住四川省嘉定府永寧縣；三房居住四川潼川府遂寧縣大鹿［爐］裏思溪村家福堂廣安寺，計歲上貴州綏邑趙裏；四房住居四川重慶府長壽縣；五房居住四川合油［或為"鶴遊"］坪；王六章居潼川［實為重慶］府南川縣，伊父王榮歿葬南川，其子王六章守灶，後遷至珍州。七房住四川潼川府蓬溪縣；八、九、十房仍回江西臨江府。

　　寻根问祖是家谱序言开宗明义的首提之事。置身于农村生活背景的当代中国人，老家堂屋香阁上都写着自己姓氏的郡望和堂号，显示家族世系渊源。这是一种姓氏身份的认同和传统，更是移民文化的根据。寻根实践的开展需要以理性的宗族谱簿志铭史料为基础推进。笔者执着于此，到 2018 年 7 月底 8 月初，与王润民（族侄）一起到枧坝瞻仰祖茔、太白桃垭拓碑和正安拜访王六章后裔即同宗宗亲，并收集整理丹簿志铭资料。对《1898［光绪戊戌］年三月．王守臣志铭．绥阳枧坝》（后简称"戊戌志铭"）、《1775［乾隆乙未］年十月．王六章志铭．正安朝阳》试做拓片，效果均不佳，后用现场所拍较清晰的分段组合照。同时扫描《1911［民国辛亥］年十月．朝阳王樊氏仙度经丹簿．正安朝阳》等丹簿。

　　"戊戌志铭"主体是一通四轮柱碑，有顶庑，碑身向东靠西，正面宽 0.38 米，侧厚 0.38 米，高 1.58 米。记载有本支始迁祖入川、入黔及落业辗转等情况。两侧无刻字，背面是立碑名录，有枧坝本地及九龙周边本支散居的各村组王氏族亲的名录。碑文显示 1898 年 3 月 13 日立，而中国历史在这一年即将转入大清王朝的改良维新尝试。正面碑文内容亦有个别字残缺，背面立碑名录现只能看到局部人名，已无法全部识读。碑文经校正后，图片及文字详情如下：

　　盖闻人生自始以来，先有祖而后孙，水有源木有根，姬传家声远，是周文王姬昌第二十三世孙姬晋后裔。碑谱知播名自姬晋之子宗敬，敕封得籍在山西省太原府，因时人称其为王家，故其后裔属太原王氏。后生一人名王益华，系在湖广偏隅抚民，后生王云，落籍于江西临江府，在新喻县十字街居住。方到四川所属，入南川县大陆里地名思溪村地名苦竹溪落业。王云六房妻妾等人，所生十子，长曰大璋……之后，王可贵，余氏，自此之于绥邑赵里十甲杨统村地名落业，伏照。根深而枝荣，源远者长流，孙兴畅万代颂。焚题叙。

　　　　　　　　　　　　　　　　　　　　　　大清光绪年戊戌岁三月十三日立

贵州民族古籍研究

《1898［光绪戊戌］年三月．王守臣志铭．绥阳枧坝》　《1775［乾隆乙未］年十月．王六章志铭．正安朝阳》

　　《1775［乾隆乙未］年10月．王六章志铭．正安朝阳》主体是一通纪念碑，有顶庑，碑身向南靠北，正面宽1.28米，侧厚0.012米，高1.62米。正面大字记载有本支始迁祖及入黔简况，小字部分是立碑人名录。背面无刻字。碑文显示1775年10月吉日立，而中国在这一年正处于大清王朝走向乾隆之治的鼎盛之时。正面碑文内容亦有个别字残缺，大部分能识读。碑文大字部分经校正后详情如下：

王六章誌銘

地脉钟灵，天地之毓秀，子孙发祥，祖德之栽培，今吾始祖名六章，始自江西，遷居黔省，終於绥地，安厝官宅。源遠流長發派者蹟蹟，恐代遠年煙，忘其所自，共申一兆。故一一列名刊碑。永垂千古。

316

地脉钟灵。天地之毓秀，子孙发祥，祖德之栽培。今吾始祖名六章（其先祖），始自江西，迁居黔省，务于绥地，安厝官宅。源远流长发派者跻跻，恐代远年湮，忘其所自，共申一兆。故一一列名刊碑。永垂千古。

大清乾隆年乙未岁阳月吉立

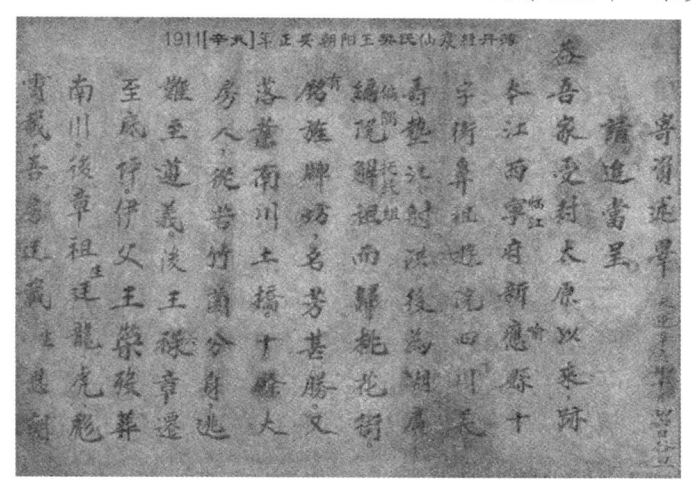

《1911［民国辛亥］年十月．朝阳王樊氏仙度经丹簿．正安朝阳》

盖吾家受封太原府以来，迹本江西宁江府新应县十字街。鼻祖游院四川长寿县、垫江、射洪，后为湖广偏隅解祖，谢驾而归桃花街，铭旌牌坊，名芳甚盛。又落业南川土桥。十大房人从南川苦竹园分身逃难至遵义。王禄章逃难至底坪。伊父王荣殁葬南川。后章祖生廷龙、虎、彪、霄、载。载生思朝……

三、九龙朝阳王氏宗支迁移探源与寻根互动的意义

以家谱、经丹簿为代表的谱簿典籍，以碑文志铭、牌坊铭刻等金石志牌，以祠堂雕塑题联，及其实物刻塑的拓片文体，以及以口述家史为代表的宗族史料，几乎全部涵盖了宗族文化及移民迁分的信息，对其研究起着重要的支撑实证作用。宗族是维系中国社会结构的一条纽带，是千年中华民族文化内涵的重要承载者。在族亲纽带的"族史信息的熵增加和输入"之下，历经多年的资料收集与积累，对寻根线索的澄清和摸排起到了潜移默化的推动作用。2016年4月中旬以来，历经多年的资料收集与积累，取得了一些寻根基础信息源；自2017年12月至2018年1月，凤岗琊川王正权后裔和王六章（正安格林）后裔先后联络上九龙宗支以来，提供宗谱和经丹簿资料的汇集，才产生了综合效应。根据笔者连续向王义、王承龙等尊长请教及与王意状、王润民族弟侄们多次切磋和，朝思暮集的理性研磨，基于寻根实践总结，有重要

线索被梳理和解读出来。宗族族谱丹簿与碑文志铭的研究，促进和推动了寻根问祖这一历史和文化活动，研究始终能够从侧面反映深刻的社会变迁与兴衰的动因，也因此有独特的历史意义。

（一）关于早于明初大移民的移民性质判定

根据元末明初中国政治格局，弄清楚三朝并存前后连续的线索才能判定移民的大体性质，即"元末乱世—明夏建政—明朝中华人民共和国成立"的三阶段五时期：

1. 元朝仕乱期（1308—1339）：因致仕｜废科为官有所迁徙；
2. 全国徙荡期（1351—1367）：元朝失德，导致红巾军起义；
3. 江湖始发期（1351—1360）：红巾军（徐寿辉天完）大宋；
4. 川渝沉淀期（1357—1371）：红巾军（明玉珍）明夏政权；
5. 江湖继发期（1370—1417）：明朝移民期屯田与大移民。

结合从江西湖广到川渝再到贵州的地缘政治版籍与移民属性、启籍脉派的历史逻辑来总览：朱元璋于1370年（洪武三年），鉴于"狭乡填宽乡"的总原则，下令实施江西人口移镇湖广。于是从1370年起直至1417年，从江西的泰和、吉安、新余等地迁徙大量人口到湖广，其间通过瓦硝坝，最终到达麻城孝感等地。根据已有资料和众多"江西各府各县的大桥头和十字街"推测，在江西临江新喻县或有可能是移民暂住和临时转移的移民集散点。

但本支记载"王益华住江西新喻县十字街，在湖广偏隅为抚民之官，其子为长寿县知县"，则不同于明初移民的描述情形。笔者总结元末以来三个典型时期的移民格局：元末、明夏、明初三个前后相继的历史阶段，根据长寿县和南川县的建置记载推断：[1] 王益华、王荣父子的活动时间可以基本定格在第一阶段。而且，从元末江西湖广政治军事形势大格局可知，父子二人的活动与明夏政权脱离不了干系。而三世章祖弟兄迁黔则属于明夏末期和明朝初期。

江西肇祖王益华（李氏）迁移川渝的历史逻辑。王益华住江西新喻县十字街，在湖广偏隅为抚民之官，其子为长寿县知县。基本可以肯定王益华的抚民官（此期尚无明确正职为通判或为副职同知）身位是大体与元末的历史相吻合的。[2] 那么，随军来到重庆，是受到明玉珍在随州起义的影响。随后通过明玉珍征辟或官员荐举入仕是符合情理的。虽然明夏政权也举行过两次科

---

[1] 刘兴亮：《明玉珍大夏国政治地理研究——兼与陈友谅大汉国比较》，暨南大学研究生毕业论文，2010年，第34—36页。
[2] 《明史》志·卷五十一（9）：其外又有协堂道（副使，河南、浙江间设）、水利（浙江）、屯田道（江西、河南、四川三省屯曰兼驿传）、管河道（河南）、盐法道、抚治道（陕西抚治商洛道，湖广又有抚民、抚苗道）。

举选拔，但入渝用人之计为首急之事。王益华虽已老去，其子王荣文化背景不详，但其在江西甚至到湖广的历练，足以使他担当一县知事了。

王荣敕授长寿县知县的历史逻辑。1351年，至正起事。1351年（至正十一年），农民战争爆发，明玉珍集乡兵千余人屯青山，结栅自固。十三年冬（或说为次年），参加徐寿辉领导的西系天完红巾军，任元帅。1357年，明玉珍所率湖北徐寿辉天完（宋）余部攻占重庆。1363年，明玉珍称帝，明夏建都重庆，国号"大夏"。1366年，明玉珍病逝，其子明升年幼继位。至1366年（明洪武六年九月时｜明夏帝明玉珍早已去世）之前，改乐温县名为长寿县。笔者反复查找多部方志，特别是遂宁县志与长寿县志，均无知县王荣，遂认定：王荣应当是明夏知县。

三世章祖弟兄迁黔的历史逻辑。而本支族史记载最早的《1775［清乾隆乙未］年十月．王六章志铭．正安朝阳》却未提及王六章的难民身份。据本族记载江西肇祖较详实的《1911［民国辛亥］年十月．王樊氏仙度经丹簿．正安朝阳》所记"十余大房从南川苦竹园分身难逃至遵义"，显示十章弟兄是难民，也是六章入黔的身份和因由。联系明朝统一前的江西湖广和川渝之地，再联系长寿县首设之制归功于大夏先主明玉珍将乐温县改名建置之事，再查朱明初期长寿知县名列中并无王荣之名列和任何记载，不由不联想大夏历史与我族有内在关联。这很可能一则反映了年久失载，二则反映的是六章后裔有意抹去那段痛苦的家族记忆，可见《1775［清乾隆乙未］年十月．王六章志铭》原文："今吾始祖名六章，（其先祖）始自江西，迁居黔省；务于绥地，安厝官宅。源远流长，发派者跻跻，恐代远年湮，忘其所自……"

绥阳与正安两县王氏是一共祖王益华之孙、王荣之第三和第六子后裔，王荣之长子迁居思南府务川县，及其他各房至今仍尚未找到其后裔同宗。就目前三章、六章的碑簿文献综合起来看，这支族人，不像是明初朱元璋发起的政策大移民。更多信息显示是抵抗明朝统一的大夏臣属后裔，属元末和明初政治动荡下逃难迁移的难民性质。

（二）明夏变乱与明朝统一战争引起抵抗和逃难

《1898［光绪戊戌］年三月．王守臣戊戌志铭．赵里》粗略记述了本族迁分，较早且较可信的《1898［光绪戊戌］年三月．王守臣戊戌志铭．绥阳枧坝》较粗线式记述了本支源流。重要人物王荣，应当是在明朝统一战争或知县卸任后，携父及家眷转移到了垫江、射洪，最后定居南川的。而对王三章居遂宁和迁贵州有明显出于本支立场视角的记述，未提及其祖父更多详情，又有对其父王荣晚年居南川的信息陈述，但将二者综合起来后杂糅不清，一是反映出年久记忆零乱，二则可能是因为王三章及其父祖和弟兄遭遇战乱，有反复在川黔边界穿插逃难和躲避迫害的可能性存在。

本族记述川渝肇祖王荣及其子"十大满章"最详细的《1916［中华民国丙辰］年三月．王朝玉仙度经丹簿．赵里》，只字未提难逃一事，但却对记载章祖十弟兄居住何地的陈述十分清楚，尤其浓墨《1916［中华民国丙辰］年三月．王朝玉仙度经丹簿．绥阳枧坝》重彩陈述其父王荣的任职与居殁地所，对王三章"居遂宁和计岁上贵州"有明显出于本支立场视角的详实记述，也有较多陈述其六弟随其父居南川的事实。

但对其祖父的记载则不如《1911［民国辛亥］年十月．格林底坪王樊氏仙度经丹簿．正安》。从二者的差异中，是否反映出了这样的实情：①大夏创制前，身为元朝湖广偏隅（毗邻川渝之地）的抚民之官，为粮秣军资调拨能起到一定作用的王益华；②可能转而顺天下之势响应随州的先主明玉珍入川渝建立大夏，奉献于大夏政权；③后因年老身退，王荣诸幼子即如王六章等很可能因年幼之时随其祖父身居长寿县以外之地较多，故本人对祖父王益华的记忆和本族后裔通过碑志和谱簿对华祖记载较翔实，身处乱世的父子可能失去联系后失记；④作为第三子的王三章，因成年相对较早，本人对本族支记忆和后世碑簿记载较全，但与祖父未居一地，故此感情相对疏远一些，当代人只记住大概，致使后世记载更不详。但两支族人除了仅仅一处提及是逃难之外，均有意无意抹去自身是政治难民的身份，这应当是王朝统一后天下太平，人心思稳，无意怀念过往的反映。

（三）两个宗支世代差符合"长幼代际差"规律的诠释

1. 两支世代差值正常。

根据笔者与王义的探讨和估算，若以长幼代差律计，亦属总体正常范围内。

王益华至现在的龙台印宗支章字辈已历25代，而两支总体只差几代人的情况详情如下：正安朝阳底坪宗支从"一章单思廷，应文邦正兴，国居广仁承（王承龙孙辈）"计，已历17代，以下对比九龙龙台印宗支，实况如下：

若以王益华至现在的"龙台印宗支"（益单章可普，守龙运单克，加学单之登，正应朝永国，益单章可普）计已历25代，相差8代，隔3~5房，属正常情况；若以王益华至现在的"一碗水宗支"（益章单可普，守龙运单克，加学单之登，思世正应朝国永）计已历22代，差5代，差值缩小，趋于正常；若以王益华至现在的岩坪支（益单章可普，守龙运单克英，维思世永文，朝应〈王应国子辈〉）计，也只历19代，差2代，完全在正常范围内。代际差的因由：本支也字辈反序而起的情况，严格对照起来，总体上两支相差不大，总体符合长幼代差律。

2. 按照宗庙制度理解，排位符合昭穆制度。

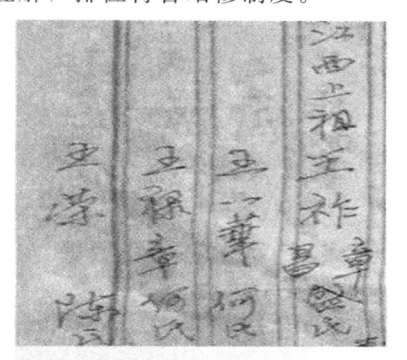

宗庙昭穆制度

按照宗庙昭穆制度理解如下：

始祖居中

王祚昌

右穆 二世　　　左昭 一世

王 荣　　　　　王一华

右穆 四世　　　左昭 三世

王廷载　　　　　王禄章

昭穆世次图

（四）九龙朝阳两支是一家的归认逻辑与意义

九龙朝与朝阳宗支的归认，有如下逻辑与意义：

第一，最起码证实十大满章的存在中，至少有两房是基础性的存在。

第二，首次反映出王益华到过四川重庆。他到过长寿、垫江和射洪，并在湖广抚民告老辞职之后定居南川土桥，得到当时政府的嘉奖，建立铭旌牌坊。

第三，首次反映：南川守灶之人应是第六房王六章，但由于种种不得而知的原因，在其父亲安葬之后迁移到正安。

第四，十余大房逃难至遵义——表明十章弟兄也算得上是入播之辈，但因此证明：当时本支在川南黔北活动并非是一两次偶然事件！而是在经历一次逃难之后，能够彼此有照应，还记得彼此最终定居之所。这表明至少五代之内，彼此多少能模糊知晓彼此的存在，表明他们之间，或多或少有联系。

第五，两支族人的谱簿综合效果是：让众宗亲知道，这两支人是同宗共祖，只是因为年代久远，失去彼此的音讯，而不知彼此的情形。

第六，"十余大房"人的说法，还证实了，本支自王益华起，并非势单力薄，而且他的族人也应当是存在和随迁到川渝的。

第七，证明咱们不是属于明初的政策移民，而是"为官出仕迁移"。因此，这无论与明夏政权有无联系，都是独特的情形。

第八，十大房人在江湖川渝黔滇等地的活动和存在是主要地域。这为寻根聚焦点明和指出了大体范围。

后　记

《贵州民族古籍研究》收集 2016 年贵州省少数民族口碑古籍分类与定级学术研讨会交流论文、贵州省民宗委原副主任张和平在贵州省民族古籍工作 30 年座谈会上的讲话稿、贵州省高校社科基地项目部分成果、贵州省民族古籍工作者的部分文章共计 31 篇，内容涉及民族古籍工作、民族古籍整理、民族口碑古籍研究、民族古籍文献保护利用研究、碑刻及其他研究。特别说明的是，本书水书翻译部分由黔南民族师范学院蒙耀远研究员负责完成。从本书收集的文章来看，有学术论文、研究报告、工作综述、碑刻研究、谱簿志铭研究等，主要反映了 1985 年以来，贵州省民族古籍工作认真贯彻"保护为主、抢救第一、合理利用、加强管理"的方针，坚持依法保护和科学保护的原则，正确处理少数民族古籍保护与利用的关系，以及取得的部分研究成果；展示了贵州省民族古籍工作合理规划、明确目标、统筹兼顾、有力实施、稳步开展、扎实推进的工作情况，少数民族古籍工作在保护、抢救、搜集、整理、翻译、出版、研究、展览、宣传、交流、投入、人才队伍培养等方面成绩斐然，少数民族古籍事业焕发出勃勃生机；谱写了整理民族文化典籍、弘扬民族精神、增强文化自信、实现文化强省的动人篇章。

主编　文毅

2023 年 1 月 10 日